한국과 일본의 중·고등학교 국어 교과서 대조연구

이 저서는 2017년 정부(교육부)의 재원으로
한국연구재단의 지원을 받아 수행된 연구임
(NRF-2017S1A6A4A01019065)

어휘, 삽화, 텍스트에 나타난 공시적·통시적 특징에 주목하여

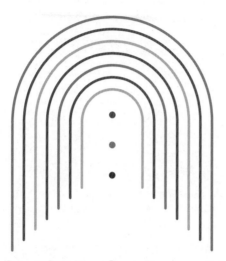

한국과 일본의 중·고등학교 국어 교과서 대조연구

이미숙

역락

본고를 읽기 전에

1) 본고의 분석 대상은 한국은 「2009개정교육과정」(총론 2009, 개론 2011), 일본은 「학습지도요령」(2010)에 의거하여 제작, 검정을 거쳐 2015년 현재 사용 중인 한국과 일본의 중·고등학교 국어 교과서 36권이다.

2) 국어과 교육과정의 특성상 중학교는 3년분, 고등학교는 1년분으로 하되, 객관성을 확보하기 위해 각 3종의 검정 교과서를 대상으로 한다. 단, 어휘 분석은 중·고등학교 모두 1년분, 1종 교과서를 대상으로 한다. (2.1의 [표 1] [표 2] 참조)

3) 2-5장 어휘분석의 [표]에는 1종 1년분을 제시하였으나 6, 7장의 삽화 및 텍스트연구에서는 중학교는 3종 3년분, 고등학교는 3종 1년분을 제시하였다. 그렇지 않은 경우는 표에 별도로 명시하였다. 수치와 더불어 비중에 주목하기 바란다. [표]는 장별로 일련번호를 매긴다.

4) 어휘 분석은 사회문화적 특징이 가장 잘 드러나는, 이른바 체언(명사, 대명사, 고유명사, 의존명사, 단위명사, 수사 포함)으로 한정하고, 양 언어간, 중·고등학교간 대조에서는 어휘 수와 비중을 함께 고려하는 통계기법인 카이자승 검정을 통해 카이제곱값을 구하여 유의차를 판별한다.

5) 본고에서 「교과서」란 국어 교과서를 가리킨다. 한국 또는 한국 국어 교과서는 「K」, 일본 또는 일본 국어 교과서는 「J」, 중학교는 「中」, 고등학교는 「高」로 약기 한다. 또한, 3종 교과서는 「K1, K2, K3……」과과 같이 구분하고 학년별 교과서 구분은 「K11, K12……」와 같이 구분한다. 「K11」이란 「K1」 교과서의 1권을 가리킨다.

6) 「분류어휘표」란 일본 국립국어연구소 『分類語彙表』(1964)를 가리킨다. 1964년 판에 따랐으나 신어, 외래어, 번역어 등 필요한 경우에는 2004년 판을 참조하였다.

7) 일본어 번역이 필요한 경우는 직역하되, 한자로 의미가 유추 가능한 경우는 번역하지 않는다. 또한, 인명, 지명, 작품명 등도 번역하지 않는다.

8) 『分類語彙表』(1964)에 의한 항목명, 텍스트의 세부 장르, 주제, 비문학텍스트의 제재별 분야명 등은 〈 〉를 사용한다.

9) 일본어의 한글 표기는 「한글맞춤법통일안」(2018)에 의한다.

10) 가독성을 위해 띄어쓰기를 자의적으로 한 부분이 있다.

서문

나라마다 국어 및 국어 교과서가 갖는 의의가 다르지만, 한국과 일본은 「국어(國語)」라 부르는 고유 언어가 있고 초등학교에서 고등학교까지 국가 수준의 교육과정에 의거하여 제작, 검정(檢定)을 거친 국어 교과서(이하, 교과서)를 사용해야 할 의무가 있다.

따라서 교과서에는 많건 적건 해당 시기의 사회문화적 가치관과 더불어 기성세대가 다음 세대에 거는 바람이 담겨 있기 마련이다. 이는 교과서에 사용된 「텍스트」 및 텍스트의 학습을 돕는 이른바 「학습활동(내용파악 및 연습문제 등)」은 물론, 이에 사용된 「어휘」, 「삽화」 등을 통해 발현된다.

본고는 졸저(2017) 『한·일 초등학교 국어 교과서 대조연구』의 연구 성과를 바탕으로, 공시적으로 2015년 현재, 한국과 일본 양국에서 사용 중인 중·고등학교 국어 교과서의 어휘(語彙), 삽화(揷畫), 텍스트(Texts, 바탕글) 분석을 통하여 양국의 사회문화적 특징은 물론 학교급별 난이도에 대한 고찰을 통해 국어 교과서의 위상 및 앞으로의 교과서 정책 및 제작 방향을 제시하려는 데 그 목적이 있다.

2009년 일본 오비린대학에서 연구년을 보내면서 일본과 미국의 국어 교과서 분석을 통해 양국의 사회문화적 특성을 분석한 이마이(今井, 1990)의 연구 성과에 신선한 충격을 받고 한국과 일본의 국어 교과서 대조에 관심을 가진 지 10년이 되었다.

2010년 귀국 후, 「2007개정교육과정」(2007)에 의해 2009년부터 순차적으로 개정된 한국의 초등학교 국어 교과서와 동일 시기의 일본 초등학교 국어 교과서의 텍스트, 어휘, 삽화에 주목하여 해당 시기의 그 국가 사회에서 당연한 것으로 여겨지고 있는 사회문화적 특징을 분석하였다.

양국의 초등학교 6년분 국어 교과서의 데이터 처리에 고투한 결과, 한국은 인간, 가족, 충효(忠孝), 배려, 지혜, 지위, 책임이라는 유교적 전통을 중시하고 경제, 일, 생활과 관련된 실생활 중심이며, 일본은 실생활과는 거리가 있고 오랜 기간 많은 비판을 받아 왔음에도 불구하고 동식물 중심의 스토리텔링이 많고 한국에 비해 교과서에서 전통, 언동(言動), 사고력, 창작·저술을 중시한다는 점을 발견하였다. 더불어 일본은 교과서의 체제 및 텍스트의 제재에서 학년별 차이가 명확한 데 비해 한국은 학년에 따른 텍스트의 주제 및 삽화의 소재, 어휘의 난이도 등에서 단계별 고려가 필요하다는 점을 실감하였고 과연 중·고등학교 국어 교과서에서는 어떠한지 관심을 갖게 되었다.

초등학교 국어 교과서 연구의 결실은 부족하나마 2017년 『한·일 초등학교 국어 교과서 대조연구 - 어휘, 삽화, 텍스트에 나타난 사회문화적 특징을 중심으로』(2인 공동, 이하 졸저(2017))로 집약, 출간하였다.

졸저(2017)에서는 한국의 초등학교 교과서가 1종의 국정(國定)교과서를 사용하여, 일본 역시 가장 채택률이 높은 검정(檢定) 교과서 1종으로 제한하여 연구하였다. 하지만, 중·고등학교의 경우에는 양국 모두 15종 전후의 검정 교과서가 있으므로, 객관성을 확보하기 위해 각각 채택률이 높은 3종 교과서를 대상으로 하였다.

하지만, 데이터의 범위 및 양이 많아지고 시간이 지나면서 전체를 아우르는 데 있어 원칙 등의 수정이 불가피하였다. 이 과정에서 이미 발표한 논문과 본고 간에 수치에 차이가 있다. 여기에는 시행착오를 거치면서 불가피하게 수정하였거나 단순한 실수에 의한 것도 있다. 무엇보다 분석을 할수록 거시적이고 논리적인 안목이 필요함을 느끼게 되었음을 고백한다. 모두 필자의 책임이지만, 연구의 진행 과정에서 단 하나의 단어라도 누락되거나 오류가 발견되었을 때는 그때그때 관련된 전체 통계 모두를 수정, 조정하는 것을 가장 중요하게 여겨

왔다.

본고는 크게 양국의 교육과정, 어휘, 삽화, 텍스트로 나눌 수 있는데, 양국 간의 차이를 분석함과 동시에 나라마다 학교급별 차이를 분석하는 과정에서 부득이 서술방식에 차이를 두었다.

1장의 교육과정 관련 부분과 2장 및 4장의 한국과 일본 교과서 어휘 대조에서는 중학교와 고등학교 교과서별로 나누어 분석하였다. 반면, 나라별 학교급(學校級)에 따른 변화를 분석한 3장 및 5장에서는 나라별로 나누어 분석하였다. 마지막으로 6장 및 7장의 삽화 및 텍스트 분석에서는 양국의 중·고등학교를 통합하여 다루었다.

가능한 한, 학술논문으로 검증을 받은 후, 본고에 적용하고자 노력하였다. 관련 논문은 〈1.6 본 연구의 출발점〉에서 영역별로 나누어 제시하였고, 뒤의 〈부록 2〉에서 통합하여 연대순으로 제시하였다.

이해를 돕기 위해 본고의 구성을 간단히 설명한다.

먼저, 1장에서는 양국의 중·고등학교 교육과정 및 교과서 정책, 교과서의 분량 등을 분석하였다.

2장에서는 어휘 전체를 일본 국립국어연구소의 『分類語彙表』(1964, 2004)에 근거하여 5개 대분류, 43개 중분류, 그리고 유의차가 나타난 중항목의 경우에는 소분류(총 300여 항목)를 통하여 양국의 국어 교과서 어휘의 의미분포에 나타난 차이를 분석하였다.

3장에서는 2장의 데이터를 사용하여 나라별 중·고등학교 학교급에 따라 어휘의 의미분포에 어떠한 변화가 일어나는지 각각 분석하고 최종적으로는 이에 나타나는 양국간의 차이를 대조하였다.

4장에서는 양국의 중·고등학교 학교급에 따른 교과서 어휘의 난이도의 변화를 분석하였다. 이를 위해 한국어는 김광해의 「국어교육용 어휘 등급표」 (2003)를 조정하여 적용하였다. 이를 일본 국립국어연구소의 「7종 어휘조사표」 (2001)에 적용하여 양국 모두 6등급으로 구분하여 분석하였다.

5장에서는 4장의 데이터를 사용하여 나라별 중·고등학교 학교급에 따라 어휘의 난이도에 어떠한 변화가 일어나는지 각각 분석하고 최종적으로는 이에 나타나는 양국 간의 차이를 대조하였다.

6장에서는 양국 교과서 삽화의 텍스트적 기능에 주목하여, 삽화의 분량, 소재, 묘사 방식, 텍스트의 주제와의 관련 등을 분석하였다.

7장에서는 국어 교과서 텍스트를 5개 장르로 구분하여, 문학텍스트인 〈소설·극본·시〉의 경우에는 작품의 시대 및 작가, 등장인물, 주제 등을, 〈수필·감상〉의 경우에는 시대 및 작가, 주제 등을 분석하였다. 비문학텍스트인 〈전기·수기〉의 경우에는 해당 인물의 관련 분야 및 가치 덕목을, 〈설명·기록〉 및 〈주장·비평〉의 경우에는 작가 및 제재의 분야별 분포를 5개 분야, 25개 소항목으로 세분하여 분석하였다.

해당 시기의 교과서 연구를 매듭짓기도 전에 한국은 「2015개정교육과정」 (2015)에 의해 중학교는 2017년, 고등학교는 2018년에 교과서가 다시 개정되었고 일본은 기존의 「學習指導要領」(2010)을 부분 개정하고 이에 의해 중학교는 2016년, 고등학교는 2017년에 개정되었다. (이 때문에 본서에서는 「2015년 현재 사용 중인」이라는 표현을 사용하고 있다.) 그러나 교과서 연구는 해당 시기는 물론, 시대의 흐름에 따른 변화를 추적하는 통시적(通時的) 연구를 가능하게 하는 자료로서 중요한 의미가 있다. 해당 시기의 한국과 일본의 국어 교과서의 실태를 통하여 당시의 사회문화적 특성을 이해할 수 있는 자료로 삼음과 동시에 앞으로 양국의 교과서 제작 및 교과서 연구 자료로서 기능해줄 것으로 믿는다.

마지막으로, 3종 교과서를 대상으로 한 만큼, 본고의 결론은 어느 특정 교과서의 이야기가 아니라는 점으로 이해해 주었으면 한다. 더불어 제작 의도와 달리 해석된 부분이 있다면 온전히 필자의 책임이다. 더불어, 이 책에서 언급된 내용에 대하여도 해석은 독자 여러분에게 맡긴다.

부족하나마 본서를 마무리할 수 있었던 것은 「한국연구재단」의 저술출판 지원사업 덕분이다. 그 취지와 의미를 충실히 살리고자 최선을 다하였다.

연구 초기부터 어휘 연구방법론을 익히는 데 도움을 주신 송정식 교수님, 어휘 등급 연구에 도움이 되어주신 조남호 교수님, 교과서 연구의 방향을 잡는 데 도움을 주신 교육과정평가원 강민경 연구원, 연구 기간 내내 자료조사를 해주신 명일초등학교 이미영 선생님, 중등교육과정 관련 조언을 해주신 서울 노원고등학교 김나영 교감 선생님, 중부교육청 강수연 장학사님, 졸저(2017)에 이어 감수를 맡아주신 서울시 중부교육청 강연실 장학관님께 특별히 감사드린다. 그리고 오랜 기간 통계 및 스캔 작업을 도와준 대학원생 윤민이, 윤혜인, 한채원, 김지호 학생에게도 감사를 전한다.

마지막으로, 부족한 원고임에도 기다려주시고 어려운 시기에도 졸저 『한·일 초등학교 국어 교과서 대조연구』(2017)에 이어 출판을 맡아주신 역락출판사에게도 감사드린다.

2020년 5월
저자 명지대학교 교수 이미숙

감수의 글

한국과 일본은 교육제도와 언어적인 측면에서 유사점이 많아 한·일 양국의 국어과 교육을 비교하는 연구가 제법 많이 수행되었을 법하지만 여전히 미미한 수준이라 말할 수 있다.

연구의 질적인 면에서도 국가 수준의 문서상의 교육과정을 단순 비교 분석하는 수준에 그쳐 우리나라 국어과 교육과정에 새로운 시사점을 던져주기 어려웠다. 그러던 차에 지난 2017년 발행한 이 교수의 『한·일 초등학교 국어 교과서 대조연구 - 어휘, 삽화, 텍스트에 나타난 사회문화적 특징을 중심으로』(역락)는 문서상의 교육과정 비교는 물론 6년 치 초등학교 국어 교과서의 텍스트, 어휘, 삽화, 사회 문화적인 내용까지, 초등학교 국어과의 모든 것을 총망라하여 연구하였다는 점에서 지금까지의 연구와는 획을 긋는 연구 결과였다고 생각한다. 더구나 당시 연구 대상으로 선정한 2011년 전후는 같은 초등학교 내에서도 학년별로 다른 교육과정을 적용하였고, 사용되는 교과서와 교육과정의 불일치 등으로 인해 그야말로 극도의 혼란기에 있었다. 그러한 어려운 연구 여건 속에서 완성된 그의 연구는 그래서 더 큰 의미를 지녔다고 볼 수 있겠다.

그런데, 3년이 지나고 이번에 분석 대상을 확대 발전시켜 『한국과 일본의 중·고등학교 국어 교과서 연구』(2020)의 감수를 부탁해 와서 놀라울 따름이다.

이 교수의 이번 연구는 한국과 일본의 중·고등학교 국어과 교육과정을 비교하고 교과용 도서를 대상으로 텍스트, 어휘를 비롯하여 삽화까지 비교 대상으로 하여 교육내용 및 교과서의 텍스트, 삽화, 어휘에 나타난 유사점과 차이점 그리고 사회문화적인 경향을 밝힌 것이다. 더구나 중학교와 고등학교 교과서의 단계별 차이에도 주목했다는 점에서 기존의 연구와 차이가 있다.

양국 모두 15종 이상의 검정교과서가 있는 상태이지만 개인 레벨의 연구에서 이중 3종을 대상으로 객관성을 확보하려고 하는 노력도 가상하다. 이 교수의 2017년 저서에서 다룬 한국과 일본의 초등학교 국어 교과서는 양국 모두 2011년 현재 사용되던 것이었고 이번에 분석한 한국 중·고등학교 교과서는 「2009개정교육과정(2009, 2011)」에 의해 개정되어 2015년 현재 사용되던 교과서로, 동일 시기의 일본 교과서와 비교 분석한 것이다. 2009년 이후의 양국의 초·중·고 교과서를 한 번에 확인할 수 있는 기회를 주었다는 점은 고마운 일이다. 전체를 다루다보니 세세하지만 의미 있는 부분이 묻혀버릴까 아쉬운 부분도 있다. 이를 찾아내는 것은 우리의 몫이 아닐까 생각한다.

교육자의 한 사람으로서 이러한 연구를 통하여 국어교육의 공통점과 차이점을 발견하고, 그것을 바탕으로 우리나라 초·중·고 국어교육의 바람직한 방향을 모색하는 데 참고가 될 수 있을 것으로 생각한다.

여전히 최근의 중·고등학교 교육과정 제정 역시 진통을 겪어 왔다. 이를 파악하려 고투해온 그의 모습에서 우리 교육과정 및 그 제정 과정이 누구에게나 알기 쉬운 체계적인 시스템을 갖추어야 한다는 미안함과 조급함이 들은 것도 사실이다.

이런 의미에서 이번에 발표된 이미숙 교수의 연구가 향후 우리나라 초·중·고등학교 국어과 교육과정의 내용 선정 및 조직, 그리고 교과서 제작에 이르기까지 크게 기여할 수 있게 되기를 바란다.

2020년 5월
서울특별시 중부교육청 장학관 강연실

차례

7. 한국과 일본의 중·고등학교 국어 교과서 텍스트 분석

1

서론

1.1 들어가는 글

본 연구는 2015년 현재, 한국과 일본 양국에서 사용 중인 중·고등학교 국어 교과서의 「어휘(語彙)」, 「삽화(揷畫)」, 「텍스트(Texts, 바탕글)」 분석을 통하여 양국의 사회문화적 특징을 밝히려는데 그 목적이 있다. 나아가 나라 별로 학교급에 따른 변화를 밝히고, 개정(改定) 시에 교과서가 어떻게 어느 정도 변화하는지를 비교함으로써 교재의 안정성(安定性)에 주목하고 양국 의 교과서 정책에 시사점을 제공한다. 통시적(通時的)으로 해당 교과서가 갖는 양국의 교육과정 및 교과서 역사 속에서의 위치를 알고 앞으로 개발 될 교과서 및 교과서 연구의 기초자료를 제공하는 것 역시 본 연구의 목적 의 하나라 할 수 있다.

나라마다 국어 및 국어 교과서가 갖는 의의가 다르지만, 한국과 일본은 「국어」라 부르는 고유 언어가 있고 초등학교에서 고등학교까지 국가 수준 의 교육과정에 의해 제작, 검정(檢定)을 거친 국어 교과서(이하, 교과서)를 사 용해야 할 의무가 있다.

여기서 「교육과정(敎育課程)」이란 「초·중등학교의 교육 목적과 교육 목 표를 달성하기 위한 국가 수준의 교육과정」[1]을 말한다. 교과서와 관련하 여 한국은 「초·중등교육법」 제29조 제1항에서 「학교에서는 국가가 저작권

---

1   교육부(2013)

을 가지고 있거나 교육부 장관이 정하거나 인정한 도서를 사용하여야 한다」고 규정하고 있고 일본 역시, 교과서를 「초·중·고등학교, 특별지원학교 등에서 교과를 가르치는 중심적인 교재로서 사용되는 학생용 도서」로 정의하고 「원칙적으로 문부과학대신(文部科学大臣)의 검정에 합격한 교과서를 사용」하도록 규정하고 있다.[2] 교과서는 추상적인 교육과정을 교사와 학생이 이해할 수 있도록 구체화한 것으로, 경우에 따라서는 교육과정의 정신과 사용자의 맥락을 고려하여 교육과정을 재해석하여 변형한 자료라 할 수 있다.[3]

양국의 초·중등학교 국어 교과서는 자국의 국가 수준의 국어과 교육과정의 목표를 달성하기 위해 교육과정의 구성 내용을 조직·구조화한 기본서로, 단순히 국어교육을 넘어, 해당 시대의 그 국가 사회에서 필요로 하는 교육목표를 바탕으로 만들어지고 검정(檢定)이라는 장치를 거친다. 그 과정에서 양국 모두 교과서를 통해 특정 가치 덕목 및 국가 이데올로기를 노골적으로 강요한 역사가 있지만, 교과서를 통해 학생들에게 특정 고정관념이나 이데올로기를 주입해서는 안 된다는 비판이 이어지면서 어느 정도 효과가 나타났다고 평가할 수 있다.

하지만, 국어 교과서는 많든 적든 해당 시기의 국가 사회가 요구하는 바람이 담기기 마련이며 사회, 윤리 교과서 등과 비교해 간접적이라고는

---

2 일본의 학교교육법 법률 제26호에는 초등학교에서는 이들 교과서를 반드시 사용해야 하며, 중·고등학교 및 특별지원학교에도 이 규정을 준용한다고 규정하고 있다. 일본 문부과학성 홈페이지(https://www.mext.go.jp/amenu/shotou/kyoukasho/main3a2.htm) : 2019년 12월 10일 검색

3 이주섭(2009 : 127-128)

하지만 해당 국가 사회의 지배 이데올로기로부터 자유롭지 않다. 그리고 그 실태 및 변화 양상에는 양국 간 차이가 있다. 이에 대하여는 양국의 초등학교 교과서를 연구한 졸저 『한·일 초등학교 국어 교과서 대조연구 - 어휘, 삽화, 텍스트에 나타난 사회문화적 특징을 중심으로』(2017)에서 다룬 바 있다. 졸저를 통해 초등학교에서 일본은 한국보다 국어과 시간 배당이나 비중이 현저하게 높지만, 교과서의 양은 ½에 불과하며, 학년이 올라가면서 양국 간의 시간 배당의 격차는 줄어든 반면, 교과서의 양적 차이는 더욱 벌어지는 기현상(奇現象)이 발견되었는데, 이러한 특징은 중·고등학교 교과서 연구에 관심을 가지는 계기가 되었다.

한국은 교과서 개정시에 텍스트 및 삽화 대부분이 교체되고 있는데, 이는 시대 변화에 부응하려는 역동성(力動性)과 교육과정의 내용을 충실히 반영한다는 취지로 이해할 수 있지만, 교과서 제작 기간이 충분하지 않고 오랜 기간 검증된 연구 성과의 축적이 어렵다는 점에서 고려할 점이 있다.

졸저(2017)의 초등학교 교과서 분석에 따르면 한국 교과서는 교과서 텍스트와 삽화에서 학년별로 일관된 특징이 보이지 않는다. 특정 주제가 중복되거나 유사한 내용이 반복된 예가 보이는데, 이는 교과서 제작 시간이 충분하지 않은데다가 교과서 대부분을 개정하는 것 또한 원인의 하나라 보았다. 한국의 경우, 학년별 집필자가 다른데, 그 나름대로 장점이 있겠으나 결과적으로는 전체적인 조율이 충분히 이루어지지 않았다고 볼 수 있다.

한 예로 「2007개정교육과정」(2007)에 의한 초등학교 국어 교과서에서는 여러 학년에 걸쳐 [그림1~3]과 같은 삽화가 등장하고 있다. 어린아이가 병든 부모를 간호하는 삽화가 여러 번 등장한다는 것은 이는 단지 삽화의 문제가 아니라, 엄밀하게는 텍스트 선정의 문제이기도 하다. 「효(孝)」라는 특정 가치 덕목의 지나친 강요라고 판단된다.

　　　[그림 1] 초등 국어 1-1　　　　　[그림 2] 초등 국어 2-2　　　　　[그림 3] 초등 국어 2-2

　한편, 일본의 경우, 교과서가 주기적으로 개정되고 있음에도 오랜 기간 지속해서 사용되는 텍스트가 상당수 존재한다. 따라서 교과서 개정 시에 상당 부분 그대로 사용되고 삽화 역시 위치 및 크기 등을 조정하는 정도로 사용하는 경우가 많다. 이는 창의성, 역동성이라는 점에서는 재고의 여지가 있지만, 오랜 기간 교과서 연구를 통해 검증받고 비판을 거쳐 정착된 교재를 일정량 사용함으로써 연구 성과가 축적되고 교과서의 안정성을 확보할 수 있다고 본다. 개정 시의 부담 역시 줄일 수 있다.

　이 과정에서 일본은 교과서용 텍스트 및 전문작가, 교과서 텍스트의 번역가(翻譯家)라는 영역이 활성화되고, 교과서 삽화가(挿畵家)라는 영역이 존중받고 있다. 한국 교과서에 사용된 삽화의 경우, 삽화의 원작자를 알기 어려우나 일본 교과서의 경우, 특히 문학 텍스트에 사용된 삽화는 하나하나 삽화가가 명시되어 있다. 또한, 외국작품의 번역 텍스트를 실을 때에도 이와 같은 현상이 있다. 한국 교과서에서 번역가의 이름을 제시하지 않지만 일본 교과서에서는 오랜 기간 검증을 거친 번역가를 채용하고 그 이력을 밝히고 있다. 출판사가 다른 여러 검정 교과서에서 같은 번역 텍스트를

4　본고의 연구대상 중학교 3종 교과서의 경우, 독일 작가 헤르만 헤세의 동일 작품을 한국은

사용한 경우 번역가가 같다는 것도 이를 뒷받침한다.[4] 이러한 제작상의 차이는 해당 영역에 대한 사회적 인식의 차이라 할 수 있다.

본고에서는 졸저(2017)에서 분석한 초등학교 교과서와 거의 같은 시기에 사용된 각 3종의 중·고등학교 검정 교과서를 대상으로 양국의 교육과정 및 교과서 개정, 양국에서 사용 중인 국어 교과서의 어휘 및 삽화, 텍스트에 나타난 사회문화적 특징 및 차이를 분석한다. 양국의 교과서 제작의 문제점을 여러 각도에서 규명하기 위해 중·고등학교 학교급에 따른 어휘의 의미분포 및 난이도의 변화에 주목한다. 본고에서 「학교급별 변화」란 천경록(2016)에서 말하는 「초·중·고 학교급에 따른 교육내용의 난이도 연계」라 볼 수 있다.

양국의 중학교와 고등학교 3종 교과서를 공정하게 분석하기 위해 모든 조건 및 원칙을 통일한다. 그 과정에서 졸고(2015~2019)와 어휘 및 텍스트, 쪽수, 비중 등에 차이가 있음을 밝힌다.

이 글에서는 교육과정의 역사적 변화 속에서 해당 교과서가 어떻게 자리매김을 하고 있는지를 살펴보았다. 교과서 텍스트, 어휘, 삽화 등의 영역별 통시적 연구와 관련해서는 향후 「2015개정교육과정」(2015)에서 새롭게 개정된 교과서와의 비교를 통해 발전시켜 나가고자 한다. 참고로, 졸고(2020)에서는 본고에서 다룬 양국의 고등학교 국어 교과서 어휘와 새로 개정되어 2020년 현재 사용 중인 교과서 어휘를 대조하여 통시적인 차이를

2종, 일본은 3종 공통으로 싣고 있다. 일본의 경우, 3종 모두 다카하시(高橋健二)의 번역을 사용하고 있는데, 한국은 번역가가 달라 제목이 「나비」, 「공작나방」으로 다르며, 번역가를 명시하지 않고 있다. 일본은 중국작가 루쉰(魯汛)의 「고향」의 경우에도 수많은 번역 중에서 3종 공통으로 다케우치(竹內好)의 번역을 쓰고 있다.

밝혔다. 이에 대하여는 별도의 장을 마련하고자 한다.

본 연구를 통해 양국의 사회문화적 특징을 밝히고 나라별 학교급에 나타난 교과서의 변화를 분석함으로써 양국 교과서의 현재를 확인하고 앞으로의 교과서 정책 및 제작 방향을 제시할 수 있는 통시적 연구 자료의 역할을 할 수 있기를 바란다.

1.2 분석 대상 국어 교과서

1.2.1 양국의 중학교 교과서

해당 시기 양국의 중학교 국어과 교과목은 다음과 같다. 이들 모두 본고의 분석 대상이다.

- 한국 중학교 : 국어1, 국어2, 국어3, 국어4, 국어5, 국어6 (3년분, 6권)
- 일본 중학교 : 國語1, 國語2, 國語3 (3년분, 3권)

중학교의 분석 대상 교과서는 [표 1]과 같다. [그림 4, 5]는 해당 교과서의 실물사진이다. 2015년 현재 양국에서 사용 중인 중학교 국어 교과서 각 3종, 3년분(한국 18권, 일본 9권)[5]이다. 단, 어휘 연구의 경우에는 양의 방대함으로 인해, ◎로 표시한 중·고등학교 1년분, 1종만을 대상으로 한다. 편의상 한국 교과서는 「K」, 일본 교과서는 「J」로 약기 하되, 각각 「K1, K2, K3」와 같이 3종을 구별한다. 「K1」의 경우, 3년분 6권의 교과서를 가리키는데 이 구별이 필요한 경우, 「K11, K12……」와 같이 구분한다. 즉, 「K11」이란

5　양국 모두 중·고등학교 교과서 채택률과 관련된 공식 통계가 없어서 출판사 및 교과서총판 자료를 근거로 하였다.

K1 교과서의 1권이라는 의미이다.

[표 1] 분석 대상 중학교 국어 교과서 (2~5장의 어휘연구는 ◎표에 한함)

	교과서 집필자	약기	검정	출판사	교과서 (권수)	사용 기간
K	김태철 외 27명	K1	2012	비상교육	국어1~6 (6권)	2013~2016년
	노미숙 외 16명	K2	2012	천재교육◎	국어1~6 (6권)	2013~2016년
	박영목 외 15명	K3	2012	천재교육	국어1~6 (6권)	2013~2016년
J	宮地裕 외 26명	J1	2011	光村図書◎	國語1~3 (3권)	2012~2015년
	三角洋一 외 36명	J2	2011	東京書籍	國語1~3 (3권)	2012~2015년
	加藤周一 외 35명	J3	2011	教育出版	國語1~3 (3권)	2012~2015년

[그림 4] 한국 3종 중학교 교과서 18권

[그림 5] 일본 3종 중학교 교과서 9권

중학교의 경우, 3년분을 대상으로 한 이유 중의 하나는 당시, 한국이 「교육과학기술부 고시 제2011-361호 [별책 5]」(2011 : 1-66)에서 제시한 바와 같이, 중학교에서는 국어과가 공통 교육과정으로 묶어, 학년 개념을 없앴기 때문이다. 학년군(群)과 집중이수제를 도입하면서 중학교 교과서 체제에도 커다란 변화가 있었다. 즉, 종전에 학기별로 「국어」와 「국어 생활」을 발행하던 것을 학년 구별 없이 6권으로 개편한 것이다.

1.2.2 양국의 고등학교 교과서

해당 시기 양국의 고등학교 국어과 교과목은 다음과 같다.[6] 이중 분석
대상은 1학년에서 공통 이수하는 「국어Ⅰ」, 「국어Ⅱ」와 「國語總合」(이하, 국
어총합) 교과서이다.

- 한국 고등학교 : 국어Ⅰ, 국어Ⅱ, 화법과 작문, 독서와 문법, 문학, 고전
- 일본 고등학교 : 国語総合, 国語表現, 現代文A, 現代文B, 古典A, 古典B

고등학교의 분석 대상 교과서는 [표 2]와 같다. [그림 6, 7]은 해당 교과
서의 실물사진이다. 2015년 현재 양국에서 사용 중인 고등학교 국어 교과
서 각 3종, 1년분(한국 6권, 일본 3권)이다. 단, 어휘 연구에서는 ◎로 표시한 1
종만을 대상으로 한다. (편의상 한국 교과서는 「K」, 일본 교과서는 「J」로 약기 하되,
각각 「K4, K5, K6」과 같이 3종을 구별한다. 원칙은 중학교와 같다.)

[표 2] 분석 대상 고등학교 국어 교과서 (2~5장의 어휘연구는 ◎표에 한함)

	교과서 집필자	약기	검정	출판사	교과서 (권수)	사용 기간
K	박영목 외 12명	K4	2013	천재교육◎	고등학교 국어Ⅰ·Ⅱ (2권)	2014~2017년
	윤여탁 외 17명	K5	2013	미래엔	고등학교 국어Ⅰ·Ⅱ (2권)	2014~2017년
	한철우 외 10명	K6	2013	비상교육	고등학교 국어Ⅰ·Ⅱ (2권)	2014~2017년

6   교육감정평가원(2013)

	東郷克美 외 28명	J4	2012	第一学習社◎	標準 国語総合 (1권)	2013~2016년
J	三角洋一 외 27명	J5	2012	東京書籍	新編 国語総合 (1권)	2013~2016년
	北原保雄 외 19명	J6	2012	大修館書店	新編 国語総合 (1권)	2013~2016년

[그림 6] 한국 3종 고등학교 교과서 6권

[그림 7] 일본 3종 고등학교 교과서 3권

중학교와 달리 1년분을 대상으로 한 이유는 고등학교 국어과 교육과정의 특성상 한국의 「국어Ⅰ」, 「국어Ⅱ」[7]와 일본의 「국어총합」이 1학년에서 1년간 공통 이수하는 교과목이기 때문이다. 이 두 교과의 성격 및 위상은 매우 유사하다.

먼저 , 「국어Ⅰ」, 「국어Ⅱ」은 연계과목으로, 이중 「국어Ⅰ」은 교육과학기술부(2011 : 38)에서 「공통 교육과정의 국어과 내용을 고등학교 수준에서 종합한 과목」으로, 「국어Ⅱ」의 선수 과목으로서의 성격을 지닌다. 또한, 국어과의 각 하위 영역이 하나의 심화 선택과목이 되는 다른 과목과는 달리, 「국어Ⅰ」 교과서는 영역별 지식과 기능이 통합적으로 구성된 교과서여야 하며, 이를 위해 내용을 구성하는 각 하위 영역들이 통합적이고 유기적으

---

7   해당 교육과정(2009)에서는 전 교과가 일반선택과목이었으나 「국어Ⅰ」, 「국어Ⅱ」는 실제 일선 현장에서 1학년에서 공통으로 이수 되었다. 이후 「2015개정교육과정」(2015)에서는 「국어」로 통합되면서 공통과목으로 선정되었다.

로 조직되고 구성될 수 있도록 해야 한다」고 명시하고 있다. 교육과정평가원(2011 : 78-80)에서도 해당 교과가 화법, 독서, 작문 등의 영역을 포괄하고 종합적으로 다룬다고 기술하고 있다.

일본의 「국어총합」의 경우에도 「실생활에서 활용 가능한 국어 능력을 익히기 위해 말하기·듣기, 쓰기, 읽기 및 전통적 언어문화와 국어의 특질에 관한 사항으로 구성하여 종합적인 언어능력을 육성하는 공통필수과목」으로, 국어과 중 모든 학생에게 이수시켜야 할 필수이수교과목이자 고등학교에서 가장 먼저 되어야 할 공통교과로 지정되어 있다.[8] 그 외, 「国語表現」, 「現代文A·B」 등은 「국어총합」의 내용을 과목의 성격, 특색에 따라 발전시킨 선택과목이다.

---

8   文部科學省(2010)

1.3 교육과정

「교육과정(敎育課程)」은 시대적 변화를 반영하되 끊임없이 진화되어야 하며, 때로는 시대를 앞서가는 변화를 이끄는 선도적 역할을 해야 한다.[9] 교육의 질은 교육과정의 질을 넘지 못한다는 평가 역시 교육과정의 중요성을 말하고 있다.[10] 이하, 양국의 교육과정을 통시적으로 살펴본다. 본고의 체계상 부득이 졸저(2017)와 중복되는 부분이 있다.

1.3.1 한국의 교육과정

한국의 법규에서 「교육과정」이라는 용어를 처음 사용한 것은 문교부령 제35호(1945)로 공포된 「초등학교, 중학교, 고등학교, 사범학교 시간 배당 기준령」이다. 여기에서 교육과정을 「각 학교의 교과목 및 기타 교육 활동의 편제를 말한다」라고 규정하였고 이후 1979년에 이르러 「학교에서 전개되고 실현될 교육 실천의 효과를 극대화하기 위해 일정 학생에게 무엇을 어떻게 교육할 것인가를 국가 수준에서 규정하는 의도되고 문서화된 계획」[11]

---

9   김승익(2010 : 2)

10   소진형(2010 : 1)

11   한국교육과정평가원(2013 : 52) 재인용.

으로 구체화하기에 이르렀다.[12] 교육과정평가원(2013 : 54)에서는 「교육과정은 학문적 접근뿐만 아니라 그동안 이루어져 온 우리나라 국가 교육과정에 나타난 것에서도 단순히 교육내용 및 교과서 내용에만 제한되는 것이 아님을 알 수 있다. 교육과정은 학생들에게 무엇을 어떻게 가르칠 것인가의 기본적 질문에서 출발하여 학습자에게 제공할 학습 경험을 선정하고 조직하여 실행하고 평가하고 개선해 가는 실천적 행위이다. 국가 교육과정은 이를 위한 기준을 제시한 것이고 각 학교는 이러한 국가 교육과정의 기준을 기반으로 학교 특성 및 실정에 적합한 교육과정을 창의적으로 계획하고 운영하게 되는 것」이라고 설명하고 있다.

한국의 「2009개정교육과정 총론」(2009)에서는 교육과정을 「전국의 초·중등학교에서 어떤 내용과 방법으로 교육을 해야 할 것인지를 제시한 설계도이며 기본적인 틀」이라고 정의하고 있다.[13] 한국의 교육과정 제정(制定) 및 개정(改訂) 시기를 간단히 정리하면 [표 3]과 같다. 종래 전면 개정을 할 경우에만 차수를 붙여 1~7차로 구분해 왔는데, 「2007개정교육과정」(2007)을 필두로 「수시개정」체제로 바뀌면서 명명 방식이 달라졌다. 본고의 분석 대상은 음영으로 표시한 「2009개정교육과정」(2009, 2011)에 해당한다. 해당 교육과정은 「교육과학기술부 고시 제2009-41호」(2009)로 총론이 먼저 발표된 후, 「교육과학기술부 고시 제2011-361호」(2011)로 수정 고시되었다. 이때 과목별 교과과정 각론을 발표하였는데, 이를 「2011개정교육과정」이라고도 부르기도 한다.

---

12 한국교육과정평가원(2013 : pp. 51-58, 425-450) 재인용.
13 졸저(2017) 재인용.

[표 3] 한국의 교육과정 제·개정 시기와 기간

차수	제·개정	실시 시기	특징
제1차 교육과정	1954년	1954~1963년	• 정부수립 • 6·25전쟁
제2차 교육과정	1963년	1964~1973년 (시차 적용)	• 5.16 군사 정변 • 경험 중심 교육과정
제3차 교육과정	1973년	1973~1981년 (시차 적용)	• 학문 중심 교육과정
제4차 교육과정	1981년	1982~1988년 (시차 적용)	• 제5공화국 출범 • 반공교육 강조 • 교과목, 수업시간 축소
제5차 교육과정	1987년	1989~1994년 (시차 적용)	• 통합중심교육 • 민주주의 강조
제6차 교육과정	1992년	1995~2001년 (시차 적용)	• 21세기 미래상을 위한 교육 • 중앙 집중적인 교육과정을 지방 분권형 교육과정으로 전환
제7차 교육과정	1997	2000~2008년	• 학생 중심교육 • 초등 1학년부터 고등 1학년까지 10년간 모든 학교에서 같은 교육을 받을 수 있도록 함
2007개정 교육과정	2007년	2009~2011년	• 수시 체제 • 교과서 수시개정
2009개정 교육과정	2009년 (총론) 2011년 (각론)	2011~2016년	• 교과 집중이수제 도입 • 학년군·교과군을 고려하여 전체 교과 내용을 약 20% 감축 • 학교 자율에 따라 교육과정을 20% 범위에서 증감 운영
2015개정 교육과정	2015년	2017년~	• 문·이과 통합교육과정

　　한국은 1945년 8·15 광복 후 미(美) 군정청 학무국에서 교수요목(教授要目)을 제정하던 시기를 지나 1948년 정부수립과 1949년 교육법 제정에 따라 교육과정을 새롭게 마련하게 되었다. 6·25전쟁 이후 1954년에 이르러,

처음으로 자주적인 교육과정을 실시하게 되는데, 이를 「제1차 교육과정」 (1954)이라 부른다.

이후 정치적인 전환기마다 개정이 이루어졌고, 「제5차 교육과정」(1987)에 이르기까지 모든 학교에 일률적으로 「국가」 수준에서 개발, 보급한 단일 교육과정이 적용되었다. 해당 시기에는 「교육과정은 학생의 교육적 성취를 의도하여 마련된 계획」으로, 국가 수준은 물론 지역 수준, 학교의 교사와 학생 수준에 이르기까지 「학교에서 학생들에 대한 교육적 성취를 의도하여 기성세대의 핵심적 내용으로서의 지식과 사고 양식, 경험을 재구성한 계획」이라는 점이 강조되었다.

「제6차 교육과정」(1992)에 이르러 교육부 장관이 교육법에 따라 고시하는 국가 수준의 교육과정과 일선 학교에서 편성 운영해야 할 교육과정에 대한 지침이 제시되는 등, 교육과정 개발의 중심이 「국가」에서 「학교」 수준으로 옮겨가게 된다.

1997년 12월 13일 제정된 「초·중등교육법」(제23조 제1항)에서는 종래 교육법(제155조 제1항, 1949년 12월 31일)에서 「교육과정은 교육부 장관이 정한다」라고 했던 것을 「학교는 교육과정을 운영하여야 한다」라고 명시하고 있다. 이로써 교과서에 대한 인식도 바뀌어 「교과서는 교육과정에 의해 개발된 학습자료의 하나이며, 교과서를 가르치는 것이 아니라 교과서로 (교육과정을) 가르친다는 인식」이 보편화되기 시작했다고 볼 수 있다.[14]

「2007개정교육과정」(2007)부터는 교육적 요구사항을 보다 신속하게 반영하기 위해 「수시개정」 체제로 전환하였다.

---

14 서울시교육청(2018 : 19)

「2009개정교육과정」(2009)에서 본 연구와 직접적인 관련이 있는 것은 다음과 같다.[15]

- 학년군(群)(중학교 1~3학년, 고등학교 1~3학년) 및 교과군(群) 도입을 통한 집중이수제 유도
- 학교의 특성 등에 따라 교과(군)별 수업시수를 20% 범위에서 학교가 자율적으로 증감 가능

「2009개정교육과정」(2009)은 학교 자율로 교육과정을 20% 범위에서 증감 운영할 수 있고 교과군(群)의 도입을 통해 이수 시기 및 수업 시수를 학교가 자율적으로 결정할 수 있게 하는 등, 학교 자율성과 창의성을 강화하는 방향으로 개정되었다고 평가되고 있다.

참고로, 중학교 국어 교과서의 세부 내용은 「국어 활동(듣기·말하기, 읽기, 쓰기)」, 「국어(문법)」, 「문학」으로 3범주, 5영역으로 구분하고 있다.

고등학교는 국어 교과(군)을 일반선택과목으로 편성되었다.[16] 그러나 앞서 밝힌 바와 같이, 「국어Ⅰ」, 「국어Ⅱ」은 고등학교 1학년 과정에서 공통으로 다루어져 실제적으로는 공통교과의 성격을 갖는다.

참고로, 고등학교 「국어Ⅰ」, 「국어Ⅱ」의 세부 내용은 「화법(듣기·말하기)」, 「독서(읽기)」, 「작문(쓰기)」, 「문법」, 「문학」 등, 5개 영역으로 구분하고

---

15 교육과학기술부(2009 : 21)
16 교육과정평가원(2013 : 453)

있다.[17] 참고로, 2020년 현재 중·고등학교 모두 「2015개정교육과정」(2015)에 의해 개정된 교과서가 사용되고 있음을 밝힌다.

1.3.2 일본의 교육과정

일본의 교육과정은 「學習指導要領(이하, 학습지도요령)」으로 제시되고 있다. 「학습지도요령」이란 각 학교에서 교육과정을 편성하는 기준이 되는 것으로, 「초·중·고등학교 교육과정의 편성, 각 교과, 도덕,[18] 특별활동의 목표 및 내용, 수업시수, 각 교과 등의 지도 계획 작성의 배려사항 등에 관한 국가 수준의 기준」이라 할 수 있다. 일본의 교육과정 제정 및 개정 시기를 간단히 정리하면 [표 4]와 같다. 8차로 나누는 예도 있으나 일본 문부과학성의 「新學習指導要領係資料」[19]를 사용하되 시안(試案) 부분을 추가하였다. 본고의 분석 대상은 음영으로 표시한 6차에 해당한다.

[표 4] 일본의 교육과정 제·개정 시기와 기간

차수	제·개정	실시 시기	특징
시안 (試案)	1947년	1947~1955년	• 2차 세계대전 후 임시로 사용 • 1952년까지 시안이라는 명칭으로 사용

---

17 「문학」과 「읽기」를 분리한 점에 대하여는 비판이 있다. 이와 관련해서는 박재승(2017 : 54-56)을 참고 바란다.

18 文部科學省(2010), 참고로, 일본 고등학교에서 「도덕」은 교과(군)에 포함되지 않는다.

19 http://www.mext.go.jp/b_menu/shingi/chukyo/chukyo3/004/siryo/__icsFiles/afieldfile/2011/04/14/1303377_1_1.pdf#search='%E5%AD%A6%E7%BF%92%E6%8C%87%E5%B0%8E%E8%A6%81%E9%A0%98%E3%81%AE%E5%A4%89%E9%81%B7' : 2020년 1월 15일 검색

제1차	1958~1960년	1961년(초) 1962년(중) 1963년(고)	• 교육과정의 기준으로서의 성격을 명확화함
제2차	1968~1970년	1971년(초) 1972년(중) 1973년(고)	• 교육내용의 향상 • 교육내용의 현대화
제3차	1977~1978년	1980년(초) 1981년(중) 1982년(고)	• 여유있는 충실한 학교생활 실현 • 교과목표 및 내용을 집약
제4차	1989년	1992년(초) 1993년(중) 1994년(고)	• 사회변화에 스스로 대응 가능한 풍요로운 인간 육성
제5차	1998~1999년	2002년(초) 2003년(중) 2003년(고)	• 기본을 확실히 몸에 익혀 스스로 배우고 생각하는 힘, 살아가는 힘(生きる力) 육성
일부개정	2003년		• 학습지도요령의 목표를 실현을 독려하기 위해 일부 개정
제6차	2008~2009년	2011(초) 2012(중) 2013(고)	• 살아가는 힘 육성 • 기초적·기본적 지식·기능습득 • 사고력, 판단력, 표현력 육성의 균형 이루기
일부 개정		2017~2011년 (시차 적용)	• 제7차 학습지도요령으로 넘어가기 전의 이행기간 이라 할 수 있음
제7차	2020~2022년	2020년(초) 2021년(중) 2022년(고)	• 주체적 대외적 사회에 열린 교육과정

일본은 2차 세계대전 직후인 1947년, 교사를 위한 안내서 수준의 시안 (試案)으로 「학습지도요령」을 정했고 1958년 이후, 국가적인 기준과 구속 성을 가지게 되었다. 이후, 시대의 변화 등을 반영하여 약 10년마다 개정 (改訂)되고 있다.[20]

---

20 문부과학성 홈페이지 「現行學習指導要領 生きる力」 : 2020년 1월 15일 검색

1998년, 「제5차 학습지도요령」(1998)에 이르기까지의 이른바 주입식 교육에서 벗어나 학습 부담을 적정화시키려는 노력이 있었으나 학력저하를 이유로 비판을 받으면서 「제6차 학습지도요령」(2010)에서는 수업시수 증가, 교과서 증량 등의 변화가 있었다. 본고의 분석 대상 교과서는 이 시기에 해당한다. 본 연구와 직접적인 관련이 있는 것은 다음과 같다.

- 사고력·판단력·표현력 등의 조화로운 육성
- 중학교의 경우, 국어·사회·수학·체육 등의 수업시수를 10% 정도 증가하고 각 학년당 주당 단위 수 1단위 증가
- 고등학교의 경우, 학습의 기반이 되는 국어·수학·외국어에 공통 필수과목 선정
- 국어를 비롯한 각 교과 등에서 비평, 논술, 토론 학습 충실

본고의 분석 대상 교과서는 음영으로 표시한 「제6차 학습지도요령」(2010)에 의거하여 제작되어 검정을 거쳐 사용된 중·고등학교 국어 교과서이다.[21]

교과서의 세부 내용은 「듣기·말하기」, 「읽기」, 「쓰기」의 3영역과 1개 사항(事項), 즉 「전통적인 언어문화와 국어의 특질에 관한 사항」을 설정하고 있다. 후자에서는 자국 문화와 외국문화와의 관계를 알고 전통적인 언어문화에 대한 흥미, 관심을 넓히려는 의도 및 언어의 규칙이나 특색, 한

---

21 http://www.mext.go.jp/b_menu/shingi/chukyo/chukyo3/061/siryo/attach /1364457. htm : 2020년 1월 15일 검색

자, 표기에 관한 사항을 다루고 있다.

다음으로, 고등학교의 경우, 교과서는 文部科學省(2010)에 의거하여 개
정되어 2013~2016년에 사용된 것을 분석 대상으로 한다. 초등학교 및 중학
교에 이어 교과서의 세부 내용은 「듣기·말하기」, 「읽기」, 「쓰기」의 3영역
과 1개 사항(事項), 즉 「전통적인 언어문화와 국어의 특질에 관한 사항」을
설정하고 있다.[22] 참고로, 2020년 현재, 학습지도요령을 일부 개정하고 그
에 따라 개정한 교과서가 사용되고 있다. 1.4에서는 양국의 국어과 교과목
편제와 시간(단위) 기준 배당을 분석한다.

---

22   文部科學省(2010)『高等学校学習指導要領解説 国語編』

1.4 국어과 시간(단위) 기준 배당

1.4.1 양국의 중학교 국어과 시간(단위) 기준 배당

먼저, 「2009개정교육과정」(2009)에 의거한 한국의 중학교 시간 배당 기준은 다음과 같다. 앞서 명시한 바와 같이, 학교 자율에 따라 교육과정을 20% 범위에서 증감 운영할 수 있게 하였으므로 학교별로 차이가 있을 수 있다. (국어는 음영으로 표시함)

[표 5] 한국의 중학교 시간 배당 기준[23]

구분		1~3학년 수업시수
교과 (군)	국어	442
	사회(역사 포함)/도덕	510
	수학	374
	과학/기술·가정	646
	체육	272
	예술(음악/미술)	272
	영어	340
	선택	204
창의적 체험활동		306

23　교육과학기술부(2009, 2013)

총 수업시간 수	3,366

① 이 표에서 1시간 수업은 45분을 원칙으로, 기후 및 계절, 학생의 발달 정도, 학습 내용 성격 등과 학교 실정을 고려하여 탄력적으로 편성·운영할 수 있다.
② 학년군 및 교과(군)별 시간 배당은 연간 34주를 기준으로 한 3년간의 기준 수업 시수를 나타낸 것이다.
③ 총 수업시간 수는 3년간의 최소 수업 시수를 나타낸 것이다.

중학교 3년간 총 수업시간은 1교시가 45분인 점을 고려하면 3년간 331.5시간[24]으로, 학년당 평균은 110.5시간이다. 뒤에서 다룰 일본은 3년간 385교시로, 1교시가 50분인 점을 고려하면 3년간 약 321시간으로, 학년당 평균은 106.9시간이다. 한국이 학년당 3.6시간 많은 것으로 나타났다.

다음은 일본의 교과목 편제와 시간(단위) 기준 배당을 살펴본다.

[표 6]은 文部科學省(2010)「제6차 학습지도요령」에 따른 중학교의 시간 배당 기준이다.

[표 6] 일본의 중학교 시간 배당 기준 (필자 편집 및 번역)

구분		1학년	2학년	3학년
각 교과 수업시수	국어	140	140	105
	사회	105	105	140
	수학	140	105	140
	이과	105	140	140
	음악	45	35	35
	미술	45	35	35
	보건 체육	105	105	105
	기술·가정	70	70	35
	외국어	140	140	140

---

24 442교시×45분×34주÷60분=331.5시간, 이하 이와 같이 계산한다.

도덕 수업시수	35	35	35
종합적인 학습시간 수업시수	50	70	70
특별활동 수업시수	35	35	35
총 수업시수	1,015	1,015	1,015

(*이 표의 수업시수의 1단위는 50분이다.)

총 수업시간은 3년간 385교시로, 1교시가 50분인 점을 고려하면 3년간 320.8시간(385×50÷60=320.8)이고 이를 학년당으로 계산하면 106.9시간(320.8÷ 3=106.9)이다. 110.5시간인 한국에 비교해 3.6시간 적은 셈이다.

1.4.2 양국의 고등학교 국어과 시간(단위) 기준 배당

[표 7]은 「2009개정교육과정」(2009, 2011)에 의거한 한국의 일반 고등학교의 단위배당 기준이다.[25] 2009개정 고등학교 교육과정은 1학년부터 선택 교육과정 체제로 전환되었고 교과군과 창의적 체험활동으로 편제가 변화하였다. 교과군에는 네 개의 교과 영역 및 8개의 교과군으로 구성된다. 기초 교과 영역의 국어, 수학, 영어 교과(군)은 각각 기본, 일반, 심화 과목으로 나뉘는데, 국어 교과(군)의 필수이수 단위는 10단위이다.[26]

---

25 2015년 현재, 초·중등교육법시행령에 따른 고등학교 유형은 일반 고등학교, 특수 목적 고등학교, 특성화 고등학교, 자율 고등학교로 구분된다. (한국교육과정평가원2013 : 448)

26 한국교육과정평가원(2013 : 425-450) 「 [부록 3] 2009 개정 교육과정의 부분 개정에 따른 고등학교 교육과정 총론 해설 증보편)」

[표 7] 한국의 일반고 단위배당 기준[27] (필자 편집)

	교과 영역	교과(군)	필수 이수 단위	학교 자율과정
교과 (군)	기초	국어	10	학생의 적성과 진로를 고려하여 편성
		수학	10	
		영어	10	
	탐구	사회(역사/도덕 포함)	10	
		과학	10	
	체육·예술	체육	10	
		예술(음악/미술)	10	
	생활·교양	기술·가정/제2외국어/한문/교양	16	
	소개		86	94
창의적 체험활동			24	
총 이수 단위			204	

① 1단위는 50분을 기준으로 하여 17회를 이수하는 수업량이다.

② 1시간의 수업은 50분을 원칙으로 하되, 기후 및 계절, 학생의 발달 정도, 학습 내용의 성격 등과 학교 실정을 고려하여 탄력적으로 편성·운영할 수 있다.

③ 필수이수 단위의 단위 수는 해당 교과(군)의 「최소 이수 단위」를 가리킨다.

④ 총 이수 단위 수는 교과(군)과 창의적 체험 활동의 이수 단위를 합한 것으로, 고등학교 3년간 이수해야 할 「최소 이수 단위」를 가리킨다.

⑤ 기초 교과 이수 단위가 교과 총 이수 단위의 50%를 초과하지 않도록 한다. 단, 자율형 사립고등학교의 경우에는 이 규정을 권장한다.

　일반 고등학교를 기준으로 교육과정의 총 이수 단위는 204단위이며, 이 중 「국어」[28]의 최소 이수 단위는 10단위이다. 교육부(2013) 「교육과정 총론(제201-7호)」에 의하면 「국어Ⅰ」, 「국어Ⅱ」는 각각 5±3으로 최대 8단위, 최소 2단위로 운영할 수 있다.

27　교육부(2013) 「교육과정 총론(제201-7호)」

28　교과서는 본고의 분석 대상인 「국어Ⅰ」, 「국어Ⅱ」임.

단, 해당 교육과정에서는 단위배당 기준을 통하여 교과 영역 및 교과군
의 필수이수 단위를 최소한으로 설정하고, 학교 자율과정을 둠으로써 학
교 수준에서 교육과정을 자율적으로 편성, 운영할 수 있게 하였다. 일반과
목의 기본 단위 수는 5단위이며, 각 과목별로 3단위 범위 내에서 증감 운
영할 수 있으므로 학교 별로 차이가 있을 수 있다.

[표 8]은 실제 일반 고등학교 사례를 확인하기 위해, 해당 시기 서울 소
재 고등학교의 인문사회계열(2012년 입학자)의 단위 배당표의 일부분이다.
(「…」은 생략된 부분을 나타낸다.)

[표 8] 서울 소재 모 일반 고등학교의 교육과정 단위 배당[29] (필자 편집)

교과 영역	교과 (군)	세부 교과목	기준 단위	운영 단위	1학년		2학년		3학년		이수 단위
					1	2	1	2	1	2	
기초	국어	국어	5	8	4	4	-	-	-	-	32
		문학 I	5	5	-	-	5	-	-	-	
		문학 II	5	5	-	-	-	5	-	-	
		독서와 문법 I	5	7	-	-	-	-	7	-	
		독서와 문법 II	5	7	-	-	-	-	-	7	
이수 단위 소계					29	29	29	29	32	32	180
창의적 체험활동			24	24	5	5	5	5	2	2	24
학기별 총 이수 단위					34	34	34	34	34	34	204
학기당 과목 수					8	8	8	8	8	8	

---

29 http://www.myongjigo.net/129351/subMenu.do#fileDown : 2018년 10월 11일
  검색

학년별 총 이수 단위	68	68	68	204

위의 [표 8]에서 고등학교에서 국어과 교과목 중, 「국어」(국어 I · II)는 8단위로 운영되고 있다. 이를 실시간으로 계산하면, 113.3시간으로, 중학교 국어과의 110.5시간보다 2.8시간 증가한 것으로 나타났다.

[표 9]는 일본의 고등학교 단위배당 기준의 일부분이다. 각 교과목 및 종합적 학습시간 및 표준단위 수를 밝히고 있는데 각 학교에서 이를 바탕으로 정하도록 하고 있다.

[표 9] 일본의 고등학교 국어과 표준 단위 수[30] (필자 편집 및 번역)

교과	과목	표준단위수	필수이수과목
국어	국어총합	4	2단위까지 감소 가능
	국어표현	3	
	현대문 A	2	
	현대문 B	4	
	고전 A	2	
	고전 B	4	

① 1단위는 50분을 기준으로 하여 35회 이루어지는 수업을 말한다.
② 학생이 이수해야 하는 각 교과과목 및 종합적 학습시간의 단위 수의 합계는 74단위 이상이어야 한다.

본고의 분석 대상인 「국어총합」[31]은 표준단위 수가 4단위이다. 1교시당

---

30 文部科學省(2009)『高等学校学習指導要領解説』
31 일본 학습지도요령에서 모든 고등학생이 이수하는 공통필수과목으로 규정하고 있다. (文部

50분이고 35회 이루어지므로, 1년간 140교시(116.7시간)에 걸쳐 학습하는
교과이다. 상대적으로 한국에 비해 3.4시간 많은 셈이다. 일본 고등학교는
중학교에 비해서도 국어시간이 9.8시간 늘어 2.8시간 증가한 한국과 차이
를 보인다.

「국어총합」의 경우, 학습지도요령에서 2단위까지 감할 수 있다고 규정
하고 있으나 일선 고등학교의 경우, 오히려 5단위로 늘려서 다루고 있다
([표 10]참조). 해당 교육과정에서 학생들의 실태 등을 고려하여 단위 수를
늘려 배당할 수 있도록 규정하고 있으므로 이에 따라 학교에서 자율적으
로 운영하는 것으로 보인다.

[표 10]은 해당 시기 도쿄 소재 고등학교의 문과계(2013년 입학생 기준)
국어과의 시간 배당표이다. (「…」은 생략된 부분을 나타낸다.)

[표 10] 도쿄 소재 모 고등학교의 교육과정 단위 배당[32] (필자 편집 및 번역)

교과	과목	1학년	2학년	3학년	이수 단위
국어	국어총합	5	-	-	5
	현대문 B	-	3	3	6
	고전 B	-	3	4	7
	고전연습	-	-	-	-
종합적 학습시간		1	1	1	3
단위 수 합계		33	32	24	89
LHR[33]		1	1	1	3

科學省2009 : 5)

32 http://www.obirin.ed.jp/teach/curriculum/katei.html : 2018년 10월 11일 검색
33 초·중학교에서 이루어지는 학급 활동을 홈룸(HR)이라 한다면 고등학교에서 1교시(50분)를

단위 수 총 합계	34	33	25	92

일선 고등학교에서 「국어총합」을 5단위로 늘려서 지정하고 있는데, 이는 실시간으로 계산하면 145.8시간[34]에 해당한다. 앞서 [표 8]의 한국 고등학교의 「국어」에 비해 35.3시간을 더 배당하고 있음을 알 수 있다. 실시간으로 35.3시간의 차이는 국어과의 위상은 물론 해당 교과서의 양적, 질적(난이도 등) 내용에 영향을 미칠 것이다. 이는 양국 간 교과서 텍스트 및 학습활동의 심화, 어휘의 난이도 등을 고려할 때 중요한 사안이라 볼 수 있다.

할애하여 이루어지는 학습활동을 Long HomeRoom, 즉 LHR이라 한다.

34 5단위×50분×35회÷60분=145.8시간

1.5 국어 교과서의 분량

1.5.1 양국의 중학교 교과서

중학교 교과서의 분량을 대조하는 데 있어 편의상 쪽수를 기준으로 하였고 편집 및 글자 수 등에 의한 변수는 고려하지 않았다.

양국의 교과서는 모두 「본교재」와 「부록」으로 구성되어 있는데, 일본의 교과서 중에는 여기에 「자료」가 추가된 예가 있다. 양국간은 물론, 각 3종 교과서의 분석 범위를 통일하기 위해 부록 및 자료는 연구대상에서 제외하였다. 단, 한국 교과서에서 「듣기용 텍스트」를 부록에 편성한 경우나 일본 교과서에서 소설 등의 「읽기 텍스트」를 뒷부분의 자료에 편성한 경우는 예외로 보아, 연구대상에 포함했다.

중학교의 1종별 1년 평균은 [표 11]과 같다. 그 근거는 각주 35와 같다.

---

35 〈중학교 3종 3년분 교과서 분량 상세〉

	구성	소계	총계
K1	국어1 : 본교재 1-241, 표지 9쪽, 부록 241-247쪽 국어2 : 본교재 1-265, 표지 9쪽, 부록 266-271쪽 국어3 : 본교재 1-270, 표지 9쪽, 부록 268-269쪽 / 272-275쪽 국어4 : 본교재 1-247, 표지 9쪽, 부록 248-263쪽 국어5 : 본교재 1-251, 표지 9쪽, 부록 252-263쪽 국어6 : 본교재 1-245, 표지 9쪽, 부록 246-255쪽	본교재 1,519쪽 표지 54쪽 부록 55쪽 (총 1,628쪽)	본교재 4,670쪽 표지·부록 429쪽 (총 5,099쪽)

[표 11] 양국의 중학교 교과서 구성[35] (1종 1년분, 숫자는 쪽수)

		본교재	표지, 부록 및 자료	계
K	K1	506.3	36.3	542.7
	K2	494.3	68.0	562.3
	K3	556.0	38.6	594.6
	평균	518.9	47.7	566.6

K2	국어1 : 본교재 1-265, 표지 9쪽, 부록 267-287 국어2 : 본교재 1-213, 223-230, 표지 9쪽, 부록 214-222/231-239 국어3 : 본교재 1-269, 표지 9쪽, 부록 270-295 국어4 : 본교재 1-239, 244-248, 표지 9쪽, 부록 240-243/249-271 국어5 : 본교재 1-273, 282-283, 표지 9쪽, 부록 274-281/284-303 국어6 : 본교재 1-209, 표지 9쪽, 부록 210-239	본교재 1,483쪽 표지 54쪽 부록 150쪽 (총 1,687쪽)
K3	국어1 : 본교재 1-291, 표지 8쪽, 부록 292-304 국어2 : 본교재 1-265, 표지 8쪽, 부록 266-272 국어3 : 본교재 1-285, 291-294, 표지 8쪽, 부록 286-290/295-296 국어4 : 본교재 1-265, 표지 8쪽, 부록 266-288 국어5 : 본교재 1-305, 표지 8쪽, 부록 306-312 국어6 : 본교재 1-253, 표지 8쪽, 부록 254-264	본교재 1,668쪽 표지 48쪽 부록 68쪽 (총 1,784쪽)
J1	國語1 : 본교재 1-216/264-284, 표지 9쪽, 부록·자료 217-263/285-317 國語2 : 본교재 1-216/268-285, 표지 9쪽, 부록·자료 217—267/286-319 國語3 : 표본교재 1-210/246-271, 표지 9쪽, 부록·자료 211-245/272-301	본교재 707쪽 표지 27쪽 부록·자료 230쪽 (총 964쪽)
J2	國語1 : 본교재 i-ii/1-220/255-26/237, 표지 6쪽, 부록·자료 221-254/270-312 國語2 : 본교재 i-ii/1-220/261-281, 표지 6쪽, 부록·자료 21-260/282-320 國語3 : 본교재 i-ii/1-224/253-277/별도 4쪽, 표지 6쪽, 부록·자료 225-252/278-320	본교재 735쪽 표지 18쪽 부록·자료 227쪽 (총 980쪽)
J3	國語1 : 본교재 1-193/227-265/별도 20쪽, 표지 6쪽, 부록·자료 194-226/266-304 國語2 : 본교재 1-201/247-273/별도 21쪽, 표지 4쪽, 부록·자료 202-246/274-316 國語3 : 본교재 1-195/243-279/별도 21쪽, 표지 4쪽, 부록·자료 196-242/280-318	본교재 754쪽 표지 12쪽 부록·자료 246쪽 (총 1,012쪽)

본교재 2,196쪽
표지·부록 760쪽
(총 2,956쪽)

	J1	235.7	85.6	321.3
J	J2	245.0	81.6	326.7
	J3	251.3	86.0	337.3
	평균	244.0	84.4	328.4

중학교 교과서의 1종별 1년 평균은 한국 566.6쪽, 일본 328.4쪽으로, 중학교 교과서의 분량은 한국이 일본의 1.7배에 해당한다.

「본교재」의 경우, 한국은 평균 518.9쪽, 일본은 평균 244.0쪽으로, 한국이 일본의 약 2.1배에 해당할 정도로 압도적으로 많은 것을 알 수 있다. 쪽수를 기준으로 한 것으로, 편집상 차이가 있고 일본의 교과서 판형이 글자 수가 많고 한자 교육에 지면을 할애하고 있는 점을 고려하여야 한다. 단, 일본 교과서는 부록 및 자료 부분이 한국의 2배 가깝다는 점에서 본교재의 양만으로 학습부담을 논하기는 어렵다. 부록 및 자료에서 한자 및 문법, 고전문법, 고전문학 관련 자료를 담고 있기 때문이다. 이와 관련하여 텍스트의 주제 및 난이도, 어휘의 난이도(등급) 분류가 병행되어야 한다.

분량에 있어 3종 검정 교과서 간의 유사성을 살펴보았다. 한국은 3종 교과서 간 학년당 51.9쪽의 차이가 있고 본교재만을 한정하여 비교한 경우에도 61.7쪽의 차이가 있다. 반면, 일본은 3종 교과서 간, 전체 양에서는 학년당 16쪽, 본교재에서는 15.6쪽의 차이가 나타났다. 한국 교과서가 전체적으로 양이 많지만, 검정 교과서 간에 자율성이 높은 반면, 일본 교과서는 정형적이고 규격화되어 있다. 참고로, 학년간의 차이도 거의 없다.

1.5.2 양국의 고등학교 교과서

고등학교 교과서의 분량을 살펴본다. 편의상 쪽수를 기준으로 하였고 편집 및 글자 수 등에 의한 변수는 고려하지 않았다. 원칙은 1.5.1의 중학교와 같다. 고등학교의 1종별 평균은 [표 12]와 같다. 그 근거는 각주 36과 같다.[36]

[표 12] 양국의 고등학교 교과서 구성 (1종 1년분, 숫자는 쪽수)

		본교재	표지, 부록 및 자료	계
K	K4	574	32	606
	K5	524	64	588
	K6	500	55	555
	평균	532.7	50.3	583.0

---

36 〈고등학교 3종 1년분 교과서 분량 상세〉

	구성	소계	총계
K4	국어 I : 본교재 1-291, 표지 8쪽, 부록 294-304 국어 II : 본교재 1-283, 표지 8쪽, 부록 284-288	본교재 574쪽, 표지 16쪽, 부록 16쪽 (총 606쪽)	본교재 1,598쪽 표지·부록 151쪽 (총 1,749쪽)
K5	국어 I : 본교재 1-285, 표지 8쪽, 자료 6쪽, 부록 286-303 국어 II : 본교재 1-239, 표지 9쪽, 자료 6쪽, 부록 240-255	본교재 524쪽, 표지 18쪽, 부록 34쪽, 자료 12쪽 (총 588쪽)	
K6	국어 I : 본교재 1-258, 표지 9쪽, 부록 259-263 국어 II : 본교재 1-242, 표지 9쪽, 부록 240-271	본교재 500쪽, 표지 18쪽, 부록 37쪽 (총 555쪽)	
J4	標準國語総合 : 본교재 1-330, 표지 5쪽, 자료·부록 1-15/331-368		본교재 984쪽 표지·부록·자료 176쪽 (총 1,160쪽)
J5	新編國語総合 : 본교재 1-324, 표지 5쪽, 자료·부록 1-19/325-359		
J6	新編國語総合 : 본교재 1-330, 표지 6쪽, 자료·부록 1-15/331-368		

J				
	J4	330	58	388
	J5	324	59	383
	J6	330	59	389
	평균	328.0	58.6	386.7

한국의 고등학교 교과서의 1종당 평균은 한국이 583.0쪽이고 일본은 평균 386.7쪽으로, 한국이 일본의 1.5배에 해당한다. 표지, 부록 등을 제외한 본교재의 양에서도 한국은 평균 532.7쪽이고, 일본은 평균 328.0쪽으로, 한국이 일본의 1.6배이다. 각각 1.7배, 2.1배인 중학교에 비하면 격차가 약간 줄기는 했지만, 유사한 경향을 보인다. 단, 편집상 차이가 있고 특히 고등학교 교과서에서 일본이 한자 교육은 물론 고전 원문, 중국의 한시(漢詩), 고사(故事), 설화(史傳) 등을 다루고 있으므로 단순 비교는 어렵다.

3종 검정 교과서 간의 차이를 보면, 한국은 전체 양에서는 51.0쪽, 본교재에 한정하면 74.0쪽의 차이가 있다. 중학교 교과서에 비해서도 더욱 차이가 크다. 중학교 교과서에 이어 고등학교 교과서 역시 형식적인 면에서 매우 자율적인 것을 알 수 있다. 한편, 일본은 전체 양에서는 6.0쪽, 본교재에서는 2.0쪽의 차이가 나타나 거의 규격화되어 있음을 알 수 있다.

형식적인 면에서 한국이 검정 교과서 간에 차이가 크다는 것은 박종희(2012)에서 언급했듯이 해당 시기 한국 교과서가 삽화는 물론, 표지, 편집디자인, 외형체계 및 편집이 자유로워졌다고 평가한 것과 관련이 있다고 볼 수 있다.

1.6 본 연구의 출발점

먼저, 본고와 관련된 기초 연구는 다음과 같다. 장별로 학술논문으로서 검증을 받은 후, 이를 바탕으로 기술하였다.

2~5장 어휘 연구 관련

• 2012, 「한·일 초등학교 1학년 국어 교과서 어휘고찰-품사별 고빈 도어 비교를 중심으로-」, 『日本語學研究』 34, 한국일본어학회, pp.89-105. (2인 공동)

• 2013, 「한·일 초등학교 2학년 국어 교과서 어휘 고찰-품사별 고빈 도어 비교를 중심으로-」, 『日本語學研究』 36, 한국일본어학회, pp.147-166. (단독)

• 2014, 「한·일 초등학교 1-2학년 국어 교과서의 어휘 분포 연구-한·일 초등학생의 어휘 비교를 통하여-」, 『日本語學研究』 39, 한국일본어학회, pp.139-155. (단독)

• 2014, 「한·일 초등학교 6학년 국어 교과서의 어휘 분포 대조」, 『日本學報』 99, 한국일본학회, pp.93-107. (단독)

• 2015, 「한·일 중학교 국어 교과서의 어휘 분포 대조」, 『日本學報』 102, 한국일본학회, pp.13-33. (단독)

- 2016, 「한국과 일본의 국어 교과서의 인간 관련 어휘에 나타난 사회 문화적 특징 연구-초·중·고 학교 급에 따른 변화에 주목하여-」, 『日本學報』 109, 한국일본학회, pp.19-38. (2인 공동)
- 2016, 「한국과 일본의 고등학교 국어 교과서의 어휘 분포 대조」, 『日本言語文化』 37, 한국일본언어문화학회, pp.203-229. (단독)
- 2018, 「한국과 일본의 중·고등학교 학교 급별 국어 교과서 어휘 변화 연구」, 『日本學報』 116, 한국일본학회, pp.65-84. (단독)
- 2018, 「한국과 일본의 중·고등학교 국어 교과서의 학교 급별에 따른 등급용 어휘 연구」, 『日本語敎育硏究』 45, 한국일어교육학회, pp.95-111. (단독)
- 2020, 「Study on lexical change after the revision of high-school Korean & Japanese language textbooks」, 『日本學報』 122, 한국일본학회, pp.69-102. (단독)

6장 삽화 연구 관련

- 2012, 「한·일 초등학교 1-2학년 국어 교과서를 통해 본 양국의 사회·문화적 가치관 연구-교과서 정책 및 삽화를 중심으로-」, 『日本學報』 92, 한국일본학회, pp.65-77. (2인 공동)
- 2012, 「한·일 초등학교 3-4학년 국어 교과서의 삽화를 통해 본 양국의 사회·문화적 가치관 연구」, 『日本言語文化』 23, 한국일본언어문화학회, pp.467-488. (2인 공동)
- 2012, 「韓·中·日小学校低学年国語教科書の挿絵から見た三国の社会·文化

的な価値観観研究」,『日本研究』51, 한국외국어대학교 일본연구소, pp.324-346. (단독)

• 2013, 「한·일 초등학교 국어 교과서의 삽화에 나타난 사회·문화적 가치관 연구-저·중·고학년의 변화에 주목하여-」,『日本學報』95, 한국일본학회, pp.31-45. (단독)

• 2015, 「한·일 중학교 국어 교과서의 삽화에 나타난 사회상연구」,『日本研究』51, 한국외국어대학교 일본연구소, pp.417-438. (단독)

• 2019, 「한국과 일본의 중·고등학교 국어 교과서 삽화 연구」,『比較日本學』47, 한양대학교 일본학국제비교연구소, pp.281-302. (단독)

7장 텍스트 연구 관련

• 2015, 「한·일 중학교 국어 교과서의 「문학텍스트」 연구」,『日本學報』105, 한국일본학회, pp.109-124. (단독)

• 2016, 「한국과 일본의 초·중학교 국어 교과서의 소설에 나타난 사회·문화적 특징 연구」,『人文科學研究論叢』37-3, 명지대학교 인문과학연구소, pp.37-61. (단독)

• 2017, 「한·일 고등학교 국어 교과서 문학텍스트에 나타난 사회문화적 가치관 연구」,『日本語敎育研究』41, 한국일어교육학회, pp.155-169. (단독)

• 2018, 「한국과 일본의 중·고등학교 국어 교과서의 비문학텍스트 연구」,『日本語學研究』57, 한국일본어학회, pp.119-137. (단독)

2

한·일 중·고등학교 국어 교과서
어휘의 의미분포

2.1 서론

2.1.1 들어가는 글

사회나 윤리 교과서에 비해 간접적이라고는 하지만 국어 교과서(이하, 교과서) 역시 해당 국가 사회의 지배 이데올로기로부터 자유롭지 않으며 해당 시기의 사회문화적 가치관을 내포하고 있다. 그리고 이는 텍스트는 물론, 어휘, 삽화 등을 통해 발현되는데, 본장은 「어휘(語彙)」에 초점을 맞춘 것이다.

「어휘」는 단어의 집합이다. 양국의 교과서 어휘의 비교를 통해 해당 언어의 배경이 되는 문화의 차이를 도출할 수 있는데, 이는 다지마(田島, 1995)[1]가 제시한 비교 어휘 연구의 궁극적인 목적과 통하는 바가 있다. 무엇보다 의미의 관점에서 어휘를 분석하기 위해 의미를 수량화하는 것이 필요한데, 이를 일본어의 대표적 시소러스(Thesaurus)라 할 수 있는 일본 국립국어연구소의 『分類語彙表』(1964, 이하 「분류어휘표」)[2]를 사용하여 어휘의

---

1   申玟澈(2009 : 10-14) 재인용.

2   일본 국립국어연구소의 『分類語彙表』(1964)는 단어를 의미에 따라 분류할 수 있도록 만든 시소러스(유의어사전)이다. 2004년 101,070어를 분류한 개정증보판이 나왔으나 1964년 판의 원칙을 따른 것으로 아직 검증단계에 있다. 본고에서는 기본적으로 1964년 판을 사용하였고 일부 신어, 외래어, 번역어 등에서 2004년 판을 참고하였다.

의미분야별 분포(Lexical distribution)에 나타나는 범주별 유의차(有意差)를 단
서로 하여 양국의 중·고등학교 국어 교과서에 나타난 사회문화적 특징을
분석한다. 한국의 교과서 어휘는 가장 가까운 의미를 나타내는 일본어로
직역하여 같은 방법으로 분석한다.

어휘를 대상으로 하는 학문 분야를 「어휘론」이라 한다. 일반적으로 품
사별 구성과 문체와의 특징을 다루거나 어종(語種) 분석으로 고유어와 외
래어요소를 가르거나 어구성(語構成)을 분석하여 조어(造語) 상의 특징을
다루기도 한다.

본고와 같이 의미론적 관점에서 어휘의 의미분포에 나타나는 유의차
를 통해 양국의 사회문화적 특징을 분석하기 위해서는 계량연구(計量硏究)
를 도입하지 않을 수 없다. 본장에서는 한국과 일본의 중·고등학교 교과서
의 어휘를 앞서 설명한 「분류어휘표」(1964)의 의미별 분류 코드를 사용하
여 개별어수(個別語數)[3] 및 전체어수(全體語數)의 의미분야별 유의차에 주목
하여 분석한다.

2.1.2 분석 대상 및 방법

분석 대상은 다음 [표 1]과 같다. 어휘 연구에서는 중·고등학교 교과서,
각 1년분 1종으로 한정하였다.

---

3 「개별어수」란 서로 다른 단어의 종수를 나타내며, 「전체어수」란 단어의 총 빈도수를 나타낸
  다. 본문에서 이를 구별하기 위해 전자는 「~종(種)」, 후자는 「~회(回)」로 구분하는 경우가 있다.

[표 1] 분석 대상 교과서

		집필자	검정	출판사	교과서 (권수)	학년	사용 기간
中	K	노미숙 외	2012	천재교육	국어 1·국어 2 (2권)	中1	2013~2016년
	J	宮地裕 외	2011	光村図書	國語1 (1권)	中1	2012~2015년
高	K	박영목 외	2013	천재교육	국어 I·국어 II (2권)	高1	2014~2017년
	J	東郷克美 외	2012	第一学習社	標準國語總合 (1권)	高1	2013~2016년

본고의 목적은 교과서 텍스트에 사용된 어휘에 나타난 의미분야별 분포를 분석함으로써 사회문화적 특징을 분석하려는 것으로, 분석 대상 어휘도 이러한 개념이 가장 명확하게 나타나는 「체언」(명사, 대명사, 고유명사, 의존명사[4], 단위명사, 수사 포함)으로 한정한다.

어휘의 양적 구성은 어휘의 특성과 관련이 있다. 품사 구성 역시 문체 및 장르에 따라 달라진다. 조남호(2003)에 의하면 한국의 국어 교과서 텍스트에서 차지하는 체언의 비중은 개별어수의 경우, 전체 어휘의 53.7%, 전체어수의 경우, 전체 어휘의 63.2%였다. 단, 장르에 따라 학년 및 학교급에 따라 체언의 비중은 달라질 것으로 예상한다.

분석방법은 다음과 같다.

(1) 개별어수 및 전체어수를 산출하여 양적으로 대조한다. 본서에서는 어휘의 의미분야별 분포를 연구하는 것이 목표이므로 다음과 같이, 단·복수 및 축약어 등은 같은 단어로 간주한다.

---

4   의존명사는 어휘적 의미가 없으므로 특정 개념을 나타내지 않으나 「분류어휘표」(1964)에서
    〈1.1추상적 관계〉라는 대분류에 포함된다.

- 단·복수[5] : 사람·사람들, 学生(학생)·学生たち(학생들), それ(그것)·そ
 れら(그것들)
- 본딧말·축약어 : 무엇·뭘, 이것·이거, 너·넌(너는), 너·네(너의), の·
 ん(것), わし(나)·わっしゃ(わしは, 나는)
- 방언 및 위상어 : 경운기·깅운기, 너·니

　방언의 경우, 「경운기·깅운기」와 같이 의미 유추가 가능한 경우는 같은 단어로 보나 「어머니」와 「어무이」, 「むっつ(여섯)」와 「むう(여섯)」와 같이 의미 유추가 어려운 경우는 별도의 단어로 본다.

　(2) 다지마(田島, 1995)에서는 개별어수를 「개별적 실현으로서의 어휘」, 전체어수를 「집단적 규범으로서의 어휘」라 정의하고 있다.[6] 본고에서는 개별어수 및 전체어수 양쪽을 다루지만, 양국의 어휘에 나타난 사회문화적 특징을 분석하는 데는 「집단적 규범으로서의 어휘」, 즉 전체어수 분석이 유의미하다고 보아, 이를 중점적으로 다룬다.

　(3) 양국 교과서 텍스트에서 추출한 개별어에 「분류어휘표」(1964)에 의거하여 소항목까지 의미별 분류 코드를 붙여 마이크로소프트사의 엑셀프

5　한국어의 「들」, 일본어의 「たち」, 「ら」가 붙은 복수를 나타내는 단어를 단수와 별도로 구분할 필요가 없다고 보았다. 단, 사용어휘에 제한이 있는 「人々(사람들)」와 같은 첩어는 별도로 산정한다. 「私」, 「私たち」의 경우에는 각각 한국어로 「나」, 「우리」에 해당하나 전체 원칙을 중요시하여 구분하지 않았다.

6　申玟澈(2009 : 12-14)

로그램을 사용하여 「어휘조사표」를 만든다.

여기서 「분류어휘표」(1964)란 일반적으로 「하나의 언어체계 속에서 그 어휘를 구성하는 하나하나의 단어가 각각 어떠한 의미로 사용되는지를 일 람할 수 있도록 단어가 나타낼 수 있는 의미의 세계를 분류해서 그 분류항 목에 각 단어를 배당한 것」[7]으로, 모든 단어의 분류 기준이 될 수 있다.

「분류어휘표」(1964)에서는 어휘를 품사론적 관점에서 크게 「명사(체 언)」, 「동사」, 「형용사·부사」, 「기타」로 나누고 있는데 이중 본고의 분석 대 상인 「명사」(음영 부분)는 〈1.1추상적 관계〉, 〈1.2인간활동의 주체〉, 〈1.3인간 활동-정신 및 행위〉, 〈1.4생산물 및 도구〉, 〈1.5자연물 및 자연현상〉의 5개 부문으로 대분류한다. (이하, 〈1.1〉, 〈1.2〉와 같이 약기하여 사용하는 경우가 있다.)

[표 2] 분류어휘표의 품사별 대분류 (필자역)

1.명사	2.동사	3.형용사·부사	4.기타
1.1추상적 관계	2.1추상적 관계	3.1추상적 관계	4.1접속사
1.2인간활동의 주체			
1.3인간활동-정신 및 행위	2.3정신 및 행위	3.3정신 및 행위	4.3감탄사
1.4생산물 및 도구			
1.5자연물 및 자연현상	2.5자연현상	3.5자연현상	

예를 들어, 〈1.1추상적 관계〉는 [표 3]과 같이, 〈1.10지시〉, 〈1.11유(類)· 예(例)〉 등과 같이 10개로 세분(중분류)되며, 이중 〈1.10지시〉의 경우는 〈1.100지시〉, 〈1.101성질〉 등과 같이 5개로 세분(소분류)된다. 결과적으로

---

7   『分類語彙表』(1964 : 1)

어휘를 5개 대분류, 43개 중항목, 300여 개의 소항목으로 세분하여 분류할
수 있다. (음영 부분은 중항목 및 소항목이 생략된 부분임.)

[표 3] 「분류어휘표」(1964)의 분류 체계 (편집 및 번역은 필자)

	대분류 (5항목)	중분류 (43항목)		소분류 (302항목)	
				1.100	지시
				1.101	성질
		1.10	지시	1.102	사항
				1.103	진(眞)·실(實)
				1.104	본체
1.1	추상적 관계	1.11	유(類)·예(例)		
		1.12	유무		
		1.13	양상		
		1.14	힘		
		1.15	작용		
		1.16	시간·위치		
		1.17	공간·장소		
		1.18	형태		
		1.19	양		
1.2	인간활동의 주체				
1.3	인간활동-정신 및 행위				
1.4	생산물 및 도구				
1.5	자연물 및 자연현상				

　　이상에 의거하여 단어별로 코드를 붙여 어휘조사표를 만든다. [표 4, 5]
는 양국의 중학교 교과서 어휘조사표의 일부이다. 개별 단어에 전체어수,
대분류, 중분류는 물론 소수 셋째짜리 소분류 코드를 붙인다. 예를 들어

[표 4]의 「그것(그거)」은 한국 중학교 교과서 텍스트에서 33회 사용된 단어로, 〈1.1추상적 관계〉를 나타내며 중항목 〈1.10지시〉, 나아가 소항목 〈1.110지시〉에 속하는 단어임을 나타낸다.

[표 4] 한국 중학교 교과서 엑셀 어휘조사표의 예 (- - -는 생략된 부분임)

단어	개별어수	전체어수	분류어휘표 코드		
			대분류	중분류	소분류
그것(그거)[8]	1	33	1.1	1.10	1.100
이(이들)	1	26	1.1	1.10	1.100
무엇(뭘)	1	19	1.1	1.10	1.100
사고(事故)	1	9	1.1	1.10	1.101
사정	1	5	1.1	1.10	1.101
사실	1	15	1.1	1.10	1.103
진짜	1	9	1.1	1.10	1.103
현상	1	3	1.1	1.10	1.103
자료	1	6	1.1	1.10	1.104
모형	1	3	1.1	1.10	1.104

[표 5] 일본 중학교 교과서 엑셀 어휘조사표의 예 (---는 생략된 부분임)

단어	개별어수	전체어수	분류어휘표 코드		
			대분류	중분류	소분류
それ(それら,그것)	1	40	1.1	1.10	1.100
これ(これら,이것)	1	29	1.1	1.10	1.100
事柄(사항)	1	3	1.1	1.10	1.101

---

8 「그것(그거)」의 경우 「그것」과 「그거」를 동일 단어로 보았음을 의미한다.

事故[9]	1	2	1.1	1.10	1.101
項目	1	1	1.1	1.10	1.102
現象	1	2	1.1	1.10	1.103
事実	1	1	1.1	1.10	1.103
真実	1	1	1.1	1.10	1.103
代表	1	1	1.1	1.10	1.104
模型	1	1	1.1	1.10	1.104

(4) 비교하려는 양 전체 표본의 규모가 다르므로 각 의미분야별로 어휘 수와 비중을 사용하여 「카이제곱 검정(檢定)」($x2$ 검정, Chisquared test)을 통해 카이제곱값($x2$값)을 산출하여 유의차(有意差)를 분석한다. 「카이제곱 검정」 이란, 어휘의 의미분야별 구조분석에서 규모가 다른 2종의 비교 대상 어휘 를 의미분야별로 어휘 수와 비중을 사용하여 검정하는 통계기법이다.

[표 6]은 유의차의 유무를 판정하는 카이제곱값의 분포표이다. 본고에 서는 위험률 99.99% 이상의 확률에서 유의차가 발생하는 항목을 유의차 가 나타난 것으로 인정한다(카이제곱값 6.635 이상, 음영으로 처리함). 일반적으 로 언어 연구에서는 10% 이하의 위험률, 즉 90% 이상의 확률로 유의차(카 이제곱값 2.706 이상)가 인정되는 것을 유의미하다고 보기도 하나 본고에서 는 유의차의 인정 기준을 강화한 것으로 볼 수 있다.[10]

---

9   한자로 의미 유추가 가능한 경우는 번역하지 않는다.

10   申玟澈(2009 : 72-75) 재인용.

[표 6] 카이제곱값($x2$)의 분포표

	.995	.99	.975	.95	.90	.10	.05	.025	.02	.01	.005	.001
1	.0000	.0001	.001	.004	.016	2.706	3.841	5.024	5.412	6.635	7.9	10.8

단, 카이제곱 검정은 유의차가 나타났는지 아닌지가 중요하나 본고에서는 카이제곱값이 높을수록 양자 간 차이가 크다고 보고, 가능한 한 정확히 설명하기 위해 카이제곱값을 제시한다.

카이제곱값을 구하기 위해 [표 7]과 같은 통계학에서 사용하는 엑셀 수식(數式)을 사용한다. 예를 들어, 뒤의 2.2.2의 [표 10]에서 제시한 양국의 개별어수에 나타난 카이제곱값은 다음과 같은 방식으로 구한 것이다. 이중 〈1.1추상적 관계〉, 〈1.2인간활동의 주체〉와 같이 카이제곱값($x2$값) 6.635를 넘는 경우는 유의차가 있다고 인정한다.

[표 7] 카이제곱값($x2$값)의 계산표

코드	한국	일본	C	D	P	Q	R	S	T	E	F	G	H	$x2$값
1.1	686	587	2191	1575	2877	2162	1273	3766	5039	205667	205627	4.2282E+10	213061331707031.00	7.145
1.2	666	366	2211	1796	2877	2162	1032	4007	5039	386910	386870	1.4967E+11	754179051979100.00	29.321
1.3	703	503	2174	1659	2877	2162	1206	3833	5039	72755	72715	5287471225	26643567502775.00	0.927
1.4	369	311	2508	1851	2877	2162	680	4359	5039	96969	96929	9395231041	47342569215599.00	2.568
1.5	453	395	2424	1767	2877	2162	848	4191	5039	157029	156989	2.4646E+10	124188906903719.00	5.618
계	2,877	2,162												

(*1.1, 1.2와 같은 항목명은 앞의 [표 2] 참조)

(5) 종래의 연구에서는 지면 제약 등의 이유로 대분류 및 중분류까지 분석하였다. 하지만, 본고에서는 정확한 분석을 위해서 소분류하고 필요한

경우 고빈도어를 제시하여 분석한다.

2.2.3의 [표 11]과 같이 43개 항목으로 중분류하고, 이중 카이제곱값이 6.635 이상으로 유의차가 나타난 경우는 소분류하여 분석한다. 이 경우 항목당 어휘량이 적어 이를 전체 어휘로 확대할 경우 유의차가 나타나기 어렵다. 따라서 편의상, 중항목 내에서 어떤 소항목에서 유의차가 나타나는지를 분석한다. 중항목에서 유의차가 나타난 경우라도 소항목에서 유의차가 나타나지 않는 경우가 있거나 역(逆)으로, 중항목에서 유의차가 낮은 쪽의 어휘가 소항목에서 유의차가 높은 경우가 있다. 전자의 경우는 중항목 레벨에서 유의차가 나타난 것이고 후자의 경우는 특정 소항목에서 상대편보다 유의차가 높게 나타난 것으로 본다. 단, 지면 관계상 사회문화적 특징과 직접적 관계가 없거나 어휘량이 적은 경우는 논외로 한다.

(6)「분류어휘표」(1964)를 양 언어에 적용할 시, 극히 일부이기는 하지만 동일하게 적용하기 어려운 경우가 있다.

한 예로 추측표현에서 사용되는 일본어의 의존명사「-はず」[11]의 경우, 중분류에서 〈1.30마음〉으로 분류한다(2.2.3의 [표 11] 참조). 하지만, 이에 대응되는 한국어는 다양하며, 이 경우 일본어와 동일하게 적용하기 어렵다. 다음과 같이「-はず」가「-리」로 대응되는 경우는 〈1.30마음〉으로,「-것」으로 대응되는 경우는 〈1.10지시〉로 분류하였다.

---

11 의존명사 및 단위명사는 알기 쉽게「 - 」를 붙인다. 명사와 의존명사, 양쪽으로 사용되는 경우도 이와 같다.

- 彼が来るはずがない。그가 올 리가 없다.〈1.30마음〉
- 彼は来るはずだ。그는 올 것이다.〈1.10지시〉

또한 양 언어 모두 명사, 의존명사를 구분하기 어려운 경우가 있다. 예를 들어 단어「-수」의 경우, 명사는〈1.30마음〉으로 분류하고 의존명사는〈1.10지시〉로 분류한다. 일본어도 이에 준한다.

- 뭔가 좋은 수가 없을까? 명사〈1.30마음〉
- 나도 할 수 없이 찬성했다. 의존명사〈1.10지시〉

또한, 다음과 같이 극히 일부이기는 하지만, 소분류에서 양국간 대응이 어려운 경우가 있다. 한국어의 의존명사「-것·-일·-적」등은 일본어의「-もの·-こと·-の」등에 대응되는데, 일본어의 경우,「-もの·-の」는〈1.100지시〉,「-こと」는〈1.101사항〉으로 소분류 된다. 하지만, 한국어에서는 어느 한쪽으로 분류하기가 어려우므로 해당 소항목을 통합하여 다룬다.

코드	일본어	한국어
1.100	-もの, -の	-것, -일, -적
1.101	-こと	

(7)「분류어휘표」(1964)의 항목명은 한국어 직역을 원칙으로 하였으나 의미를 정확히 전달하기 위해 일부 의역하였다.〈 〉로 구분한다.

- 〈1.16位置·地位〉→〈1.16시간·위치〉

- 〈1.20われ·なれ·かれ〉 → 〈1.20인간〉

- 〈1.25公私〉 → 〈1.25지역·국가〉

- 〈1.35交わり〉 → 〈135교류〉

- 〈1.37納得〉 → 〈1.37경제〉

- 〈1.46燈火〉 → 〈1.46기계〉

- 〈1.47地類〉 → 〈1.47도로·토목〉

(8) 신어, 외래어, 번역어 등은 「분류어휘표」(2004)를 참고한다. 예를 들어, 「영상(影像)」, 「매체(媒体)」의 경우, 「분류어휘표」(1964)에 의하면 각각 〈1.50자극〉, 〈1.10지시〉에 속한다. 하지만 「영상」 및 「매체」가 각각 「digital」, 「media」의 번역어로 사용된 경우라면 「분류어휘표」(2004)에 의거하여, 각각 〈1.46기계〉, 〈1.31언동〉으로 분류한다.

2.1.3 선행연구 분석

어휘에는 그 언어가 속한 사회의 문화, 구성원의 사고방식의 의미분포 및 가치관이 반영되어 있다. 따라서 언어 간 어휘의 의미분포를 비교하는 것은 의미 있는 작업이다. 종래 한국과 일본의 어휘 계량 비교는 품사, 어종 및 어구성 등의 양적 구성에 주목했지만, 2000년 이후 어휘가 갖는 「의미분포(意味分布)」 대조에 주목하고 있다.

한·일 교과서 어휘 연구에서 의미분포에 주목한 것으로는 일본 국립국어연구소 『分類語彙表』(1964), 다지마(田島) 『比較語彙研究序説』(1999) 등에 의거하여 연구한 申玟澈(2001, 2009), 이용백(2004), 金直洙(2004), 宋正植(2009) 등

을 들 수 있다. 이러한 연구를 바탕으로 졸고(2014a, 2014b) 등에서는 2011년
을 전후하여 사용된 양국의 초등학교 교과서 어휘 분석이 이루어졌다.

졸고(2014b)에서는 「2007개정교육과정」(2007)에 의한 한·일 초등학교 6
학년 국어 교과서의 어휘분포를 분석하였다. 전체어수를 기준으로, 한국
교과서 어휘는 일본에 비해 〈1.2인간활동의 주체〉에서 유의차가 나타났고
특히, 〈인종·민족〉, 〈국가·지역〉, 〈가족〉, 〈상대·동료〉와 같은 중항목에서
유의차가 나타났다. 더불어, 「못난이·바보·오줌싸개」 등 부정적 이미지의
차별어가 많이 사용되고 있어 차별어에 상대적으로 관대한 사회적 분위기
를 지적하였다. 한편, 일본은 〈시간〉 및 〈공간〉, 〈지시〉, 〈동·식물〉, 〈자연〉
등의 중항목에서 유의차를 나타냈다. 또한, 〈1.3인간활동-정신 및 행위〉 항
목에서 유의차를 보이면서 특히 중항목 〈창작·저술〉에서 어휘량 및 비중
이 두드러졌다. 일본이 상대적으로 문학 영역에서 초등학교 6학년생에 대
한 국가 사회의 기대수준이 높다고 볼 수 있는 근거라 평가하였다.

졸고(2015a)에서는 본고와 같은 중학교 교과서 어휘를 대상으로 양국
간의 의미분포 차이를 통하여 양국의 사회문화적 특징을 밝히고자 하였
다. 그 결과, 양국 모두 전체어수 대분류에서 초등학교 6학년 교과서 어휘
에 비해, 〈1.3인간활동-정신 및 행위〉의 비중이 늘어난 것을 확인하였다.

한국은 중학교에서도 여전히 〈1.2인간활동의 주체〉에서 유의차가 나타
났고 〈가족〉 및 〈인종·민족〉 등의 중항목의 어휘가 많으며, 〈친족〉, 〈노소
(老少)〉를 구별하는 소항목에서 유의차가 나타났다. 또한, 〈구성원·직위〉
에서도 유의차가 높았으며 〈군주〉, 〈관리〉, 〈상대적 지위〉 등의 소항목에
속하는 어휘가 많았다. 한편, 일본은 상대적 지위를 나타내는 어휘는 적고
「화자·필자」 등, 〈임시적 지위〉를 나타내는 어휘가 많았다. 또한, 〈언동〉

및 〈생물〉, 〈천문〉 관련 어휘가 많고 특정 가치 덕목보다는 자연 친화적이며 사고활동(思考活動)과 관련된 어휘가 많았다. 단, 졸고(2015a)에서는 학습활동을 비롯한 교과서 전체 어휘를 대상으로 하여 교과서 어휘의 특징이 제대로 드러나지 않았고 체제가 다른 일본 교과서와 형평성이 문제가 있었다. 따라서 본고에서는 이를 바로잡아 새롭게 분석하고자 한다. 졸고(2016b) 역시 본고의 연구대상과 동일한 고등학교 교과서 어휘를 대상으로 분석하였는데, 본고와는 일부 어휘 선정 원칙에 차이가 있어 수치상 차이가 발생하였다.

　본고에서는 졸고(2015a, 2016b)를 바탕으로 어휘 선정 원칙을 정비하여 새롭게 분석한다. 2.2에서는 양국의 중학교 교과서 어휘를, 2.3에서는 양국의 고등학교 교과서 어휘를 분석한다.

2.2 양국의 중학교 교과서 어휘의 의미분포

분석 대상은 앞의 2.1.2의 [표 1]과 같다.

먼저, 개별어수와 전체어수를 대조하고 각각 「분류어휘표」(1964)에 의거하여 대분류 및 중분류하여 분석한다. 중분류에서 유의차가 나타난 항목은 전체어수에 초점을 맞추어 소분류하여 분석하되, 고빈도어를 제시하여 구체적으로 명시한다.

2.2.1 개별어수 및 전체어수

2.1.3의 선행연구에서 밝힌 바와 같이, 졸고(2015a)에서는 본고의 연구대상과 동일한 양국의 중학교 교과서에 사용된 어휘(체언)를 분석한 바 있으나 어휘의 채집 범위가 달라 본고와는 어휘량에 큰 차이가 있다.

졸고(2015a)에서는 어휘의 채집 범위에 「텍스트」는 물론 「학습활동」 및 「자료」를 포함하였다. 그러나 학습활동의 양이 많은 한국 교과서와 그렇지 않은 일본 교과서 간에 공평한 대조가 되지 못하다고 판단되었다. 특히, 고등학교 교과서와 대조에서 형평성을 유지하기 위해서도 채집 범위를 「텍스트」에 한정할 수밖에 없었다. 따라서 전면적으로 새롭게 어휘를 채집하였다. 또한, 원칙에서도 사회문화적 차이를 분석하려는 데 목적이 있으므로, 이른바 단·복수 및 본딧말과 축약어를 구분하지 않는 것으로 원칙을 수정하였다. 결과적으로, 본고의 어휘는 졸고(2015a)에 비해 개별어수와 전체어수가 현저히 줄었음을 밝힌다.

[표 8]은 2.1.2의 [표 1]에서 제시한 한국과 일본의 중학교 교과서 「텍스트」에 한정하여 추출한 어휘의 개별어수 및 전체어수이다.

[표 8] 양국의 중학교 교과서 어휘에 나타난 개별어수 및 전체어수 (1종 1년분)

	개별어수	전체어수	단어당 평균빈도
K	2,877	11,599	4.0회
J	2,162	6,737	3.1회

중학교 교과서 어휘는 한국이 개별어수 2,877어, 전체어수 11,599어로, 각각 2,162어, 6,737어인 일본에 비해 개별어수는 1.3배, 전체어수는 1.7배 많은 것으로 나타났다. 어휘를 텍스트에 한정하여 채집한 결과 역시 한국 교과서가 많은데, 이는 초등학교 교과서의 경우와도 일관적이다. 하지만 어휘 수와 비중을 함께 고려하여 산정하는 카이제곱 검정을 통하여 유의차를 밝히므로 크게 문제 되지 않는다.

한국 교과서의 경우, 단어당 평균빈도가 4.0회로. 3.1회인 일본보다 높았는데, 이를 구체적으로 분석하기 위해 [표 9]와 같이 어휘 출현 횟수 분포를 통해 검증하기로 한다.

[표 9]는 빈도별로 어휘 수를 산정한 것이다.

[표 9] 양국의 중학교 교과서 어휘 출현 횟수 분포

빈도수	개별어수				전체어수			
	K中		J中		K中		J中	
	어수	비중	어수	비중	어수	비중	어수	비중
1회	1,505	52.3	1,290	59.7	1,505	13.0	1,290	19.0
2회	495	17.2	328	15.2	990	8.5	656	9.7
3회	248	8.6	163	7.5	744	6.4	489	7.3
4회	132	4.6	104	4.8	528	4.6	416	6.2
5회	108	3.8	57	2.6	540	4.7	285	4.2
6회	56	1.9	47	2.2	336	2.9	282	4.2
7회	52	1.8	27	1.2	364	3.1	189	2.8
8회	34	1.2	20	0.9	272	2.3	160	2.4
9회	27	0.9	14	0.6	243	2.1	126	1.9
10회	14	0.5	7	0.3	140	1.2	70	1.0
11~50회	186	6.5	96	4.4	3,767	32.5	1,877	27.8
51~100회	12	0.4	6	0.3	817	7.0	404	6.0
100회 이상	8	0.3	3	0.1	1,353	11.7	493	7.3
계	2,877	100	2,162	100	11,599	100	6,737	100

먼저 「개별어수」의 경우이다. 개별어수에서 1회 등장한 어휘 비중은 일본 교과서가 59.7%로, 52.3%인 한국에 비해 높다. 또한, 빈도 5회 이내인 어휘 비중은 한국 86.5%(2,488어), 일본 89.8%(1,942어)이고, 빈도 10회 이내인 어휘 비중은 한국 92.8%(2,671어), 일본 95.1%(2,057어)이다. 결과적으로, 11회 이상 사용된 고빈도어의 양은 한국 7.2%, 일본 4.8%로, 한국이 2.4% 높은 것으로 나타났다. 한국이 어휘량은 일본에 비해 많으나 고빈도어의 양이 많아 어휘 중복이 상대적으로 심하다고 볼 수 있다.

다음으로, 전체 사용량을 나타내는 「전체어수」를 보면, 1회 사용된 단어의 비중은 일본이 19.0%로, 13.0%인 일본이 한국보다 높다. 빈도 5회 이내인 어휘 비중은 한국 37.1%(4,307어), 일본 46.5%(3,136어)이고, 빈도 10회 이내인 어휘 비중은 한국 48.8%(5,662어), 일본 58.8%(3,963어)이다. 결과적으로, 11회 이상 사용된 고빈도어의 양은 한국 51.2%, 일본 41.2%로, 한국이 10.0% 높은 것으로 나타났다. 따라서 단어당 평균빈도가 한국은 4.0회, 일본은 3.1회라는 수치는 큰 의미가 없다고 볼 수 있다.

결국, 양국 모두 특정 고빈도어가 많아, 사실상 반복에 의한 어휘 습득 효과는 기대하기 어렵다고 본다. 그리고 이러한 현상은 한국이 심하다고 볼 수 있다. 이와 관련하여 뒤의 4, 5장의 어휘의 난이도 분석을 참조 바란다.

2.2.2 대분류에 나타난 어휘분포의 유의차

[표 10]은 [표 8]의 개별어수와 전체어수를 「분류어휘표」(1964)에 의거하여 5개 항목으로 대분류한 것이다. 각각 카이제곱검증을 통해 99.99% 이상의 확률로 유의차(카이제곱값 6.635 이상)를 구하였다. 유의차가 발생한 항목은 음영으로 표시하였다. [그림 1]은 이를 알기 쉽게 나타낸 것이다.

[표 10] 양국의 중학교 교과서의 개별어수 및 전체어수의 대분류

코드	의미 범주	개별어수					전체어수				
		K中		J中		χ2값	K中		J中		χ2값
		어수	비중	어수	비중		어수	비중	어수	비중	
1.1	추상적 관계	686	23.8	587	27.2	7.145	3,252	28.0	2,427	36.0	127.193

1.2	인간활동의 주체	666	23.1	366	16.9	29.321	3,802	32.8	1,500	22.3	229.177
1.3	인간활동-정신 및 행위	703	24.4	503	23.3	0.927	2,123	18.3	1,052	15.6	21.507
1.4	생산물 및 물품	369	12.8	311	14.4	2.568	875	7.5	532	7.9	0.749
1.5	자연물 및 자연현상	453	15.7	395	18.3	5.618	1,547	13.3	1,226	18.2	78.438
	계	2,877	100	2,162	100		11,599	100	6,737	100	

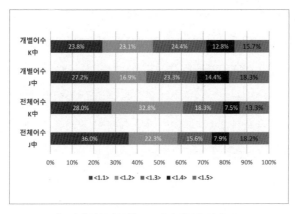

[그림 1] 양국의 중학교 교과서 대분류 의미분포

　먼저, 「개별어수」의 경우, 한국은 〈1.2인간활동의 주체〉에서, 일본은 〈1.1추상적 관계〉에서 유의차가 나타났다. 특히 〈1.2인간활동의 주체〉의 경우, 개별어수에서 한국이 666어로, 366어인 일본의 1.8배에 이를 정도로 수적으로 많고 29.321의 유의차가 나타났다. 이는 한국어가 갖는 언어적 특징임과 동시에 한국 교과서 어휘에 나타나는 특징이라 할 수 있다.

　참고로, 개별어수의 항목당 비중을 비교해보면, 한국은 〈1.3〉, 〈1.1〉, 〈1.2〉, 〈1.5〉, 〈1.4〉 순으로 높고 일본은 〈1.1〉, 〈1.3〉, 〈1.5〉, 〈1.2〉, 〈1.4〉 순이

었다.

다음으로, 「전체어수」에서 한국은 〈1.2인간활동의 주체〉, 〈1.3인간활동-정신 및 행위〉에서, 일본은 〈1.1추상적 관계〉, 〈1.5자연물 및 자연현상〉에서 유의차가 나타났는데, 카이자승값을 보면 알 수 있듯이 개별어수에 비해 차이가 컸다. 이중 〈1.2인간활동의 주체〉의 경우 카이자승값이 229.177로 나타났는데, 해당 항목은 사회문화적 특징 및 차이가 잘 드러나는 항목으로, 2.5배의 사용량을 보인다. 초등학교 교과서에서부터 일관되게 한국이 일본에 비해 유의차가 높은 항목이다. 또한, 〈1.3인간활동-정신 및 행위〉 역시, 한국은 일본의 2배에 가까운 사용량을 보였고 21.507의 유의차를 나타냈다. 한편, 일본은 추상적 관계를 나타내는 〈1.1추상적 관계〉에서 127.193, 자연물 및 자연현상을 나타내는 〈1.5자연물 및 자연현상〉에서는 78.438의 유의차를 나타냈다. 이들 항목의 분석을 통해 일본 사회의 특징이 더욱 잘 드러날 것으로 기대된다.

전체어수의 항목당 비중을 살펴보면, 한국은 〈1.2〉, 〈1.1〉, 〈1.3〉, 〈1.5〉, 〈1.4〉 순으로 높고 일본은 〈1.1〉, 〈1.2〉, 〈1.5〉, 〈1.3〉, 〈1.4〉 순으로 높았다. 중분류를 통해 구체적으로 살펴볼 필요가 있다. 2.2.3에서는 43개 중항목으로 나누어 분석한다.

2.2.3 중분류에 나타난 어휘분포의 유의차

앞의 [표 10]에서 분류한 5개 대분류를 각각 세분하여 총 43개 항목으로 분류한 것이 [표 11]이다. 카이제곱 검정을 통해 99.99% 이상의 확률로 유의차(카이제곱값 6.635 이상)가 나타난 부분은 음영으로 표시하였다.

[표 11] 양국의 중학교 교과서의 개별어수 및 전체어수의 중분류

코드	의미 범주	개별어수					전체어수				
		K中		J中		χ2값	K中		J中		χ2값
		어수	비중	어수	비중		어수	비중	어수	비중	
1.10	지시	43	1.5	35	1.6	0.124	748	6.4	607	9.0	40.844
1.11	유·예	48	1.7	20	0.9	5.115	152	1.3	64	0.9	4.756
1.12	유무	4	0.1	7	0.3	1.921	35	0.3	10	0.1	4.089
1.13	양상	52	1.8	32	1.5	0.804	160	1.4	62	0.9	7.510
1.14	힘	13	0.5	8	0.4	0.196	37	0.3	19	0.3	0.191
1.15	작용	36	1.3	44	2.0	4.846	83	0.7	67	1.0	4.085
1.16	시간·위치	154	5.4	148	6.8	4.878	716	6.2	594	8.8	44.908
1.17	공간·장소	133	4.6	124	5.7	2.907	549	4.7	440	6.5	26.996
1.18	형태	40	1.4	17	0.8	4.018	108	0.9	44	0.7	4.005
1.19	양	163	5.7	152	7.1	4.178	658	5.7	520	7.7	29.664
1.20	인간	197	6.9	101	4.7	10.622	2,120	18.3	830	12.3	112.035
1.21	가족	82	2.9	37	1.7	6.935	466	4.0	199	3.0	13.796
1.22	상대·동료	16	0.6	15	0.7	0.379	50	0.4	33	0.5	0.326
1.23	인종·민족	54	2.0	19	0.9	10.087	216	1.9	35	0.5	56.902
1.24	구성원·직위	128	4.3	52	2.5	12.737	387	3.3	84	1.3	70.778
1.25	지역·국가	84	2.9	69	3.2	0.308	312	2.7	186	2.8	0.081
1.26	사회	71	2.5	54	2.5	0.004	195	1.7	109	1.6	0.104
1.27	기관	24	0.8	8	0.4	4.203	40	0.3	8	0.1	8.341
1.28	동맹·단체	10	0.3	9	0.4	0.367	22	0.2	13	0.2	0.041
1.30	마음	265	9.2	169	7.8	3.410	875	7.5	360	5.3	20.696
1.31	언동	138	4.8	107	4.9	0.062	606	5.2	270	4.0	13.871
1.32	창작·저술	18	0.6	37	1.7	13.462	39	0.3	83	1.2	51.733

1.33	문화·역사	110	3.8	61	2.8	4.155	233	2.0	139	2.1	0.208
1.34	의무	40	1.4	11	0.5	9.561	90	0.8	21	0.3	15.260
1.35	교류	26	0.9	28	1.3	1.778	54	0.5	46	0.7	3.706
1.36	지배·정치	30	1.0	20	0.9	0.172	52	0.4	26	0.4	0.391
1.37	경제	43	1.5	33	1.5	0.008	105	0.9	50	0.7	1.351
1.38	일	32	1.1	39	1.8	4.242	69	0.6	59	0.9	4.849
1.40	물품	17	0.6	15	0.7	0.205	36	0.3	46	0.7	13.273
1.41	자재	38	1.3	40	1.8	2.264	69	0.6	51	0.8	1.722
1.42	의류	36	1.3	42	1.9	3.864	57	0.5	66	1.0	15.244
1.43	식료	60	2.1	45	2.1	0.000	157	1.4	79	1.2	1.098
1.44	주거	80	2.8	57	2.6	0.096	233	2.0	89	1.3	11.681
1.45	도구	78	2.7	57	2.6	0.026	137	1.2	100	1.5	3.070
1.46	기계	27	0.9	25	1.2	0.570	78	0.7	47	0.7	0.040
1.47	도로·토목	34	1.2	30	1.4	0.414	109	0.9	54	0.8	0.923
1.50	자극	38	1.3	35	1.6	0.967	141	1.2	79	1.2	0.066
1.51	자연·물체	86	3.0	72	3.3	0.471	266	2.3	184	2.7	3.413
1.52	우주·지형	77	2.7	85	3.9	6.243	223	1.9	336	5.0	135.429
1.55	생물	46	1.6	76	3.5	17.176	122	1.1	279	4.1	190.154
1.56	동물	71	2.5	35	1.6	4.314	215	1.9	99	1.5	3.735
1.57	몸	107	3.7	67	3.1	1.421	568	4.9	191	2.8	45.657
1.58	생명	28	1.0	25	1.2	0.394	68	0.6	58	0.9	2.832
계		2,877	100	2,162	100		11,599	100	6,737	100	

　[표 11]에서 유의차가 나타난 중항목은 [표 12]와 같다. 유의차가 높은 순서로 제시한다. 2.2.4에서는 지면 관계상 교과서 텍스트 어휘 전체를 아우르는 전체어수에 초점을 맞추어 분석한다.

[표 12] 중학교 중분류에서 유의차가 나타난 항목

	K中에서 유의차가 나타난 항목	소계	J中에서 유의차가 나타난 항목	소계
개별 어수 (7)	〈1.24구성원·직위〉, 〈1.20인간〉, 〈1.23 인종·민족〉, 〈1.34의무〉, 〈1.21가족〉	5	〈1.55생물〉, 〈1.32창작·저술〉	2
전체 어수 (20)	〈1.20인간〉, 〈1.24구성원·직위〉, 〈1.23 인종·민족〉, 〈1.57몸〉, 〈1.30마음〉, 〈1.34의무〉, 〈1.31언동〉, 〈1.21가족〉, 〈1.44주거〉, 〈1.27기관〉, 〈1.13양상〉	11	〈1.55생물〉, 〈1.52우주·지형〉, 〈1.32창작·저술〉, 〈1.16시간· 위치〉, 〈1.10지시〉, 〈1.19양〉, 〈1.17공간·장소〉, 〈1.42의류〉, 〈1.40물품〉	9

먼저, 「개별어수」에서는 43개의 중항목 중 7개 항목에서 유의차가 나타났는데, 한국은 〈1.2인간활동의 주체〉에 〈1.24구성원·직위〉, 〈1.20인간〉, 〈1.23인종·민족〉, 〈1.21가족〉 등 4개 항목이 집중되어 있고 그밖에 〈1.34의무〉에서 유의차가 나타났다. 한편, 일본은 〈1.55생물〉, 〈1.32창작·저술〉에서 유의차를 나타냈다. 참고로, 개별어수에서 유의차가 나타난 7개 항목은 전체어수에서도 일관되게 유의차가 나타났다.

개별어수의 중분류에서 나라별로 항목당 비중이 상위 7위에 해당하는 항목은 다음과 같다. 비중 및 순위에 차이가 있으나 6개 항목에서 일치하였다. 양국 모두 심적 활동을 비롯하여 인간, 양, 시간, 언동, 공간·장소와 관련 어휘를 다양하게 사용하고 있음을 알 수 있다. 그 외 한국은 〈1.24구성원·직위〉, 일본은 〈1.52우주·지형〉이 포함된 것이 특징적이다.

• K中 : 〈1.30마음〉 9.2%, 〈1.20인간〉 6.9%, 〈1.19양〉 5.7%, 〈1.16시

　　간·위치〉 5.4%, 〈1.31언동〉 4.8%, 〈1.17공간·장소〉 4.6%,

　　〈1.24구성원·직위〉 4.3%

• J中 : ⟨1.30마음⟩ 7.8%, ⟨1.19양⟩ 7.1%, ⟨1.16시간·위치⟩ 6.8%, ⟨1.17

　　　공간·장소⟩ 5.7%, ⟨1.31언동⟩ 4.9%, ⟨1.20인간⟩ 4.7%, ⟨1.52우

　　　주·지형⟩ 3.9%

다음으로, 「전체어수」에서는 20개 항목에서 유의차가 나타났는데, 한
국은 11개 항목으로, ⟨1.2인간활동의 주체⟩에서 ⟨1.20인간⟩, ⟨1.24구성원·
직위⟩, ⟨1.23인종·민족⟩, ⟨1.21가족⟩, ⟨1.27기관⟩ 순으로 5개 항목에서 유
의차가 높게 나타났다. 이어 ⟨1.3인간활동-정신 및 행위⟩에서 ⟨1.30마음⟩,
⟨1.34의무⟩, ⟨1.31언동⟩ 순으로 3개 항목과 기타 ⟨1.13양상⟩, ⟨1.57몸⟩에서
유의차가 나타났다.

한편, 일본은 9개 항목에서 유의차가 나타났는데, ⟨1.5자연물 및 자연
현상⟩에서 ⟨1.55생물⟩, ⟨1.52우주·지형⟩ 등 2개 항목에서 유의차가 가장
높았다. 가장 항목 수가 많은 것은 ⟨1.1추상적 관계⟩에 속하는 항목으로,
⟨1.16시간·위치⟩, ⟨1.10지시⟩, ⟨1.19양⟩, ⟨1.17공간·장소⟩ 등 4개 항목이 있
다. 그 외 ⟨1.32창작·저술⟩에서 유의차가 높게 나타났다. 뒤의 2.2.4에서 자
세히 분석한다.

참고로, 전체어수에서 나라별로 항목당 비중이 상위 7위에 해당하는
항목을 살펴보면, 비중 및 순위에 차이가 있으나 양국 모두 인간, 심적 활
동, 시간, 양, 지시, 공간·장소와 관련된 6개 항목에서 공통으로 전체어수
가 많다. 그 외 한국은 ⟨1.57몸⟩, 일본은 ⟨1.52우주·지형⟩이 포함된 것이 특
징적이다.

• K中 : ⟨1.20인간⟩ 18.3%, ⟨1.30마음⟩ 7.5%, ⟨1.10지시⟩ 6.4%, ⟨1.16

시간·위치〉 6.2%, 〈1.19양〉 5.7%, 〈1.57몸〉 4.9%, 〈1.17공간·

장소〉 4.7%

- J中 : 〈1.20인간〉 12.3%, 〈1.10지시〉 9.0%, 〈1.16시간·위치〉 8.8%,

〈1.19양〉 7.7%, 〈1.17공간·장소〉 6.5%, 〈1.30마음〉 5.3%, 〈1.52

우주·지형〉 5.0%

2.2.4에서는 2.1.2의 원칙 (2)에 의거하여, 「전체어수」를 기준으로 유의차가 높게 나타난 항목 중 사회문화적 특성이 드러나는 항목을 중심으로 상위빈도 20어를 제시하고 각각 소분류하여 분석한다.

2.2.4 전체어수 중분류에서 유의차가 나타난 항목

2.2.4.1 한국 교과서 어휘에서 유의차가 높은 항목

앞서 [표 12]에서 제시한 11항목 중 〈1.2인간활동의 주체〉의 〈1.20인간〉, 〈1.24구성원·직위〉, 〈1.23인종·민족〉, 〈1.21가족〉, 〈1.27기관〉 순으로 5개 항목 및 〈1.3인간활동-정신 및 행위〉의 〈1.30마음〉, 〈1.34의무〉, 〈1.31언동〉 순으로 3개 항목을 중심으로 분석한다.

(1) 〈1.20인간〉 (유의차 : 개별어수 10.622, 전체어수 112.035)

한국 교과서에서는 「나·사람·길동」과 같은 〈인간〉 관련 어휘를 2,120회 사용하였는데, 이는 830회인 일본의 2.6배에 해당하는 양이다.

다음은 상위빈도 20어이다.[12] (유의차가 나타난 쪽을 음영으로 표시함. 숫자는 빈도를 나타냄. 인명은 「人」표기함. 이하 같음.)

K中 (개별어수 197, 전체어수 2,120)	J中 (개별어수 101, 전체어수 828)
나(233), 사람(192), 길동(人152), 수남(人109), 아이(103), 정욱(人91), 초원(人80), 너(76), 우리(65), 저(64), 경숙(人45), 수택(人41), 자신(38), 자기(35), 용이(人34), 주인영감님(27), 흥부(人26), 성삼(人24), 인간(22), 덕재(人19)	僕(나129), 私(나78), 人(사람74), 俺(나51), 自分(자신47), 少年(43), 清(人39), 彼(그28), 男(21), 子供(아이21), 戸部君(人18), ヒロユキ(人17), アンドレイ(人15), あなた(당신14), ヤヨイさん(人13), 者(놈12), 夏実(人12), エーミール(人11), 誰(누구10), 人々(사람들10)

양국 모두 사람, 인간 등의 통칭어, 인명(人名), 인칭어가 포함되었다. 한국 교과서에서 「나(233)·우리(65)·저(64)·자신(38)·자기(35)」 등 1인칭어가 많은 데 비해 일본은 1인칭 외에도 3인칭인 「彼(그28)」를 비롯하여 「少年(43)·男(21)·子供(아이21)」 등 남녀노소를 나타내는 단어가 상위빈도 20어에 포함되어 있다.

특히 한국은 상위빈도 20어 중 「길동(152)」 등의 인명이 10어인데, 1어(경숙)를 제외하고 모두 남성이라는 점에서 성차(性差)가 나타나고 있다. 〈1.20인간〉 전체로 확대해 보면 인명이 92종 816회 사용되었는데, 이는 33.4%에 해당하는 양으로, 한국이 해당 항목에서 일본에 비해 유의차가 나타난 직접적인 원인이라고도 할 수 있다. 특히, 이중 남성은 76종 768회, 여성은 16종 48회로, 성차가 크게 나타났다.

한편, 일본은 상위빈도 20어 중 「清(39)·戸部君(18)·ヒロユキ(17)」 등 인명

---

12 지면 관계상, 중항목의 경우에는 상위빈도 20어, 소항목의 경우에는 상위빈도 10어로 통일한다. 이보다 적을 때는 개별어수를 명시한다.

이 7어인데, 이중 여성은 3명이다. 〈1.20인간〉 전체로 확대해 보면 인명이 58종 203회 사용되었는데, 이는 24.5%에 해당하는 양이다. 이중 남성은 47종 156회, 여성은 11종 47회로, 일본 역시 성차가 크게 나타났다. 이는 일본 교과서에서 1인칭어 중 남성의 1인칭어인 「僕·俺」의 사용량이, 공동으로 사용하는 「私」보다 많다는 것과도 관련이 있다.

또 한 가지 중요한 사실이 있다. 한국 교과서에 사용된 인명은 주로 어린이나 청소년인 데 반해 일본 교과서에서는 중장년층 이상인 경우가 많다. 이는 한국이 중장년층의 경우는 직함이나 아저씨, 형 등의 가족이나 친족 호칭을 사용하는 반면, 일본의 경우는 「清(39)·戸部君(18)·アンドレイ(15)·ヤヨイさん(13)」 등과 같은 이름을 쓰거나 「少年(43), 彼(그28), 男(21), 者(놈12)」 등과 같은 3인칭 및 통칭어를 사용하는 경향이 있다. 어휘 사용은 문화와 관련이 있다는 것을 보여주는 하나의 예이다.

[표 13]은 〈1.20인간〉을 소분류한 것이다.

[표 13] 중학교 〈1.20인간〉 항목의 전체어수 소분류 (( )안은 %)

	1.200 인칭	1.201 자타	1.202 인간	1.203 신불	1.204 남녀	1.205 노소	계
K	564(26.6)	100(4.7)	1,160(54.7)	13(0.6)	42(2.0)	241(11.5)	2,120(100)
J	341(41.1)	51(6.4)	317(38.2)	1(0.0)	37(4.5)	83(10.0)	830(100)
χ2값	58.793	2.495	65.129	3.038	14.013	1.138	

중항목 내의 소분류에서는 〈1.202인간〉에서 유의차가 나타났다. 한국이 특정 인명이 다량 사용되었는데, 〈1.20인간〉항목 전체의 54.7%에 해당

할 정도로 양이 많아 일본과 65.129의 유의차를 나타냈다. 상위빈도 10어는
다음과 같다. (유의차가 높거나 어휘 비중 등이 높은 쪽에 밑줄을 친다. 이하 같음.)

〈1.202인간〉

• K中 : 사람(192), 길동(人152), 수남(人109), 정욱(人91), 초원(人80), 경
　　　숙(人45), 수택(人41), 용이(人34), 흥부(人26), 성삼(人24)

• J中 : 人(74), 清(人39), 戸部君(人18), ヒロユキ(人17), アンドレイ(人15), ヤ
　　　ヨイさん(人3), 夏実(人12), 者(놈12), エーミール(人11), 人々(사람들10)

　상대적으로 〈1.200인칭〉 및 〈1.204남녀〉에서는 일본이 유의차가 높게
나타났다.

〈1.200인칭〉

• K中 : 나(233), 너(76), 우리(65), 저(64), 그(18), 누구(14), 자네(11), 소인
　　　(9), 소자(9), 너희(8)

• J中 : 僕(나129), 私(나78), おれ(나51), 彼(그28), あなた(너14), 誰(누구10),
　　　お前(나7), 君(자네5), あいつ(저녀석4), われ(우리3)

〈1.204남녀〉

• K中 : 여자(11), 대장부(5), 미인(5), 남자(4), 사내(4), 그놈(2), 남성(2),
　　　여성(1), 남녀(1), 남(1)

• J中 : 男(21), 女性(8), 女(5), 男子(1) [총 4종]

이상, 〈1.202인간〉, 〈1.200인칭〉, 〈1.204남녀〉 등의 소항목의 고빈도어에 나타난 공통적인 특징은 양국 모두 정도의 차이는 있지만 「남성」 관련 단어가 많아 성차가 심각하다는 점이다.

(2) 〈1.24구성원·직위〉 (유의차 : 개별어수 12.737, 전체어수 70.778)
한국 교과서에서는 「도적·선생님·중」과 같은 〈구성원·직위〉를 나타내는 어휘가 387회 사용되었는데, 이는 84회인 일본의 4.6배에 해당하는 양이다.

다음은 상위빈도 20어이다.

K中 (개별어수 128, 전체어수 387)	J中 (개별어수 52, 전체어수 84)
도적(21), 선생님(20), 중(17), 부하(17), 포장(14), 감사(13), 청중(11), 말하는이(11), 관상녀(10), 의사(8), 군사(7), 학생(7), 패널(6), 도둑놈(6), 장사(6), 병조판서(6), 홍판서(6), 기자(5), 점원(5), 장사꾼(5)	鎌田医師(의사4), 匠(장인4), 振り売り(상인4), 看護師(3), 留学生(3), 先生(3), 中学生(3), 兵士(3), お医者さん(의사2), 業者(2), 使者(사신2), 小学生(초등학생2), 医師(2), 直し屋(기사2), 担当者(2), 研究者(2), 作者(2), 教師(2), タチアナ先生(2), 大工(목수1)

양국 모두 〈전문적 직업〉 관련 어휘가 많은데, 특히 한국은 「포장(14)·감사(13)·병조판서(6)·홍판서(6)」 등과 같은 관직 관련 단어, 「부하(17)」와 같은 상대적 지위를 나타내는 단어가 고빈도어에 포함되었다.

더불어, 「도적(21)·도둑놈(6)」과 같은 반사회적 직업 및 「관상녀(10)·장사꾼(5)」과 같은 직업 비하어가 다수 포함되어 있다. 이를 〈1.24구성원·직위〉항목 전체로 확대하면 「도둑·거지·대적·자객」과 같은 반사회적 직업이나 「종·무녀·가정부·식모·농사꾼·근농꾼·빈농꾼·노동자·날품팔이·불목하니·인부」 등의 직업 관련 차별어가 다수 사용되었는데, 초등학교 교과서 어휘[13]에서 「바보·못난이·오줌싸개·배불뚝이」 등 외모에 빗댄 차별어가 많았다면 중학교 교과서에서는 직업과 관련된 차별어가 많이 등장하였다고 볼 수 있다. 일본 교과서에서는 거의 볼 수 없는 현상으로 재고가 필요하다.

[표 14]는 〈1.24구성원·직위〉를 소분류한 것이다.

[표 14] 중학교 〈1.24구성원·직위〉 항목의 전체어수 소분류 (( )안은 %)

	1.240 구성원·직위	1.241 전문적직업	1.242 군인	1.243 장(長)	1.244 상대적지위	1.245 임시적지위	계
K	10(2.6)	231(59.7)	41(10.6)	46(11.9)	20(5.2)	39(10.1)	387(100)
J	5(6.0)	64(71.6)	3(3.6)	1(1.2)	3(3.6)	11(13.1)	84(100)
χ2값	2.358	4.804	3.880	8.589	0.323	0.609	

모든 소항목에서 한국이 적게는 2배, 많게는 46배에 해당하는 어휘량을 나타냈다. 한국이 〈1.243장(長)〉에서 8.589의 유의차를 나타냈다. 일본은 이에 해당하는 단어가 거의 없었다.

〈1.243장(長)〉
- K中 : 감사(13), 병조판서(6), 홍판서(6), 우두머리(3), 부위원장(3), 수령(3), 경상감사(2), 당수(2), 포도대장(2), 대표자(1)
- J中 : 校長(1) [총 1종]

유의차는 나타나지 않았지만, 〈1.242군인〉, 〈1.244상대적 지위〉에서도

---

13 졸고(2014b)

한국의 어휘량이 많은데, 일본 교과서에는 거의 없는 것을 알 수 있다. 이는 뒤의 〈1.23인종·민족〉에서 한국이 유의차가 나타난 〈1.232군주〉와 함께 한국의 사회문화적 특징으로 볼 수 있다.

〈1.242군인〉

• K中 : 포장(14), 군사(8), 장교(4), 병사(3), 장군(2), 우포장(2), 장수(2),

　　홍장군(1), 군졸(1), 의병장(1)

• J中 : 兵士(3) [총 1종]

〈1.244상대적 지위〉

• K中 : 부하(17), 윗사람(2), 하인(1) [총 3종]

• J中 : 先輩(1), 女中(여종1), 主従(1) [총 3종]

(3) 〈1.23인종·민족〉 (유의차 : 개별어수 10.087, 전체어수 56.902)

한국 교과서에서는 「임금·왕·백성」과 같은 〈인종·민족〉을 나타내는 어휘가 216회 사용되었는데, 이는 35회인 일본의 6.2배에 해당하는 양이다.

다음은 상위빈도 20어이다.

K中 (개별어수 54, 전체어수 216)	J中 (개별어수 19, 전체어수 35)
임금(51), 왕(20), 백성(18), 신사(14), 신하(8), 유대인(7), 현자(6), 흑인(5), 인디언(4), 백인(3), 성상(3), 부자(3), 사회자(3), 전문가(3), 주민(2), 한국인(2), 마을사람(2), 서울사람(2), 율도왕(2), 깡패(2)	江戸っ子(도쿄토박이9), 帝(제왕5), 弱虫(겁쟁이4), 患者(2), 庶民(1), とりこ(노예1), 食いしん坊(식탐가1), 悪漢(1), 日本人(1), 町人(마을사람1), サラリーマン(월급쟁이1), 専門家(1), レンディーレ族(종족명1), 疎開者(피난민1), 乱暴者(1), 三塁手(1), 収集家(1), 遊子(여행자1), 一塁手(1) [총 19종]

한국은 「임금(51)·왕(20)·성상(3)·율도왕(2)」 등 〈군주〉를 나타내거나 「유대인(7)·흑인(5)·인디언(4)·한국인(2)」 등 〈인종·민족〉을 나타내는 어휘가 포함되었다. 일본은 이에 해당하는 어휘가 「帝(제왕5)」, 「江戸っ子(도쿄토박이9)·日本人(1)」 등 소수이고, 그 대신 「庶民(1)·町人(마을사람1)·サラリーマン(월급쟁이1)」 등의 〈일반인〉 관련 어휘가 포함되었다.

[표 15]는 〈1.23인종·민족〉을 소분류한 것이다.

[표 15] 중학교 〈1.23인종·민족〉 항목의 전체어수 소분류 (( )안은 %)

	1.230 인종·민족	1.231 국민	1.232 군주	1.233 사회계급	1.234 일반인	계
K	34(15.7)	9(4.2)	79(36.6)	20(9.3)	74(34.3)	216(100)
J	11(31.4)	1(2.9)	5(14.3)	1(2.9)	17(48.6)	35(100)
χ2값	4.704	0.048	6.405	1.355	2.476	

모든 소항목에서 한국이 적게는 3.1배, 많게는 20배로 전체적으로 어휘량이 많았다. 이 중에서도 한국이 〈1.232군주〉 항목에서 지나치게 어휘량이 많은 것은 사회문화적 특징인 동시에 재고가 필요하다. 일본의 경우, 천황제와 관련하여 사회, 정치적으로 민감하다는 점이 교과서 어휘에서도 군주 관련 어휘가 적은 것과 관련이 있다고 본다. 상위빈도 10어는 다음과 같다.

〈1.232군주〉

• K中 : 임금(51), 왕(25), 성상(3), 율도왕(2), 임금님(1), 염라대왕(1), 세
　　　종임금(1) [총 7종]

• J中 : 帝(제왕5) [총 1종]

(4) 〈1.21가족〉 (유의차 : 개별어수 6.935, 전체어수 13.796)

한국 교과서에서는 「아버지·가족·형」 등과 같은 〈가족〉을 나타내는 어휘가 466회 사용되었는데, 이는 199회인 일본의 2.3배에 해당하는 양이다. 다음은 상위빈도 20어이다.

K中 (개별어수 82, 전체어수 466)	J中 (개별어수 37, 전체어수 199)
아버지(49), 가족(47), 형(38), 엄마(37), 자식(34), 아들(28), 부인(16), 어머니(14), 동생(14), 부모(11), 아빠(11), 아저씨(11), 모친(7), 아비(7), 부모님(7), 딸(7), 아우(7), 부친(6), 어미(6), 할아버지(5)	母(43), 兄(27), 弟(20), おやじ(아버지15), 甥(조카8), エレーナ母さん(에레나엄마7), 子(자녀7), お母さん(어머니6), 祖母(6), 妹(여동생6), ばあさん(아줌마5), 息子(자식4), 家族(3), おばあさん(할머니3), お父さん(아버지3), 父(3), 皇子(왕자3), 母親(2), 妻(1), 祖先(조상1)

한국 교과서에서는 「아버지(49)·아빠(11)·아비(7)·부친(6)」, 「엄마(37)·어머니(14)·모친(7)·어미(6)」, 「아들(28)·자식(24)·딸(7)」 등, 〈부모〉 및 〈자녀〉와 관련된 다양한 가족 관련 어휘가 사용되었다. 일본 교과서에서는 전체적으로 빈도수가 적었다.

[표 16]은 〈1.21가족〉을 소분류한 것이다.

[표 16] 중학교 〈1.21가족〉 항목의 전체어수 소분류 (( )안은 %)

	1.210 가족	1.211 부부	1.212 부모·조상	1.213 자녀·자손	1.214 형제	1.215 친척	계
K	64(13.7)	37(7.9)	181(38.8)	96(20.6)	74(15.9)	14(0.3)	466(100)
J	6(3.0)	3(1.5)	92(46.2)	23(11.6)	55(27.6)	20(10.1)	199(100)
χ2값	54.119	32.317	39.267	52.659	4.897	0.582	

한국이 〈1.215친척〉을 제외하고는 적게는 1.3배에서 많게는 12.3배에 해당하는 어휘량을 보인다. 중항목 내의 소분류에서 한국은 〈1.210가족〉,

〈1.211부부〉, 〈1.213자녀·자손〉에서 유의차를 보였다.

다음은 상위빈도 10어이다. 이들 항목의 경우 일본 교과서에서는 개별 어수 및 전체어수 모두 적은 것을 알 수 있다. 특히 〈1.213자녀·자손〉의 대부분이 아들이고 특히 「장자(4)·큰형(2)·첫애(2)·맏아들(2)」 등, 장남을 나타내는 단어가 많아 남성, 그중에서도 장자(長子)를 중요시하는 유교적 문화를 엿볼 수 있다.

〈1.210가족〉

- K中 : 가족(47), 식구(4), 부자(3), 재상가(3), 집안식구(2), 부형(2), 흥부가족(1), 차녀(1), 처자(1) [총 9종]

- J中 : 家族(4), 両親(1), 私たち家族(우리가족1) [총 3종]

〈1.211부부〉

- K中 : 부인(16), 아내(5), 모부인(5), 부부(3), 사위(2), 배우자(1), 왕비(1), 홀아비(1), 대비(1), 백룡부부(1)

- J中 : 妻(1), 奥様(사모님1), 求婚者(1) [총 3종]

〈1.213자녀·자손〉

- K中 : 자식(짜식34), 아들(28), 딸(7), 장자(4), 자녀(3), 큰형(2), 손주(2), 첫애(2), 세자(2), 맏아들(2)

- J中 : 息子(아들5), 皇子(왕자3), 娘(딸2), 姫(공주2), くらもちの皇子(왕자2), 子孫(1) [총 6종]

한편, 상대적으로 일본은 〈1.212부모·조상〉에서 유의차가 나타났으나 어휘 수가 적어 논외로 한다.

(5) 〈1.27기관〉 (유의차 : 전체어수 8.341)

〈1.27기관〉의 경우에는 한국 40회, 일본 8회로 어휘량이 적다.

다음은 상위빈도 20어이다.

K中 (개별어수 24, 전체어수 40)	J中 (개별어수 8, 전체어수 8)
감영(4), 조정(4), 부대(3), 관군(3), 군대(2), 원(관가2), 기관(2), 복지관(2), 공공기관(2), 관공서(2), 관청(1), 시청(1), 병조(1), 의금부(1), 관가(1), 치안대(1), 기마부대(1), 향토예비군(1), 대군(1), 관청(1), 봉사기관(1), 총독부(1)	気象台(1), 役所(관청1), 宮中(1), 気候情報課(1), 網走地方気象台(기상대1), 裁判所(1), 電子力発電所(1), 同庁(해당관청1) [총 8종]

한국은 「부대(3)·관군(3)·군대(2)·치안대(1)·기마부대(1)·향토예비군(1)」 등 군(軍) 및 관련 기관이 많고 일본은 「気象台(1), 気候情報課(1), 網走地方気象台(1)」 등 기상 관련 기관이 3종 포함되었다.

[표 17]은 〈1.27기관〉을 소분류한 것이다. 한국이 전체적으로 어휘량이 많으나 소항목간 유의차는 나타나지 않았다.

[표 17] 중학교 〈1.27기관〉 항목의 전체어수 소분류 (( )안은 %)

	1.270 기관	1.271 정부기관	1.272 공동기관	1.273 의회	1.274 군(軍)	1.275 국제기구	계
K	5(12.5)	14(35.0)	9(22.5)	-	12(30.0)	-	40(100)
J	-	6(75.0)	2(25.0)	-	-	-	8(100)
χ2값	0.000	2.074	0.377	-	1.089	-	

전반적으로 일본은 관련 어휘가 거의 없는 것을 알 수 있다. 특히, 군
(軍) 관련 어휘의 경우, 일본은 예가 없다.

(6) ⟨1.30마음⟩ (유의차 : 전체어수 20.696)

한국 교과서에서는 「내용·성격·특성」 등과 같은 ⟨마음⟩, 즉 심적 활동
을 나타내는 어휘가 875회 사용되었는데, 이는 360회인 일본의 2.4배에 해
당하는 양이다.

다음은 상위빈도 20어이다.

K中 (개별어수 266, 전체어수 875)	J中 (개별어수 169, 전체어수 360)
생각(55), 마음(32), 의미(32), 표정(21), 공부(16), 의견(16), 문제(16), 뜻(14), 죄(13), 목소리(11), 방안(11), 화(10), 눈치(9), 잠(9), 정신(9), 기분(8), 걱정(8), 방법(8), 원리(8), 기호(7)	心(마음23), 気(기분20), 声(목소리16), 習慣(12), 気持ち(기분11), -はず(것11), 希望(6), 思い出(추억6), 意味(6), しかた(방법6), 喜び(기쁨5), 感謝(5), 観測(5), 自由(5), 勉強(공부4), 思い(생각4), 予想(4), 調査(4), 仮説(4), 題材(4)

양국 모두 고빈도어에서 「생각(55)·마음(32)·의미(32)」, 「心(마음23)·気(기
분20)·気持ち(기분11)」 등 ⟨마음⟩ 관련 어휘가 많이 포함되어 있다. 그 외 한
국은 「정신(9)·기분(8)·걱정(8)」 등 ⟨사고·감정⟩ 등을 나타내는 어휘가 많
고, 일본은 「喜び(기쁨5)·悲しみ(슬픔3)」, 「思い出(추억6)·予想(4)·調査(4)」 등
⟨희로애락⟩, ⟨지식·의견⟩ 관련 고빈도어가 포함되어 있다.

[표 18]은 ⟨1.30마음⟩을 소분류한 것이다.

[표 18] 중학교 〈1.30마음〉 항목의 전체어수 소분류 (( )안은 %)

	1.300 마음	1.301 희노 애락	1.302 대인 감정	1.303 표정	1.304 자아 노력	1.305 연습	1.306 지식· 의견	1.307 사고 감정	1.308 원리	1.309 보고 듣기	계
K	142 (16.2)	56 (6.4)	35 (4.0)	119 (13.6)	89 (10.2)	84 (9.6)	165 (18.9)	89 (10.2)	83 (9.5)	13 (1.5)	875 (100)
J	84 (23.3)	28 (7.8)	21 (5.8)	27 (8.0)	34 (10.0)	22 (6.1)	69 (19.2)	31 (8.6)	27 (7.5)	15 (4.2)	360 (100)
x2값	8.853	0.794	2.012	8.894	0.124	3.830	0.027	0.650	1.166	8.292	

〈1.30마음〉 항목의 소분류에서 한국은 항목별로 1.6~3.8배의 어휘량을 나타냈고 특히 〈1.303표정〉에서 유의차가 나타났다. 한국 교과서는 「소리 (57)·목소리(21)」가 고빈도어이고 「울음(4)·웃음(2)·미소(2)·울음소리(2)·통 곡(2)」 등과 같이, 울음 및 웃음 등의 관련 단어가 두드러진다.

　〈1.303표정〉

• K中 : 소리(57), 목소리(21), 표정(11), 고함(6), 한숨(5), 울음(4), 웃음
　　(2), 미소(2), 울음소리(2), 통곡(2)

• J中 : 声(16), ため息(한숨2), さけび(고함1), 大声(큰소리1), 表情(1), 歓声
　　(1), 小声(작은소리1), かけ声(구령1), 微笑(1), 初鳴き(첫울음1)

상대적으로 일본은 〈1.300마음〉 및 〈1.309보고듣기〉에서 유의차가 나 타났으나 논외로 한다.

(7) 〈1.34의무〉 (유의차 : 개별어수 9.561, 전체어수 15.260)
한국은 〈의무〉와 관련된 어휘가 90회 사용되었는데, 이는 21회인 일본

의 4.3배에 해당하는 양이다.

다음은 상위빈도 20어이다.

K中 (개별어수 40, 전체어수 90)	J中 (개별어수 11, 전체어수 21)
재주(19), 역할(15), 행동(5), 동작(5), 신분(3), 몸가짐(3), 실수(2), 스트레스(2), 성적(2), 벌(2), 머슴살이(2), 덕행(2), 특허권(1), 천생(1), 부담(1), 공무(1), 인기(1), 위엄(1), 예절(1), 악행(1)	行動(5), 技術(4), 魅力(3), 役割(2),役(역할1), 身分(1), 成績(1), 開催(1), 留守番(집보기1), 手出し(참견1), 小走り(잔달음질1) [총 11종]

〈1.34의무〉에 속한 어휘를 살펴보면 한국은 「역할(15)·스트레스(2)·공무(1)·부담(1)」 등 〈의무〉 관련 어휘가 많았다. 일본의 경우는 어휘량이 적어 의미특징으로 규정짓기 어렵다.

[표 19]는 〈1.34의무〉를 소분류한 것이다. 한국이 대부분 항목에서 일본보다 어휘량이 많지만, 유의차는 나타나지 않았다.

[표 19] 중학교 〈1.34의무〉 항목의 전체어수 소분류 (( )안은 %)

	1.340 의무	1.341 신상	1.342 행위	1.343 범죄	1.344 활동	1.345 볼일	1.346 성패	1.347 성적	1.348 기타	계
K	21 (23.3)	5 (5.6)	31 (34.4)	16 (17.8)	4 (4.4)	3 (3.3)	2 (2.2)	3 (3.3)	5 (5.6)	90 (100)
J	4 (19.0)	1 (4.8)	4 (19.0)	8 (38.1)	3 (14.3)	-	-	1 (4.8)	-	21 (100)
χ2값	0.046	0.058	1.391	3.328	1.720	0.096	0.001	0.023	0.468	

2.2.4.2 일본 교과서 어휘에서 유의차가 높은 항목

앞서 [표 12]에서 제시한 일본이 유의차가 높은 10항목 중 〈1.1추상적 관계〉의 〈1.16시간·위치〉, 〈1.10지시〉, 〈1.19양〉, 〈1.3인간활동-정신 및 행위〉의 〈1.32창작·저술〉, 〈1.5자연물 및 자연현상〉의 〈1.55생물〉, 〈1.52우주·지형〉 등 6개 항목을 각각 유의차 순으로 분석한다.

(1) 〈1.16시간·위치〉 (유의차 : 전체어수 44.908)

일본 교과서에서는 「とき(때)·前(전)·今(지금)」 등 〈시간〉과 관련된 어휘가 594회 사용되었다. 이는 716회인 한국의 83.0%에 해당하는 양이나 전체 어휘량이 한국이 일본의 1.7배라는 점에서 오히려 일본에서 유의차가 나타났다.

다음은 상위빈도 20어이다.

K中 (개별어수 154, 전체어수 716)	J中 (개별어수 148, 전체어수 594)
때(67), 오늘(43), 시간(38)·지금(37)·날(32)·밤(25)·중(20)·전(20)·후(18)·그날(15)·이때(13)·그때(12)·다음(12)·경우(11)·처음(11)·처지(10)·이번(10)·순간(9)·봄(9)·위치(8)·해(년8)·마지막(8)·사이(7)·낮(7)·아침(7)·옛날(7)·올해(7)·끝(7)·동안(6)·겨울(6)	とき(때)61·前(38)·今(지금32)·~月(월25)·~後(20)·~頃(19)·夜(15)·間(사이)14·秋(14)·春(14)·江戸(에도13)·場合(경우11)·時期(10)·現代(9)·平年(9)·いつ(언제8)·季節(8)·冬(8)·時代(8)·先(먼저8)

〈1.16시간·위치〉에 속한 어휘를 살펴보면 일본은 「とき(때61)·今(지금32)·月(월25)」 등의 〈연월일〉을 비롯하여 「秋(14)·春(14)·江戸(에도13)·時期(10)·現代(9)·平年(9)·いつ(언제8)·時代(8)」 등 〈기간〉을 나타내는 단어가 고빈

도어에 포함되었다. 한국은 「경우(11)·처지(10)·위치(8)」 등 〈위치·지위〉나 「오늘(43)·날(32)·밤(25)·해(년8)·낮(7)·아침(7)」 등의 〈연월일〉, 「처음(11)·마지막(8)·끝(7)」 등 〈순서〉 관련 어휘가 고빈도어에 포함되었다.

[표 20]은 〈1.16시간·위치〉를 소분류한 것이다.

[표 20] 중학교 〈1.16시간·위치〉 항목의 전체어수 소분류 (( )안은 %)

	1.160 시간·위치	1.161 시간	1.162 기간	1.163 연월일	1.164 고금	1.165 순서	1.166 신구	1.167 전후	1.168 일정	계
K	48 (6.7)	208 (29.1)	51 (7.1)	144 (20.1)	111 (15.5)	53 (7.4)	2 (0.3)	94 (13.1)	5 (0.7)	716 (100)
J	11 (1.9)	154 (25.9)	133 (22.4)	95 (16.0)	102 (21.7)	14 (2.4)	1 (0.2)	80 (8.9)	4 (0.7)	594 (100)
χ^2값	17.702	1.575	62.607	3.675	0.657	16.966	0.147	0.031	0.001	

일본 교과서에서는 〈1.162기간〉에서 유의차가 나타났다. 특히 일본은 해당 소항목에서 「江戸(에도13)·時期(10)·現代(10)·時代(8)」 등 특정 시대를 나타내는 어휘가 대량 사용되었는데, 주로 고전문학 관련 칼럼에서 사용되었다. 이는 뒤에서 다룰 〈1.32창작·저술〉과도 관련이 있다.

다음은 〈1.162기간〉의 상위빈도 10어이다. 특히 일본이 계절 관련 어휘량이 많은 것은 와카(和歌) 및 하이쿠(俳句) 등의 시가문학과 관련이 있다.

〈1.162기간〉

• K中 : 봄(9), 겨울(6), 평생(5), 여름(4), 가을(3), 시절(3), 근대(2), 만세(2), 초기(2), 시기(1)

• J中 : 秋(14), 春(14), 江戸(에도13), 時期(10), 現代(9), 冬(8), 時代(8), 季節

(8), 場面(7), 夏(7)

한국은 〈1.160시간·위치〉, 〈1.165순서〉에서 유의차가 나타났으나 논외로 한다.

(2) 〈1.10지시〉 (유의차 : 전체어수 40.844)

일본 교과서에서는 의존명사인 「-の·-もの·-こと(것)」 및 「それ(그것)·これ(이것)·何(무엇)」 등의 〈지시〉 관련 어휘가 607어로, 한국의 748어 보다 적지만, 비중을 고려하면 사용량이 많다고 볼 수 있다.

다음은 상위빈도 20어이다.

K中 (개별어수 43, 전체어수 748)	J中 (개별어수 35, 전체어수 607)
-것(295), -수(141), -일(85), 그것(33), 이(이것26), 그(그것23), 무엇(19), 이것(17), 사실(15), -데(14), 사고(9), 진짜(9), 각각(6), 자료(6), 사정(5), 큰일(4), 보기(3), 사물(3), 실제(3), 현상(3)	-の(것193), -こと(것171), -もの(것74), それ(그것40), ほか(기타39), これ(이것29), 何(무엇24), 何事(무슨일3), 事柄(사항3), 出来事(사건2), あれ(저것2), どちら(어느쪽2), 事故(2), 現象(2), どれ(어느것1), 機体(1), よし(방법1), 項目(1), 秘密(1), 現実(1)

양국 모두 의존명사 및 지시어가 고빈도어에 몰려 있고 한국은 「사실(15)·진짜(9)·실제(3)」 등과 같이 〈진·실〉 관련 어휘가 고빈도어에 속해 있다.

[표 21]은 〈1.10지시〉를 소분류한 것이다. 단, 2.1.2의 (6)에서 설명한 바와 같이 〈1.100지시〉 및 〈1.101성질〉은 통합하여 다룬다.

[표 21] 중학교 〈1.10지시〉 항목의 전체어수 소분류 (( )안은 %)

	1.100 지시	1.101 성질	1.102 사항	1.103 진·실	1.104 본체	계
K	697(93.2)		-	37(6.1)	14(2.3)	748(100)
J	552(90.9)		2(0.3)	8(1.3)	45(7.4)	607(100)
χ2값	2.319		2.338	13.674	24.632	

일본은 〈1.104본체〉에서 유의차가 나타났다. 참고로, 〈1.103진·실〉에서는 한국이 유의차가 나타났다. 단, 양쪽 모두 사회문화적 특징을 도출하기 어렵다.

(3) 〈1.19양〉 (유의차 : 전체어수 29.664)

일본 교과서에서는 아라비아숫자나 「-日·-番·-年」 등의 단위명사, 「一つ(하나)·二つ(둘)」과 같은 수사(數詞)에서 유의차가 나타났다. 전체어수는 520회로, 658회인 한국의 79.0%에 해당하나 전체 어휘량에서 한국이 일본의 1.7배인 것을 고려하면 일본 교과서는 상대적으로 수(數)나 통계를 많이 사용하여 표현하는 특징이 있다고 해석할 수 있다.

다음은 상위빈도 20어이다.[14]

---

14 「숫자 모음」이란 아라비아숫자를 모두 합친 수를 말한다. 개별어수는 하나로 처리하였다. 단위명사의 경우, 「1년, 2년, 3년」, 「한번, 두번, 세번」과 같이 규칙적으로 사용된 경우에는 각각 「-년」, 「-번」으로 하나로 처리하고 「하루, 이틀」과 같이 특정 고유어로 읽는 경우에는 각각 계산한다.

K中 (개별어수 163, 전체어수 664)	J中 (개별어수 153, 전체어수520)
숫자모음(47), -번(36), -년(32)·모두(27)·하나(26)··명(25)·하루(19)·번호(16)··바퀴(15)·정도(14)·원(13)··시간(12)··도(12)·반(10)·나이(9)··개(9)·살(9)··학년(9)··가지(8)··마리(8)	숫자모음(28)··日(일,23)··度(온도21)·部分(18)·一つ(하나16)··年(15)·一人(14)[15]··人(14)··円(11)·二人(9)·気温(8)·なな(일곱7)·むぅ(여섯7)·やぁ(여덟7)·二つ(둘7)·皆(모두7)·多く(많음7)·いつ(다섯6)··ページ(페이지6)·以上(6)

〈1.19양〉에 속한 어휘를 살펴보면 양국 모두 단위명사가 대거 포함되었음을 알 수 있다. 특히 일본은 고유어로 읽는 수사가 많이 포함되었다.

[표 22]는 〈1.19양〉을 소분류한 것이다.

[표 22] 중학교 〈1.19양〉 항목의 전체어수 소분류 (( )안은 %)

	1.190 양	1.191 수·값	1.192 장단	1.193 각도	1.1904 속도	1.195 숫자	1.196 단위	1.197 합·차	1.198 전체	1.199 정도	계
K	8 (1.2)	57 (8.7)	19 (2.9)	10 (1.5)	5 (0.8)	129 (19.6)	317 (48.2)	7 (0.1)	74 (11.2)	32 (4.8)	658 (00)
J	5 (0.9)	11 (2.1)	10 (1.9)	19 (3.7)	4 (0.8)	191 (36.7)	191 (36.7)	7 (1.3)	62 (11.9)	20 (3.8)	520 (100)
χ2값	0.157	22.809	1.098	5.449	0.000	42.998	15.482	0.181	0.126	0.696	

소분류한 결과 일본은 〈1.195숫자〉에서 유의차가 나타났다. 한편, 한국은 〈1.191수·값〉 및 〈1.196단위〉에서 유의차가 나타났다. 〈1.196단위〉의 경

---

15 일본어의 한사람(ひとり), 두사람(ふたり)은 고유어이므로 각각 개별어로 산정한다. 단, 3인 (三人) 이상은 한자어로 규칙적으로 읽으므로 단위명사 「-人」으로 통합하여 개별어수를 하나로 간주하였다.

우, 양 언어 모두 단위명사가 발달했지만, 특히 한국 교과서에서 더욱 다
양한 종류의 단위명사가 다량 사용된 것으로 나타났다. 이하, 각각 제시
한다.

〈1.195숫자〉

- K中 : 숫자 모음(47), 하나(26), 하루(19), 여덟(6), 온종일(6), 몇(4), 둘
(2), 일곱(1), 하나하나(2), 마흔(1)

- J中 : 숫자 모음(28), 一つ(하나16), 一人(한사람14), 二人(두사람9), なな(일
곱7), 二つ(둘7), むぅ(여섯7), やぁ(여덟7), いつ(언제6), 九つ(아홉5)

〈1.196단위〉

- K中 : -번(37), -년(32), -명25), -바퀴(15), -원(13), -시간(12), -개(9), -
살(9), -학년(9), -마리(8)

- J中 : -日(23), -度(21), -年(15), -人(14), -円(11), -ページ(페이지6), -階(층
6), -頭(6), -本(권6), -種(5)

(4) 〈1.32창작·저술〉 (유의차 : 개별어수 13.462, 전체어수 51.733)

일본 교과서에서는 「絵(그림)·詩·落語(만담)」 등의 〈창작·저술〉 관련 어
휘수가 83어로, 39어인 한국의 2.1배에 이른다. 전체어수에서 한국이 일본
의 1.7배인 것을 고려하면 커다란 차이이다.

다음은 상위빈도 20어이다. (작품명은 「作」으로 표기함.)

K中 (개별어수 18, 전체어수 39)	J中 (개별어수 37, 전체어수 83)
그림(12), 작품(5), 홍부전(作4), 시(詩3), 노래(2), 휘파람(1), 지음(1), 전설(1), 작사(1), 작곡(1), 음악(1), 예술(1), 영화(1), 연주(1), 사진(1), (피리)불기(1), 미술(1), 공예미술(1) [총 18종]	絵(24), 詩(7), 落語(만담4), 噺(박자4), 古典落語(고전만담3), 物語(설화3), 挿絵(삽화3), 文学(2), 和歌(2), ドラマ(2), コラム(2), 竹取物語(作2), 歌(시가1), 作品(1), 写真(1), 小説(1), 随筆(1), 万葉集(1), エピソード(에피소드1), 名画(1)

〈1.32창작·저술〉에 속한 어휘를 살펴보면 일본은「詩(7)·落語(만담4)·古典落語(고전만담3), 物語(설화3)」등,〈1.321예술·문예〉와 관련된 고빈도가 많은 것으로 나타났다.

[표 23]은〈1.32창작·저술〉을 소분류한 것이다.

[표 23] 중학교〈1.32창작·저술〉항목의 전체어수 소분류 (( )안은 %)

	1.320 창작·저술	1.321 예술·문예	1.322 미술	1.323 음악	1.324 연극·영화	계
K	8(20.5)	11(28.2)	15(38.5)	4(10.3)	1(2.6)	39(100)
J	3(3.7)	38(45.8)	31(37.3)	9(10.8)	2(2.4)	83(100)
χ2값	2.752	12.612	4.228	1.492	0.243	

개별어수 및 전체어수에서 일본은〈1.321예술·문예〉에서 유의차가 나타났다. 일본은 다음에 제시한 상위빈도 10어 외에도「随筆·メルヘン(동화)·新体詩·子守歌(자장가)·徒然草(作)·万葉集(作)·源氏物語(作)·枕草子(作)·いろは歌(作)·風物詩」등 다양한 단어가 등장하고 있다. 고전문학등과 관련하여 시기, 기간 등을 나타내는 단어도 많이 사용되었다. 앞의〈1.162기간〉에서 일본이 유의차가 높게 나타난 것도 이 때문이다. 반면 한국의 경우, 해당 어휘가 극히 드물다는 점에서 큰 차이가 있다. 일본이 중학교 교과서에서

창작·저술 중에서도 예술 및 문예 부분에 힘을 기울이고 있다는 점과 해당 부분에 대한 사회적 요구가 크다고 평가할 수 있다.

〈1.321예술·문예〉

- K中 : 노래(4), 휘파람(3), 지음(2), 전설(1), 작사(1) [총 5종]

- J中 : 詩(7), 落語(만담4), 物語(설화3), 古典落語(고전만담3), 文学(2), 和歌(2), コラム(칼럼2), 竹取物語(作2), 歌(시가1), 小説(1)

(5) 〈1.55생물〉(유의차 : 개별어수 17.176, 전체어수 190.154)

일본 교과서에서는 〈생물〉을 나타내는 어휘가 279회 사용되었는데, 이는 122회인 한국의 2.3배에 해당하는 양이다. 전체어수에서 한국이 일본의 1.7배인 것을 고려하면 커다란 차이이다.

다음은 상위빈도 20어이다.

K中 (개별어수 46, 전체어수 122)	J中 (개별어수 76, 전체어수 279)
알밤(14), 나무(14), 땅콩(10), 가지(7), 식물(6), 꽃(5), 햇나물(4), 밤나무(4), 풀(3), 줄기(3), 잡풀(3), 보리(3), 밤송이(3), 밤(3), 왕벚나무(2), 목화(2), 민들레(2), 코스모스(2), 봉선화(2), 꽃망울(2)	木(25), パイナップル(파인애플23), 花(23), 大根(무우14), そば(메밀12), 根(뿌리12), 桜(벚나무9), 葉(잎7), 葉っぱ(잎7), 植物(6), 草(6), 実(열매6), 枝(가지6), 細胞(5), 栄養価(5), イネ科(벼과5), 銀木犀(금목서5), バナナ(바나나4), 竹(4), 胚軸(씨눈줄기4)

일본 교과서에는 식물명뿐 아니라 〈가지·잎·꽃〉 등과 관련된 「根(12)·葉(잎7), 葉っぱ(잎7), 枝(가지6), 細胞(5), 胚軸(씨눈줄기5)」가 포함되어 있다. 이를 〈1.55생물〉항목 전체로 확대하면 「側根(곁뿌리)·幹(줄기)·茎(줄기)·主根(중심뿌리)」와 같은 전문어가 대거 포함되어 있다.

[표 24]는 〈1.55생물〉을 소분류한 것이다. 일본은 전체적으로 어휘량이 많아, 적게는 1.6배, 많게는 5.5배에 해당하지만, 중분류 내에서는 유의차가 나타나지 않았다.

[표 24] 중학교 〈1.55생물〉 항목의 전체어수 소분류 (( )안은 %)

	1.550 생물	1.551 식물	1.552 식물명	1.553 가지·잎·꽃	계
K	2(1.6)	32(26.0)	49(39.8)	40(32.5)	123(100)
J	22(7.9)	52(18.6)	107(38.4)	98(35.1)	279(100)
χ2값	5.738	2.723	0.067	0.235	

전체적으로 〈생물〉 관련 범주를 중요시하고 있음을 알 수 있다. 참고로, 〈1.550생물〉의 상위빈도 10어를 제시한다.

〈1.550생물〉

- K中 : 수컷(1), 암컷(1) [총 2종]
- J中 : 細胞(5), 栄養価(5), 栄養(3), 養分(3), 栄養分(3), 生物種(1), 生態系(1), 生物(1) [총 8종]

일본 교과서에서는 초등학교부터 식물 관련 텍스트 및 어휘가 많이 등장하여, 졸고(2017)에서는 이를 자연 친화적이라고 평가한 바 있다. 중학교 교과서에서도 식물 관련 전문어가 많이 사용되고 있음을 알 수 있다.

(6) 〈1.52우주·지형〉 (유의차 : 전체어수 : 135.429)

일본 교과서에서는 전체어수에서 「산·바다·지구·하늘」 등과 같은 〈우주·지형〉을 나타내는 어휘가 336어로, 223어인 한국의 1.5배 높았다.
다음은 상위빈도 20어이다.

K中 (개별어수 77, 전체어수 223)	J中 (개별어수 85, 전체어수 336)
하늘(32), 땅(28), 산(15), 해(11), 고개(6), 지구(5), 숲(4), 광경(4), 가을하늘(3), 태양(3), 골짜기(3), 들(3), 고갯마루(3), 첩첩산중(3), 풍경(3), 계곡(2), 뒷산(2), 벼랑(2), 호수(2), 섬(2)	山(40), 海(39), 流氷(32), 地球(14), 坂(언덕13), 空(하늘11), 林(11), 松林(11), 極地(10), オホーツク海(오호츠크해9), 大気(8), 海洋(7), 熱帯(6), 島(5), 森(5), 星(별4), 月(달4), 太陽(4), 氷野(얼음판4), 赤道(4)

〈1.52우주·지형〉에 속한 어휘를 살펴보면 일본은 고빈도어에서「地球
(14)·空(하늘11)·大気(8)·星(별4)」등과 같은〈천체〉관련 어휘가 많고, 한국은
지형 관련 고빈도어가 많았다.

[표 25]는〈1.52우주·지형〉을 소분류한 것이다.

[표 25] 중학교 〈1.52우주·지형〉 항목의 전체어수 소분류 (( )안은 %)

	1.520 우주	1.521 천체	1.522 천상	1.523 땅	1.524 산야	1.525 하천	1.526 바다	1.527 지형	1.528 지대	1.529 경관	계
K	61 (27.4)	19 (8.5)	2 (0.9)	5 (2.4)	100 (44.8)	14 (6.3)	7 (3.16)	6 (2.7)	1 (0.5)	8 (3.6)	223 (100)
J	24 (7.1)	24 (7.1)	–	18 (5.4)	93 (27.7)	40 (11.9)	85 (25.3)	29 (8.6)	10 (3.0)	13 (3.9)	336 (100)
χ2값	42.243	0.331	2.675	3.185	17.361	4.771	47.637	7.915	4.354	0.019	

일본이 전체적으로 어휘가 많은데, 중항목 내의 소분류에서는〈1.526
바다〉및〈1.527지형〉에서 유의차가 나타났다.

〈1.526바다〉

- K中 : 섬(2), 개펄(1), 해안(1), 초록바다(1), 남극해(1), 제도섬(1) [총 6
  종]

- J中 : 海(39), オホーツク海(오츠크해9), 海洋(7), 島(5), 沿岸(4), 北極海(4),
  岸(해안2), ベーリング海(베링해2), 南極海(2), 牡鹿半島(2)

〈1.527지형〉

- K中 : 숲(4), 풀숲(1), 명소(1) [총 3종]
- J中 : 林(11), 松林(11), 森(5), 砂地(모래밭1) [총 4종]

한편, 한국은 〈1.520우주〉 및 〈1.524산야〉에서 유의차가 나타났다. 참고로 〈1.520우주〉의 경우는 「하늘(32)」이라는 특정 고빈도어로 인한다고 볼 수 있다.

〈1.520우주〉

- K中 : 하늘(32), 가을하늘(3), 경치(1), 세상천지(1), 천지사방(1) [총 5종]
- J中 : 空(하늘11), 大気(8), 青空(푸른하늘3), 大空(하늘1), 雲底(구름속1)
  [총 5종]

이상, 전체어수를 기준으로 한국의 중학교 교과서 어휘는 일본에 비해 대분류 〈1.2인간활동의 주체〉 및 〈1.3인간활동-정신 및 행위〉에서 유의차가 높은 것으로 나타났다.

중항목에서는 〈인간〉, 〈인종·민족〉, 〈구성원·직위〉, 〈가족〉, 〈기관〉,

〈마음〉, 〈의무〉 등의 항목에서 일본보다 유의차가 높게 나타났다. 이들 중 항목 내의 소분류에서는 〈인간〉, 〈장(長)〉, 〈가족〉, 〈부부〉, 〈자녀·자손〉, 〈표정〉 등에서 높았다. 그 외 유의차는 나타나지 않았으나 군인, 군(軍), 상대적 지위 관련 단어가 많이 사용되었다. 특히, 인명(人名)이 많이 사용되었고 친족의 범위가 넓게 사용된 것을 알 수 있는데, 남성 및 그중에서도 장남 관련 어휘가 많아 성차(性差)는 물론 유교 문화적 정서가 나타났다. 앞서 인종·민족, 군주, 장(長), 상대적 지위, 군, 군인 관련 항목에서 어휘가 많은 것 역시 유교적 가치 덕목이 중시되고 있고 「충(忠)」이라는 이데올로기로부터 자유롭지 않다고 볼 수 있다. 그 외 반사회적 직업 및 직업 차별어가 많다는 점 등도 이와 무관하지 않다고 보이며 이에 대한 재고가 필요하다고 판단된다.

다음으로, 일본의 중학교 교과서 어휘는 한국에 비해 〈1.1추상적 관계〉에서 유의차가 높은 것으로 나타났다. 전체어수 기준으로 〈지시〉, 〈시간·위치〉, 〈양〉, 〈창작·저술〉, 〈생물〉, 〈우주·지형〉 등의 중항목에서 유의차가 나타났다. 중항목 내의 소분류에서 〈기간〉, 〈숫자〉, 〈예술·문예〉, 〈바다〉 등에서 높았다.

단, 일본은 중학교 교과서에서 인종·국민, 군주, 군, 군대, 사회적 계급, 상대적 지위 등에서 한국보다 어휘량이 현저히 적거나 거의 사용되지 않았다는 점에서 결과적으로 한국과 교과서와 현저히 차이가 있다. 가족 관련 어휘도 제한적이고 특정 가치 덕목이나 상대적 지위 등을 나타내는 어휘가 적었다. 생물, 문학 장르 및 작품과 관련된 어휘에서 한국 교과서에 비해 두드러진 차이를 보였다. 단, 일본 역시 인명(人名) 및 〈인칭〉, 〈남녀〉 항목에서 성차(性差)가 나타났다. 이에 대하여는 재고가 필요하다.

양국의 중학교 교과서 어휘 대조를 통하여 양국이 중학생에게 바라는 가치관 및 사회상의 단면을 볼 수 있었고 교과서 연구의 필요성을 다시 한 번 확인하였다.

2.3 양국의 고등학교 교과서 어휘의 의미분포

분석 대상은 앞의 2.1.2의 [표 2]와 같다. 분석방법은 2.2 중학교와 같다. 먼저, 개별어수와 전체어수를 대조하고 각각 「분류어휘표」(1964)에 의거하여 대분류 및 중분류하여 분석한다. 중분류에서 유의차가 나타난 항목은 전체어수에 초점을 맞추어 소분류하여 분석하되, 고빈도어를 제시하여 구체적으로 명시한다.

2.3.1 개별어수 및 전체어수

[표 26]은 2.1.2의 [표 2]에서 제시한 한국과 일본의 고등학교 교과서 「텍스트」에 한정하여 추출한 어휘의 개별어수 및 전체어수이다.

[표 26] 양국의 고등학교 교과서 어휘에 나타난 개별어수 및 전체어수 (1종 1년분)

	개별어수	전체어수	단어당 평균빈도
K	4,769	18,697	3.9회
J	3,128	10,823	3.5회

고등학교 교과서 어휘는 한국이 개별어수 4,769어, 전체어수 18,697어로, 각각 3.128어, 10.823어인 일본에 비해 개별어수는 1.5배, 전체어수는 1.7배 많은 것으로 나타났다. 2.2의 [표 8]에서 제시한 양국의 중학교 교과

서보다 개별어수에서는 차이가 벌어졌고(1.3배에서 1.5배로), 전체어수는 동일하게 1.7배인 것으로 나타났다.

단어당 평균빈도는 한국이 3.9회로, 3.5회인 일본보다 높았는데, 이를 구체적으로 분석하기 위해 [표 27]과 같이 어휘 출현 횟수 분포를 통해 검증하기로 한다.

[표 27]은 빈도별로 어휘 수를 산정한 것이다.

[표 27] 양국의 고등학교 교과서 어휘 출현 횟수 분포

빈도수	개별어수				전체어수			
	K高		J高		K高		J高	
	어수	비중	어수	비중	어수	비중	어수	비중
1회	2,805	58.8	1,892	60.5	2,805	15.0	1,892	17.5
2회	710	14.9	489	15.6	1,420	7.6	978	9.0
3회	332	7.0	227	7.3	996	5.3	681	6.3
4회	207	4.3	110	3.5	828	4.4	440	4.1
5회	121	2.5	79	2.5	605	3.2	395	3.6
6회	86	1.8	52	1.7	516	2.8	312	2.9
7회	70	1.5	47	1.5	490	2.6	329	3.0
8회	52	1.1	25	0.8	416	2.2	200	1.8
9회	44	0.9	31	1.0	396	2.1	279	2.6
10회	40	0.8	14	0.4	400	2.1	140	1.3
11~50회	270	5.7	141	4.5	5,687	30.4	2,619	24.2
51~100회	22	0.5	12	0.4	1,439	7.7	847	7.8
100회 이상	10	0.2	9	0.3	2699	14.4	1,711	15.8
계	4,769	100	3,128	100	18,697	100	10,823	100

먼저, 「개별어수」의 경우이다. 개별어수에서 1회 등장한 어휘 비중은

일본 교과서가 60.5%로, 58.8%인 한국에 비해 높다. 양국 모두 중학교 교과서에 비해 1회 등장한 어휘 비중이 한국 6.5%, 일본 0.8% 정도 높아졌다는 점에서 학교급에 따른 자연스러운 현상이라 볼 수 있다. 한국 쪽이 학교급에 따라 변화가 큰 것으로 해석할 수 있다. 빈도 5회 이내인 어휘 비중은 한국 87.5%(4,175어), 일본 89.4%(2,797어)이고, 빈도 10회 이내인 어휘 비중은 한국 93.7%(4,467어), 일본 94.8%(2,966어)이다. 결과적으로, 11회 이상 사용된 고빈도어의 양은 한국 6.3%, 일본 5.2%로, 한국이 상대적으로 1.1% 높은 것으로 나타났다.

다음으로, 「전체어수」을 보면 1회 사용된 단어의 비중은 일본이 17.5%로, 15.0%인 한국보다 높다. 빈도 5회 이내인 어휘 비중은 한국 35.6%(6,654어), 일본 40.5%(4,386어)이고, 빈도 10회 이내인 어휘 비중은 한국 47.5%(8,872어), 일본 52.2%(5,646어)이다. 결과적으로, 11회 이상 사용된 고빈도어의 양은 한국 52.5%, 일본 47.8%로, 여전히 한국이 높은 것으로 나타났다.

양국 모두 중학교에 이어 고등학교에서도 개별어수 및 전체어수 모두, 특정 고빈도어가 많아, 사실상 반복에 의한 어휘 습득 효과는 기대하기 어렵다고 본다. 그리고 이러한 현상은 한국이 심하다고 볼 수 있다. 이와 관련하여 뒤의 4, 5장에서 학교급별 어휘의 난이도 분석을 참조 바란다.

2.3.2 대분류에 나타난 어휘분포의 유의차

[표 28]은 [표 26]의 개별어수와 전체어수를 「분류어휘표」(1964)에 의거하여, 5개 항목으로 대분류한 것이다. 각각 카이제곱검증을 통해 99.99%

이상의 확률로 유의차(카이제곱값 6.635 이상)를 구하였다. 유의차가 발생한 항목은 음영으로 표시하였다. [그림 2]는 이를 알기 쉽게 나타낸 것이다.

[표 28] 양국의 고등학교 교과서의 개별어수 및 전체어수의 대분류

코드	의미 범주	개별어수					전체어수				
		K高		J高		χ2값	K高		J高		χ2값
		어수	비중	어수	비중		어수	비중	어수	비중	
1.1	추상적 관계	1,015	21.3	820	26.2	25.673	5,945	31.8	3,990	37.0	78.896
1.2	인간활동의 주체	1,082	22.7	618	19.8	9.650	4,751	25.4	2,241	20.8	70.678
1.3	인간활동－정신 및 행위	1,396	29.3	855	27.4	3.400	4,674	25.0	2,261	21.0	64.065
1.4	생산물 및 도구	574	12.0	340	10.9	2.526	1,180	6.3	791	7.3	10.942
1.5	자연물 및 자연현상	702	14.7	495	15.8	1.776	2,147	11.5	1,499	13.9	35.209
	계	4,769	100	3,128	100		18,697	100	10,823	100	

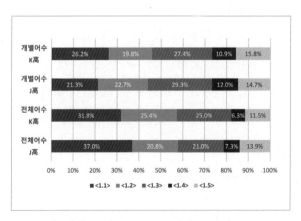

[그림 2] 양국의 고등학교 교과서 대분류 의미분포

먼저, 「개별어수」의 경우, 중학교와 일관되게 한국은 〈1.2인간활동의 주체〉에서, 일본은 〈1.1추상적 관계〉에서 유의차가 나타났다. 단, 중학교에 비해 〈1.2인간활동의 주체〉에서 카이제곱값이 29.321에서 9.650으로 낮아졌다.

참고로, 양국 모두 〈1.3〉의 비중이 크게 증가하였다. 개별어수의 항목당 비중을 보면, 한국은 〈1.3〉, 〈1.2〉, 〈1.1〉, 〈1.5〉, 〈1.4〉 순으로 높고 일본은 〈1.3〉, 〈1.1〉, 〈1.2〉, 〈1.5〉, 〈1.4〉 순으로 높았다.

다음으로, 「전체어수」에서 한국은 〈1.2인간활동의 주체〉와 〈1.3인간활동-정신 및 행위〉에서, 일본은 〈1.1추상적 관계〉, 〈1.4생산물 및 도구〉, 〈1.5자연물 및 자연현상〉에서 유의차가 높았다. 중학교에 비해 〈1.1추상적 관계〉, 〈1.2인간활동의 주체〉, 〈1.5자연물 및 자연현상〉에서 카이제곱값이 현저히 낮아지고 〈1.3인간활동-정신 및 행위〉에서는 높아졌다. 〈1.4생산물 및 도구〉항목은 고등학교에서만 유의차가 나타났다.

참고로, 전체어수의 항목당 비중을 살펴보면, 한국은 〈1.1〉, 〈1.2〉, 〈1.3〉, 〈1.5〉, 〈1.4〉 순이고 일본은 〈1.1〉, 〈1.3〉, 〈1.2〉, 〈1.5〉, 〈1.4〉 순이었다.

양국 모두 중학교 교과서에 비해 고등학교 교과서에서 〈1.1추상적 관계〉 및 〈1.3인간활동-정신 및 행위〉의 비중은 높아지고 그 외는 낮아지는 경향을 보였다. 한국 고등학교 교과서에서 〈1.2인간활동의 주체〉에서 비중이 낮아진 것이 이러한 차이를 가져왔다고 볼 수 있다. 결과적으로 양국은 중학교 교과서에 비해 고등학교 교과서에서 어휘분포의 차이가 줄었다고 해석할 수 있다. 2.3.3에서는 43개 중항목으로 나누어 분석한다.

2.3.3 중분류에 나타난 어휘분포의 유의차

앞의 [표 28]에서 분류한 5개 대분류를 각각 세분하여 총 43개 항목으로 분류한 것이 [표 29]이다. 카이제곱 검정을 통해 99.99% 이상의 확률로 유의차(카이제곱값 6.635 이상)가 나타난 부분은 음영으로 표시하였다.

[표 29] 양국의 고등학교 교과서의 개별어수 및 전체어수의 중분류

코드	의미 범주	개별어수					전체어수				
		K高		J高		χ2값	K高		J高		χ2값
		어수	비중	어수	비중		어수	비중	어수	비중	
1.10	지시	51	1.1	40	1.3	0.723	1,579	8.4	1,388	12.9	145.418
1.11	유·예	68	1.4	65	2.1	4.832	359	1.9	169	1.6	5.018
1.12	유무	15	0.3	16	0.5	1.868	46	0.2	39	0.4	3.119
1.13	양상	97	2.0	49	1.6	2.276	324	1.7	103	1.0	29.346
1.14	힘	29	0.6	16	0.5	0.310	93	0.5	61	0.6	0.579
1.15	작용	68	1.4	63	2.0	3.998	178	1.0	87	0.8	1.691
1.16	시간·위치	239	5.0	192	6.1	4.635	1,334	7.1	805	7.5	0.936
1.17	공간·장소	209	4.4	165	5.3	3.325	883	4.7	733	6.8	55.667
1.18	형태	42	0.9	48	1.5	7.156	160	0.9	85	0.8	0.412
1.19	양	197	4.1	166	5.3	5.945	989	5.3	520	4.8	3.325
1.20	인간	286	6.0	182	5.8	0.109	2,408	12.9	1,271	11.8	8.102
1.21	가족	98	2.1	25	0.8	19.427	421	2.3	102	1.0	67.518
1.22	상대·동료	24	0.5	23	0.7	1.713	123	0.7	58	0.5	1.673
1.23	인종·민족	95	2.0	57	1.8	0.189	228	1.2	113	1.0	1.846
1.24	구성원·직위	218	4.6	115	3.7	3.749	612	3.3	306	2.5	4.524
1.25	지역·국가	182	3.8	113	3.6	0.219	450	2.4	234	2.2	1.814

1.26	사회	125	2.6	75	2.4	0.383	404	2.2	156	1.4	19.062
1.27	기관	36	0.8	11	0.4	5.187	80	0.4	15	0.1	17.881
1.28	동맹·단체	18	0.4	16	0.5	0.788	25	0.1	27	0.3	5.222
1.30	마음	456	9.6	348	11.1	5.034	1,531	8.2	950	8.8	3.090
1.31	언동	405	8.5	175	5.6	23.328	1,752	9.4	542	5.0	182.034
1.32	창작·저술	89	1.9	65	2.1	0.440	337	1.8	245	2.3	7.546
1.33	문화·역사	138	2.9	115	3.7	3.723	321	1.7	227	2.1	5.448
1.34	의무	63	1.3	28	0.9	3.008	187	1.0	74	0.7	7.831
1.35	교류	51	1.1	45	1.4	2.138	104	0.6	107	1.0	18.058
1.36	지배·정치	46	1.0	23	0.7	1.146	93	0.5	37	0.3	3.782
1.37	경제	81	1.7	17	0.5	20.560	176	0.9	25	0.2	51.144
1.38	일	67	1.4	39	1.2	0.576	173	0.9	54	0.5	15.560
1.40	물품	19	0.4	14	0.4	0.108	44	0.2	19	0.2	1.150
1.41	자재	49	1.0	29	0.9	0.194	117	0.6	41	0.4	7.851
1.42	의류	86	1.8	49	1.6	0.631	145	0.8	72	0.7	1.142
1.43	식료	56	1.2	31	1.0	0.582	122	0.7	56	0.5	2.087
1.44	주거	127	2.7	74	2.4	0.674	229	1.2	186	1.7	12.057
1.45	도구	138	2.9	73	2.3	2.280	259	1.4	174	1.6	2.346
1.46	기계	32	0.7	41	1.3	8.429	80	0.4	162	1.5	96.331
1.47	땅·도로	67	1.4	29	0.9	3.591	184	1.0	81	0.8	4.280
1.50	자극	83	1.7	39	1.2	3.026	299	1.6	117	1.1	13.246
1.51	자연·물체	107	2.2	72	2.3	0.028	248	1.3	183	1.7	6.327
1.52	우주·지형	133	2.8	90	2.8	0.053	331	1.8	227	2.1	3.739
1.55	생물	97	2.0	61	1.9	0.068	189	1.0	135	1.3	3.531
1.56	동물	95	2.0	87	2.8	5.217	319	1.7	276	2.6	24.722
1.57	몸	152	3.2	123	3.9	3.111	659	3.5	503	4.7	22.856
1.58	생명	35	0.7	23	0.7	0.394	102	0.5	58	0.5	1.923

계	4,769	100	3,129	100		18,697	100	10,823	100	

[표 29]에서 유의차가 나타난 중항목은 [표 30]과 같다. 유의차가 높은 순으로 제시한다. 2.3.4에서는 지면 관계상 교과서 텍스트 어휘 전체를 아우르는 전체어수에 초점을 맞추어 분석한다.

[표 30] 고등학교 중분류에서 유의차가 나타난 항목

	K高에서 유의차가 나타난 항목	소계	J高에서 유의차가 나타난 항목	소계
개별 어수 (5)	〈1.31언동〉, 〈1.37경제〉, 〈1.21가족〉	3	〈1.46기계〉, 〈1.18형태〉	2
전체 어수 (19)	〈1.31언동〉, 〈1.21가족〉, 〈1.37경제〉, 〈1.13양상〉, 〈1.26사회〉, 〈1.27기관〉, 〈1.38일〉, 〈1.50자극〉, 〈1.20인간〉, 〈1.41자재〉, 〈1.34의무〉	11	〈1.10지시〉, 〈1.46기계〉, 〈1.17공간·장소〉, 〈1.56동물〉, 〈1.57몸〉, 〈1.35교류〉, 〈1.44주거〉, 〈1.32창작·저술〉	8

먼저, 「개별어수」에서 43개의 중항목 중 5개 항목에서 유의차가 나타났는데, 한국은 〈1.31언동〉, 〈1.37경제〉, 〈1.21가족〉 순으로 3개 항목, 일본은 〈1.46기계〉, 〈1.18형태〉 순으로 2개 항목에서 유의차가 나타났다. 참고로, 개별어수에서 유의차가 나타난 항목은 〈1.18형태〉를 제외하고 모두 전체어수에서도 유의차가 나타났다.

개별어수 중분류에서 나라별 항목당 비중이 상위 7위에 해당하는 항목은 다음과 같다. 양국은 비중 및 순위에 차이는 있으나 6개 항목에서 일치하였다. 즉, 양국 모두 심적 활동을 비롯하여, 언동(言動), 인간, 공간·장소, 시간, 양 관련 어휘를 다양하게 사용하고 있음을 알 수 있다. 그 외 한국은 〈1.24구성원·직위〉, 일본은 〈1.57몸〉이 포함된 것이 특징적이다.

- K高 : 〈1.30마음〉 9.6%, 〈1.31언동〉 8.5%, 〈1.20인간〉 6.0%, 〈1.16
  시간·위치〉 5.0%, 〈1.24구성원·직위〉 4.6%, 〈1.17공간·장소〉
  4.4%, 〈1.19양〉 4.1%

- J高 : 〈1.30마음〉 11.1%, 〈1.16시간·위치〉 6.1%, 〈1.20인간〉 5.8%,
  〈1.31언동〉 5.6%, 〈1.17공간·장소〉 5.3%, 〈1.19양〉 5.3%, 〈1.57
  몸〉 3.9%

참고로, 중학교에 비해 한국은 〈1.31언동〉에서, 일본은 〈1.30마음〉에서
가장 비중이 늘었다.

다음으로, 「전체어수」에서는 19항목에서 유의차가 나타났는데, 한국은
주로 〈1.2인간활동의 주체〉, 〈1.3인간활동-정신 및 행위〉에 속한 11항목,
일본은 주로 〈1.1추상적 관계〉, 〈1.4생산물 및 도구〉, 〈1.5자연물 및 자연현
상〉에 속한 8항목에서 유의차가 나타났다. 개별어수에 비해 전체어수에서
의미분야별 분포차가 큰 것을 알 수 있다. 카이자승값 역시 전체어수에 비
해 높았다. 2.3.4에서 자세히 분석한다.

전체어수에서 나라별로 항목당 비중이 상위 7위 이내인 항목은 다음과
같다. 양국간 비중 및 순위에 차이는 있으나 7항목 모두 일치한다. 양국 모
두 인간을 비롯하여 심적 활동, 언동, 시간, 양, 공간·장소 등과 관련된 어
휘를 많이 사용하고 있음을 알 수 있다.

- K高 : 〈1.20인간〉 12.9%, 〈1.31언동〉 9.4%, 〈1.10지시〉 8.4%, 〈1.30
  마음〉 8.2%, 〈1.16시간·위치〉 7.1%, 〈1.19양〉 5.3%, 〈1.17공
  간·장소〉 4.7%

• K高 : 〈1.10지시〉 12.9%, 〈1.20인간〉 11.8%, 〈1.30마음〉 8.8%, 〈1.16

시간·위치〉 7.5%, 〈1.17공간·장소〉 6.8%, 〈1.31언동〉 5.0%,

〈1.19양〉 4.8%

참고로, 중학교 어휘와 비교하면 순서 및 비중에 차이는 있지만, 각각
6개 항목이 일치한다. 한국의 〈1.57몸〉, 일본의 〈1.52우주·지형〉이 빠지고
양국 모두 〈1.31언동〉이 포함되었다. 이는 학교급에 따른 특징의 하나로
해석할 수 있다. 결과적으로 양국 모두 중학교에 비해 고등학교에서 의미
분포의 차이가 적다고 볼 수 있다.

2.3.4에서는 2.1.2의 원칙 (2)에 의거하여, 「전체어수」를 기준으로 유의
차가 높게 나타난 항목 중 사회문화적 특성이 드러나는 항목을 중심으로
상위빈도 20어를 제시하고 각각 소분류하여 분석한다.

2.3.4 전체어수 중분류에서 유의차가 나타난 항목

2.3.4.1 한국 교과서 어휘에서 유의차가 높은 항목

앞서 [표 30]에서 제시한 11항목 중 〈1.2인간활동의 주체〉의 〈1.21가
족〉, 〈1.26사회〉, 〈1.27기관〉, 〈1.20인간〉, 〈1.3인간활동-정신 및 행위〉의
〈1.31언동〉, 〈1.38일〉, 〈1.34의무〉 등 7개 항목을 중심으로 분석한다. 참고
로, 이 중 〈1.20인간〉, 〈1.21가족〉, 〈1.27기관〉, 〈1.34의무〉는 중학교 교과서
와 일관된 경향을 보인다.

(1) 〈1.21가족〉(유의차 : 개별어수 19.427, 전체어수 67.518)

한국 교과서에서는 「아버지·어머니·딸」과 같은 〈가족〉을 나타내는 어휘가 421회 사용되었는데, 이는 102회인 일본의 4.1배에 해당하는 양이다.

다음은 상위빈도 20어이다. (유의차가 나타난 쪽은 음영으로 표시함. 숫자는 빈도를 나타냄. 이하 같음.)

K高 (개별어수 98, 전체어수 421)	J高 (개별어수 26, 전체어수 102)
아버지(42), 딸고만이아부지(29), 어머니(28), 딸(19), 명은이외할머니(15), 엄마(12), 아들(12), 아빠(11), 할아버지(11), 서방(10), 새끼(10), 부모(9), 부친(9), 할머니(9), 가족(8), 아내(8), 동생(8), 부부(6), 어미(6), 자녀(6)	息子(아들16), 母親(15), 父(13), 子孫(8), お父さん(아버지7), 父親(6), 母(5), お母さん(어머니5), 祖先(조상4), 家族(2), 夫(2), 妻(2), 女房(부인2), 親(부모2), 両親(2), お子さん(자녀2), 親子(부모자식1), 妻子(1), 奥さん(사모님1), わが子(내자식1)

한국 교과서에서는 부모와 조부모 관련 단어가 다수 포함되어 있고 각 고빈도어의 빈도수에서 일본에 비해 차이가 크다는 것을 알 수 있다.

[표 31]은 〈1.21가족〉을 소분류한 것이다.

[표 31] 고등학교 〈1.21가족〉 항목의 전체어수 소분류 (( )안은 %)

	1,210 가족	1,211 부부	1,212 부모·조상	1,213 자녀·자손	1,214 형제	1,215 친척	계
K	22(5.2)	48(11.4)	224(53.2)	70(16.6)	47(11.2)	10(2.4)	421(100)
J	5(4.9)	7(6.9)	60(58.8)	30(29.4)	-	-	102(100)
χ2값	0.013	1.794	1.171	8.249	12.424	2.304	

중항목 내의 소분류에서는 〈1.214형제〉에서 유일하게 유의차가 나타났다. 이는 뒤의 7장에서 다루고 있듯이, 한국 교과서의 경우, 텍스트의 주인

공이 「장남(長男)」인 경우가 많다는 것과 관련이 있다. 어휘로서는 손윗형제, 그중에서도 남성이 남성인 손윗형제을 부르는 「형(兄)」의 사용량이 많은데, 이는 유교문화의 특징이라 할 수 있다. (유의차가 높거나 비중 등이 높은 쪽에 밑줄을 친다. 이하 같음.)

⟨1.214형제⟩

- K高 : 동생(8), 형님(7), 오빠(5), 언니(4), 형(4), 누이(3), 삼형제(3), 누님(2), 동주오빠(2), 형제(1)
- J高 : 없음

유의차는 나타나지 않았지만, ⟨1.210가족⟩, ⟨1.212부부⟩를 보면 한국교과서에서 다양한 관련 단어가 사용되고 있음을 알 수 있다.

⟨1.210가족⟩

- K高 : 가족(8), 식구(6), 퇴로(退老2), 부자(1), 모자(1), 춘향모녀(1), 피붙이(1), 집안식구(1), 처자식(1) [총 9종)
- J高 : 家族(2), 親子(부모자식1), 妻子(1), 家々(집들1) [총 4종]

⟨1.211부부⟩

- K高 : 서방(10), 아내(8), 부부(6), 남편(5), 서방님(4), 낭군(3), 정렬부인(2), 부인(2), 여편네(2), 맛둥서방(1)
- J高 : 夫(2), 妻(2), 女房(아내2), 奧さん(사모님1) [총 4종]

일본은 〈1.213자녀·자손〉에서 유의차가 나타났으나 한국이 어휘량이 많아 논외로 한다.

(2) 〈1.26사회〉 (유의차 : 전체어수 19.062)

한국 교과서에서는 「사회·세상·관사」 등과 같은 〈사회〉를 나타내는 어휘가 404회 사용되었는데, 이는 156회인 일본의 2.6배에 해당하는 양이다. 다음은 상위빈도 20어이다.

K高 (개별어수 125, 전체어수 404)	J高 (개별어수 75, 전체어수 156)
사회(35), 세상(30), 관사(館舍29), 세계(21), 학교(20), 도서관(18), 신광교회(12), 장(11), 병원(11), 문단(文壇9), 노점(9), 만세주장(酒場8), 장관(6), 교회(6), 장터(5), 옥(獄5), 광명중학(5), 초등학교(4), 대학(4), 정거장(4)	世界(17), 世(세상11), 図書館(8), 社会(5), 寺(절5), 中学(5), 小学校(초등학교4), 塾(학원4), 大本山(절4), 大学(3), 高校(3), 店(가게3), ファストフード店(패스트푸드점3), ファミリーレストラン(훼밀리레스토랑3), 体育館(3), 宿(여관3), 世の中(세계2), 難民キャンプ(난민캠프2), 光林寺(2), 音大付属校(2)

한국은 「사회(35)·세상(30)·세계(21)」 등 사회 전반을 나타내는 고빈도어가 있고 일본은 학교 관련 단어가 많은 것을 알 수 있다. 한국이 「신광교회(12)·교회(6)」가 사용된 데 비해 일본은 「寺(절5)·大本山(절4)·光林寺(2)」 등 절이 포함된 점은 흥미롭다.

[표 32]는 〈1.26사회〉를 소분류한 것이다.

[표 32] 고등학교 〈1.26사회〉 항목의 전체어수 소분류 (( )안은 %)

	1.260 사회	1.261 사회분야	1.262 현장	1.263 절·학교	1.264 사무소	1.265 가게	1.266 주택·교실	계
K	70 (17.3)	45 (11.1)	15 (3.7)	85 (21.0)	48 (11.9)	104 (25.7)	37 (9.2)	404 (100)
J	9 (5.8)	30 (19.2)	9 (5.8)	44 (28.2)	18 (11.5)	37 (23.7)	9 (5.8)	156 (100)
χ2값	12.271	6.254	1.090	3.202	0.008	0.230	1.651	

〈1.26사회〉 항목 내에서 한국은 〈1.260사회〉에서 유의차가 나타났고 그 밖의 소항목에서는 유사한 경향을 보인다. 고빈도어를 보면 「사회(35)·세상(30)」이라는 특정 단어의 사용량이 많음을 알 수 있고 실생활과 관련 있는 주제를 주로 다루고 있는 한국 교과서 텍스트의 단면을 보여준다.

〈1.260사회〉,

- K高 : 사회(35), 세상(30), 천하(1), 정보통신사회(1), 정보화사회(1), 지역사회(1), 시중(市中1) [총 7종]
- J高 : 社会(5), 世の中(세상2), 天下(1), 一般社会(1) [총 4종]

(3) 〈1.27기관〉 (유의차 : 전체어수 17.881)

한국 교과서에서는 「국군·중공군·사단」 등과 같은 〈기관〉을 나타내는 어휘가 80회 사용되었는데, 이는 15회인 일본의 5.3배에 해당하는 양이다. 다음은 상위빈도 20어이다.

K高 (개별어수 36, 전체어수 80)	J高 (개별어수 11, 전체어수 15)
국군(9), 중공군(8), 사단(6), 정부(5), 대군(4), 기관(3), 빨치산(3), 북괴군(3), 유엔군(3), 호조(2), 병조(2), 조력발전소(2), 통계청(2), 금융통화위원회(2), 인민군(2), 미군(2), 연대(2), 군단(2), 국가기관(1), 관청(1)	警察(2), 軍隊(2), 陸軍(2), NATO軍(나토군2), 機関(1), 政府(1), 庁(1), 維新政府(1), 郵便局(1), 私鉄(1), 国際平和維持部隊(1) [총 11종]

한국 교과서는 「국군(9)·중공군(8)·사단(6)」 등, 군(軍) 관련 어휘량이 많다. 이는 중학교와 일관된 현상이며, 뒤에서 다룰 중항목 〈1.24구성원·직위〉의 〈1.242군인〉에서 한국이 유의차가 나타난 것과도 통하는 바가 있다.

[표 33]은 〈1.27기관〉을 소분류한 것이다. 한국이 전체적으로 어휘량이 많으나 소항목에서 유의차는 나타나지 않았다.

[표 33] 고등학교 〈1.27기관〉 항목의 전체어수 소분류 (( )안은 %)

	1.270 기관	1.271 정부기관	1.272 공공기관	1.273 의회	1.274 군(軍)	1.255 국제기구	계
K	5(6.3)	14(11.3)	8(10.0)	2(2.5)	51(63.8)	-	80(100)
J	1(6.7)	3(20.0)	4(26.7)	-	7(46.7)	-	15(100)
χ2값	0.182	0.006	2.035	0.043	1.004		

단, 〈1.274(軍)〉에서 어휘량은 한국의 사회적, 정치적 정세와 무관하지 않다. 다음의 상위빈도 10어를 비롯하여 「군단·보급기관·119구조대·63군·글로스터대대·대부대·여단·영국군」 등의 어휘가 사용되고 있다. 이와 관련해서는 재고의 여지가 있다.

〈1.274군(軍)〉

• K高 : 국군(9), 중공군(8), 사단(6), 대군(4), 빨치산(3), 북괴군(3), 유엔

　　군(3), 인민군(2), 미군(2), 연대(2)

・J高 : 軍隊(2), 陸軍(2), NATO軍(나토군2), 国際平和維持部隊(1) [총 4종]

(4) 〈1.20인간〉 (유의차 : 전체어수 8.102)

한국 교과서에서는 「그·나·생원·하인」 등과 같은 〈인간〉을 나타내는 어휘가 2,408회로, 1,271회인 일본의 1.9배에 이른다. 한국이 일본에 비해 유의차 8.102를 기록하였다.

다음은 상위빈도 20어이다.

K高 (개별어수 286, 전체어수 2,408)	J高 (개별어수 182, 전체어수 1,271)
나(544), 사람(190), 우리(142), 그(129), 너(98), 명은(人78), 자신(79), 저(62), 느그(56), 아이(50), 남자(49), 자기(42), 당신(35), 놈(29), 여자(28), 재민(人24), 윤동주(人21), 누구(20), 동이(20), 춘향(20)	私(나136), 徹夫(人131), 黒柳徹子(人117), 佳枝(人116), 自分(나110), 人間(86), 子供(아이64), 女(56), 智(人49), 男(42), 子(아이41), 人(사람40), 誰(누구31), 僕(나30), 老婆(29), 人々(사람들25), 若者(젊은이19), 典子(人14), 我々(우리들2)

한국 교과서가 「나(544)·우리(142)」 등의 1인칭 및 「너(94)·당신(35)」 등의 2인칭어의 사용이 지나치게 높은 것을 알 수 있다. 상대적으로 일본은 「人(140)·人間(86)·人々(사람들25)」과 같은 통칭어의 사용량이 많다. 이는 졸고(2016b), 강경완(2013)에서도 지적하고 있는 바와 같이, 양국 교과서에 나타나는 전형적인 특징이다.

[표 34]는 〈1.20인간〉를 소분류한 것이다.

[표 34] 고등학교 〈1.20인간〉 항목의 전체어수 소분류 (( )안은 %)

	1.200 인칭	1.201 자타	1.202 인간	1.203 신불	1.204 남녀	1.205 노소	계
K	1,099(45.7)	150(6.2)	817(34.0)	27(1.1)	140(5.8)	172(7.2)	2,408(100)
J	270(21.2)	137(10.8)	550(43.3)	16(1.3)	100(7.9)	198(15.6)	1,271(100)
χ2값	212.723	23.818	30.795	1.131	5.700	65.207	

한국은 〈1.200인칭〉에서 유의차가 나타났다. 「나(544)·우리(142)」 등의 인칭어 사용량이 많은데, 이는 뒤의 7장의 텍스트 분석에서 한국이 인간관계속에서 갈등을 다룬 소설 텍스트가 많다는 분석을 통해 이해할 수 있다.

〈1.200인칭〉

• K高 : 나(544), 우리(142), 그(129), 너(94), 당신(35), 저(62), 누구(23), 누가(13), 여러분(9), 너희(8)

• J高 : 私(나136), 誰(누구31), 僕(나30), 我々(우리12), 君(자네9), おまえ(너8), 彼女(그녀8), あなた(너6), 俺(나5), あいつ(저녀석4)

일본은 〈1.202인간〉 및 〈1.205노소〉에서 유의차가 나타났다. 〈1.202인간〉의 경우, 한국은 인명, 일본은 통칭어의 사용이 많은 것을 알 수 있다.

〈1.202인간〉

• K高 : 사람(190), 명은(人78), 놈(29), 재민(人24), 윤동주(人21), 동이(人20), 춘향(人20), 인간(20), 민지(人19), 지영(人19)

• J高 : 人(140), 人間(86), 智(人49), 徹夫(人31), 人々(사람들25), 黒柳徹子(人

17), 佳枝(人16), 典子(人14), 者(놈12), 原さん(人7)

(5) 〈1.31언동〉(유의차 : 개별어수 23.328, 전체어수 182.034)

한국 교과서에서는 「말·글·책·정보·단어」와 같은 〈언동〉을 나타내는 어휘가 1,752회 사용되었는데, 이는 542회인 일본의 3.2배에 해당하는 양이다.

다음은 상위빈도 20어이다.

K高 (개별어수 405, 전체어수 1,752)	J高 (개별어수 175, 전체어수 542)
말(154), 글(116), 글자(59), 책(57), 정보(47), 단어(45), 이야기(35), 매체(31), 표현(27), 발음(27), 우리말(26), 독서(23), 한글(22), 어휘(22), 초성(22), 모음(22), 국어(21), 인터넷(19), 저작물(19), 자(字18)	情報(47), 言葉(말36), コミュニケーション(소통23), 索引(16), マニュアル(매뉴얼14), 古典(12), 答え(답11), 言語(10), 百科事典(10), 名(9), せりふ(대사9), 文字(8), プログラム(프로그램8), 本(책8), 表現(7), 現代(7), 語訳(번역7), 説明(7), 話(이야기7), 文(7)

한국이 상대적으로 「말(154)·글(116)·글자(59)·우리말(26)·한글(22)」 등의 우리말과 관련된 단어의 사용량이 높은 것을 알 수 있다. 이는 뒤의 7장의 텍스트 분석에서 한국어의 소중함 및 가치를 다룬 텍스트가 일본에 비해 많다는 결론과도 통하는 바가 있다. 한국 교과서에서 자국어와 관련된 텍스트를 한번 되짚어볼 필요가 있다고 본다.

[표 35]는 〈1.31언동〉을 소분류한 것이다.

[표 35] 고등학교 〈1.31언동〉 항목의 전체어수 소분류 (( )안은 %)

	1,310 언동	1,311 언어	1,312 발언	1,313 이야기	1,314 선언	1,315 읽기 쓰기	1,316 문헌	계
K	330 (18.8)	565 (32.2)	197 (11.2)	275 (15.7)	15 (0.9)	184 (10.5)	186 (10.6)	1,752 (100)
J	128 (23.6)	77 (14.2)	75 (13.8)	80 (14.8)	7 (1.3)	84 (15.5)	91 (16.8)	542 (100)
χ2값	116.046	458.245	69.159	132.400	3.696	48.908	43.585	

한국은 〈1.311언어〉 및 〈1.313이야기〉에서 각각 458.245, 132.400의 유의차를 나타낼 만큼 어휘량이 많았다. 이는 앞의 고빈도어에서 언급한 내용과 관련이 있다.

〈1.311언어〉

- K高 : 글자(59), 발음(27), 어휘(22), 초성(22), 문자(17), 자음(16), 한국어(15), 한글맞춤법(14), 음운(13), 중성(13)

- J高 : マニュアル(매뉴얼14), 文字(8), 名前(이름5), 枕詞(시가의 첫구절5), かたかな(가타카나4), 口調(3), メンバー表(멤버표3), 目的語(3), 文法(2), 緑語(연어2)

〈1.313이야기〉

- K高 : 말(154), 이야기(35), 말하기(10), 질문(9), 의사소통(7), 말씀(6), 토론(6), 메시지(6), 논의(3), 역주(3)

- J高 : コミュニケーション(소통23), 答え(답11), 説明(7), 話(말7), 正解(정답7), 問い(질문4), 対話(4), 冗談(농담2), 解説(2), 注記(2)

이를 제외한 〈1.310언동〉 및 〈1.312발언〉, 〈1.315읽기 쓰기〉, 〈문헌 1.316〉 등에서는 상대적으로 일본이 유의차가 높게 나타났으나 한국보다 어휘 수가 적어 논외로 한다.

(6) 〈1.37경제〉 (유의차 : 개별어수 20.560, 전체어수 51.144)

한국 교과서에서는 「돈·금리·경제·재산」과 같은 〈경제〉를 나타내는 어휘가 176회 사용되었는데, 이는 25회인 일본의 7배에 해당하는 양이다. 다음은 상위빈도 20어이다.

K高 (개별어수 81, 전체어수 176)	J高 (개별어수 17, 전체어수 25)
돈(32), 금리(8), 경제(6), 재산(5), 이익(5), 선물(5), 확보(4), 소비(4), 비용(4), 이해(利害,4), 줄행랑(3), 지역경제(3), 벌금(3), 물가(3), 의료보험(3), 부양비(3), 부채(3), 땅값(2), 손해(2), 수익(2)	やりとり(거래94),お金(3돈), 出費(2), 貸し出し(대여2),繁栄(2), ひったくり(날치기3), 経済(2), 供給(2), ご注文(주문2), 金(1), 価格(1), 経費(1), 無料(1), ろく(연륜1), 買い物(쇼핑1), 供養(공양), パニック(파산) [총 17종]

한국은 다양한 경제 활동 관련 어휘가 사용되었는데, 이는 초등학교 저학년에서부터 이어지는 일관된 현상으로, 일본과 비교되는 특징이라 할 수 있다.

[표 36]은 〈1.37경제〉를 소분류한 것이다. 한국은 〈1.37경제〉에서 일본의 7.0배에 이를 정도로 어휘가 많은데, 소항목에서는 유의차가 나타나지 않았다.

[표 36] 고등학교 〈1.37경제〉 항목의 전체어수 소분류 (( )안은 %)

	1.370 취득	1.371 경제	1.372 세금	1.373 가치	1.374 급여	1.375 손득	1.376 거래	1.377 양도	1.378 빚	1.379 빈부	계
K	11 (6.3)	23 (13.1)	57 (32.4)	30 (17.0)	15 (8.5)	18 (10.2)	4 (2.3)	8 (4.5)	8 (4.5)	2 (1.1)	176 (100)
J	1 (4.0)	3 (12.0)	4 (16.0)	4 (16.0)	2 (8.0)	-	1 (4.0)	5 (20.0)	2 (8.0)	3 (12.0)	25 (100)
χ2값	0.070	0.000	2.481	0.000	0.0047	2.331	0.060	7.656	0.300	8.943	

대부분의 소항목에서 사용량이 많아, 실생활과 관련하여 경제 관련 어휘를 광범위하게 사용하고 있음을 알 수 있다. 〈1.372세금〉, 〈1.373가치〉, 〈1.375손득〉의 고빈도어를 보면 이를 확인할 수 있다. 참고로 일본이 〈1.337양도〉, 〈1.379빈부〉에서 유의차가 나타났으나 어휘 수가 적어 논외로 한다.

〈1.372세금〉

• K高 : 천금(32), 재산(5), 벌금(3), 금전(2), 재물(2), 천금(2), 문상(문화

　　상품권2), 의료비(1), 나랏돈(1), 돈푼(1)

• J高 : お金(돈3), 金(돈1) [총 2종]

〈1.373가치〉

• K高 : 비용(4), 물가(3), 의료보험(3), 부양비(3), 양육비(3), 땅값(2), 학

　　급비(2), 값(1), 가격(1), 무료(1)

• J高 : 出費(2), 価格(1), 経費(1), 無料(1) [총 4종]

〈1.375손득〉

- K高 : 이익(5), 이해(利害4), 손해(2), 수익(2), 손실(1), 실속(1), 이득(1),

  실리(1), 득(1) [총 9종]

- J高 : 없음

(7) 〈1.38일〉 (유의차 : 전체어수 15.560)

한국 교과서에서는 「직업·생산·편집·산업」과 같은 〈일〉을 나타내는 어휘가 173회 사용되었는데, 이는 55회인 일본의 3.2배에 해당하는 양이다. 다음은 상위빈도 20어이다.

K高 (개별어수 67, 전체어수 173)	J高 (개별어수 40, 전체어수 55)
직업(62), 생산(12), 주사(注射5), 편집(5), 산업(4), 개발(4), 적용(4), 기업(3), 소작(3), 교통(3), 의료(3), 작업(3), 희망직업(2), 소출(2), 개천복원공사(2), 인술(2), 농업(1), 건설업(1), 교육사업(1), 업무(1)	仕事(일4), 開発(4), 丹塗り(색칠하기3), 漁業(2), 職業(2), 上演(2), 上映(2), 便(교통·편2), 作業(2), 始末(처리2), 植生(1), 産業(1), 建造(1), 木工(목공1), 交通(1), 後片づけ(처리1), 使用(1), 複製(1), 過剰利用(1), 金属加工(1)

〈1.38일〉에 속한 어휘를 살펴보면 한국은 「직업(62)·생산(12)」이라는 특정어가 다량 사용되었음을 알 수 있다.

[표 37]은 〈1.38일〉을 소분류한 것이다.

[표 37] 고등학교의 〈1.38일〉 항목의 전체어수의 소분류 (( )안은 %)

	1.380 일·산업	1.381 농사	1.382 제조· 공업	1.383 운수	1.384 가사	1.385 취사· 청소	1.386 설비· 작업	계
K	94 (50.0)	8 (1.7)	12 (2.5)	26 (5.5)	7 (14.8)	16 (3.4)	10 (2.1)	173 (100)

J	16 (29.1)	-	13 (2.4)	11 (20.0)	1 (1.8)	11 (20.0)	3 (5.5)	55 (100)
χ2값	408.915	8.753	0.001	7.574	5.064	1.443	4.441	

한국은 〈1.380일·산업〉, 〈1.381농사〉에서 유의차가 나타났다. 이중 〈1.380일·산업〉에서 94회 사용되어 일본의 5.9배를 나타냈는데, 고빈도어를 보면 직업 및 생산이라는 특정 단어의 사용량이 높은 것을 알 수 있다.

 〈1.380일·산업〉

• K高 : 직업(62), 생산(12), 산업(4), 기업(3), 희망직업(2), 농업(1), 건설업(1), 교육사업(1), 어업(1), 현장일(1)

• J高 : 仕事(일4), 漁業(2), 職業(2), 産業(1), 漁(어업1), 農業(1), 農業生産(1), 製造業(1), 下請け(하청1), 植生(2)

상대적으로 일본은 〈1.383운수(運輸)〉에서 유의차가 나타났으나 어휘수가 적어 논외로 한다.

2.3.4.2 일본 교과서 어휘에서 유의차가 높은 항목

앞의 [표 30]에서 일본 고등학교 교과서 어휘는 8개 항목에서 유의차가 나타났는데, 〈1.1추상적 관계〉에 속하는 대부분 항목의 경우 사회문화적 차이를 도출하기 어렵다. 따라서 〈1.10지시〉를 간단히 제시하고 〈1.46기계〉, 〈1.56동물〉, 〈1.34교류〉, 〈1.32창작·저술〉에 주목하여 분석한다.

(1) ⟨1.10지시⟩ (유의차 : 전체어수 145.418)

일본 교과서에서는 의존명사인 「-の·-もの·-こと(것)」, 「これ(이것)·それ (그것)·何(무엇)」 등의 ⟨지시⟩ 관련 어휘 수가 1,388어로, 1,579어인 한국의 0.8배이지만, 총 어수에서 한국이 일본의 1.7배인 것을 고려하면 비중이 높았다.

다음은 상위빈도 20어이다.

K高 (개별어수 51, 전체어수 1,579)	J高 (개별어수 40, 전체어수 1,388)
-것(761), 무엇(91), -일(69), 그것(67), 이것(41), -데(33), -적(29), -줄(24), 대상(9), 각각(7), 사건(4), 사정(3), 거(그것2), 현상(2), 사고(事故2), 큰일(2), 실제(2), 사태(2), 웬일(2), 진짜(1)	-こと(것380), これ(이것139), -もの(것127), それ(그것126), 何(무엇87), 例(14), それぞれ(각각10), 何度(몇번9), 項(9), 形式(9), 種類(6), 現象(5), どれ(어느것4), 事柄(사항,4), 対象(4), 他人事(남일4), 書誌事項(3), 事実(3), 資料(3), 補欠(3)

⟨1.10지시⟩에 속한 어휘는 의존명사 및 지시어가 고빈도어로 사회문화적 특정을 도출하기는 어렵다.

[표 38]은 ⟨1.10지시⟩를 소분류한 것이다. 앞서 설명한 바와 같이 ⟨1.100지시⟩와 ⟨1.101성질⟩은 통합하여 제시한다.

[표 38] 고등학교 ⟨1.10지시⟩ 항목의 전체어수 소분류 (( )안은 %)

	1.100 지시	1.101 성질	1.102 사항	1.103 진(真)·실(実)	1.104 본체	계
K	1464(90.0)		-	55(4.4)	44(3.5)	1,579(100)
J	1339(96.5)		13(0.9)	12(0.9)	24(1.7)	1,388(100)
χ2값	-		11.864	32.014	7.936	

일본 고등학교는 한국에 비해 〈1.102사항〉에서 유의차가 나타났고 한국 고등학교는 〈1.103진·실〉, 〈1.104본체〉에서 높았으나 논외로 한다.

(2) 〈1.46기계〉 (유의차 : 개별어수 8.429, 전체어수 96.331)

일본 교과서에서는 「ロボット(로봇)·ロボビー(로봇명)·ソフトウェア(소프트웨어)」 등과 같은 〈기계〉 관련 어휘 수가 162어로, 80어인 한국의 2.0배에 이른다. 교과서의 전체어수에서 한국이 일본의 1.7배인 것을 고려하면 그 차이는 매우 크다고 할 수 있다.

다음은 상위빈도 20어이다.

K高 (개별어수 32, 전체어수 80)	J高 (개별어수 41, 전체어수 162)
배(19), 컴퓨터(11), 시계(7), 라이터(6), 텔레비전(5), 전화(3), 자전거(2), 차(2), 자가용(2), 러닝머신(1), 촛불(1), 라디오(1), 타자기(1), 그네(1), 전동차(1), 기차(1), 열차(1), 등불(1), 전철(1), 써치라이트(1)	ロボット(로봇55), ロボビー(로봇명15), 自転車(자전거10), 携帯電話(9), 電車(전동차9), ソフトウェア(소프트웨어7), 機械(4), 鹿おどし(물방아4), 車(4), 舟(4), 船(4), センサ(센서3), MD(mini disc2), 自律型ロボット(자율형로봇2), 汽車(2), トラック(트럭2), シーソート(시소2), 半導体(1), 電灯(1), コンピュータ(컴퓨터1)

〈1.46기계〉에 속한 어휘를 살펴보면 한국은 최근의 산업발전을 따라가지 못하고 있다. 반면, 일본은 「ロボット(로봇55)·ロボビー(로봇명15)·MD(mini disc2)·自律型ロボット(자율형로봇2)」 등 대조적이다. 이와 관련해서 뒤의 4~5장의 어휘의 난이도 분석을 참조 바란다.

[표 39]는 〈1.46기계〉를 소분류한 것이다.

[표 39] 고등학교 〈1.46기계〉 항목의 전체어수 소분류 (( )안은 %)

	1.460 등화	1.461 거울	1.462 전기	1.463 기계	1.464 계기	1.465 육상교통	1.466 해상교통	1.467 공중교통	계
K	10(12.5)	3(3.8)	21(26.3)	5(6.3)	7(8.8)	14(17.5)	20(25.0)	-	80(100)
J	2(1.2)	3(1.9)	6(3.7)	102(6.3)	0(0.0)	37(23.2)	12(7.4)	-	162(100)
χ2값	13.642	0.560	26.718	69.076	13.586	0.815	13.942		

일본은 〈1.463기계〉에서 102어가 사용되어 5어에 불과한 한국에 비해 69.076의 유의차를 나타냈다. 〈1.463기계〉의 고빈도어를 보면 일본이 「ロ ボット(로봇55)·ロボビー(로봇명15)」 등의 어휘가 사용되고 있는 데 비해, 한 국은 「타자기(1)·기계(1)·단말기(1)」 등의 어휘가 주를 이루고 있다. 이는 한국 고등학교 교과서에서 초·중학교와 구별되는 학교급별 어휘 등급을 고려하고 있는지 우려되는 부분이 있다.

〈1.463기계〉

• K高 : 타자기(1), 기계(1), 단말기(1), 러닝머신(1), 방아(1) [총 5종]

• J高 : ロボット(로봇55), ロボビー(로봇명15), 携帯電話(9), ソフトウェア (소프트웨어7), 機械(4), 鹿おどし(물방아4), MD(mini disc2), 自律型 ロボット(자율형로봇2), B29(1), 半導体(1)

한국이 〈1.462전기〉, 〈1.466해상교통〉 등에서 유의차가 나타났으나 이 는 「컴퓨터(11)」나 「배(19)」라는 특정 고빈도어에 의한 것이다.

(3) 〈1.56동물〉 (유의차 : 전체어수 24.722)

일본 교과서에서는 「상어·동물·나비·고래」 등의 「동물」을 나타내는 어휘 비중이 2.6%로 1.7%인 한국에 비해 높았다. 전체어수가 276회 사용되었는데, 이는 319회인 한국의 0.8배에 해당하는 양이다. 총 어수에서 한국이 일본의 1.7배인 것을 고려하면 커다란 차이이다.

다음은 상위빈도 20어이다.

K高 (개별어수 95, 전체어수 319)	J高 (개별어수 88, 전체어수 276)
호랑이(41), 말(30), 나비(猫16), 짐승(15), 고양이(14), 나귀(14), 개(13), 백마(12), 거위들(11), 동물(8), 조선호랑이(8), 소(6), 까막까치(6), 쥐(5), 왼손잡이(4), 꾸구리(犬4), 새(4), 잠자리(4), 강아지(3), 당나귀(3)	イルカ(상어35), 動物(29), 蝶(21), クジラ(고래16), イヌ(개15), 蛾(나방11), ネコ(고양이9), ラット(쥐8), 真珠貝(진주조개8), カラス(까마귀7), 猿(6), チンパンジー(침팬지6), ゾウ(코끼리5), 鳥(5), 蚊(모기4), 人類(3), 魚(3), 昆虫(3), 馬(2), 雛(2)

한국은 〈짐승〉이 대부분이고, 일본은 짐승류 외에 〈곤충류〉, 〈조개류〉 등에 속하는 다양한 고빈도어가 있다.

[표 40]은 〈1.56동물〉을 소분류한 것이다.

[표 40] 고등학교 〈1.56동물〉 항목의 전체어수 소분류 (( )안은 %)

	1,560 동물	1,561 짐승	1,562 조류	1,563 파충류	1,564 어류	1,565 곤충류	1,566 무척추동물	계
K	36(11.3)	215(67.4)	40(1.2.5)	1(0.3)	2(0.6)	23(7.2)	2(0.6)	319(100)
J	33(12.0)	135(48.9)	23(8.3)	4(1.4)	7(2.2)	65(23.6)	9(0.3)	276(100)
χ2값	0.057	20.772	2.705	2.111	3.451	31.178	5.464	

일본은 〈1.565곤충류〉에서 유의차가 나타났다. 「蝶(나비21)·蛾(나방11)」
등 특정 고빈도어로 인한다.

〈1.565곤충류〉

• K高 : 잠자리(4), 모기(1), 파리(1), 고추잠자리(1), 귀뚜라미(1), 꿀벌
(1), 반딧불이(1), 파리떼(1), 기생잠자리(1), 된장잠자리(1)

• J高 : 蝶(나비21), 蛾(나방11), 蚊(모기4), 昆虫(3), クモ(거미3), キリギリス
(베짱이2), コオロギ(귀뚜라미2), 蜉蝣(벌레2), あり(개미1), マラリア
原虫(말라리아원충)

한국은 〈1.561짐승〉 항목이 높았는데 이는 이례적이다. 참고로, 이
는 특정 미술 관련 비평문에서 비롯된 것이다. 한국이 「호랑이(41)」라
는 고빈도어로 인한다면, 일본은 상위빈도 10어 외에도 고래 관련 계통
및 학명 관련어가 「マッコウクジラ科(향고래과1)·Cetacea(고래류)·whale(고래
1)·dolphin(돌고래1)」 등 16어가 사용되었다. 즉, 해당 항목의 전문어가 대거
사용되었음을 알 수 있다.

• K高 : 호랑이(41), 말(30), 나비(고양이16), 고양이(14), 나귀(14), 개(13),
백마(12), 조선호랑이(8), 소(6), 쥐(5)

• J高 : イルカ(상어35), クジラ(고래16), 猫(9), ラット(쥐8), チンパンジー(침
팬지6), 猿(6), 象(5), ハクジラ類(고래류2)·鯨類(고래류2)·マイルカ科
(참돌고래과1)

(4) 〈1.35교류〉 (유의차 : 전체어수 18.058)

일본 교과서에서는 「試合·案内·連勝」 등의 〈교류〉를 나타내는 어휘 수가 107회 사용되었는데, 이는 104회인 한국과 거의 같은 양이다. 총 어수에서 한국이 일본의 1.7배이므로 유의차가 나타났다.

다음은 상위빈도 20어이다.

K高 (개별어수 51, 전체어수 104)	J高 (개별어수 45, 전체어수 107)
찬성(14), 요구(6), 부탁(5), 전투(5), 출도(4), 약속(4), 전쟁(4), 평화(4), 갈등(3), 소개(3), 허락(3), 이별(2), 맹세(2), 당부(2), 동의(2), 참전(2), 싸움(1), 대결(1), 6·25전쟁(1), 사투(1)	試合(시합22), 和歌所和歌合(단가대회16), 合唱コンクール(합창콩쿨6), 爆撃(5), 案内(4), 面会(4), 連勝(4), 犠牲(3), 勝ち負け(승패3), リハーサル(리허설2), マラソン大会(마라톤대회2), お別れ(이별2), 取り組み(대처2), 見舞い(1), 紹介(1), 訪問(1), 歓迎(1), 約束(1), 戦争(1), 国防(1)

한국은 「찬성(14)·요구(6)·부탁(5)·속(4)·맹세(2)·당부(2)」 등 〈약속〉과 관련된 어휘가 많다. 일본은 「試合(시합22)·和歌所和歌合(단가대회16)·合唱コンクール(합창콩쿨6)·マラソン大会(2)」 등 야구나 시가대회 관련 어휘나 「連勝(4)·犠牲(3)·勝ち負け(승패3)」 등 〈승패〉와 관련된 어휘가 많다.

[표 41]은 〈1.35교류〉를 소분류한 것이다.

[표 41] 고등학교 〈1.35교류〉 항목의 전체어수 소분류 (( )안은 %)

	1.350 관여	1.351 집회	1.352 대면	1.353 약속	1.354 협력	1.355 평화	1.356 공방	1.357 승패	1.358 군사	계
K	5 (5.1)	13 (13.1)	6 (6.1)	45 (45.5)	9 (8.7)	21 (21.2)	2 (2.0)	2 (2.0)	1 (1.0)	104 (100)
J	1 (0.9)	28 (26.2)	18 (16.8)	5 (4.7)	5 (4.7)	29 (27.1)	5 (4.7)	14 (13.1)	2 (1.9)	107 (100)

χ2값	2.357	5.967	5.983	42.645	1.117	1.252	0.940	8.781	0.113	

일본은 〈1.357승패〉에서 유의차가 나타났는데 이는 대부분 야구와 관련하여 사용되었다.

　　〈1.357승패〉

　　• K高 : 승리(1), 대승(1) [총 2종]

　　• J高 : 連勝(4), 勝ち負け(승부3), 勝敗(1), 完敗(1), 全勝(1), 惨敗(1), 三球勝
　　　　　負(1), 一点勝負(1), 破れ(패함1) [총 9종]

참고로, 한국은 한국 사회에서 중요한 가치 덕목의 하나라고 볼 수 있는 〈약속〉에서 유의차가 나타났다.

　　〈1.353약속〉

　　• K高 : 찬성(14), 요구(6), 부탁(5), 약속(4), 허락(3), 맹세(2), 당부(2), 동
　　　　　의(2), 승낙(1)

　　• J高 : 反対(1), 約束(1), 頼み(부탁1), 依頼(1), 合意(1) [총 5종]

(5) 〈1.32창작·저술〉 (유의차 : 전체어수 7.546)

일본 교과서에서는 「歌(시가)·羅生門·春望」와 같이, 문학장르 및 문학작품 관련 어휘가 많다.

다음은 상위빈도 20어이다.

K高 (개별어수 89, 전체어수 337)	J高 (개별어수 65, 전체어수 245)
그림(41), 사진(40), 시(23), 작문(22), 문학(17), 작품(15), 소설(12), 음악(12), 예술(11), 합창(11), 제자(制字9), 판소리(7), 연극(6), 창작(5), 국악(5), 노래(4), 미술(4), 영화(4), 시조(3), 옛이야기(3)	歌(시가65), 羅生門(19), 春望(16), 謎(14), 脚本(12), 音楽(10), 唄合わせ(단가대회7), 帚木の巻(作6), 地上絵(geoglyph6), 原作(5), 脚色(5), 作品(4), 演劇(4), 彫刻(3), 演出(3), 物語(설화3), 竹取物語(作3), 伊勢物語(作3), 芝居(연극3), 詩(3)

〈1.32창작·저술〉에 속한 어휘를 살펴보면 일본은 「歌(시가65)·謎(14)·脚本(12)」 등 문학 용어 및 「羅生門(19)·春望(16)·帚木の巻(6)」 등의 문학 작품명이 많았다. 한국은 해당 중항목 내에서 「그림(41)·사진(40)」 등과 같은 미술, 음악 등 예술 전반에 걸친 어휘가 포함되었다.

[표 42]는 〈1.32창작·저술〉을 소분류한 것이다.

[표 42] 고등학교 〈1.32창작·저술〉 항목의 전체어수 소분류 (( )안은 %)

	1.320 창작·저술	1.321 예술·문예	1.322 미술	1.323 음악	1.324 연극·영화	계
K	75(22.3)	104(30.9)	93(27.6)	33(9.8)	32(9.5)	337(100)
J	20(8.2)	172(70.2)	12(4.9)	27(11.0)	14(5.7)	245(100)
χ^2값	20.484	87.855	49.221	0.214	2.716	

일본은 〈1.321예술·문예〉에서 87.855의 유의차를 보였다. 「歌(시가65)」라는 특정 단어가 많기도 하지만, 「羅生門(19)·春望(16)」 등 작품명이 등장하고 있다. 한국은 「시(23)·소설(12)」 등의 문학 용어가 사용되었지만 상대적으로 양이 적었다.

〈1.321예술·문예〉

• K高 : 시(23), 소설(12), 예술(11), 노래(4), 일기(3), 시조(3), 옛이야기

　　　　(3), 수필(2), 희곡(2), 건국신화(1)

• J高 : 歌(시가65), 羅生門(作19), 春望(作16), 謎(14), 脚本(12), 帚木の巻(作

　　　　6), 物語(설화3), 伊勢物語(作3), 竹取物語(作3), 詩(2)

〈1.322미술〉, 〈1.320창작·저술〉에서는 한국이 유의차가 높았다. 참고로
고빈도어를 제시한다. 한국 교과서에서 〈1.322미술〉에서는 「그림(41)·사진
(40)」, 〈1.320창작·저술〉에서는 「작문(22)·문학(17)·작품(15)」 등의 특정 고
빈도어가 사용되었음을 알 수 있다.

〈1.322미술〉

• K高 : 그림(41), 사진(40), 미술(4), 만화(2), 민화(2), 붓글씨(1), 근역강

　　　　산맹호기상도(1), 인증사진(1), 화조화(1) [총 9종]

• J高 : 地上絵(geoglyph6), 彫刻(3), 図(그림1), 漫画(1), イラスト(일러스트1)

　　　　[총 5종]

〈1.320창작·저술〉

• K高 : 작문(22), 문학(17), 작품(15), 제자(制字9), 창작(5), 글말(2), 저작

　　　　(2), 디자인(1), 대표작(1), 맞춤법(1)

• J高 : 原作(5), 脚色(5), 作品(4), 創作(1), 独創(1), 製作(1), 文学作品(1), 本

　　　　作り(책만들기1), 不敗神話(1) [총 9종]

이상, 전체어수를 기준으로 한국의 고등학교 교과서 어휘는 중학교와 마찬가지로 일본에 비해 대분류 〈1.2인간활동의 주체〉 및 〈1.3인간활동-정신 및 행위〉에서 유의차가 높은 것으로 나타났다. 중항목 역시 이들 대분류에 속하는 〈언동〉, 〈가족〉, 〈사회〉, 〈기관〉, 〈인간〉, 〈경제〉, 〈일〉, 〈의무〉 등의 항목에서 일본보다 유의차가 높게 나타났다. 중항목 내의 소분류에서는 〈형제〉, 〈사회〉, 〈인칭〉, 〈언어〉, 〈이야기〉, 〈일·산업〉 등에서 높았다. 그 외 유의차는 나타나지 않았으나 군(軍), 가족, 부부 관련 단어가 많이 사용되었다. 중학교에 비해 양국간 차이가 줄었으나 한국이 고등학교 단계에서도 여전히 〈인간〉 및 〈가족〉을 나타내는 어휘가 많다는 것은 재고의 여지가 있다.

다음으로, 일본의 중학교 교과서 어휘는 한국에 비해 〈1.1추상적 관계〉, 〈1.4생산물 및 도구〉, 〈자연물 및 자연현상〉에 속하는 중항목에서 유의차가 높은 것으로 나타났다. 중항목에서는 〈지시〉, 〈공간·장소〉, 〈〈기계〉, 〈교류〉, 〈창작·저술〉 등에서 유의차가 나타났다.

중항목 내의 소분류에서 〈기계〉, 〈곤충〉, 〈승패〉, 〈예술·문예〉 등에서 높았다.

또한, 중항목에서는 상대편이 유의차가 높았지만, 소분류에서 유의차가 나타난 항목으로 일본은 〈자녀·자손〉, 〈인간〉, 〈노소〉. 〈발언〉, 〈문헌〉 등이 있고, 한국은 〈미술〉, 〈창작·저술〉, 〈짐승〉 등이 있다.

2.4 맺음말

　2장에서는 한국과 일본의 중·고등학교 교과서의 어휘를 「분류어휘표」 (1964)의 의미별 분류 코드를 사용하여 개별어수 및 전체어수의 의미분야별 유의차에 주목하여 각각 분석하였다.

　먼저, 2015년 현재 양국의 중·고등학교 국어교과서 텍스트 어휘는 다음과 같다. 개별어수 기준으로 한국 중학교에서는 일본의 1.3배, 고등학교에서는 일본의 1.5배에 해당된다. 전체어수 기준으로는 중·고등학교 모두 1.7배에 이른다는 점에서 한국 중·고등학교 교과서가 일본에 비해 다양한 어휘를 대량 사용하고 있다고 볼 수 있다.

[표 43] 양국의 중·고등학교 교과서 어휘에 나타난 개별어수 및 전체어수 (1종 1년분)

		개별어수	전체어수
中	K	2,877	11,599
	J	2,162	6,737
高	K	4,769	18,697
	J	3,128	10,823

　전체어수에 한정하여 살펴보면, 대분류에서는 중·고등학교 모두 한국은 일본에 비해 〈1.2인간활동의 주체〉, 〈1.3인간활동-정신 및 행위〉에서 유의차가 나타났고 일본은 한국에 비해 〈1.1추상적 관계〉, 〈1.5자연물 및 자

연현상〉에서 유의차가 나타났다. 고등학교에서는 〈1.4생산물 및 생산활동〉에서도 일본이 유의차가 높게 나타났다. 단, 카이제곱값은 중학교가 현저히 높다는 점에서 고등학교에서 양국 교과서 어휘의 의미분포의 차이는 줄었다고 볼 수 있다.

다음은 전체어수를 43개 항목으로 중분류하여 중학교, 고등학교 각각 양국간의 유의차를 구한 것이다. 중분류에서 유의차가 높게 나타난 항목은 다음과 같다.

[표 44] 양국간 중·고등학교 교과서에서 유의차가 나타난 항목 (전체어수 중분류)

		양국간 전체어수 중분류에서 유의차가 높은 항목	계
中	K	〈1.20인간〉, 〈1.24구성원·직위〉, 〈1.23인종·민족〉, 〈1.57몸〉, 〈1.30마음〉, 〈1.34의무〉, 〈1.31언동〉, 〈1.21가족〉, 〈1.44주거〉, 〈1.27기관〉, 〈1.13양상〉	11
	J	〈1.55생물〉, 〈1.52우주·지형〉, 〈1.32창작·저술〉, 〈1.16시간·위치〉, 〈1.10지시〉, 〈1.19양〉, 〈1.17공간·장소〉, 〈1.42의류〉, 〈1.40물품〉	9
高	K	〈1.31언동〉, 〈1.21가족〉, 〈1.37경제〉, 〈1.13양상〉, 〈1.26사회〉, 〈1.27기관〉, 〈1.38일〉, 〈1.50자극〉, 〈1.20인간〉, 〈1.41자재〉, 〈1.34의무〉	11
	J	〈1.10지시〉, 〈1.46기계〉, 〈1.17공간·장소〉, 〈1.56동물〉, 〈1.57몸〉, 〈1.35교류〉, 〈1.44주거〉, 〈1.32창작·저술〉	8

먼저 「한국」의 경우이다.

중학교에서 〈1.20인간〉, 〈1.24구성원·직위〉, 〈1.23인종·민족〉, 〈1.31언동〉, 〈1.21가족〉, 〈1.27기관〉 등의 항목에서 유의차가 높게 나타났고 반사회적 직업이나 직업 차별어가 많았다. 302개 소항목에서는 한국 중학교는 〈1.202인간〉, 〈1.243장〉, 〈1.210가족〉, 〈1.211부부〉, 〈1.213자녀·자손〉등 인간 관련 어휘가 많았고, 그 외 〈1.160위치·시간〉, 〈1.165순서〉, 〈1.191수·값〉, 〈1.196단위〉 등의 항목에서 높았고 유의차는 나타나지 않았으나 「군

(軍)·군인·군주·상대적 지위」관련 어휘에서 두드러졌다.

한편, 고등학교에서는 중학교와 마찬가지로 〈1.31언동〉, 〈1.21가족〉, 〈1.20인간〉, 〈1.27기관〉, 〈1.26사회〉, 〈1.37경제〉, 〈1.38일〉 등에서 유의차가 나타났다. 소분류에서는 일본에 비해, 〈1.214형제〉, 〈1.260사회〉, 〈1.200인칭〉, 〈1.311언어〉, 〈1.380일·산업〉 등에서 유의차가 나타났다. 유의차는 나타나지 않았으나 「세금·가치·손득」 등 실생활과 관련된 경제 관련 어휘를 광범위하게 사용하고 있다. 이는 〈1.380일·산업〉과 관련된 어휘량이 많은 것과도 관련이 있다. 한국이 고등학교 단계에서도 여전히 〈1.20인간〉, 〈1.21가족〉을 나타내는 어휘가 많다는 것은 실생활에서 벗어나지 못한 것은 아닌지 고민할 필요가 있다.

다음으로, 「일본」의 경우이다.

중·고등학교 교과서에서 공통적으로 한국에 비해 〈1.32창작·저술〉에서 유의차가 높게 나타났다. 중학교에서는 〈1.32창작·저술〉을 비롯하여 〈1.52우주·지형〉, 〈1.55생물〉 등의 항목에서 한국에 비해 유의차가 높았고 소분류에서는 〈1.200인칭〉, 〈1.204남녀〉, 〈1.212부모·조상〉, 〈1.162기간〉, 〈1.195숫자〉, 〈1.321예술·문예〉, 〈1.526바다〉 등에서 유의차가 높았다.

한편, 고등학교에서는 〈1.32창작·저술〉을 비롯하여 〈1.46기계〉, 〈1.35교류〉 등에서 한국에 비해 유의차가 높았고 소분류에서는 〈1.310언동〉, 〈1.321예술·문예〉, 〈1.312발언〉, 〈1.316문헌〉을 비롯하여 〈1.463기계〉, 〈1.205노소〉, 〈1.565곤충류〉, 〈1.357승패〉, 〈1.202인간〉 등에서 유의차가 나타났다. 일본은 중학교와 일관되게 일본은 개인보다는 집단, 상대적으로 지배 및 상하관계에서 벗어나 있으며 실생활보다는 문학교육에 초점을 맞추고 있다고 볼 수 있다.

한 가지 중요한 것은 양국 모두, 교과서 어휘에서 남성 중심의 성차(性差)가 심각하다는 점이다. 이는 어휘의 문제에 국한된 것이 아니라 텍스트 선정과 직결되는 문제이다. 예를 들어, 작가나 주인공 모두 남성이 압도적으로 많다는 것은 어휘와도 직결되는 문제이므로 재고를 요한다.

또한, 한국이 일본에 비해 인명(人名)이 현저히 많다는 점은 한국교과서가 인간, 가족, 친척, 실생활 중심이라는 것을 나타낸다고도 볼 수 있다. 인명의 경우에도 한국은 주로 어린이나 청소년인데 반해[16] 일본 교과서에서는 중장년층 이상인 경우가 많은데, 이는 한국이 중장년층의 경우는 독립된 개인으로 보기 보다는 가족이나 친족으로 보는 경향이 강하다는 것과 더불어, 직함이나 아저씨, 형 등의 가족 및 친족 호칭을 사용하기 때문이다. 일본의 경우 장년층이 포함되었다는 점은 문화적 차이임과 더불어, 장년 자신을 누구의 가족이 아닌 한 인간으로서의 고뇌를 다루고 있는 것이라 생각된다. 이와 관련하여 한국의 각종 미디어에서 노년층인 경우, 할머니, 혹은 할아버지라는 호칭으로 부르는 것도 시정해야할 문제이다. 어휘 사용은 문화와 관련이 있다는 것을 다시 한번 깨닫게 한다.

---

16 「홍길동전」(K22, K32)의 경우는 예외이나 이는 신분차에 의한 것이라 본다.

3

나라별 중·고등학교 국어 교과서 어휘의 의미분포 변화

3.1 서론

3.1.1 들어가는 글

본 장에서는 나라별로 「중학교」에서 「고등학교」로 학교급이 올라감에 따라 교과서 어휘의 의미분포에 어떠한 변화가 나타날 것인가에 주목하고, 이에 나타난 양국간의 차이를 분석한다. 이를 통해 해당 국가 사회가 학생들에게 원하는 기대와 바람이 학생들의 발달 수준에 따라 어떻게 달라지는지, 나아가 이를 충분히 고려하고 있는지를 밝히려는데 그 목적이 있다. 그 결과는 향후 교과서 제작에 시사점을 제공할 것으로 기대한다.

3.1.2 분석 대상 및 방법

분석 대상 교과서는 2장의 [표 1]과 같다. 양국의 중·고등학교 1년분 교과서로, 3년의 차이가 있다. 나라별로 각각 중·고등학교 학교급에 따른 교과서 어휘의 의미분포 변화를 분석하고, 마지막으로 이에 나타난 양국간의 변화의 양상을 대조한다. 비교 대상이 달라졌으나 어휘의 의미분포 분석방법은 2.1.2와 같다.

3.1.3 선행연구 분석

본고와 같은 방법에 따른 연구로 졸고(2014b)에서 초등학교 교과서를 저·중·고학년으로 구분하여 학년별 변화를 분석한 예를 들 수 있다.

먼저, 졸고(2014b)에서 「분류어휘표」(1964)에 의거한 대분류를 보면 양국 모두 고학년으로 올라가면서 〈1.4생산물 및 도구〉, 〈1.5자연물 및 자연현상〉의 비중이 감소하고, 〈1.3인간활동-정신 및 행위〉, 〈1.1추상적 관계〉의 어휘 비중이 높아졌다. 단, 한국은 저·중·고학년 모두 일관되게 〈1.2인간활동의 주체〉, 〈1.4생산물 및 도구〉에서 일본에 비해 어휘 수 및 비중이 높아 유의차가 나타났다.

전체어수 중분류에서는 한국은 초등학교 6년 동안 교과서에서 일관되게 〈인간〉, 〈가족〉, 〈상대적 지위〉, 〈인종·민족〉 등의 특정 가치 덕목과 관련된 중항목에서 일본에 비해 유의차가 높았고 〈생산물〉, 〈경제〉, 〈일〉 등 실생활과 밀접한 관계가 있는 중항목에서 유의차가 나타났다. 한편, 일본은 〈1.1추상적 관계〉에서 일관되게 유의차가 높았는데, 학년이 올라갈수록 양국간 유의차가 높아졌다. 초등학교 6년 동안 교과서에서 일관되게 〈지시〉, 〈공간〉, 〈양〉, 〈동맹·단체〉, 〈언동〉, 〈창작·저술〉 등의 항목에서 한국에 비해 유의차가 높다. 상대적으로 한국에 비해 실생활과 관련이 있는 항목 관련 어휘가 적고 그 비중도 작다고 보고하고 있다.

그렇다면 중·고등학교 학교급에서는 어떠한가?

천경록(2016)에서는 초등학교 6학년에 비해 중학교 교과서가 제재 면에서 오히려 쉬워지는 후퇴 현상이 나타났다고 지적한 바 있다. 이는 앞서 제시한 졸고(2014b)의 결과와 더불어 중·고등학교 교과서의 텍스트는 물론

어휘 연구의 필요성을 보여주고 있다. 중·고등학교 학교급별 학생들의 사
용어휘(구어)를 연구한 장경희 외(2012)에서도 이제는 역(逆)으로 단계별 교
과서 어휘에 대한 분석이 필요한 시점이라고 말하고 있다.

　본장에서는 중·고등학교 학교급별 어휘를 분석한 졸고(2018a)를 바탕으
로 나라별로 중·고등학교 교과서 어휘의 의미분포 변화에 주목하고 이에
나타난 양국간의 차이를 밝힌다.

3.2 한국 중·고등학교 교과서 어휘의 의미분포 변화

3.2.1 개별어수 및 전체어수

분석 대상은 [표 1]과 같다.[1]

[표 1] 분석 대상 교과서

		집필자	검정	출판사	교과서 (권수)	학년	사용 기간
K	中	노미숙 외	2012	천재교육	국어 1 ·국어 2 (2권)	中1	2013~2016년
	高	박영목 외	2013	천재교육	국어 I ·국어 II (2권)	高1	2014~2017년

위의 중·고등학교 교과서 어휘의 개별어수 및 전체어수는 다음 [표 2]
와 같다.

[표 2] 한국의 중·고등학교 1년분 국어 교과서 어휘

	개별어수			전체어수		
	K中	K高	증가율	K中	K高	증가율
한국	2,877어	4,769어	1.7배	11,599어	18,697어	1.6배

개별어수 및 전체어수 모두 중학교에 비해 고등학교 교과서에서 각각

---

1 앞의 2.1.2의 [표1]의 한국 교과서이다.

1.7배, 1.6배 증가했다. 학교급이 올라가면서 어휘량이 크게 늘었는데, 그렇다면 실제 어휘의 의미분포상에 어떠한 변화가 있을 것인가에 주목한다. 3.2.2에서 「분류어휘표」(1964)에 의거하여 대분류에 나타난 의미분야별 분포를 분석한다.

3.2.2 대분류에 나타난 의미분포의 유의차

[표 3]은 앞의 [표 2]의 개별어수와 전체어수를 「분류어휘표」(1964)에 의거하여 5개 항목으로 대분류한 것이다. 각각 카이제곱검증을 통해 99.99% 이상의 확률로 유의차(카이제곱값 6.635 이상)를 구하였다. 유의차가 발생한 항목은 음영으로 표시하였다. [그림 1, 2]는 이를 알기 쉽게 나타낸 것이다.

[표 3] 한국의 중·고등학교 개별어수 및 전체어수 대분류

코드	의미 범주	개별어수					전체어수				
		K中		K高		χ2값	K中		K高		χ2값
		어수	비중	어수	비중		어수	비중	어수	비중	
1.1	추상적 관계	686	23.8	1,015	21.3	6.802	3,246	28.0	5,945	31.8	47.859
1.2	인간활동의 주체	666	23.1	1,082	22.7	0.216	3,808	32.8	4,751	25.4	209.133
1.3	인간활동 -정신 및 행위	703	24.4	1,396	29.3	21.080	2,123	18.3	4,674	25.0	204.219
1.4	생산물 및 물품	369	12.8	574	12.0	1.034	875	7.5	1,180	6.3	17.199
1.5	자연물 및 자연현상	453	15.7	702	14.7	1.471	1,547	13.3	702	3.8	23.616
	계	2,877	100	4,769	100		11,599	100	18,697	100	

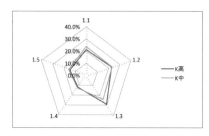

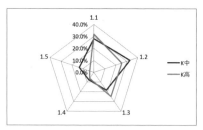

[그림 1] 한국 中·高 개별어수 분포   [그림 2] 한국 中·高 전체어수 분포

먼저, 「개별어수」에서 한국 중학교는 〈1.1추상적 관계〉에서, 고등학교
는 〈1.3인간활동-정신 및 행위〉에서 유의차가 높게 나타났다.

항목별 비중을 보면 중학교는 〈1.3〉, 〈1.1〉, 〈1.2〉, 〈1.4〉, 〈1.5〉 순 인데
비해 고등학교는 〈1.3〉, 〈1.2〉, 〈1.1〉, 〈1.5〉, 〈1.4〉 순이었다.

다음으로, 「전체어수」에서는 한국 중학교는 〈1.2인간활동의 주체〉,
〈1.4생산물 및 물품〉, 〈1.5자연물 및 자연현상〉에서, 고등학교는 〈1.1추상
적 관계〉, 〈1.3인간활동-정신 및 행위〉에서 유의차가 높게 나타났다.

항목별 비중을 보면 중학교는 〈1.2〉, 〈1.1〉, 〈1.3〉, 〈1.5〉, 〈1.4〉 순 인데
비해 고등학교는 〈1.2인간활동의 주체〉의 비중이 7.4% 줄고 〈1.3인간활동-
정신 및 행위〉의 비중이 6.7% 높아지면서, 〈1.1〉, 〈1.3〉, 〈1.2〉, 〈1.4〉, 〈1.5〉
순으로 바뀌었다.

결과적으로 전체어수의 대분류에서 한국의 고등학교 교과서 어휘는
중학교에 비해 〈1.1추상적 관계〉 및 〈1.3인간활동-정신 및 행위〉 관련 어휘
가 늘고 〈1.2인간활동의 주체〉, 〈1.4생산물 및 도구〉, 〈1.5자연물 및 자연현
상〉에서 줄었다. 이는 학생들의 발달 단계를 고려할 때, 매우 유의미하고
고무적인 차이라고 평가할 수 있다. 3.2.3에서는 이를 43개 항목으로 중분
류하여 분석한다.

3.2.3 중분류에 나타난 의미분포의 유의차

[표 4]는 [표 3]의 대분류를 43개 중항목으로 분류한 것이다. 각각 카이제곱검증을 통해 99.99% 이상의 확률로 유의차(카이제곱값 6.635 이상)를 구하였다. 유의차가 발생한 항목은 음영으로 표시하였다.

[표 4] 한국의 중·고등학교 개별어수 및 전체어수 중분류

코드	의미 범주	개별어수					전체어수				
		K中		K高		χ2값	K中		K高		χ2값
		어수	비중	어수	비중		어수	비중	어수	비중	
1.10	지시	43	1.5	51	1.1	2.668	748	6.4	1,579	8.4	40.233
1.11	유·예	48	1.7	68	1.4	0.705	152	1.3	359	1.9	16.043
1.12	유무	4	0.1	15	0.3	2.222	35	0.3	46	0.2	0.833
1.13	양상	52	1.8	97	2.0	0.481	160	1.4	324	1.7	5.689
1.14	힘	13	0.5	29	0.6	0.799	37	0.3	93	0.5	5.332
1.15	작용	36	1.3	68	1.4	0.406	83	0.7	178	1.0	4.685
1.16	시간·위치	154	5.4	239	5.0	0.428	716	6.2	1,334	7.1	10.498
1.17	공간·장소	133	4.6	209	4.4	0.242	549	4.7	883	4.7	0.002
1.18	형태	40	1.4	42	0.9	4.388	108	0.9	160	0.9	0.463
1.19	양	163	5.7	197	4.1	9.418	658	5.7	989	5.3	2.626
1.20	인간	199	6.9	286	6.0	2.554	2,120	18.3	2,408	12.9	164.101
1.21	가족	82	2.9	98	2.1	4.933	466	4.0	421	2.3	78.540
1.22	상대·동료	16	0.6	24	0.5	0.095	50	0.4	123	0.7	6.483
1.23	인종·민족	56	1.9	95	2.0	0.019	216	1.9	228	1.2	20.480
1.24	구성원·직위	125	4.3	218	4.6	0.214	387	3.3	612	3.3	0.031
1.25	지역·국가	84	2.9	182	3.8	4.293	312	2.7	450	2.4	2.339

1.26	사회	71	2.5	125	2.6	0.168	195	1.7	404	2.2	8.495
1.27	기관	24	0.8	36	0.8	0.144	40	0.3	80	0.4	1.250
1.28	동맹·단체	9	0.3	18	0.4	0.211	22	0.2	25	0.1	1.446
1.30	마음	266	9.2	456	9.6	0.209	875	7.5	1,531	8.2	4.070
1.31	언동	138	4.8	405	8.5	37.143	606	5.2	1,752	9.4	171.424
1.32	창작·저술	18	0.6	89	1.9	20.005	39	0.3	337	1.8	125.545
1.33	문화·역사	110	3.8	138	2.9	4.940	233	2.0	321	1.7	3.398
1.34	의무	40	1.4	63	1.3	0.064	90	0.8	187	1.0	3.972
1.35	교류	26	0.9	51	1.1	0.492	54	0.5	104	0.6	1.134
1.36	지배·정치	30	1.0	46	1.0	0.111	52	0.4	93	0.5	0.362
1.37	경제	43	1.5	81	1.7	0.466	105	0.9	176	0.9	0.101
1.38	일	32	1.1	67	1.4	1.200	69	0.6	173	0.9	9.861
1.40	물품	17	0.6	19	0.4	1.414	36	0.3	44	0.2	1.530
1.41	자재	38	1.3	49	1.0	1.370	69	0.6	117	0.6	0.112
1.42	의류	36	1.3	86	1.8	3.479	57	0.5	145	0.8	8.723
1.43	식료	60	2.1	56	1.2	9.967	157	1.4	122	0.7	38.555
1.44	주거	80	2.8	127	2.7	0.094	233	2.0	229	1.2	29.298
1.45	도구	78	2.7	138	2.9	0.217	137	1.2	259	1.4	2.311
1.46	기계	27	0.9	32	0.7	1.673	78	0.7	80	0.4	8.254
1.47	땅·도로	34	1.2	67	1.4	0.684	109	0.9	184	1.0	0.147
1.50	자극	37	1.3	83	1.7	2.395	84	0.7	299	1.6	43.904
1.51	자연·물체	86	3.0	107	2.2	4.051	266	2.3	248	1.3	40.123
1.52	우주·지형	77	2.7	133	2.8	0.085	223	1.9	331	1.8	0.924
1.55	생물	46	1.6	97	2.0	1.848	122	1.1	189	1.0	0.118
1.56	동물	71	2.5	95	2.0	1.910	215	1.9	319	1.7	0.899
1.57	몸	107	3.7	152	3.2	1.550	568	4.9	659	3.5	34.691
1.58	생명	28	1.0	35	0.7	1.109	68	0.6	102	0.5	0.394

| 계 | 2,877 | 100 | 4,769 | 100 | | 11,599 | 100 | 18,697 | 100 | |

[표 4]의 중분류에서 유의차가 나타난 결과는 [표 5]와 같다. 3.2.4에서는 지면 관계상 교과서의 어휘 전체를 아우르는 전체어수에 초점을 맞추어 분석한다.

[표 5] 한국의 중·고등학교 중분류에서 유의차가 나타난 항목

	K中에서 유의차가 나타난 항목	소계	K高에서 유의차가 나타난 항목	소계
개별 어수 (4)	〈1.43식료〉, 〈1.19양〉	2	〈1.31언동〉, 〈1.32창작·저술〉	2
전체 어수 (17)	〈1.20인간〉, 〈1.21가족〉, 〈1.51자연· 물체〉, 〈1.43식료〉, 〈1.57몸〉, 〈1.44 주거〉, 〈1.23인종·민족〉, 〈1.46기계〉	8	〈1.31언동〉, 〈1.32창작·저술〉, 〈1.50자극〉, 〈1.11지시〉, 〈1.12유· 예〉, 〈1.16시간·위치〉, 〈1.38일〉, 〈1.26사회〉, 〈1.42의류〉	9

먼저, 「개별어수」에서 중학교는 〈1.43식료〉, 〈1.19양〉 순으로 2개 항목에서, 고등학교는 〈1.31언동〉, 〈1.32창작·저술〉 순으로 2개 항목에서 유의차가 나타났다. 즉, 고등학교에서 〈1.3인간활동-정신 및 행위〉에 속하는 중항목에서 유의차가 나타난 것을 제외하면 학교급 간 중항목의 개별어수분포는 매우 유사하다.

다음으로, 「전체어수」에서는 총 17개 항목에서 유의차가 나타났다.

먼저, 중학교는 주로 대분류에서 유의차가 높았던 〈1.2인간활동의 주체〉의 〈1.20인간〉, 〈1.21가족〉, 〈1.23인종·민족〉, 〈1.4생산물 및 도구〉의 〈1.43식료〉, 〈1.44주거〉, 〈1.46기계〉, 〈1.5자연물 및 자연현상〉의 〈1.51자연·물체〉, 〈1.57몸〉 등으로 총 8개 항목이다.

한편, 고등학교에서는 주로 대분류에서 유의차가 높았던 〈1.3인간활
동-정신 및 행위〉의 〈1.31언동〉, 〈1.32창작저술〉, 〈1.38일〉, 〈1.1추상적 관
계〉의 〈1.10지시〉, 〈1.12유·예〉, 〈1.16시간·위치〉 등 6개 항목과 기타 〈1.50
자극〉, 〈1.42의류〉, 〈1.26사회〉 순으로, 9개 항목에서 유의차가 높았다. 전
체어수를 기준으로 중항목에서 유의차가 나타난 항목에 대하여는 3.2.4에
서 자세히 분석하기로 한다.

3.2.4 전체어수 중분류에서 유의차가 나타난 항목

3.2.4.1 한국 중학교 교과서에서 유의차가 높은 항목

한국 중학교에서 고등학교에 비해 8개 항목에서 유의차가 나타났는데,
특히 〈1.2인간활동의 주체〉에 속하는 〈1.20인간〉, 〈1.21가족〉, 〈1.23인종·민
족〉 등에서 유의차가 높게 나타났다. 〈1.4생산물 및 도구〉에 속하는 〈1.43
식료〉, 〈1.44주거〉, 〈1.46기계〉, 〈1.5자연물 및 자연현상〉에 속하는 〈1.51자
연·물체〉 및 〈1.57몸〉에서도 중학교에서 유의차가 높았다. 이중 〈1.20인
간〉, 〈1.21가족〉, 〈1.23인종·민족〉, 〈1.43식료〉, 〈1.46기계〉 등 5개 항목을
중심으로 분석한다.

상위빈도 20어를 중심으로 살펴보고 소분류하여 유의차가 나타난 항
목에 대하여도 상위빈도 10어를 중심으로 분석한다. (지면 제약상 소분류는
제시하지 않고 유의차를 제시한다. 소분류에서는 유의차가 높은 쪽에 밑줄을 치고 개별
어수와 전체어수를 제시한다. 이하 같음.)

(1) 〈1.20인간〉 (유의차 : 전체어수 164.101)

〈1.20인간〉의 경우, 중학교 교과서에서는 상위빈도 20어중 인명(人名)
이 10종이고, 「나(233)·저(64)·자신(38)·자기(35)」 등의 1인칭어가 고빈도어
에 포함된 반면, 고등학교에서는 인명이 5종으로 줄고, 「너(98)·느그(56)·
당신(35)」, 「그(129)」 등의 2, 3인칭어가 상위빈도 20어에 포함된 것을 알 수
있다.

　　〈1.20인간〉

　　K中 : 나(233), 사람(192), 길동(人152), 수남(人109), 아이(103), 정욱(人
　　　　91), 초원(人80), 너(76), 우리(65), 저(64), 경숙(人45), 수택(人41), 자
　　　　신(38), 자기(35), 용이(人34), 주인영감님(27), 흥부(人26), 성삼(人
　　　　24), 인간(22), 덕재(人19)

　　K高 : 나(544), 사람(190), 우리(142), 그(129), 너(98), 명은(人78), 자신(79),
　　　　저(62), 느그(56), 아이(50), 남자(49), 자기(42), 당신(35), 놈(29), 여
　　　　자(28), 재민(人24), 윤동주(人21), 누구(20), 동이(人20), 춘향(人20)

〈1.20인간〉을 소분류한 결과, 중학교에서 〈1.202인간〉, 〈1.205노소(老
少)〉에서 유의차가 나타났다. 상위빈도 10어를 보면, 〈1.202인간〉에서는 중
학교에서 인명이 많이 사용된 것을 알 수 있다. 〈1.205노소〉에서는 「아이
(103)」라는 특정 단어로 인한 것임을 알 수 있다.

　　〈1.202인간〉

　　• K中 : 사람(192), 길동(152), 수남(109), 정욱(91), 초원(80), 경숙(45), 수

택(42), 용이(34), 흥부(26), 성삼(24) [총 719종 1,154회]

- K高 : 사람(190), 명은(78), 놈(29), 윤동주(21), 인간(20), 동이(20), 춘향
(20), 민지(19), 지영(19), 명수(17) [총 174종 817회]

〈1.205노소〉

- K中 : 아이(103), 주인영감님(27), 소년(18), 어른(8), 영감님(7), 청소
년(7), 꼬마(6), 남자아이(6), 어린아이(5), 꼬맹이(5) [총 30종
241회]

- K高 : 아이(50), 계집애(19), 노인(12), 아기(11), 어른(10), 사내아이(8),
도련님(6), 노파(4), 짝눈이아저씨(3), 서울계집애(3) [총 41종
172회]

(2) 〈1.21가족〉(유의차 : 전체어수 78.540)

〈1.21가족〉의 경우, 중학교 교과서는 상위빈도 20어에 부모, 자식 관련
어가 대다수인데, 고등학교에서는 조부모 및 「서방(10)·아내(8)·부부(6)」 등
의 배우자 관련어가 포함되고 「딸고만이아부지(29)·명은이외할머니(10)」와
같은 제삼자 가족 명이 포함되어 있다.

〈1.21가족〉

K中 : 아버지(49), 가족(47), 형(38), 엄마(37), 아들(28), 자식(짜식34), 부인
(16), 어머니(14), 동생(14), 부모(11), 아빠(11), 아저씨(11), 모친(7),
아비(7), 부모님(7), 딸(7), 아우(7), 부친(6), 어미(6), 할아버지(5)

K高 : 아버지(42), 딸고만이아부지(29), 어머니(28), 딸(19), 엄마(12), 명

　　은이외할머니(10), 아들(12), 아빠(11), 할아버지(11), 서방(10), 새
　　끼(10), 부모(9), 부친(9), 할머니(9), 가족(8), 아내(8), 동생(8), 부부
　　(6), 어미(6), 자녀(6)

　〈1.21가족〉을 소분류한 결과, 〈1.210가족〉에서 유의차가 나타났다. 중학
교에서 「가족(47)」이라는 특정 고빈도어를 사용한 것이 큰 이유라 하겠다.

　　〈1.210가족〉 (유의차 : 전체어수 20.480)
　　　• K中 : 가족(47), 식구(4), 부자(3), 재상가(3), 부형(2), 집안식구(2), 차
　　　　　녀(1) 흥부가족(1), 차녀(1), 처자(1) [총 9종 64회]
　　　• K高 : 가족(8), 식구(6), 모자(1), 부자(1), 집안식구(1), 처자식(1), 춘향
　　　　　모녀(1), 피붙이(1), 처자식(1), 집안식구(1) [총 9종 22회]

　(3) 〈1.23인종·민족〉 (유의차 : 전체어수 20.480)
　〈1.23인종·민족〉의 경우, 중학교 교과서는 「임금(51)·왕(20)」 등 군주 관
련 고빈도어가 많고 「유대인(7)·흑인(5)·인디언(4)·백인(3)·한국인(2)」 등 인
종 관련어가 고빈도어에 포함되어 있다.

　　〈1.23인종·민족〉
　　K中 : 임금(51), 왕(20), 백성(18), 신사(14), 신하(8), 유대인(7), 현자(6), 흑
　　　　인(5), 인디언(4), 백인(3), 성상(3), 부자(3), 사회자(3), 전문가(3),
　　　　주민(2), 한국인(2), 마을사람(2), 서울사람(2), 율도왕(2), 깡패(2)
　　K高 : 양반(28), 백성(14), 샌님(9), 왕(8), 죄인(7), 세종(6), 민족(5), 피란

민(5), 정조(5), 환자(5), 국민(4), 인종(4), 서울내기(4), 지역주민

(4), 대중(4), 성주(4), 기사(4), 부자(4), 군자(4)

〈1.23인종·민족〉을 소분류한 결과에서도 중학교는 〈1.232군주〉에서 유

의차가 높게 나타났다.

〈1.232군주〉

- K中 : 임금(51), 왕(20), 성상(3), 율도왕(2), 임금님(1), 세종임금(1), 염

  라대왕(1) [총 7종 79회]

- K高 : 왕(8), 세종(6), 정조(5), 성주(4), 임금(3), 주군(3), 선왕(2), 안평

  대군(2), 경종(2), 숙종(1) [총 17종 42회]

(4) 〈1.43식료〉 (유의차 : 개별어수 9.967, 전체어수 38.555)

〈1.43식료〉의 경우, 한국 교과서는 「소금(22)」이라는 고빈도어가 있고

대부분 음식 관련어였다. 한편, 고등학교는 「술(10)·담배(7)·안주(3)·막걸리

(2)」 등이 고빈도어라는 점에 차이가 있다. 하지만 중학교 역시 「술(5)·담배

(7)」라는 단어가 다수 사용되었는데, 이는 일본 교과서에서는 볼 수 없는

현상이다.

〈1.43식료〉

- K中 : 소금(22), 깍두기(13), 보리밥(8), 곡식(8), 음식(7), 밥(7), 담배(7),

  약(6), 술(5), 반찬(4), 먹이(4), 나물(3), 고기(3), 쌀(3), 꿀(3), 고춧

  가루(2), 떡(2), 양식(2), 돌쌈밥(2), 백미(2)

- K高 : 술(10), 약(10), 국수(9), 지에밥(7), 고기(6), 곡식(5), 과자(5), 밥
(4), 소금(4), 담배(4), 커피(4), 안주(3), 음식(2), 모이(2), 식량(2),
국물(2), 갈비(2), 고두밥(2), 막걸리(2), 누룽지(2)

(5) 〈1.46기계〉(유의차 : 전체어수 8.254)

〈1.46기계〉에서는 중학교에서 유의차가 나타났지만 어휘 구성에서는
특별한 차이가 나타나지 않는다. 고등학교에서 「컴퓨터(11)」라는 고빈도어
가 있지만, 대부분 〈교통수단〉 및 〈전등〉 등이다. 이점에 대하여는 중·고등
학교 모두 회의적이라 평가된다.

〈1.46기계〉

- K中 : 자전거(21), 핸드폰(11), 차(6), 시계(5), 수레(5), 텔레비전(4), 형
광램프(3), 로봇(2), 모래시계(2), 고급차(2), 등불(1), 촛불(1), 거
울(1), 안경(1), 필터(1), 컴퓨터(1), 타임머신(1), 기계(1), 신호증
폭기(1)
- K高 : 배(19), 컴퓨터(11), 시계(7), 라이터(6), 텔레비전(5), 전화(3), 자
전거(2), 차(2), 자가용(2), 러닝머신(1), 촛불(1), 라디오(1), 타자
기(1), 그네(1), 전동차(1), 기차(1), 열차(1), 등불(1), 전철(1), 써
치라이트(1)

그밖에 중항목에서 유의차가 나타나지 않은 경우라도 중학교가 중항
목 내의 소항목에서 유의차가 나타난 경우가 있는데, 〈1.242군인〉, 〈1.303
표정〉, 〈1.309견문〉, 〈1.386제조〉, 〈1.331인생·화복〉에서 유의차가 나타났

다. 이중 〈1.242군인〉의 경우 상위빈도 10어에서 고전소설에 등장하는 군인 관련 단어가 많이 등장하고, 〈1.331인생·화복〉의 경우, 중학교에서 「재수⑺·운⑸」 등의 사용이 많은 것을 알 수 있다. 이는 일본 교과서에서는 볼 수 없는 현상이다.

　〈1.242군인〉

　　• K中 : 포장(14), 군사(8), 장교(4), 병사(3), 장군(2), 우포장(2), 장수(2), 군졸(1), 의병장(1), 홍장군(2) [총 13종 41회]

　　• K高 : 군관(1), 나졸(1), 부관(1), 맥아더원수(1), 유엔군총사령관직(1) [총 5종 5회]

　〈1.331인생·화복〉

　　• K中 : 재수⑺, 운⑸, 피란⑸, 복⑶, 행운⑶, 화⑵, 다행⑵, 피해⑵, 경사⑵, 팔자⑵ [총 18종 42회]

　　• K高 : 불행⑶, 팔자⑵, 재앙⑵, 피란⑵, 삼생(팔자2), 해(1), 수(1), 운수(1), 횡재(1), 요행수(1) [총 11종 15회]

3.2.4.2 한국 고등학교 교과서에서 유의차가 높은 항목

　한국 고등학교는 중학교에 비해 〈1.3인간활동-정신 및 행위〉에 속하는 〈1.31언동〉, 〈1.32창작·저술〉, 〈1.38일〉에서 유의차가 높았다. 더불어 〈1.1 추상적 관계〉에 속하는 〈1.10지시〉, 〈1.11유(類)·예(例)〉, 〈1.16시간·위치〉 등의 중항목에서 유의차가 나타났으나 상위빈도를 통해 특징을 도출하기 어려웠다. 〈1.2〉에서는 〈1.27기관〉에서 유의차가 나타났다.

〈1.31언동〉, 〈1.32창작·저술〉, 〈1.38일〉, 〈1.26사회〉을 중심으로 분석한다.

(1) 〈1.31언동〉 (유의차 : 개별어수 37.143, 전체어수 171.424)

〈1.31언동〉의 경우, 고등학교 교과서에서 「말(154)·글(116)·단어(45)·우리말(26)·한글(22)」 등의 언어 전반, 「글자(59)·발음(27)·초성(22)」 등의 문자와 발음, 「정보(47)·매체(31)·인터넷(19)」 등의 단어가 압도적으로 많이 사용되어, 학교급에 의한 차이가 가장 두드러진 항목이라 판단된다.

〈1.31언동〉

- K中 : 언어(42), 책(42), 이름(40), 신문(20), 이야기(17), 문장(16), 토의(16), 글(14), 단어(13), 새말(10), 표현(8), 지번(8). 인사(7), 글자(6), 우리말(6), 정보(6), 말씀(6), 소문(6), 공문(6), 패널토의(5)
- K高 : 말(154), 글(116), 글자(59), 책(57), 정보(47), 단어(45), 이야기(35), 매체(31), 표현(27), 발음(27), 우리말(26), 독서(23), 한글(22), 어휘(22), 초성(22), 모음(22), 국어(21), 인터넷(19), 저작물(19), 자(字18)

특히, 소항목 분류에서는 〈1.311언어〉에서 중학교의 9배에 해당하는 사용량을 보인다. 이는 고등학교 교과서에서 표기 및 발음 교육 등을 도입하면서 나타나는 현상이다.

〈1.311언어〉

- K中 : 문장(16), 우리말(6), 글자(6), 외래어(4), 주문(4), 구절(2), 음성
(2), 음운(2), 한국어(1), 어휘(1) [총 20종 60회]

- K高 : 글자(59), 발음(27), 어휘(22), 초성(22), 문자(17), 자음(16), 한국
어(15) 한글맞춤법(14), 음운(13), 종성(13) [총 160종 565회]

(2) 〈1.32창작·저술〉 (유의차 : 개별어수 20.005, 전체어수 125.545)

〈1.32창작·저술〉의 경우, 중학교는 문학관련 어휘가 거의 없는데 반해
고등학교에서는 「그림(41)·사진(40)」 등의 고빈도어 외에도 「시(23)·작문
(22)·문학(17)·소설(12)」 등 문학 관련 용어가 많았다. 〈1.31언동〉과 더불어
학교급에 따른 차이가 두드러지는 항목이라 볼 수 있다. 특정 소항목에서
유의차가 나타나지는 않았다.

〈1.32창작·저술〉

- K中 : 그림(12), 작품(5), 흥부전(4), 시(3), 노래(2), 작곡(1), 작사(1), 지
음(1), 예술(1), 전설(1), 사진(1), 미술공예(1), 미술(1), 음악(1),
연주(1), 휘파람(1), 불기(1), 영화(1) [총 18종]

- K高 : 그림(41), 사진(40), 시(23), 작문(22), 문학(17), 작품(15), 소설
(12), 음악(12), 예술(11), 합창(11), 제자(制字9), 판소리(7), 연극
(6), 창작(5), 국악(5), 노래(4), 미술(4), 영화(4), 일기(3), 시조(3)

(3) 〈1.38일〉 (유의차 : 전체어수 9.861)

〈1.38일〉의 경우, 고등학교에서 「직업(62)」이라는 특정 고빈도어의 사

용과 더불어, 중학교 어휘에서 「농사(3)·목화농사(3)·농업(2)·농사일(2)」 등 농업 관련 어휘가 많았다면 고등학교에서는 좀 더 다양한 분야의 어휘들이 사용되었음을 알 수 있다.

〈1.38일〉

- K中 : 도둑질(9), 농사(3), 목화농사(3), 농업(2), 농사일(2), 사용(2), 취급(2), 장비(2), 저장시설(2), 산업(1), 재배(1), 매사냥(1), 건축(1), 화력발전(1), 치료(1), 의술(1), 발급(1), 작업(1), 빨래(1), 도적질(1)

- K高 : 직업(62), 생산(12), 주사(注射5), 편집(5), 산업(4), 개발(4), 적용(4), 기업(3), 소작(3), 교통(3), 의료(3), 작업(3), 희망직업(2), 소출(2), 개천복원공사(2), 인술(2), 농업(1), 건설업(1), 교육사업(1), 업무(1), 가업(1), 금융산업(1)

〈1.38일〉을 소분류한 결과, 〈1.380일〉에서 유의차가 나타났다. 참고로, 중학교의 8.8배에 해당하는 어휘량을 보인다.

〈1.380 일〉

- K中 : 농사(3), 농사일(2), 농업(2), 산업(1) [총 4종 8회]
- K高 : 직업(62), 생산(12), 산업(4), 기업(3), 희망직업(2), 가업(1), 건설업(1), 어업(1), 유망직업(1), 금융산업(1) [총 16종 94회]

(4) 〈1.26사회〉(유의차 : 전체어수 8.495)

〈1.26사회〉의 경우, 고등학교에서 유의차가 나타났는데, 이는 (3) 〈1.38일〉과도 연관이 있다고 본다. 「사회(35)·세상(30)·세계(21)」 등의 고빈도어가 있고 다양한 사회, 사무소 및 시장, 가게 및 병원, 현장 등과 관련된 단어가 사용되었다. 단, 실생활과 관련된 영역에 한정된 경향이 있다.

〈1.26사회〉

- K中 : 세상(26), 학교(18), 가게(14), 운동장(14), 절(8), 교실(8), 세계(7), 사회(6), 박물관(4), 구민운동장(4), 포로수용소(4), 고등학교(3), 초등학교(3), 해인사(3), 은행(3), 상회(3), 전선가게(3), 캠프(3), 천하(2), 대학(2)

- K高 : 사회(35), 세상(30), 관사(29), 세계(21), 학교(20), 도서관(18), 신광교회(12), 장(11), 병원(11), 문단(9), 노점(9), 만세주장(酒場8), 교회(6), 장판(6), 장터(5), 광명중학(5), 옥(獄5), 저승(4), 대학(4), 초등학교(4)

〈1.26사회〉을 소분류한 결과, 사회, 사회분야, 현장, 학교, 사무소 등 전체 소항목에서 고르게 중학교에 비해 어휘량이 많았다. 이중 〈1.264사무소·시장〉에서 유의차가 나타났고 〈1.265가게·병원〉, 〈1.262현장〉에서도 차이가 컸다.

〈1.264사무소·시장〉

- K中 : 은행(3), 광산(2), 시장(1), 회사(1), 사무소(1), 시외버스터미널

(1), 콜탄광산(1) [총 7종 10회]

- K高 : 장(시장11), 장판(6), 시장(4), 주차장(4), 정거장(4), 입원실(3), 역

　　　　(2), 전철역(2), 대화장(2), 봉평장(2) [총 17종 48회]

⟨1.265가게·병원⟩

- K中 : 가게(14), 운동장(14), 박물관(4), 구민운동장(4), 상회(3), 전선

　　　　가게(3), 병원(2), 소매상(2), 전기가게(2), 찜질방(2) [총 30종

　　　　69회]

- K高 : 도서관(18), 병원(11), 노점(9), 만세주장(8), 운동장(3), 주막(3),

　　　　전(3), 주장(3), 한국문화관(3), 휴게소(3) [총 44종 104회]

그밖에 유의차가 발생하지 않은 중항목 중에서도 ⟨1.200인칭⟩ 및
⟨1.204남녀⟩, ⟨1.212부모⟩, ⟨1.245임시적 지위⟩, ⟨1.243장(長)⟩, ⟨1.27군(軍)⟩
등의 소항목에서 유의차가 높게 나타났다.

이상, 한국 고등학교에서는 중학교에 비해 ⟨1.3인간활동-정신 및 행위⟩
에 속하는 ⟨1.31언동⟩이나 ⟨1.32저술·창작⟩, ⟨1.38일⟩, ⟨1.1추상적 관계⟩에
속하는 ⟨1.10지시⟩, ⟨1.11유·예⟩, ⟨1.16시간·위치⟩, 그리고 ⟨1.26사회⟩항목
에서 유의차가 나타나고 ⟨언어⟩, ⟨일⟩, ⟨인칭⟩, ⟨남녀⟩, ⟨임시적 지위⟩, ⟨장
(長)⟩, ⟨1.27군(軍)⟩ 등의 소항목에서 유의차가 높게 나타났다.

3.3 일본 중·고등학교 교과서 어휘의 의미분포 변화

3.3.1 개별어수 및 전체어수

분석 대상은 [표 6]과 같다.[2]

[표 6] 분석 대상 교과서

		집필자	검정	출판사	교과서 (권수)	학년	사용 기간
J	中	宮地裕 외	2011	光村図書	國語1 (1권)	中1	2012~2015년
	高	東郷克美 외	2012	第一学習社	標準國語總合 (1권)	高1	2013~2016년

[표 6]의 일본의 중·고등학교 교과서 어휘의 개별어수 및 전체어수는 다음 [표 7]과 같다.

[표 7] 일본의 중·고등학교 1년분 국어 교과서 어휘

	개별어수			전체어수		
	J中	J高	증가율	J中	J高	증가율
일본	2,162어	3,128어	1.4배	6,737어	10,823	1.6배

개별어수 및 전체어수 모두 중학교에 비해 고등학교 교과서에서 각각

---

2   앞의 2.1.2의 [표 2]의 일본 교과서와 같다.

1.4배, 1.6배 증가했다. 3.2.1의 한국의 경우 고등학교 교과서 개별어수는 중학교에 비해 1.7배였고 전체어수에서는 1.6배였다. 한국 교과서에 비하면 개별어수에서 증가율이 다소 낮았지만, 일본 교과서 역시 학교급이 올라가면서 어휘의 양이 크게 늘었다. 그렇다면 실제 어휘의 의미분포상에 어떠한 변화가 있을 것인가에 주목한다. 3.3.2에서 「분류어휘표」(1964)에 의거하여 대분류에 나타난 의미분야별 분포를 분석한다.

3.3.2 대분류에 나타난 의미분포의 유의차

[표 8]은 앞의 [표 7]의 개별어수와 전체어수를 「분류어휘표」(1964)에 의거하여 5개 항목으로 대분류한 것이다. 각각 카이제곱검증을 통해 99.99% 이상의 확률로 유의차(카이제곱값 6.635 이상)를 구하였다. 유의차가 발생한 항목은 음영으로 표시하였다. [그림 3, 4]는 이를 알기 쉽게 나타낸 것이다.

[표 8] 일본의 중·고등학교 개별어수 및 전체어수 대분류

코드	의미 범주	개별어수					전체어수				
		J中		J高		χ2값	J中		J高		χ2값
		어수	비중	어수	비중		어수	비중	어수	비중	
1.1	추상적 관계	587	27.2	820	26.2	0.583	2,247	36.0	3,990	36.9	1.266
1.2	인간활동의 주체	366	16.9	618	19.8	6.723	1,500	22.3	2,282	21.1	3.423
1.3	인간활동 -정신 및 행위	503	23.3	856	27.4	11.210	1,052	15.6	2,261	20.9	75.492
1.4	생산물 및 물품	311	14.4	340	10.9	14.667	532	7.9	791	7.3	2.062

1.5	자연물 및 자연현상	395	18.3	495	15.8	5.484	1,226	18.2	1,499	13.9	59,873
	계	2,162	100	3,129	100		6,737	100	10,823	100	

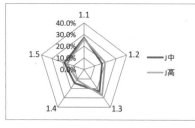

[그림 3] 일본 中·高 개별어수 분포

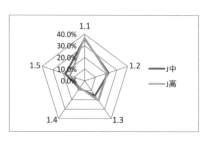

[그림 4] 일본 中·高 전체어수 분포

먼저, 「개별어수」에서 일본 중학교는 〈1.4생산물 및 물품〉에서, 고등학교는 〈1.3인간활동-정신 및 행위〉, 〈1.2인간활동의 주체〉에서 유의차가 나타났다.

항목별 비중을 보면, 중학교는 〈1.1〉, 〈1.3〉, 〈1.5〉, 〈1.2〉, 〈1.4〉 순이나 고등학교에서 〈1.3인간활동-정신 및 행위〉의 비중이 크게 늘고 〈1.5자연물 및 자연현상〉가 크게 줄면서 〈1.3〉, 〈1.1〉, 〈1.2〉, 〈1.5〉, 〈1.4〉 순으로 나타나 개별어에 있어서도 학교급 간 의미분포에서 차이가 컸다.

다음으로, 「전체어수」에서는 일본 중학교는 〈1.5자연물 및 자연현상〉에서, 고등학교는 〈1.3인간활동-정신 및 행위〉는 유의차가 높았다.

항목별 비중을 보면 중학교는 〈1.1〉, 〈1.2〉, 〈1.5〉, 〈1.3〉, 〈1.4〉 순인 데 비해 고등학교는 〈1.3인간활동-정신 및 행위〉가 늘고 〈1.5자연물 및 자연현상〉이 줄면서 〈1.1〉, 〈1.3〉, 〈1.2〉, 〈1.5〉, 〈1.4〉 순으로 나타났다.

결과적으로 고등학교에서 〈1.3인간활동-정신 및 행위〉가 늘었다는 점에서 한국과 공통적이라 할 수 있으나 한국에 비해 학교급간 차이가 적다고 볼 수 있다. 3.3.3에서는 이를 43개 항목으로 중분류하여 분석한다.

3.3.3 중분류에 나타난 의미분포의 유의차

[표 9]는 [표 8]의 대분류를 43개 중항목으로 분류한 것이다. 각각 카이제곱검증을 통해 99.99% 이상의 확률로 유의차(카이제곱값 6.635 이상)를 구하였다. 유의차가 발생한 항목은 음영으로 표시하였다.

[표 9] 일본의 중·고등학교 개별어수 및 전체어수 중분류

코드	의미 범주	개별어수					전체어수				
		J中		J高		χ2값	J中		J高		χ2값
		어수	비중	어수	비중		어수	비중	어수	비중	
1.10	지시	35	1.6	40	1.3	1.054	607	9.0	1,388	12.8	40.844
1.11	유·예	20	0.9	65	2.1	10.737	64	0.9	169	1.6	4.756
1.12	유무	7	0.3	16	0.5	1.034	10	0.1	39	0.4	4.089
1.13	양상	32	1.5	49	1.6	0.062	62	0.9	103	1.0	7.510
1.14	힘	8	0.4	16	0.5	0.562	19	0.3	61	0.6	0.191
1.15	작용	44	2.0	63	2.0	0.003	67	1.0	87	0.8	4.085
1.16	시간·위치	148	6.8	192	6.1	1.062	594	8.8	805	7.4	44.908
1.17	공간·장소	123	5.7	165	5.3	0.425	440	6.5	733	6.8	26.996
1.18	형태	17	0.8	48	1.5	5.888	44	0.7	85	0.8	4.005
1.19	양	153	7.1	166	5.3	7.062	520	7.7	520	4.8	28.050
1.20	인간	102	4.7	182	5.8	3.045	830	12.3	1,271	11.7	111.448
1.21	가족	37	1.7	25	0.8	9.171	199	3.0	102	0.9	13.796
1.22	상대·동료	15	0.7	23	0.7	0.030	33	0.5	58	0.5	0.326

1.23	인종·민족	19	0.9	58	1.9	8.469	35	0.5	113	1.0	56.902
1.24	구성원·직위	53	2.5	115	3.7	6.233	87	1.3	306	2.8	69.427
1.25	지역·국가	69	3.2	113	3.6	0.680	186	2.8	234	2.2	0.081
1.26	사회	54	2.5	75	2.4	0.053	109	1.6	156	1.4	0.078
1.27	기관	8	0.4	11	0.4	0.011	8	0.1	15	0.1	0.341
1.28	동맹·단체	9	0.4	16	0.5	0.243	13	0.2	27	0.2	0.002
1.30	마음	168	7.8	348	11.1	16.338	358	5.3	950	8.8	33.781
1.31	언동	107	4.9	175	5.6	1.054	270	4.0	542	5.0	13.871
1.32	창작·저술	37	1.7	65	2.1	0.906	83	1.2	245	2.3	51.733
1.33	문화·역사	60	2.8	115	3.7	3.242	139	2.1	227	2.1	0.063
1.34	의무	11	0.5	28	0.9	2.600	21	0.3	74	0.7	15.260
1.35	교류	28	1.3	45	1.4	0.192	46	0.7	107	1.0	3.706
1.36	지배·정치	20	0.9	23	0.7	0.568	26	0.4	37	0.3	0.391
1.37	경제	33	1.5	17	0.5	13.175	50	0.7	25	0.2	1.351
1.38	일	39	1.8	39	1.2	2.725	59	0.9	54	0.5	4.849
1.40	물품	15	0.7	14	0.4	1.415	46	0.7	19	0.2	13.273
1.41	자재	40	1.9	29	0.9	8.450	51	0.8	41	0.4	1.722
1.42	의류	42	1.9	49	1.6	1.067	66	1.0	72	0.7	15.244
1.43	식료	45	2.1	31	1.0	10.722	79	1.2	56	0.5	1.098
1.44	주거	57	2.6	74	2.4	0.386	89	1.3	186	1.7	11.681
1.45	도구	57	2.6	73	2.3	0.487	100	1.5	174	1.6	3.070
1.46	기계	25	1.2	41	1.3	0.245	47	0.7	162	1.5	0.040
1.47	땅·도로	30	1.4	29	0.9	2.452	54	0.8	81	0.7	0.923
1.50	자극	35	1.6	39	1.2	1.279	79	1.2	117	1.1	9.724
1.51	자연·물체	72	3.3	72	2.3	5.101	184	2.7	183	1.7	3.413
1.52	우주·지형	85	3.9	90	2.9	4.438	336	5.0	227	2.1	135.429
1.55	생물	76	3.5	61	2.0	12.404	279	4.1	135	1.2	190.154

1.56	동물	35	1.6	87	2.8	7,660	99	1.5	276	2.6	3,735
1.57	몸	67	3.1	123	3.9	2,560	191	2.8	503	4.6	45,657
1.58	생명	25	1.2	23	0.7	0.394	58	0.9	58	0.5	2,832
계		2,162	100	3,128	100		6,737	100	10,823	100	

[표 9]의 중분류에서 유의차가 나타난 결과는 [표 10]과 같다. 3.3.4에서
는 지면 관계상 교과서의 어휘 전체를 아우르는 전체어수에 초점을 맞추
어 분석한다.

[표 10] 일본의 중·고등학교 중분류에서 유의차가 나타난 항목

	J中에서 유의차가 나타난 항목	소계	J高에서 유의차가 나타난 항목	소계
개별 어수 (10)	〈1.37경제〉, 〈1.54식물〉, 〈1.43 식료〉, 〈1.21가족〉, 〈1.41자재〉, 〈1.19양〉	6	〈1.30마음〉, 〈1.11유·예〉, 〈1.23인종· 민족〉, 〈1.56동물〉	4
전체 어수 (20)	〈1.55생물〉, 〈1.52우주·지형〉, 〈1.20인간〉, 〈1.16시간·위치〉, 〈1.19양〉, 〈1.42의류〉, 〈1.21가 족〉, 〈1.40물품〉, 〈1.50자극〉	9	〈1.24구성원·직위〉, 〈1.23인종·민족〉, 〈1.32창작·저술〉, 〈1.57몸〉, 〈1.10지 시〉, 〈1.30마음〉, 〈1.19양〉, 〈1.17공 간〉, 〈1.34의무〉, 〈1.44주가〉, 〈1.13 양상〉	11

먼저, 「개별어수」의 경우, 중학교는 〈1.37경제〉, 〈1.55생물〉 및 〈1.43식
료〉, 〈1.21가족〉, 〈1.41자재〉, 〈1.19양〉 순으로, 6개 항목에서 유의차가 나
타났다. 한편, 고등학교는 〈1.30마음〉, 〈1.11유·예〉, 〈1.23인종·민족〉, 〈1.56
동물〉 순으로, 4개 항목에서 높게 나타났다. 3.2.3의 한국의 중·고등학교에
비해 학교급별 차이가 큰 것으로 나타났다.

다음으로 「전체어수」에서는 중학교는 〈1.55생물〉, 〈 1.52우주·지형〉,
〈1.20인간〉 등 9개 항목에서 유의차가 높았다. 한편, 고등학교는 〈1.24구성
원·직위〉, 〈1.23인종·민족〉, 〈1.32창작·저술〉 등 11개 항목에서 유의차가

높아, 학교급간 차이가 큰 것을 알 수 있다.

전체어수를 기준으로 중항목에서 유의차가 나타난 항목에 대하여는 3.3.4에서 자세히 분석하기로 한다.

3.3.4 전체어수 중분류에서 유의차가 나타난 항목

3.3.4.1 일본 중학교 교과서에서 유의차가 높은 항목

일본 중학교 교과서에서 고등학교에 비해 11개 항목에서 유의차가 높게 나타났다. 〈1.5자연물 및 자연현상〉항목에서 〈1.55생물〉, 〈1.52우주·지형〉, 〈1.51자연·물체〉 등의 중항목에서, 〈1.2인간활동의 주체〉에서는 〈1.20인간〉, 〈1.21가족〉에서 유의차가 나타났다. 다음으로 〈1.1추상적 관계〉에서는 〈1.19양〉, 〈1.16시간·위치〉에서, 〈1.4생산물 및 도구〉에서는 〈1.40물품〉, 〈1.43식료〉, 〈1.41소재〉 등에서 유의차가 나타났지만, 특정 소항목에서는 유의차가 나타나지 않았다. 이중 〈1.55생물〉, 〈1.20인간〉, 〈1.21가족〉을 중심으로 분석한다.

(1) 〈1.55생물〉 (유의차 : 개별어수 12.404, 전체어수 190.154)

〈1.55생물〉의 경우, 중·고등학교 일관되게 어휘량이 많은 항목이다. 중학교 교과서에서 특정 고빈도어가 많이 사용되었다는 특징이 있다.

〈1.55생물〉

• J中 : 木(25), パイナップル(파인애플23), 花(23), 大根(무우14), そば(메밀

12), 根(뿌리12), 桜(벚나무9), 葉(잎7), 葉っぱ(잎7), 植物(6), 草(6), 実

(열매6), 枝(6), 細胞(5), 栄養価(5), イネ科(벼과5), 銀木犀(금목서5),

バナナ(바나나4), 竹(4), 胚軸(씨눈줄기4)

- J高 : 楓(19), 木(14), 花(13), 竹(11), 松(5), 草(4), ヤシの木(야자3), 胡桃(호

두3), 枝(3), 道草(2), ススキ(억새2), ヤシ類(야자류2), 茎(2), 葉(2), 花

弁(꽃잎2), 梢(가지2), 芋づる(감자줄기2), 雌(암꽃1), 野菜(1), 若草(1)

소분류에서는 〈1.550생물〉에서 유의차가 나타났다. 중학교에서 관련

영역을 깊이 있게 다루고 있음을 알 수 있다.

〈1.550생물〉

- J中 : 細胞(5), 栄養価(5), 栄養(3), 養分(3), 栄養分(3), 生物(1), 一生物(하나

의 생물1), 生物種(1) [총 8종 22회]

- J高 : 雌(암컷1) [총 1종 1회]

(2) 〈1.20인간〉(유의차 : 개별어수 111.448)

〈1.20인간〉의 경우, 중학교 교과서에서 「僕(나129)·私(나78)·人(사람74)·俺

(나51)·自分(자신47)」 등 1인칭어를 중심으로 양적으로 많았고 고등학교에서

「徹夫(人131)·黒柳徹子(人117)·佳枝(人116)」 등 특정 인명이 다용되는 현상이

나타났는데, 별다른 특징은 발견되지 않았다.

〈1.20인간〉

- J中 : 僕(나129), 私(나78), 人(사람74), 俺(나51), 自分(자신47), 少年(43), 清

    (人39), 彼(그28), 男(21), 子供(아이21), 戸部君(人18), ヒロユキ(人17), アンドレイ(人15), あなた(당신14), ヤヨイさん(人13), 者(놈12), 夏実(人12), エーミール(人11), 誰(누구10), 人々(사람들10)

- J高 : 私(나136), 徹夫(人131), 黒柳徹子(人117), 佳枝(人116), 自分(나110), 人間(86), 子供(아이64), 女(56), 智(人49), 男(42), 子(아이41), 人(사람40), 誰(누구31), 僕(나30), 老婆(29), 人々(사람들25), 若者(젊은이19), 典子(人14), 我々(우리들12), 者(놈)

이를 소분류한 결과, 〈1.200인칭〉에서 유의차가 나타났다.

〈1.200인칭〉

- J中 : 僕(나129), 私(나78), 俺(나51), 彼(그28), あなた(너14), 誰(누구10), お前(너7), 君(자네5), あいつ(저녀석4), われ(우리3) [총 18종 341회]

- J高 : 私(나136), 誰(누구31), 僕(나30), 我々(우리12), 君(자네9), お前(너8), 彼女(그녀8), あなた(너6), 俺(나5), あいつ(저녀석4) [총 20종 270회]

(3) 〈1.21가족〉 (유의차 : 개별어수 9.171, 전체어수 13.795)

〈1.21가족〉의 경우, 중학교 교과서에서 「兄(27)·弟(20)」 등 형제를 비롯하여, 「甥(조카8)·祖母(6)·ばあさん(아줌마5)·おばあさん(할머니3)」 가족의 범위가 넓은 것이 특징인 반면, 고등학교에서는 부모, 자식으로 좁혀지면서 「夫(2)·妻(2)·女房(부인2)·妻子(1)·奥さん(사모님1)」 등 배우자 관련 단어가 포함된 것이 특징이라 할 수 있다.

〈1.21가족〉

- J中 : 母(43), 兄(27), 弟(20), おやじ(아버지15), 甥(조카8), エレーナ母さん
    (에레나엄마7), 子(자녀7), お母さん(어머니6), 祖母(6), 妹(여동생6),
    ばあさん(아줌마5), 息子(4), 家族(3), おばあさん(할머니3), お父さん
    (아버지3), 父(3), 皇子(왕자3), 母親(2), 妻(1), 祖先(조상1)
- J高 : 息子(아들16), 母親(15), 父(13), 子孫(8), お父さん(아버지7), 父親(6),
    母(5), お母さん(어머니5), 祖先(조상4), 家族(2), 夫(2), 妻(2), 女房(부
    인2), 親(2), 両親(2), お子さん(자녀2), 親子(부모자식1), 妻子(1), 奥さ
    ん(사모님1)

이를 소분류한 결과, 〈1.214형제〉, 〈1.215친척〉에서 유의차가 높았다.
특히 일본 고등학교는 해당 어휘가 전혀 없었다.

〈1.214형제〉

- J中 : 兄(27), 弟(20), 妹(5), お兄さま(형님1), 妹(언니1), 兄さん(형1) [총 5
    종 55회]
- J高 : 없음

〈1.215친척〉

- J中 : おい(조카8), ばあさん(할머니6), 親戚(2), おばさん(아줌마2), 親類(친
    지2) [총 5종 20회]
- J高 : 없음

3.3.4.2 일본 고등학교 교과서에서 유의차가 높은 항목

일본 고등학교에서는 중학교에 비해 11개 항목에서 유의차가 높았다. 이중 〈1.2 인간활동의 주체〉에 속하는 〈1.23인종·민족〉, 〈1.24구성원·직위〉, 〈1.3인간활동-정신 및 행위〉에 속하는 〈1.30마음〉, 〈1.32창작·저술〉, 〈1.34의무〉를 중심으로 분석한다.

(1) 〈1.24구성원·직위〉(유의차 : 전체어수 69.427)

〈1.24구성원·직위〉의 경우, 일본 고등학교는 중학교에 비해 유의차가 높았다. 「下人(44)·先生(12)·小役人(말단관리12)·航海者(12)」 등 고빈도어가 많았고 학생과 관련된 단어가 많았다. 그밖에 「宇宙人(3)·工学者(2)·パイロット(파일롯2)·技術者(2)·研究者」 및 「指揮者(2)·役人(배우1)·監督さん(1)」 등 다양한 직업 관련어가 사용되고 있다. 중학교에서는 특정 고빈도어가 없고, 「落語家(1)·歴史家(1)·批評家(1)」 등의 전문가 및 「聞き手(1)·売り手(1)·書き手(1)」 등 임시적 지위를 나타내는 단어가 많이 사용되었다.

〈1.24구성원·직위〉

• J中 : 鎌田医師(4), 匠(장인4), 振り売り(행상4), 農家(3), 先生(3), 中学生(3), 留学生(3), 看護師(3), 兵士(3), 業者(2), タチアナ先生(2), 教師(2), 使者(사신2), 小学生(2), 医師(2), お医者さん(2의사), 研究者(2), 直し屋(수선인2), 担当者(2), 作者(2)

• J高 : 下人(44), 先生(12), 小役人(말단관리12), 航海者(12), 店員(9), 生徒(학생8), 役者(배우8), 提先生(7), 運転手(7), 親善大使(7), 中学生(6), 雲

水(스님6), 盜人(5), 僧(5), 女中(여종5), 長老(5), 監督(5), 車掌(4), 住

職(주지4), 六年生(6학년생3)

소분류에서 〈1.244상대적 지위〉에서 유의차가 나타났으나 「下人(44)」이

라는 특정 고빈도어에 의한 것으로 나타났다. 유의차는 나타나지 않았지

만 〈1.241전문적 직업〉에서 고등학교에서 어휘의 종류 및 양이 많았다.

〈1.244상대적 지위〉

• J中 : 先輩(1), 女中(여종1), 主従(1) [총 3종 3회]

• J高 : 下人(44), 家人(1), 女従者(여종1) [총 3종 46회]

〈1.241전문적 직업〉

• J中 : 鎌田医師(4), 匠(장인4), 振り売り(행상4), 農家(3), 先生(3), 中学生

(3), 留学生(3), 看護師(3), タチアナ先生(2), 教師(2) [총 34종 61회]

• J高 : 先生(12), 小役人(말단관리12), 航海者(12), 店員(9), 生徒(학생8), 役

者(배우8), 提先生(7), 運転手(7), 中学生(6), 雲水(스님6) [총 84종

203회]

(2) 〈1.23인종·민족〉 (유의차 : 개별어수 8.469, 전체어수 56.902)

〈1.23인종·민족〉의 경우, 일본 고등학교는 중학교에 비해 유의차가 높

았다. 앞서 2장의 한국 고등학교 어휘와 대조한 경우에는 드러나지 않았으

나 중학교에 비해 상대적으로 해당 항목 어휘량이 많았으나, 「日本人(18)」

이 고빈도어로 나타났고, 중학교에 비해 인종 관련 어휘가 많았다.

〈1.230인종·민족〉

- J中 : 江戸っ子(도쿄토박이9), 弱虫(겁쟁이4), 患者(1), 日本人(1), レンディ
ーレ族(부족명1), 疎開者(피난민1), 庶民(1), 町人(동네사람1), とりこ
(노예1), 食いしん坊(식탐가1), 悪漢(1), サラリーマン(월급쟁이1), 専
門家(1), 乱暴者(1), 三塁手(1), 収集家(1), 遊子(여행자1), 一塁手(1)

- J高 : 日本人(18), 死人(사자9), ばか(바보7), ポリネシア人(폴리네시아인
6), 乗客(5), 海洋民族(4), 難民(3), 選手(3), 西洋人(2), 部族(2), 火星
人(2), 達人(2), 専門家(2), ひょうきん者(재미있는사람2), 引き取り手
(인수인2), 入植者(식민2), 国民(1), 民族(1), 人種(1)

소분류에서 유의차는 나타나지 않았으나 〈1.230인종·민족〉, 〈1.234인
물〉에서 고등학교에서 어휘양이 많았다.

〈1.230인종·민족〉

- J中 : 江戸っ子(도쿄토박이9), 日本人(1), レンディーレ族(부족명1), 疎開者
(피난민1) [총 4종 12회]

- J高 : 日本人(18), ポリネシア人たち(6), 海洋民族(4), 難民(3), 西洋人(2),
部族(2), 火星人(1), 国民(1), 民族(1), 人種(1) [총 23종 53회]

〈1.234인물〉

- J中 : 患者(2), とりこ(노예1), 食いしん坊(식탐가1), 悪漢(1), サラリーマン
(월급쟁이1), 専門家(1), 乱暴者(1), 三塁手(1), 収集家(1), 遊子(여행자
1) [총 12종 16회]

- J高：死人(9), ばか(바보7), 乗客(5), 選手(3), 達人(2), 専門家(2), ひょうき
  ん者(재미있는사람2), 引き取り手(인수인2), 入植者(식민2), 素人(아
  마추어1) [총 30종 55회]

(3) 〈1.32창작·저술〉 (유의차 : 51.733)

〈1.32창작·저술〉의 경우에는 고등학교 교과서에서 전반적인 문학 장르
는 물론 문학작품이 많이 등장하여 중학교와 큰 차이가 있다.

〈1.32창작·저술〉

- J中：絵(24), 詩(7), 落語(만담4), 噺(박자4), 古典落語(고전만담3), 物語(설
  화3), 挿絵(삽화3), 文学(2), 和歌(2), ドラマ(드라마2), コラム(칼럼2),
  竹取物語(作2), 歌(1), 作品(1), 写真(1), 小説(1), 随筆(1), 新体詩(1)
- J高：歌(시가65), 羅生門(作19), 春望(作16), 謎(14), 脚本(12), 音楽(10), 唄
  合わせ(시가대회7), 帚木の巻(作6), 地上絵(geoglyph6), 原作(5), 脚色
  (5), 作品(4), 演劇(4), 彫刻(3), 演出(3), 物語(설화3), 竹取物語(作3),
  伊勢物語(作3), 芝居(연극3), 詩(3)

이를 소분류한 결과, 〈1.321예술·문예〉에서 유의차가 나타났다. 고등학
교에서 「歌(시가65)」가 고빈도어로 나타났고 「羅生門(19)·春望(16)·帚木の卷
(6)」 등 작품명이 많았다. 고등학교에서 문학교육이 중요시되고 있는 것으
로 해석된다.

〈1.321예술·문예〉

- J中 : 詩(7), 落語(만담4), 古典落語(고전만담3), 和歌(2), 文学(2), コラム
  (칼럼2), 歌(시가1), 小説(1), 竹取物語(作2), 徒然草(作1) [총 21종
  36회]

- J高 : 歌(시가65), 羅生門(作19), 春望(作16), 謎(수수께끼14), 脚本(12), 帚木
  の巻(作6), 物語(설화3), 伊勢物語(作3), 竹取物語(作3), 詩(2) [총 35
  종 172회]

(4) 〈1.30마음〉 (유의차 : 개별어수 16.338, 전체어수 33.781)

〈1.30마음〉의 경우, 중학교에 비해「心(마음87)·声(목소리59)·気(기분32)·感
情(16)·気持ち(기분14)」등 심적 활동 관련 고빈도어가 사용되었고 전체적으
로 빈도가 높다.

〈1.30마음〉

- J中 : 心(마음23), 気(기분20), 声(목소리16), 習慣(12), 気持ち(기분11), -は
  ず(-리11), 希望(6), 思い出(추억6), 意味(6), しかた(방법6), 喜び(기쁨
  5), 感謝(5), 観測(5), 自由(5), 勉強(공부4), 思い(생각4), 予想(4), 調査
  (4), 仮説(4), 題材(4)

- J高 : 心(마음87), 声(목소리59), 気(기분32), 問題(21), 練習(20), -はず(-리
  18), 感情(16), 気持ち(기분14), 知能(13), 興奮(13), 方法(13), つもり
  (작정12), 違い(차이12), 話し方(말투12), 夢(11), 思い(생각11), しかた
  (방법11), 意識(9), 実感(8), 修行(8)

이를 소분류한 결과, 〈1.300마음〉, 〈1.308원리〉에서 유의차가 나타났다.

〈1.300마음〉

- J中 : 心(23), 気(기분20), 気持ち(기분11), 夢(3), 可能性(3), 違和感(3), 熱情(2), 感じ(느낌2), 魂(혼2), 気性(기품2) [총 51종 84회]

- J高 : 心(87), 気(기분32), 感情(16), 気持ち(기분14), 知能(13), 興奮(13), 夢(11), 意識(9), 実感(8), 独創性(7) [총 60종 282회]

〈1.308원리〉

- J中 : 仕方(방법6), 見方(견해3), 計画(3), 仕様(방법3), 方法(1), 掟(규정1), 失策(1), 療法(1), 策略(1), やり方(방식1) [총 16종 27회]

- J高 : 方法(13), 話し方(말투12), 仕方(방법11), 方(방법7), 索引法(7), やり方(방법5), ルール(룰5), 観点(3), 仕様(방법3), 当て(목적3) [총 51종 125회]

(5) 〈1.34의무〉 (유의차 : 전체어수 15.260)

〈1.34의무〉의 경우, 고등학교 교과서에서 「技術(17)·動作(15)」 등의 고빈도어가 사용되었고 그 외 「負担(3)·役割(2)·しわざ(짓2)·実践(2)·義務(1)·行動(1)·行い(행위1)·活動(1)」 등 행동 및 의무 관련 어휘가 많았다. 단, 중항목 내에서 특정 소항목에 유의차가 나타나지 않았다.

〈1.34의무〉

- J中 : 役割(2), 行動(5), 技術(4), 魅力(3), 役(역할1), 留守番(1), 身分(1), 開

催(1), 手出し(참견1), 小走り(잔달음질1), 成績(1) [총 11종]

- J高：技術(17), 動作(15), 素振り(헛침5), 言語活動(4), 負担(3), 演技(3), 才
  能(3), 役割(2), しわざ(짓2), 実践(2), 義務(1), 技巧(1), 行動(1), 行い
  (행위1), 活動(1), 成績(1) , プレッシャー(압박1), 身の上(신상1), 戦
  績(1), 魅力(1)

〈1.5자연물 및 자연현상〉에 속하는 〈1.57몸〉, 〈1.56동물〉에서도 유의
차가 나타났는데, 이는 생략한다. 유의차가 발생하지 않은 중항목에서도
〈1.201자타(自他)〉, 〈1.203신불(神佛)〉, 〈1.204남녀〉, 〈1.205노소〉, 〈1.252고
향〉, 〈1.259고유지명〉, 〈1.463기계〉 등에서 유의차가 나타났다.

특히, 〈1.463기계〉의 경우, 고등학교에서 중학교의 3.3배에 해당하는
양이 사용되었고 양(量)뿐 아니라, 어휘의 의미분야 및 첨단기술 관련 전
문어가 사용되는 등, 어휘의 난이도면에서 바람직한 변화를 보여주고
있다.

〈1.463기계〉

- J中：棚機(2), エンジン(엔진1), 機(기계1), 手車(손수레1), 機器(1), 温度セ
  ンサー(온도센서1) [총 6종 7회]
- J高：ロボット(로봇55), ロボビー(로봇명15), 携帯電話(9), ソフトウェア
  (소프트웨어7), 機械(4), 鹿おどし(물방아4), センサ(센서3), 自律型ロ
  ボット(자율형로봇2), MD(mini disc2), 半導体(1) [총 12종 102회]

일본 고등학교의 경우, 〈1.24구성원·직위〉, 〈1.23인종·국민〉에서 폭넓

은 어휘가 사용되었다는 점, 〈1.32저술·창작〉, 〈1.30마음〉, 〈1.34의무〉 및 〈1.31언동〉 등의 인간활동 및 행위 관련, 〈1.10지시〉 및 〈1.13유·예〉, 〈1.14 힘〉, 〈1.12유무〉 등을 나타내는 추상적 관계에서 유의차가 높게 나타난 것 은 중학교와 비교하여 고등학생의 발달 단계를 고려할 때 바람직한 현상 이라고 판단된다.

3.4 맺음말

  본장에서는 양국의 중·고등학교 교과서에서는 학교급에 따라 어휘수의 증가를 보이는데 그렇다면 어휘양의 증가가 어휘의 의미분포에 어떠한 변화를 가져왔는지 나라별로 학교급에 따른 변화를 살펴보았다.

  전체어수 기준으로, 먼저 「한국」의 경우 중학교에서 〈1.2인간활동의 주체〉, 〈1.4생산물 및 도구〉, 〈1.5자연물 및 자연현상〉에서 유의차가 나타났고 고등학교에서 〈1.1추상적 관계〉, 〈1.3인간활동-정신 및 행위〉에서 유의차가 크게 나타났다. 한편, 「일본」의 경우 중학교는 〈1.5자연물 및 자연현상〉에서, 고등학교는 〈1.3인간활동-정신 및 행위〉에서 유의차가 나타났다. 즉, 대분류에서 한국이 일본에 비해 한국이 학교급간 어휘의 의미분포의 변화폭이 큰 것으로 나타났다.

  43개 중항목내에서는 다음과 같은 중항목에서 유의차가 높게 나타났다.

[표 11] 나라별 중·고등학교 교과서간 유의차가 나타난 항목 (전체어수 중분류)

		나라별 학교급간 전체어수 중분류에서 유의차가 높은 항목	계
K	中	〈1.20인간〉, 〈1.21가족〉, 〈1.51자연·물체〉, 〈1.43식료〉, 〈1.57몸〉, 〈1.44주거〉, 〈1.23인종·민족〉, 〈1.46기계〉	8
	高	〈1.31언동〉, 〈1.32창작·저술〉, 〈1.50자극〉, 〈1.11지시〉, 〈1.12유·예〉, 〈1.16시간·위치〉, 〈1.38일〉, 〈1.26사회〉, 〈1.42의류〉	9

J	中	⟨1.55생물⟩, ⟨1.53우주·지형⟩, ⟨1.20인간⟩, ⟨1.16시간·위치⟩, ⟨1.19양⟩, ⟨1.42의류⟩, ⟨1.21가족⟩, ⟨1.40물품⟩, ⟨1.50자극⟩	9
	高	⟨1.24구성원·직위⟩, ⟨1.23인종·민족⟩, ⟨1.32창작·저술⟩, ⟨1.57몸⟩, ⟨1.10지시⟩, ⟨1.30마음⟩, ⟨1.19양⟩, ⟨1.17공간⟩, ⟨1.34의무⟩, ⟨1.44주거⟩, ⟨1.13양상⟩	11

양국 모두 중학교에서는 공통적으로 ⟨1.20인간⟩, ⟨1.21가족⟩에서 유의차가 나타났다면 고등학교에서는 ⟨1.32창작·저술⟩에서 유의차가 나타났다. 이는 학교급에 따른 자연스러운 현상이라 풀이된다.

먼저 「한국」의 경우이다.

한국 중학교는 고등학교에 비해 ⟨1.20인간⟩, ⟨1.21가족⟩ 외에도 ⟨1.23인종·민족⟩, ⟨1.46기계⟩ 등에서 유의차가 높았고 소분류에서는 ⟨1.202인간⟩, ⟨1.205노소⟩, ⟨1.210가족⟩, ⟨1.232군주⟩, ⟨1.242군인⟩ 등에서 유의차가 높았다. 한편, 한국 고등학교는 중학교에 비해 ⟨1.32창작·저술⟩ 외에도 ⟨1.31언동⟩, ⟨1.38일⟩, ⟨1.26사회⟩ 등에서 유의차가 높았고, 소분류에서는 ⟨1.311언어⟩, ⟨1.380일⟩, ⟨1.271정부기관⟩, ⟨1.274군⟩, ⟨1.200인칭⟩, ⟨1.204남녀⟩, ⟨1.212부모⟩, ⟨1.245임시적 지위⟩, ⟨1.243장(長)⟩ 등에서 유의차가 높았다. 고등학교급으로 올라오면서 가족에서 사회, 기관, 장, 임시적 지위로 범위가 확장되고 언어, 언동, 창작·저술 등의 어휘가 늘고 있음을 확인하였다.

다음으로, 「일본」의 경우이다.

일본 중학교는 고등학교에 비해 ⟨1.20인간⟩, ⟨1.21가족⟩ 외에도 ⟨1.55생물⟩, ⟨1.37경제⟩, ⟨1.38일⟩ 등에서 유의차가 나타났다. 소항목에서는 ⟨1.550생물⟩, ⟨1,200인칭⟩, ⟨1.214형제⟩, ⟨1.215친척⟩, ⟨1.251가정⟩, ⟨1.581생사⟩ 등에서 유의차가 높았다. 한편, 일본 고등학교는 ⟨1.32창작·저술⟩ 외에도 ⟨1.34의무⟩, ⟨1.31언동⟩, ⟨1.30마음⟩, ⟨1.24구성원·직위⟩, ⟨1.23인종·민족⟩

에서 중학교에 비해 유의차가 높았다. 소항목에서 〈1.300마음〉, 〈1.321예술·문예〉, 〈1.463기계〉, 〈1.201자타(自他)〉, 〈1.203신불(神佛)〉, 〈1.204남녀〉, 〈1.205노소〉, 〈1.252고향〉 등에서 유의차가 높았다. 고등학교로 올라오면서 창작·저술, 언동, 마음, 언어, 예술·문예 등 문학에 초점이 맞추어지고 있음을 알 수 있다.

4

한·일 중·고등학교 국어 교과서
어휘의 난이도 대조

4.1 서론

4.1.1 들어가는 글

한국과 일본은 초등학교에서 고등학교에 이르기까지 국가 주도의 교육과정하에서 검정(檢定)을 통과한 국어 교과서를 사용하고 있다. 국어 교과서의 「텍스트(Texts)」는 교육과정에 준해 선별하되, 학생의 발달 단계를 고려하여 기존 작품에서 선정한다. (중·고등학교에서는 집필자가 각색하여 싣는 경우는 드물다.) 그렇다면 학생들의 사고(思考) 및 국어생활에 직접적으로 영향을 주는 「어휘(語彙)」에 대하여는 어떠한 배려가 이루어지고 있는가? 본 장에서는 양국의 중·고등학교 교과서 어휘의 난이도를 각각 대조하여 분석한다.

[표 1]은 한국과 일본의 초·중·고 3년 간격으로 교과서 텍스트[1]에 사용된 체언(명사, 대명사, 고유명사, 의존명사, 단위명사, 수사 등)의 개별어수 및 전체어수의 통계를 제시한 것이다. (초등학교 4학년의 경우에는 해당 시기의 「말하기·듣기」, 「쓰기」, 「읽기」 교과서 중 「읽기」 교과서만을 대상으로 한 것이다.) [그림 1]은 이를 알기 쉽게 나타낸 것이다.[2]

---

1 표지·부록, 학습활동을 제외한 텍스트에서 추출하였다. 문학 및 비문학텍스트를 포함한다.

2 중·고등학교 어휘 통계는 졸고(2018c)를 바탕으로 하였다. 초등학교 4학년 어휘는 졸저

[표 1] 초·중·고 교과서의 어휘 변화 (3년 간격)

		初4	中1	高1
K	개별어수	2,538어	2,877어	4,769어
	전체어수	9,157어	11,599어	18,697어
J	개별어수	1,172어	2,162어	3,128어
	전체어수	3,348어	6,737어	10,823어

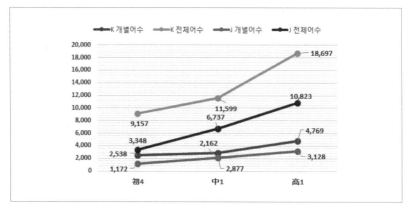

[그림 1] 초·중·고 교과서 어휘 변화표 (3년 간격)

한국의 교과서 어휘가 일본에 비해 어휘량이 많으나 양국의 교과서 어휘는 학교급에 비례하여 증가한 것으로 나타났다. 어휘량의 변화는 해당 국가 사회의 바람과 학생들의 발달 단계를 고려한 의도적인 결과일 것이다. 양국 모두 초·중학교보다는 중·고등학교 간의 어휘 증가율이 높다는 것은 학생들의 발달 단계를 고려할 때 긍정적인 것으로 평가된다.

(2017)에서 다룬 바 있으나 어휘의 추출범위에 차이가 있어서, 본고와 채집 범위가 일치하는 宋正植(2018 : 75)에서 인용하였다.

여기서 주목해야 할 것은 학교급별 교과서에 사용된 어휘의 난이도이다. 이를 분석하기 위해서는 이를 판별할 「등급(等級, Level)」 기준이 필요하다. 안타깝게도 양국 모두 학교급별 어휘의 등급화 연구는 제자리걸음 상태이다. 김광해(2003 : 44)는 「등급별 어휘표」는 사회변화와 밀접한 연관을 맺고 있는 지극히 유동적인 목록이므로 국어에 관한 계량작업과 더불어 주기적으로 반복 수행되어야 한다고 지적한 바 있다. 그러나 김광해(2003) 이후 뚜렷한 연구 성과가 나오지 않고 있다는 것은 안타까운 일이다. 일본 역시, 2001년 국립국어연구소에 의해 7종 어휘조사표가 만들어지긴 했지만, 여전히 답보 상태이다.

본고에서는 종래의 연구를 활용하여 한국과 일본의 「등급별 국어교육용 어휘기준」을 설정하고 이를 양국의 중·고등학교 학교급별 국어 교과서 텍스트에 사용된 어휘에 적용하여 학교급에 따른 교과서 어휘의 난이도를 분석한다. 나아가 의미분야별 어휘와 등급 간의 상관성을 밝힘으로써 양국간 교과서 어휘에 나타난 특성을 밝힌다. 이를 통해 앞으로 교과서 제작에 있어서 학교급에 따라 어휘의 난이도를 충분히 고려할 필요가 있다는 점을 역설하고자 한다.

4.1.2 분석 대상 및 방법

2장의 [표 1, 2]에서 제시한 바와 같이, 2015년 현재, 양국의 중·고등학교 1학년에서 공통 이수하는 국어과 교과목의 교과서를 대상으로 하여, 교과서의 텍스트에 사용된 어휘의 난이도를 학교급별 변화를 밝힌다. 어휘 데이터는 앞의 2, 3장과 같다.

먼저, 양국의 국어교육용 어휘 등급을 설정하고자 한다.

한국의 어휘 등급 기준은 기존에 이루어진 14건의 어휘 연구를 바탕으로, 양적, 질적 측면을 고려하여 국어교육용 어휘의 등급을 설정한 김광해의 「등급별 국어교육용 어휘」(2003)을 활용한다. 「등급별 국어교육용 어휘」(2003)는 양적인 측면을 고려한 분포(分布) 및 질적인 측면을 고려한 타당도(妥當度)를 바탕으로 교육적 중요도에 따라 등급을 매기는 어휘평정(語彙評定)을 통해 어휘를 7등급으로 구분한 것이다. 하지만, 김광해(2003)에서는 음영으로 표시한 1~4급까지의 33,819어의 어휘 목록만을 제시하고 있다.[3]

[표 2] 김광해(2003:27)의 「등급별 국어교육용 어휘」(필자 편집)

등급	어휘량	누계	국어교육용 개념
1급	1,845	1,845	기초어휘
2급	4,245	6,084	본고 이전
3급	8,358	14,442	본고 개시-사춘기 이전·사고 도구어 일부 포함
4급	19,377	33,819	사춘기 이후-급격한 지적 성장·사고 도구어 일부 포함
5급	32,946	66,771	전문화된 지적 성장단계·다량의 전문어 포함
6급	45,569	112,340	저빈도어 : 대학 이상 전문어
7급	125,670	238,010	누락어 : 분야별 전문어·기존 계량자료 누락어휘

[표 2]의 국어교육용 개념을 보면 중·고등학교 학교급에서는 4급까지를 「기본어휘」로 보는 것이 바람직하다고 본다. 한 예로 [표 3]을 보면, 동일 대상을 나타내는 유의어가 여러 급에 걸쳐 분포하고 있는 것을 보여주고 있는데, 4급 이상의 어휘인 「자친·대부인·안부모·사친·모당·존당」 등

---

3   1~4급 어휘는 김광해(2003 : 49-386)에 수록되어 있다.

은 시대적으로나 장면적으로 극히 제한적이라 볼 수 있다.

[표 3] 김광해(2003:21)의 유의어의 등급별 분포 사례 (필자 편집)

1급	2급	3급	4급	5급	6급	7급
어머니·엄마	어머님	-	모친·자당	-	자친·대부인	안부모·사친·모당·존당

　　본장에서는 김광해(2003)의 4급까지의 누계(累計) 33,819어를 기준으로 1~4급을 판정하고, 교과서 어휘의 특성을 고려하여 위의 1~4급에 포함되지 않은 어휘는 다음과 같은 원칙에 따라 판정한다.

(1) 「수남·길동」 등과 같이 텍스트의 등장인물의 인명은 0급으로 처리한다. 단, 「전형필·헤르만 헤세」와 같은 특정 작가 및 위인명 등은 5급으로 처리한다. 「김선생님·김진사」 등과 같이 직함 등이 붙은 경우는 「선생님」, 「진사」의 어휘 등급에 따른다.

(2) 「홍길동전」, 「竹取物語」 등과 같은 작품명은 5급으로 처리한다.

(3) 국명(國名) 및 지명(地名)은 5급으로 처리한다. 참고로, 김광해(2003)의 1~4급 목록에서는 자주 사용되는 「한국(1급)·미국(3급)·아시아(3급)」만을 제시하고 있다.

(4) 「매체·격률·저출산·생사고락」 등과 같은 1~4급에 포함되지 않은 전문어는 5급으로 처리한다.

　　결과적으로 0~5급, 즉 6등급으로 나누어 분석한다.[4] 이상의 원칙에 따라,

4　양국 모두 어휘의 등급 연구가 필요하다. 본고에서는 김광해(2003), 일본 국립국어연구소(2001)를 바탕으로 양국의 등급 기준을 세웠지만, 한국어의 등급별 누계에 준하여 일본어의 누계를 설정했다는 점, 조사 시기로 인해 4급 이내에 포함되지 않는 전문 용어(홈페이지, 휴대전화

[표 4]는 [표 2]의 김광해(2003)의 7등급과 본장의 6등급 기준을 비교한 것이다.

[표 4] 김광해(2003)의 7등급과 본고의 6등급 비교

김광해(2003)	어휘량	누계	본고의 등급	본고의 등급 기준
-	-	-	0급	등장인물명
1급	1,845	1,845	1급	김광해(2003)의 1급과 동일
2급	4,245	6,084	2급	김광해(2003)의 2급과 동일
3급	8,358	14,442	3급	김광해(2003)의 3급과 동일
4급	19,377	33,819	4급	김광해(2003)의 4급과 동일
5급	32,946	66,771		
6급	45,569	112,340	5급	위의 1~4급에 속하지 않는 단어, 작품명, 특정 작가 및 위인명, 국명, 지명 등)
7급	125,670	238,010		

일본의 어휘 등급은 앞의 [표 2]의 김광해(2013)의 1~4등급의 등급별 어휘량을 참고로 하여, 일본어의 어휘 수를 배분하여 위의 [표 4]와 같이 등급 기준을 설정하기 위해 다음과 같은 방법을 취하였다.

먼저, 기존의 7종 어휘조사를 바탕으로 작성한 국립국어연구소의 「교육기본어휘 데이터베이스」(2001), 「教育基本語彙データベースとその増補改訂作業」(2009)를 사용하여 [표 3]의 등급별 어휘량에 준하여, 「교육기본어휘 데이터베이스」(2001)에 등록된 27,234어를 7종 어휘조사에 실린 출현 빈도에 따라 어휘 등급을 판정하였다.

[표 5]는 기존의 7종의 어휘조사에서 해당 어휘가 기본어휘(표제어)로

등), 신어, 특정인물명, 지명 등의 어휘 중에는 중·고등학교 단계에서 비교적 알기 쉬운 어휘가 있다는 점에서 문제점을 제기할 수 있다. 본고는 현시점에서 양국의 교과서 어휘 등급을 대조할 최선의 잣대라 보았다. 앞으로의 연구의 기본자료가 될 것으로 믿는다.

선정되었는지를 나타낸 것이다. 이중 사카모토(阪本, 1958) 및 신사카모토
(新阪本, 1984)의 경우, 초등학교 단계는 「A」 또는 「B」로, 중학교 단계는 「C」
로 구분하고 있는데, 이를 세부기준으로 활용한다. 그 외 이케하라(池原,
1957) 국립국어연구소(国研, 1984) 등에서도 「A, B, ○, ◎」 등과 같은 기호를
사용한 세부기준이 있으나 이는 고려하지 않았고, 다만 기본어휘로 선정
된 경우는 「○」, 선정되지 않은 경우는 「-」으로 표시한다. 음영 부분은 이
에 의거하여 등급을 부여한 것이다.

[표 5] 국립국어연구소(2001)의 7종 기본어휘 데이터를 이용한 어휘 판정 예[5](필자 번역 및 편집)

표제어	한자 표기	품 사	坂本 1958	新坂本 1984	田中 1956	池原 1957	児研 1962	中央 1984	国研 1984	출현 빈도	등급 판정
あ		感[6]	A2	A2	-	○	○	○	○	6	1

---

5   일본 국립국어연구소(2001)에서 사용한 7종 어휘조사는 다음과 같다. 단, 기호 등의 표기는
    원문에 의한다. (졸저2017 : 54 재인용)

저자	연도	어휘조사	출판사
사카모토(阪本一郎)	1958	『教育基本語彙』	牧書店
사카모토(阪本一郎)	1984	『新教育基本語彙』	学芸図書
다나카(田中久直)	1956	『学習基本語彙』	新光閣書店
이케하라(池原楢雄)	1957	『国語教育のための基本語体系』	六月社
아동언어연구회 (児童言語研究会)	1962	『言語要素指導』	明治図書
중앙교육연구소 (中央教育研究所)	1984	『学習基本語彙』	中央教育研究所
국립국어연구소 (国立国語研究所)	1984	『日本語教育のための基本語彙調査』	秀英出版

ああ		副	A1	A1	-	-	-	○	○	4	2
ああ		感	A2	A2	-	○	○	○	○	6	1
アークとう	アーク灯	名	C4	C4	-	-	-	-	-	2	4
アーケード	arcade	名	-	C3	-	-	-	-	-	1	4
アース	earth	名	C2	C2	-	-	-	-	-	2	4
アーチ	arch	名	C1	C1	-	-	-	-	-	2	3
アート	art	名	-	C3	-	-	-	-	-	1	4
アームチェア	armchair	名	-	C4	-	-	-	-	-	1	4
アール	〔仏〕are	名	B2	B2	-	-	-	-	-	2	3
ああん		感	-	-	-	○	○	○	-	1	4
あい	相	名	C2	A2	-	-	-	-	-	2	4
あい	愛	名	B1	B1	-	-	○	○	○	5	2
あい	×藍	名	B1	B1	-	-	-	-	-	2	4
あいいく	愛育	名	C2	C2	-	-	-	-	-	2	4
あいうち	相撃ち・相打ち・相討ち	名	B3	B3	-	-	-	-	-	2	3
あいかぎ	合×鍵	名	B3	B3	-	-	-	-	-	2	3
あいかわらず	相変わらず	副	A2	A2	-	○	○	○	○	6	1
あいがん	哀願		C2	C2	-	-	-	-	-	2	4
あいがん	愛×玩		-	C4	-	-	-	-	-	1	4

6 「感」은 감탄사, 「名」은 명사, 「副」는 부사 등 품사명을 나타낸다.

あいぎ	△間着·合着	名	B3	B3	-	-	-	-	-	2	3
あいきょう	愛嬌	名	-	-	-	-	-	-	-	1	4

결과적으로 일본의 어휘 판정 기준은 다음과 같다.

일본 국립국어연구소 「교육기본어휘 데이터베이스」(2001)의 7종 기본 어휘 데이터에서 6~7종에 공통으로 등장하는 어휘는 「1급」, 4~5종 공통 어휘는 「2급」, 3종 공통 어휘는 「3급」으로 처리한다. 단, 2종 공통 어휘의 경우는 「3급」과 「4급」으로 나눈다. 즉, 사카모토(阪本, 1958) 및 신사카모토(新阪本, 1984)에서 초등 단계인 「A」, 「B」로 규정한 어휘는 「3급」으로 처리하고 중학교 단계인 「C」로 규정한 어휘는 「4급」으로 처리한다. 마지막으로, 1종에만 등장한 어휘 역시 「4급」으로 처리한다. 「0급」 및 「5급」의 분류 기준은 앞의 한국어와 같다.

[표 6]은 이상의 기준에 의해 산출한 결과이다. 여기에 [표 3]의 0급과 5급 기준을 더한 것을 본고의 등급 기준으로 한다.

[표 6] 일본어 어휘의 등급 기준[7] (필자 선정)

등급	어휘량	누계	판정 기준
0급			• 소설, 극본, 수필, 토론, 대화문 등의 등장인물명
1급	1,553	1,553	• 6~7종 공통 어휘 (기초어휘)
2급	3,038	4,591	• 4~5종 공통 어휘 (정규교육 이전)

7 　일본 국립국어연구소(2001)의 7종 어휘조사의 출현 빈도를 활용하였다.

3급	10,091	14,682	• 3종 공통 어휘 • 2종 공통 어휘 중 阪本(1958), 新阪本(1984)에서「A」,「B」로 분류한 어휘 (정규교육 개시-사춘기 이전)
4급	12,552	27,234	• 2종 공통 어휘 중 阪本(1958), 新阪本(1984)에서「C」로 분류한 어휘 • 1종 공통 어휘 (사춘기 이후-급격한 지적 성장기)
5급			• 위의 1~4급에 속하지 않는 단어, 작품명, 특정 작가 및 위인명, 국명, 지명 등

0급과 5급을 제외한 4급까지의 어휘 누계는 27,234어이다. 앞의 [표 4]에서 한국의 4급까지의 누계는 33,819어로, 일본의 1.24배에 해당하나, [표 1]에서 제시한 바와 같이, 한국의 중·고등학교 어휘는 개별어수 기준으로 일본의 1.3배라 볼 때 부족하나마 표본자료로서의 기능은 할 수 있다고 본다.

앞서 2.1.2의 [표 4, 5]의「분류어휘표」(1964)에 의거한 〈어휘조사표〉에 판정 등급을 부여하여 제시하면 [표 7, 8]과 같다. 이를 바탕으로 분석한다.

[표 7] 의미분야별 코드 및 등급 (한국 중학교 교과서 어휘의 예)

	개별어수	전체어수	분류어휘표 코드			등급판정
			대분류	중분류	소분류	
길동(인명)	1	152	1.2	1.20	1.202	0급
인간	1	22	1.2	1.20	1.202	1급
인물	1	4	1.2	1.20	1.202	1급
자(者)	1	2	1.2	1.20	1.202	2급
전하	1	6	1.2	1.20	1.202	3급
소생	1	3	1.2	1.20	1.202	4급
박두진(인명)	1	1	1.2	1.20	1.202	5급

[표 8] 의미분야별 코드 및 등급 (일본 중학교 어휘의 예)

淸(인명)	1	39	1.2	1.20	1.202	0급
人間	1	8	1.2	1.20	1.202	1급
人物	1	1	1.2	1.20	1.202	2급
人々(사람들)	1	10	1.2	1.20	1.202	3급
者(자)	1	12	1.2	1.20	1.202	3급
貴公子	1	1	1.2	1.20	1.202	4급
中原中也(인명)	1	1	1.2	1.20	1.202	5급

일본 중학교 교과서를 예로 들면, 등장인물인 「淸(인명)」는 「0급」, 「人間」은 「1급」, 「人物」은 「2급」, 「人々(사람들)·者(사람)」는 「3급」, 「貴公子(귀공자)」는 「4급」이며, 4급 이내에 포함되지 않는 시인 「中原中也」는 「5급」으로 판정한다. 이와 같은 방법으로 전체어휘에 등급을 판정하여 양국 간 중·고등학교 학교급별 교과서 어휘의 난이도를 대조 분석한다.

양국간 어휘 등급을 카이제곱 검정을 통해 위험성 0.01 이하(99.99% 이상의 확률)로 유의차(카이제곱값 6.635 이상)가 발생하는 항목을 추출하여 비교한다.

4.1.3 선행연구 분석

최근, 교육용 어휘 등급화를 연구하고 있는 이삼형(2017 : 29-48)에서는 한국의 어휘 연구에서 어휘의 등급화를 시도한 것으로 국어교육 영역의 김광해(2003), 한국어 교육 영역의 조남호(2003)가 유일하다고 밝힌 바 있다. 본고에서는 김광해(2003)을 활용하였는데, 이는 조남호(2003)의 분류가 외국인을 위한 한국어 교육 영역이라는 점과 대상 어휘량이 5,965개로 적었기 때문이기도 한다.

일본 역시 일찍부터 국가 수준의 어휘조사가 이루어졌으나 등급화 관련 연구는 사카모토(阪本)의 『新教育基本語彙』(1984)[8] 등 기존의 7종 어휘조사를 데이터베이스화한 일본 국립국어연구소(2001)의 「교육기본어휘 데이터베이스」가 유일하다. 하지만, 7종의 어휘조사에 등장한 어휘의 출현 빈도를 산출하는 데 머물렀다.

한국의 교과서 어휘 계량연구는 1960년대 말, 초·중학교 국어 교과서 어휘를 조사한 서정국 및 1970년대에 이루어진 이응백의 일련의 어휘조사가 기여한 바 크다. 한국의 국가 수준의 연구로는 1980년대에 『초등학교 교육용 어휘(1·2·3학년용)』(1987), 『초등학교 교육용 어휘(4·5·6학년용)』(1989) 등, 국어연구소의 연구 성과가 있으나 이들은 모두 학습용 기본어휘 선정을 목적으로 하고 있다. 2000년 이후, 연세대 언어정보원(2000), 조남호(2003), 서상규(2009) 등에서 교육용 어휘선정 작업이 이루어졌다. 특히, 조남호(2003)는 150만 어절의 말뭉치에 대한 빈도조사를 통하여 출현 빈도 15회 이상인 어휘 10,352어를 추출하고 전문가 판정을 거쳐 5,965개 어휘를 3등급으로 분류하여 선정하였는데, 이는 한국어 교육에서 유의미한 자료로 사용될 수 있다.

또한, 한국의 초·중·고등학생들의 사용어휘를 대상으로 어휘 유형별 사용 분포와 학교급 간 추이를 분석한 장경희 외(2012)는 실제 어휘 사용 양상 관찰을 통하여 사용자의 인지 특성이나 소속 집단의 문화적 특성을

---

8   졸고(2017) 재인용.

분석하고 있어 고무적이다. 현재로서는 이삼형(2017)에서 언급한 바와 같이, 연세대학교와 고려대학교의 국어사전 표제어 자료, 21세기 세종계획 자료 등 14건[9]의 기존 어휘 연구를 메타계량 방법을 통하여 등급을 매긴 김광해(2003)가 가장 활용성이 높다고 볼 수 있다.

김광해(2003)의 「등급별 국어교육용 어휘」는 분포 및 타당도를 바탕으로 교육적 중요도에 따라 등급을 매기는 어휘평정(語彙評定)을 통해 7등급으로 구분한 것이나 5급 이상 어휘의 개념 규정이 추상적이고 실제, 4급까지의 어휘 목록만을 공개하고 있다는 점이 아쉬움으로 남는다.

일본은 일찍이 1930년대부터 어휘선정과 관련된 다수의 연구가 있고 1948년 국립국어연구소가 설립된 이래, 1962년 『現代雑誌九十種の用語用字』, 1982년 『日本語基本語彙七種比較対照表』, 1983년 『日本語教育のための基本語彙調査』 등의 대규모 어휘조사가 이루어졌다. 하지만, 앞서 밝힌 대로 사카모토(阪本)의 『新教育基本語彙』(1984) 등의 기존의 7종 어휘조사를 데이터베이스화한 국립국어연구소(2001, 島村直己)의 「교육기본어휘 데이터베이스」(CD-ROM)에서는 기존의 7종 어휘조사에서 출현 빈도를 추출하는 데 그쳤다. 이 연구를 주도하고 있는 시마무라(島村)는 「教育基本語彙データベースとその増補改訂作業」(2009)에서 2001년의 데이터베이스에 4종의 어휘조사 및 신문 4종의 어휘 등을 추가로 보완하여 개정 중이라고 밝히고 있다.

졸고(2015a, 2016b)에서는 양국의 중·고등학교 어휘를 「분류어휘표」 (1964)에 의거하여 어휘의 의미분포를 대조하여 양국의 사회문화적 특징을 분석했고 졸고(2018a)에서는 학교급에 따른 어휘의 의미분야별 변화를 대

---

9 김광해(2003 : 24-25)의 [표 4] 참조.

조하였다.

졸고(2018c)는 중·고등학교 교과서 어휘를 양국의 「교육용 어휘 등급 기준」을 설정하여 전체 어휘를 대상으로 학교급별 어휘 등급을 대조하고 의미분야별 어휘와 등급 간의 상관성에 주목한 연구로, 본장은 이를 바탕으로 한다.

4.2 양국의 중학교 교과서 어휘의 난이도 대조

교과서 어휘를 등급별로 개별어수 및 전체어수로 구분하고 각각 등급별 유의차를 산출하여 대조한다. 6등급으로 나누어 분석하고 더불어 이를 발달 단계별로 다음과 같이 3단계로 나누어 살펴본다.

[표 9] 어휘의 단계별 정의

	정의	본고의 등급 기준
1단계	정규교육 이전	0~2급
2단계	정규교육 개시 이후부터 급격한 지적 성장기의 사고 도구어	3~4급
3단계	전문어	5급

먼저, 4.2.1에서 각 등급별로 분석해간다. 참고로, 양국의 상위빈도 20어를 제시한다.

4.2.1 등급별 어휘 분석

각 등급별로 상위빈도 20어를 제시하고 비교 분석한다. 개별어수가 20어에 못 미칠 경우에는 개별어수를 명시한다. 전체어수에 중점을 두어 비교한다.

(1) 0등급 어휘 분석

0등급에 해당하는 어휘는 소설 및 극본, 수필, 토론, 대화문 등의 텍스트에 등장하는 등장인물명이다.

한국 중학교 교과서에서는 0등급 어휘가 41종 734회 사용되어, 10종 107회 사용된 일본에 비해 양이 현저히 많았다. 한국 교과서 텍스트에서 등장인물이 많이 등장하고 있다는 의미인데, 이 경우, 어휘에 대한 학습부담은 거의 없다고 볼 수 있다.

| K中 | 길동(152), 수남(109), 정욱(91), 초원(80), 경숙(45), 수택(41), 용이(34), 홍부(26), 성삼(24), 덕재(19), 초란(15), 특재(12), 홍길동(11), 모모(10), 지예(7), 기범(5), 순이(5), 준호(5), 춘섬(5), 현우(5) | J中 | 淸(39), ヒロユキ(17), アンドレイ(15), 夏実(12), エーミール(11), 勘太郎(8), アンドレイ·マルシコフ(1), 古川(2), 兼公(1), 茂作(1) [총 10종] |

(2) 1등급 어휘 분석

1등급에 해당하는 어휘를 보면, 한국은 김광해(2003)에서 기존의 14종 어휘조사와 전문가의 어휘평정으로 추출한 1,845어이고 일본은 국립국어연구소의 기존의 7종 어휘조사에서 6~7종에서 등장한 어휘 1,533어이다 (4.1.2의 [표 2, 4] 참조).

한국 중학교 교과서에서는 1등급 어휘가 685종 6,137회 사용되어, 471종 2,821회 사용된 일본 중학교에 비해 큰 차이가 있다. 전체어수에서 한국의 1등급 비중은 52.9%로, 41.9%인 일본에 비해 높았다.

| K中 | -것(295), 나(233), 사람(192), -수 (141), 말(話128), 아이(103),-일(85), 너(76), 손(71), 때(67), 우리(65), 소 리(57), 집(55), 생각(55), 아버지 (49), 가족(47), 얼굴(47), 엄마(47), 오늘(43), 책(42) | J中 | -こと(197), 僕(나129), 人(74), 中(66), と き(때61), 自分(자신47), 少年(43), 母(43), それ(그것40), 山(40), -ほか(기타39), 海 (39), 今(32), 言葉(언어31), これ(이것29), 前(27), シカ(사슴26),-月(월25), 木(25), 家 (24) |

(3) 2등급 어휘 분석

2등급에 해당하는 어휘를 보면, 한국은 김광해(2003)에서 기존의 14종 어휘조사와 전문가의 어휘평정으로 추출한 4,245어이고 일본은 국립국어 연구소의 기존의 7종 어휘조사에서 4~5종에서 등장한 어휘 3,038어이다 (4.1.2의 [표 2, 4] 참조).

한국 중학교 교과서에서는 2등급 어휘가 647종 1,815회 사용되어, 466 종 1,400회 사용된 일본 중학교에 비해 양적으로 많다. 전체어수에서 한국 의 3등급 어휘 비중은 15.6%로, 20.8%인 일본에 비해 낮았다.

| K中 | 임금(51), 언어(42), 그대(27), - 줄(25), 재주(19), 동물(19), 백성 (18), 빗물(18), 부하(17), 학(17), 문장(16), 공룡(16), -바퀴(16), 혈 액형(15), 신사(14), -짓(14), 알밤 (14), 감사(13), 밖(13), 단어(13) | J中 | 私(나78), おれ(나51), 上(31), 下(27), 兄(27), 後(20), 弟(20), 戸部君(군18), 方(16), 一つ(하 나16), 食物(16), -年(15), 一人(한사람14), - 人(-14), あなた(당신14), 前(앞13), そこ(거기 11), 林(11), 力(10), 現代(9) |

(4) 3등급 어휘 분석

3등급에 해당하는 어휘를 보면, 한국은 김광해(2003)에서 기존의 14종 어휘조사와 전문가의 어휘평정으로 추출한 8,358어이고 일본은 국립국어 연구소의 기존의 7종 어휘조사에서 3종 공통어휘 및 2종 공통 어휘 중 신사카모토(新阪本, 1984) 등에서 A, B로 분류한 어휘 10,091어이다(4.1.2의 [표 2, 4] 참조).

한국 중학교 교과서에서는 3등급 어휘가 452종 874회 사용되어, 418종 907회 사용된 일본 중학교와 거의 같다. 전체어수에서 한국의 4등급 어휘 비중은 7.5%로, 13.5%인 일본에 비해 현저히 낮았다.

| K中 | 이름(40), 도적(21), 보통이(20), 토의(16), 방안(11), 소인(9), 원리(8), 영감님(7), 청소년(7), 기호(7), 조화(造化7), 개선(6), 온종일(6), 전하(6), 공문(6), -킬로미터(6), 펭귄(6), 사정(5), 경향(5), 흑인(5) | J中 | 彼(그28), 蝶(나비27), パイナップル(파인애플23), 日本(18), おやじ(아버지15), 七夕(14), 落ち穂拾い(이삭줍기14), 江戸(에도13), 者(12), 蕎麦(메밀12), 松林(11), かぐや姫(가구야공주10), 人々(사람들10), 極地(10), 平年(9), そば屋(국수집9), やつ(8), 大気(8), 翁(노인7), 江戸時代(7) |

(5) 4등급 어휘 분석

4등급에 해당하는 어휘를 보면, 한국은 김광해(2003)에서 기존의 14종 어휘조사와 전문가의 어휘평정으로 추출한 19,337어이고 일본은 국립국어연구소의 기존의 7종 어휘조사에서 2종 공통 어휘 중 신사카모토(新阪本 1984) 등에서 C로 분류한 어휘 12,552어이다(4.1.2의 [표 2, 4] 참조).

한국 중학교 교과서에서는 4등급 어휘가 382종 697회 사용되어, 219종 438회 사용된 일본 중학교에 비해 많다. 전체어수에서 한국의 4등급 어휘 비중은 6.0%로, 6.5%인 일본에 비해 약간 낮은 수준이었다.

K中	공(公20), 한옥(17), 부인(16), 욕조(13), 모친(7), 아비(7), 우리나라(7), 재수(7), 고릴라(7), 부친(6), 패널(6), 볼(6), 대장부(5), 미인(5), 장사꾼(5), 쾌감(5), 악(5), 선정(5), 피란(5), 모계(5)	J中	流氷(32), -日(23), 大根(무우14), 開花(12),-円(11), 江戸っ子(도쿄토박이9), 旧暦(음력8), 海水(7), ベラルーシ(벨라루스6), 東京(6), 言葉遣い(말투6), 触角(6), 帝(제왕5), -年間(5), 日本語(5), 栄養価(5), 樹上(4), 斑点(4), 仮説(4), 矛(창4)

(6) 5등급 어휘 분석

5등급에 해당하는 어휘를 보면, 한국은 김광해(2003)에서 1~4급 어휘 33,819어에 해당하지 않는 어휘를 가리키며, 일본은 국립국어연구소의 기존의 7종 어휘조사(27,234어)에서 전혀 등장하지 않은 어휘를 가리킨다(4.1.2의 [표 2, 4] 참조).

한국 중학교 교과서에서는 5등급 어휘가 670종 1,342회 사용되어, 578종 1,064회 사용된 일본 중학교와 거의 같다. 전체어수에서 한국의 5등급 어휘 비중은 11.6%로, 15.8%인 일본에 비해 현저히 낮았다.

K中	봉사활동(39), 주인영감님(27), 서울(20), 상공(벼슬18), 포장(벼슬14), 아프리카(14), 부여(12), 말하는이(11), 핸드폰(11), 황제펭귄(11), 새끼거미(10), 관상녀(10), 새말(10), 보리방구(10), 인마(10), 제도화(9), 소자(9), 율도국(9), 콜탄(9), 지변(8)	J中	の(193), もの(74), オホーツク海(오호츠크해9), 辛味(매운맛8), ジャクヤママユ(나비명6), イネ科(벼과5), 銀木犀(박달목서5), 大循環(4), 織女(4), 匠(장인4), 振り売り(행상4), フィールドノート(필드노트4), 噺(장단4), 氷野(얼음판4), 北極海(4), 胚軸(4), 側根(곁뿌리4), 幼年時代(3), 最先端(최첨단3), 全域(3)

4.2.2 양국의 중학교 어휘의 난이도 대조

[표 10]은 양국의 중학교 교과서 개별어수 및 전체어수의 등급별 통계

이다. 등급 간 유의차가 나타난 항목은 음영으로 처리하였다. [그림 2, 3]은 이를 알기 쉽게 나타낸 것이다. (선이 기운 쪽이 난이도가 높음. 이하 같음.)

[표 10] 양국의 중학교 교과서 어휘 등급 분포

		0급		1급		2급		3급		4급		5급		계	
		어수	비중	어수	비중	어수	비중	어수	비중	어수	비중	어수	비중	어수	비중
개별어수	K中	41	1.4	685	23.8	647	22.5	452	15.7	382	13.3	670	23.3	2,877	100
	J中	10	0.5	471	21.8	466	21.5	418	19.3	219	10.1	578	26.7	2,162	100
	χ2값	11.380		3.055		0.598		11.439		11.560		7.969			
전체어수	K中	734	6.3	6,137	52.9	1,815	15.6	874	7.5	697	6.0	1,342	11.6	11,599	100
	J中	107	1.6	2,821	41.9	1,400	20.8	907	13.5	438	6.5	1,064	15.8	6,737	100
	χ2값	218.780		207.744		77.650		170.759		1.778		66.680			

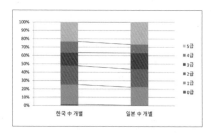

[그림 2] 한·일 中 개별어수 등급 대조

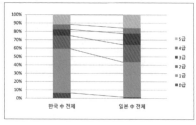

[그림 3] 한·일 中 전체어수 등급 대조

먼저, 「개별어수」의 경우 한국 중학교는 0, 4급에서, 일본은 3급 및 5급에서 유의차가 나타났다.

발단 단계별로 나누어보면, 「정규교육 이전」으로 구분된 1단계(0~2급) 어휘 비중은 한국 47.7%로, 43.8%인 일본에 비해 3.9% 높은 것으로 나타났다. 「정규교육 개시 이후부터 급격한 지식 성장기」로 구분된 2단계(3~4

급) 어휘 비중은 한국 28.9%, 일본 29.4%로, 일본이 한국에 비해 0.5% 높았다. 마지막으로 「전문어」(5급)로 구분되는 어휘 비중은 일본이 26.7%로, 23.3%인 한국에 비해 3.4% 높았다.

다음으로, 「전체어수」에서는 한국은 0, 1급에서, 일본은 2, 3급 및 5급에서 유의차가 크게 나타났다.

단계별로 나누어보면, 1단계(0~2급) 어휘 비중은 한국 74.9%, 일본 64.2%로, 한국이 10.7% 높았다. 2단계(3~4급) 어휘 비중은 한국 13.5%, 일본 20.0%로, 일본이 한국에 비해 6.5% 높은 것을 알 수 있다. 3단계(5급) 어휘 역시, 일본이 한국에 비해 4.2% 높았다.

결과적으로, 중학교의 개별어수 및 전체어수의 난이도는 일본이 한국에 비해 상대적으로 높다고 할 수 있다. 한국이 일본에 비해 개별어수 1.3배, 전체어수 1.7배의 양을 나타내지만, 어휘의 난이도는 일본 교과서가 높다고 결론 지을 수 있다.

4.3 양국의 고등학교 교과서 어휘의 난이도 대조

4.3.1 등급별 어휘 분석

분석 방법은 중학교와 같다. 4.2.1을 참조 바란다. 전체어수에 중점을 두어 분석한다.

(1) 0등급 어휘 분석[10]

0등급에 해당하는 어휘를 보면 한국은 38종 337회 사용되어, 17종 129회 사용된 일본에 비해 큰 차이가 있다. 한국이 일본에 비해 어휘의 양은 많지만, 난이도가 낮아 학습 부담은 크지 않다고 볼 수 있다.

| K高 | 명은(78), 재민(24), 동이(20), 춘향(20), 민지(19), 지영(19), 명수(17), 혜원(17), 바리(16), 예빈이(16), 창섭(12), 운영(10), 건호(8), 경림이(8), 은경(5), 가화(4), 광수(4), 기훈(4), 자란(4), 창옥(4) | J高 | 智(49), 徹夫(31), 佳枝(16), 典子(14), 加藤(4), 秋田(3), 玲(2), みむろ(1), 江上(1), 大村(1), 美代子(1), 義巨(1), 長尾(1), 田野(1), 太朗(1), 直太朗(1) [총 17종] |

(2) 1등급 어휘 분석

1등급에 해당하는 어휘를 보면 한국은 737종 9,669회 사용되어, 508종

---

10 각 등급의 정의는 4.1.2의 [표 2, 4] 참조.

4,302회 사용된 일본에 비해 큰 차이가 있다. 특히 전체어수에서 한국은 일본의 2.2배에 해당하는 양이다. 전체어수에서 한국의 1등급 어휘 비중은 51.7%로, 39.7%인 한국에 비해 12.0%나 높았다.

| K高 | -것(761), 나(544), -수(301), 때(218), 사람(190), 말(話154), 소리(144), 우리(142), 그(129), 글(116), 너(94), 무엇(91), 자신(79), -일(69), 위(69), 그것(67), -년(66), 내용(63), 앞(63), 마음(63) | J高 | こと(380)人(140), これ(이것139), それ(그것126), とき(때114), 何(무엇87), 心(87), 人間(86), 中(공간81), -ところ(67), 夏(81), 歌(65), 子供(아이)64), 声(59), 女(56), 今(42), 男(42), 顔(42), 手(42), 子(41), 言葉(36), 目(34), 気(32) |

(3) 2등급 어휘 분석

2등급에 해당하는 어휘를 보면 한국은 795종 2,550회 사용되어, 539종 1,902회 사용된 일본 중학교에 비해 양적으로 많다. 전체어수에서 한국의 2등급 어휘 비중은 13.6%로, 17.6%인 일본에 비해 4.0% 낮았다.

| K高 | 단어(45), 법률(37), 당신(35), 자료(33), 상대방(29), 양반(28), 발음(27), 우리말(26), 독서(23), 시(詩23), 하인(22), 작문(22), 밖(19), 계집애(19), 인구(18), 방식(17), 여행(17), 기준(16), 바탕(16), 위치(16) | J高 | 私(136), 上(59), 情報(47), 一つ(하나46), どこ(어디40), -方(34), そこ(거기27), 能力(24), -年(24), 試合(22), ここ(여기21), -うち(공간21), 一人(한사람21), 技術(17), 二つ(둘15), 母親(15), 時代(14), 謎(수수께끼14), 知能(13), 興奮(13) |

(4) 3등급 어휘 분석

3등급에 해당하는 어휘를 보면 한국은 646종 1,449회 사용되어, 566종 1,332회 사용된 일본 중학교와 거의 같다. 하지만 개별어수 및 전체어수의 비중에서 일본이 높다. 전체어수에서 한국의 3등급 어휘 비중은 7.7%로,

12.3%인 일본에 비해 4.6% 낮았다.

| K高 | 덤(55), 원리(35), 사실(34), 인터넷(19), 영향(18), 부담(17), 자음(16), 목적(11), 읽기(11), 전력(10), 말하기(10), 적성(9), 반응(9), 노점(9), 주제(9), 어법(9), 요소(8), 정원(8), 시대(7), 속도(7) | J高 | 自分(자신110), -人(26), 人々(사람들25), 蝶(나비21), 楓(19), クジラ(고래16), 脚本(12), 太刀(칼12), 仁王(12), 打ち上げ(발사11), 思い(생각11), 灰皿(재털이11), 蛾(나방11), 百科事典(10), 項(9), 死人(죽은이9), 店員(9), 日本(9), 石段(돌계단9), 噴水(9) |

(5) 4등급 어휘 분석

4등급에 해당하는 어휘를 보면 한국은 364종 90회 사용된 일본 중학교에 비해 많다. 개별어수 및 전체어수 비중에서도 한국이 높다. 전체어수에서 한국의 4등급 어휘 비중은 7.6%로, 6.4%인 일본에 비해 1.2%정도 낮았다.

| K高 | 우리나라(23), 어휘(22), 초성(22), 저작물(19), 문학(17), 관습(17), 가치관(16), 철책(16), 어사또(13), 음운(13), 백마(12), -대(12), 중략(11), 체계(11), 표준어(11), 여행지(10), 서방(10), 종성(終聲10), 대상(9), 양상(9) | J高 | ロボット(로봇55), イルカ(돌고래35), 老婆(29), コミュニケーション(소통23), 日本人(18), 話し方(말투12), 真珠貝(진주조개8), 運転手(7), 明治(연호5), スケール(스케일5), 女中(여종5), 枕詞(시가의 첫소절5), 住職(주지4), 幻想(4), 古文(4), -年間(4), 日本語(4), 特筆(4), 脚(4) |

(6) 5등급 어휘 분석

5등급에 해당하는 어휘를 보면 한국은 1,856종 3,266회 사용되어, 1,135종 2,468회 사용된 일본 중학교에 비해 많다. 전체어수에서 한국의 5등급 어휘 비중은 17.5%로, 22.8%인 일본에 비해 5.3% 낮았다.

| K高 | 매체(31), 딸고만이아부지(29), 서울(29), 관사(29), 독자(24), 생원(22), 모음(22), 저출산(22), 꼴(20), 말뚝이(20), 허생원(20), 착한사마리아인법(19), -터(16), 저작자(16), 공정여행(16), 다리(가체16), 종탑(15), 한글맞춤법(15), 춘천(13), 중성(中聲13) | J高 | -の(439), -もの(127), 必要性(19), コソボ(코소보17), 索引(16), 春望(作16), 和歌所和歌合(단가대회16), ロボビー(로봇명15), マニュアル(매뉴얼14), 死骸(14), 後ろ影(그림자13), 小役人(벼슬12), 航海者(12), イースター島(이스터섬12), -枚(12), 平泉(作10), 霊長目(9), 京(수도9), 携帯電話(9), 学校生活(9) |

4.3.2 양국의 고등학교 어휘의 난이도 대조

[표 11]은 양국의 고등학교 어휘를 등급별로 제시한 것이다. 유의차가 나타난 항목은 음영으로 처리하였다. 분석방법은 4.2의 중학교와 같다. [그림 4, 5]는 이를 알기 쉽게 나타낸 것이다.

[표 11] 양국의 고등학교 교과서 어휘 등급 분포

		0급		1급		2급		3급		4급		5급		계	
		어수	비중	어수	비중	어수	비중	어수	비중	어수	비중	어수	비중	어수	비중
개별어수	K高	38	0.5	737	15.5	795	16.7	646	13.5	697	14.6	1,856	38.9	4,769	100
	J高	17	0.5	508	16.2	539	17.3	566	18.1	364	11.6	1,135	36.2	3,128	100
	χ^2값	1.752		0.868		0.415		30.014		14.446		5.614			
전체어수	K高	337	1.8	9,669	51.7	2,550	13.6	1,449	7.7	1,426	7.6	3,266	17.5	18,697	100
	J高	129	1.2	4,302	39.7	1,902	17.6	1,332	12.3	690	6.4	2,468	22.8	10,823	100
	χ^2값	16.444		393.700		82.885		166.834		16.137		124.675			

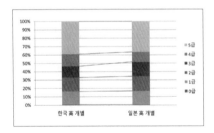

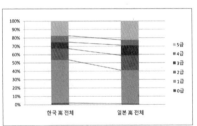

[그림 4] 한·일 高 개별어수 등급 대조   [그림 5] 한·일 高 전체어수 등급 대조

먼저, 「개별어수」의 경우 한국 고등학교는 4급에서, 일본은 3급에서 유의차가 나타났다.

발단 단계별로 나누어보면, 「정규교육 이전」으로 구분된 1단계(0~2급) 어휘 비중은 한국이 32.9%로, 34.0%인 일본에 비해 1.1% 낮은 것으로 나타났다. 「정규교육 개시 이후부터 급격한 지식 성장기」로 구분된 2단계(3~4급) 어휘 비중은 한국 28.2%, 일본 29.7%로, 일본이 한국에 비해 1.5% 높았다. 마지막으로 「전문어」(5급)로 구분되는 어휘 비중은 일본이 36.2%로, 38.9%인 한국에 비해 2.7% 낮았다. 결과적으로, 고등학교 개별어수의 난이도는 한국이 일본에 비해 상대적으로 높다고 할 수 있다.

다음으로, 「전체어수」에서는 한국은 0, 1급, 4급에서, 일본은 2, 3급 및 5급에서 유의차가 크게 나타났다.

단계별로 나누어보면, 1단계(0~2급) 어휘 비중은 한국 67.2%, 일본 58.5%로, 한국이 8.7% 높았다. 2단계(3~4급) 어휘 비중은 한국 15.4%, 일본 18.7%로, 일본이 한국에 비해 3.3% 높은 것을 알 수 있다. 3단계(5급) 어휘 역시, 일본이 22.8%로, 17.5%인 한국에 비해 5.3% 높았다.

결과적으로, 고등학교 전체어수의 난이도는 일본이 한국에 비해 상대적으로 높다고 할 수 있다.

4.4 맺음말

본장에서는 국어 교과서의 「텍스트」의 경우에는 교육과정에 의거하여 학생의 발달 단계를 고려하여 선정하게 되는데, 학생들의 사고(思考) 및 국어생활에 직접적으로 영향을 주는 「어휘」에 대하여는 어떠한 배려가 이루어지고 있는지에 주목하여 이를 양국간의 비교를 통해 살펴보았다.

한국과 일본의 중·고등학교 교과서의 텍스트에 사용된 어휘를 각각 어휘 등급에 의거하여 비교하기 위해, 기존의 연구를 활용하여 어휘 등급표를 개발하였다. 김광해(2003) 「등급별 국어교육용 어휘표」의 분류 및 정의를 를 활용하여 6단계로 설정하고 이에 의거하여 일본은 국립국어연구소의 7종 어휘조사표(2001)를 활용하여 역시 6단계로 설정하였다.

먼저, 「중학교」의 경우이다. 전체어수의 경우를 예로 들면, 한국 중학교는 0, 1급에서, 일본은 2, 3급 및 5급에서 유의차가 크게 나타났다. 발달단계별로 구분하여 살펴보면, 「정규교육 이전」의 어휘에서 한국이 일본에 비해 10.7% 높았다. 「정규교육 개시 이후부터 급격한 지식 성장기」의 어휘 및 「전문어」로 구분된 5급 어휘는 일본이 한국에 비해 각각 6.5%, 4.2% 높았다. 결과적으로, 한국 교과서 어휘가 양적으로 많으나 양국 중학교의 개별어수 및 전체어수의 난이도는 한국에 비해 일본이 상대적으로 높다는 결론을 얻었다.

다음으로 「고등학교」의 경우를 보면 한국 고등학교는 일본에 비해 0~1

급 및 4급에서 유의차가 나타났고 특히 1급의 경우, 카이제곱값이 393.700
에 이를 정도로 유의차가 높았다. 한편, 일본은 2~3급 및 5급에서 유의차를
나타냈고 특히 5급의 경우, 카이제곱값이 124.675에 이르렀다. 단계별로
나누어 살펴본다. 먼저 1단계(0~2급) 어휘 비중은 한국 67.1%, 일본 58.5%
로, 한국이 일본에 비해 8.6% 높았다. 2단계(3~4급)는 한국 15.3%, 일본
18.7%로, 일본이 한국에 비해 3.4% 높았다. 3단계(5급) 어휘도 일본이 한국
에 비해 5.3% 높았다. 고등학교의 경우에도 전체어수에서 어휘의 난이도
는 일본이 상대적으로 높다고 할 수 있다.

단 고등학교의 경우, 개별어수에서는 한국의 난이도가 높은 것으로 평
가했는데, 전체어수에서 개별어수에 비해 0~1급에 해당하는 어휘의 비중
이 매우 높아지면서 일본의 어휘난이도가 높은 것으로 나타났다. 한국의
경우, 그만큼 0~1급 어휘의 빈도가 그만큼 높다는 것을 의미한다. 결과적
으로 양적으로는 한국 교과서 어휘가 많고 질적(난이도)으로는 일본 교과서
어휘가 높다고 결론 지을 수 있다.

다만, 앞서 밝혔듯이 양국 모두 개인 레벨의 연구를 넘어, 보다 객관적
이고 현 시대를 반영한 어휘등급표의 개발하고 주기적으로 보완하는 시스
템이 이루어지기를 기대한다.

5

나라별 중·고등학교 국어 교과서
어휘의 난이도 변화

5.1 서론

5.1.1 들어가는 글

앞의 4장에서 양국간 어휘의 난이도를 분석하였다면 본장에서는 나라별로 중학교와 고등학교 학교급별 어휘 등급의 변화에 주목하여 교과서의 어휘를 검증하고자 한다. 또한, 의미분야별 어휘분포와 등급 간의 상관성을 밝혀 양국의 교과서 어휘의 특성을 밝힌다.

5.1.2 분석 대상 및 방법

2장의 [표 1]의 교과서를 대상으로 한다. 참고로, 앞의 2~4장과 어휘 데이터가 같다.

5.1.3 선행연구 분석

본 연구와 관련 연구를 찾기 힘들다. 중·고등학교 학교급별 교과서 어휘 등급의 변화를 연구한 졸고(2018c)를 바탕으로 한다.

5.2 한국의 중·고등학교 교과서 어휘의 난이도 변화

4장에서는 교과서 어휘에 등급을 설정하여 양국의 중학교 및 고등학교 간의 차이를 분석하였다. 본장에서는 나라별로 중·고등학교 학교급에 따른 난이도의 변화를 분석하고자 한다.

등급별로 개별어수 및 전체어수로 구분하고 각각 등급별 유의차를 산출하여 대조한다. 6등급과는 별도로 앞의 4.2의 [표 9]에서 제시한 「3단계」, 즉 (1)정규교육 이전, (2)정규교육 개시 이후의 지적 성장기의 사고 도구어, (3)전문어로 구분하여 대조한다. 등급별 어휘 분석은 4장의 4.2.1, 4.3.1을 참조 바란다.

[표 1]은 한국의 중·고등학교 교과서 어휘의 통계이다. 등급상에 유의차가 나타난 항목은 음영으로 처리하였다. [그림 1, 2]는 등급 간 비중의 차이를 알기 쉽게 나타낸 것이다. (선이 기운 쪽이 난이도가 높음. 이하 같음.)

[표 1] 한국의 중·고등학교 국어 교과서 어휘 등급 분포

		0급		1급		2급		3급		4급		5급		계	
		어수	비중	어수	비중	어수	비중	어수	비중	어수	비중	어수	비중	어수	비중
개별어수	K 中	41	1.4	685	23.8	647	22.5	452	15.7	382	13.3	670	23.3	2,877	100
	K 高	38	0.5	737	15.5	795	16.7	646	13.5	697	14.6	1,856	38.9	4,769	100
	χ2값	6.921		82.747		39.696		6.837		2.647		198.149			

전체 어수	K 中	734	6.3	6,137	52.9	1,815	15.6	874	7.5	697	6	1,342	11.6	11,599	100
	K 高	337	1.8	9,669	51.7	2,550	13.6	1,449	7.7	1,426	7.6	3,266	17.5	18,697	100
	χ2값	429.935		4.1		23.436		0.466		28.748		193.087			

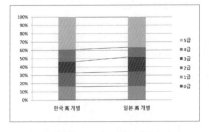

[그림 1] 한국 中·高 개별어수 등급 변화

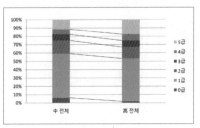

[그림 2] 한국 中·高 전체어수 등급 변화

먼저, 「개별어수」를 보면 한국 중학교는 고등학교에 비해 0~3급에서 유의차가 나타났다. 특히 1급에서 유의차가 가장 컸다(카이제곱값 82.747). 한편, 한국 고등학교는 중학교에 비해 5급에서 유의차가 높게 나타났다(카이제곱값 198.149). 이는 학교급별 단계를 고려할 때 바람직한 현상이라 평가된다. 단계별로 나누어 살펴보면, 1단계(0~2급) 어휘 비중은 중학교는 47.8%, 고등학교는 33.0%로, 중학교가 14.8% 높았다. 2단계(3~4급) 어휘 비중은 중학교 28.9%, 고등학교 28.1%로, 큰 차이가 없다. 반면, 3단계(5급) 어휘에서는 중학교는 23.3%, 고등학교는 38.9%로, 고등학교가 15.6% 높았다. 3단계에서 차이가 큰 것을 알 수 있고, 이로 인해 학교급간의 차이도 명확히 드러났다. 하지만 2단계(3~4급) 어휘 비중에 대하여는 해당 단계가 중·고등학교에서 필요로 하는 사고 도구어임에도 차이가 거의 없다는 점에서는 의문이 있다.

다음으로, 「전체어수」를 살펴본다.

한국 중학교는 고등학교에 비해 0급 및 3급에서 유의차가 나타났고 특히 0급에서 유의차가 가장 컸는데(카이제곱값 429.935), 이는 중학교 교과서의 소설, 수필 등의 문학 텍스트가 고등학교에 비해 인물 중심이라는 것을 나타낸다. 한편, 고등학교는 중학교에 비해 4~5급에서 유의차가 나타났고 특히 5급에서 높았다(193.087). 단계별로 나누어 살펴보면, 1단계(0~2급) 어휘 비중에서는 중학교 74.9%, 고등학교 67.2%로, 7.7% 감소하였다. 2단계(3~4급)는 중학교 13.5%, 고등학교 15.4%로, 1.9% 증가하였다. 3단계(5급) 어휘는 고등학교에서 5.9% 증가한 것을 알 수 있다. 고등학교에서 1단계 어휘 비중은 낮고 2단계(3~4급) 및 3단계(5급) 어휘 비중은 높다는 점에서 학교급별 차이가 명확히 나타났다. 그러나 개별어수, 전체어수 모두 2단계(3~4급) 어휘에서 명확한 차이가 나타나지 않은 점에 대하여는 세부 분석을 필요로 한다.

5.3 일본의 중·고등학교 교과서 어휘의 난이도 변화

[표 2]는 일본의 중·고등학교 교과서 어휘의 통계로, 유의차가 나타난 항목은 음영으로 처리하였다. [그림 3, 4]는 이를 알기 쉽게 나타낸 것이다.

[표 2] 일본의 중·고등학교 교과서 어휘 등급 분포

		0급		1급		2급		3급		4급		5급		계	
		비중	어수	비중	어수	비중	어수	비중	어수	비중	어수	비중	어수	비중	어수
개별 어수	J中	10	0.5	471	21.8	466	21.5	418	19.3	219	10.1	578	26.7	2,162	100
	J高	17	0.5	508	16.2	539	17.3	566	18.1	364	11.6	1,135	36.2	3,128	100
	χ2값	0.162		26.113		15.562		1.308		2.946		53.132			
전체 어수	J中	107	1.6	2,821	41.9	1,400	20.8	907	13.5	438	6.5	1,064	15.8	6,737	100
	J高	129	1.2	4,302	39.7	1,902	17.6	1,332	12.3	690	6.4	2,468	22.8	10,823	100
	χ2값	4.918		7.773		27.971		4.986		0.11		126.981			

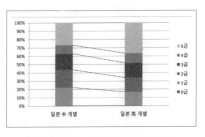

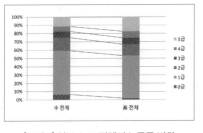

[그림 3] 일본 中·高 개별어수 등급 변화   [그림 4] 일본 中·高 전체어수 등급 변화

5.2의 [표 1]의 한국의 경우에 비해 유의차가 나타난 부분이 줄고 유의

차가 나타난 경우에도 상대적으로 카이제곱값이 낮은 것을 알 수 있다.

먼저, 「개별어수」를 보면 일본의 중·고등학교 모두 0급 어휘가 적고 유의차는 나타나지 않았다. 일본의 중학교는 고등학교에 비해 1~2급에서, 고등학교는 5급에서 유의차가 나타났다. 특히, 5급에서는 중학교가 26.7%, 고등학교가 36.2%로, 고등학교가 9.5% 높은 것으로 나타나 유의차가 53.131로, 높게 나타났다. 3급에서는 중학교의 어휘 비중이 1.2% 높고, 4급에서는 고등학교가 1.5% 높았다. 단계별로 나누어보면, 1단계(0~2급) 어휘 비중은 중학교 43.8%, 고등학교 34.1%로, 9.7% 감소하고 2단계(3~4급)는 중학교 29.4%, 고등학교 29.6%로, 0.2% 정도 늘었다. 3단계(5급)에서는 고등학교가 9.7% 높은 것으로 나타났다. 결국, 3단계에서 현저한 차이를 보이는 것으로 나타났지만, 일본 역시 2단계(3~4급) 어휘에서 명확한 차이가 나타나지 않았다.

다음으로, 「전체어수」를 보면 개별어수와 유사한 경향을 보인다. 중학교는 고등학교에 비해 1~2급에서 각각 7.773, 27.971의 유의차를 나타내고 고등학교는 5급에서 126.981의 유의차를 보였다. 일본의 경우, 4급까지는 중학교 어휘 비중이 높고 5급에서 고등학교와 현저한 차이를 보였다. 단계별로 나누어 살펴보면, 1단계(0~2급) 어휘 비중이 중학교 64.2%, 고등학교 58.8%로, 5.4% 감소하였고 2단계(3~4급)은 중학교 20.0%, 고등학교 18.8%로, 1.2% 감소하였다. 3단계(5급) 어휘에서는 고등학교에서 6.7% 증가한 것을 알 수 있다. 고등학교에서 1, 2단계 어휘 비중은 낮아지고 3단계(5급) 어휘 비중은 높아졌다는 점에서 학교급별 차이는 명확히 나타났으나 향후 2단계 어휘에 대하여는 세부 분석을 필요로 한다.

양국 모두 중학교에서 정규교육 이전에 습득 가능한 0~2급 어휘 비중이 높고 고등학교에서 전문어(專門語)인 5급 어휘의 비중이 높은 것을 알 수 있다. 즉, 사고 도구어라 할 수 있는 3~4급의 어휘 비중에서 차이가 거의 없다는 점이 문제점으로 지적되었다. 단, 학교급간 등급별 비중의 차이 및 유의차를 비교해 보면 한국이 일본에 비해 상대적으로 높다는 것을 알 수 있다.

다음 5.4, 5.5에서는 앞의 2~4장의 연구결과를 바탕으로 5개의 의미분야로 대분류 한 후 각각 의미분야별 어휘의 등급을 분석한다. 이를 통해, 나라별로 어떤 분야의 어휘의 난이도가 높은지 확인할 수 있다.

5.4 한국의 중·고등학교의 의미분포에 따른 등급 변화

먼저, [그림 5, 6]은 개별어수를 「분류어휘표」(1964)를 활용하여 5개 대

분류한 후, 각각 어휘 등급별로 나타낸 것이다. 예를 들어, 한국 중학교

는 〈1.1추상적 관계〉를 나타내는 항목의 경우, 0등급 어휘는 없고[1] 1등급

32.8%, 2등급 22.3%, 3등급 19.1%, 4등급 13.4%, 마지막으로 5등급 12.3%

를 나타냈다. (참고로, 한국 중·고등학교의 개별어수는 4.1.1의 [표 1] 과 같이 각각

2,877어, 4,769어임. 각 항목별로 중·고등학교간 유의차를 구하였으나 지면 제약상 표는

생략하고 유의차가 나타난 경우만을 제시한다.)

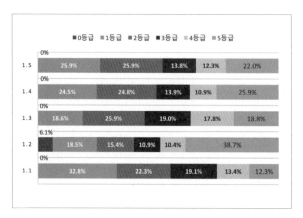

[그림 5] 한국 中 개별어수

---

1   먼저, 0등급은 인명으로, 〈1.2〉항목에 속하므로 나머지 4개 항목은 0등급 어휘가 없다는 점
    을 밝힌다.

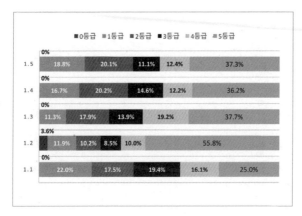

[그림 6] 한국 高 개별어수

5개 범주별로 중·고등학교간 유의차를 구한 결과, 중학교는 고등학교에 비해 〈1.1〉~〈1.5〉항목 모두 1등급에서 유의차가 높았고 역으로 고등학교는 중학교에 비해 〈1.1〉~〈1.5〉항목 모두 5급 어휘에서 유의차가 높았다. 전자의 경우는 〈1.1추상적 관계〉에서 가장 유의차가 높았고(카이제곱값 24.783) 후자의 경우는 〈1.3인간활동-정신 및 행위〉에서 가장 높았다(카이제곱값 78.062). 그 외, 중학교는 〈1.2인간활동의 주체〉, 〈1.3인간활동-정신 및 행위〉의 2, 3급 어휘에서 유의차가 나타났다.

결과적으로 난이도에서 중학교는 〈1.3〉, 〈1.2〉, 〈1.4〉, 〈1.5〉, 〈1.1〉 순으로, 고등학교는 〈1.2〉, 〈1.3〉, 〈1.4〉, 〈1.5〉, 〈1.1〉 순으로 높다고 볼 수 있다.

[그림 7, 8]은 전체어수의 경우이다. (참고로, 한국 중·고등학교의 전체어수는 4.1.1의 [표 1] 과 같이 각각 11,599어, 18,697어임.)

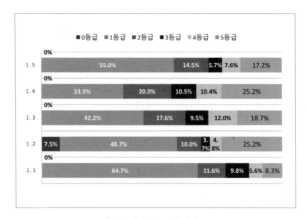

[그림 7] 한국 中 전체어수

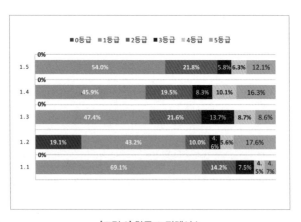

[그림 8] 한국 高 전체어수

　5개 범주별로 중·고등학교간 유의차를 구한 결과, 중학교는 〈1.2인간활동의 주체〉에서 0급 어휘에서 중학교가 181.372의 유의차를 보였다. 또한, 〈1.2인간활동의 주체〉를 제외한 4개 항목 모두 1급 어휘와 〈1.3인간활동-정신 및 행위〉의 1~3급에서 고등학교에 비해 유의차가 높았다. 한편, 고등학교는 중학교에 비해 5개 항목 모두 유의차가 높게 나타났는데, 〈1.3인간활동-정신 및 행위〉에서 카이제곱값 119.656으로 가장 높았고 그 다음이

〈1.2인간활동의 주체〉로, 카이제곱값은 61.364였다. 그 외 고등학교는 〈1.3 인간활동-정신 및 행위〉의 4급에서도 유의차가 크게 나타나 학교급 간 차이가 가장 명확했다. 결과적으로 난이도에서 중학교는 〈1.4〉, 〈1.3〉, 〈1.2〉, 〈1.5〉, 〈1.1〉 순으로, 고등학교는 〈1.4〉, 〈1.3〉, 〈1.2〉, 〈1.5〉, 〈1.1〉 순으로 높다고 볼 수 있다.

5.5 일본의 중·고등학교의 의미분포에 따른 등급 변화

먼저, 개별어수를 「분류어휘표」(1964)를 활용하여 5개 대분류한 후, 각각 어휘 등급을 산출하여 유의차를 살펴보았다. [그림 9, 10]은 5.4와 같은 방법을 나타낸 것이다. (참고로, 일본 중·고등학교의 개별어수는 4.1.1의 [표 1] 과 같이 각각 2,162어, 3,128어임.)

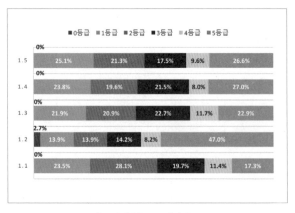

[그림 9] 일본 中 개별어수

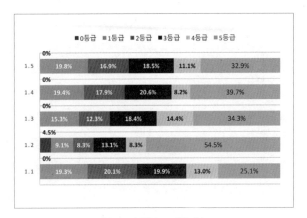

[그림 10] 일본 高 개별어수

5개 범주별로 중·고등학교간 유의차를 구한 결과, 일본은 학교급별 의미분야별 어휘 등급이 한국에 비해 차이가 적은 것으로 나타났다.

중학교는 고등학교에 비해 〈1.2〉를 제외한 4개 항목에서 유의차가 나타났다. 〈1.4생산물 및 도구〉, 〈1.3인간활동-정신 및 행위〉, 〈1.5자연물 및 자연현상〉, 〈1.2인간활동의 주체〉 순으로 유의차가 높았다.

결과적으로 난이도에서 중학교는 〈1.4〉, 〈1.3〉, 〈1.5〉, 〈1.2〉, 〈1.1〉 순으로, 고등학교는 〈1.4〉, 〈1.3〉, 〈1.2〉, 〈1.1〉, 〈1.5〉 순으로 높다고 볼 수 있다.

[그림 11, 12]는 전체어수의 경우이다. (참고로, 일본 중·고등학교의 개별어수는 4.1.1의 [표 1] 과 같이 각각 6,737어, 10,823어어임.)

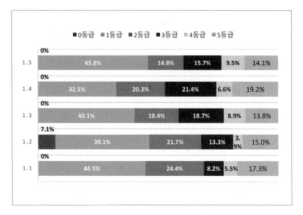

[그림 11] 일본 中 전체어수

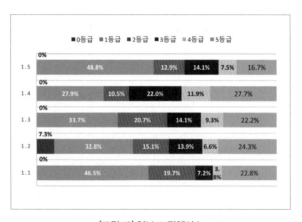

[그림 12] 일본 高 전체어수

　　5개 범주별로 중·고등학교간 유의차를 구한 결과, 중학교는 고등학교
에 비해 〈1.1추상적 관계〉에서는 2급 및 4급, 〈1.2인간활동의 주체〉에서는
1~2급, 〈1.3인간활동-정신 및 행위〉에서 1급 및 3급에서 유의차가 높게 나
타났다. 한편, 고등학교는 중학교에 비해 〈1.1추상적 관계〉, 〈1.3인간활동-
정신 및 행위〉, 〈1.2인간활동의 주체〉, 〈1.4생산물 및 도구〉에서는 5급에서

유의차가 나타났다. 또한, 〈1.2인간활동의 주체〉, 〈1.4생산물 및 도구〉의 4급에서도 유의차가 높았다.

결과적으로 난이도에서 중학교는 〈1.4〉, 〈1.3〉, 〈1.5〉, 〈1.2〉, 〈1.1〉 순으로, 고등학교는 〈1.4〉, 〈1.3〉, 〈1.2〉, 〈1.5〉, 〈1.1〉 순으로 높다고 볼 수 있다.

의미분야별 어휘와 등급 간의 상관성을 보면, 개별어수에서 한국 중학교는 〈1.3인간활동 및 행위〉, 한국 고등학교는 〈1.2인간활동의 주체〉 분야에서 어휘 등급이 높다. 한편, 일본은 중·고등학교 모두 〈1.4생산물 및 물품〉 분야의 어휘 등급이 높다.

한편, 전체어수에서는 양국의 중·고등학교 모두 〈1.4생산물 및 물품〉, 〈1.3인간활동 및 행위〉에서 높은 등급의 어휘가 사용된 것으로 나타났다. 나라별 학교급별은 물론, 양국 간 의미 분야에 따라 어휘의 등급에 차이가 있다는 점은 고무적이라 할 수 있다.

5.6 맺음말

본장에서는 양국의 중·고등학교 교과서 어휘는 학교급에 따라 크게 늘었으나 이들 어휘의 질(質, 난이도)에 대하여는 충분한 논의가 이루어지지 않고 있음에 주목하였다. 문제는 양국 모두 주기적으로 교과서가 개정되고 있다는 것이다.

먼저, 나라별로 중·고등학교 교과서 어휘의 학교급별에 따른 어휘 난이도(등급)의 변화에 주목하여 분석하였다. 어휘 등급과 관련해서는 4장의 연구성과를 활용하였다.

전체어수에 한해 그 결과를 보면, 「한국」의 경우, 중학교는 0~1급에 해당하는 어휘 비중이 현저히 높았고 고등학교에 비해 0급 및 3급에서 유의차가 나타났다. 특히, 0급의 경우, 카이제곱값이 429.935에 이를 정도로 유의차가 높게 나타났다. 이는 중학교 교과서의 소설, 극본, 수필 등의 텍스트가 고등학교에 비해 인물 중심이라는 것과 관련이 있다. 한편, 고등학교는 중학교에 비해 4~5급에서 유의차가 나타났고 특히 5급에서 193.087의 유의차를 나타냈다.

다음으로, 발달단계에 따라 나누어본 결과에서도 정규교육 이전의 어휘에서는 고등학교로 올라가면서 7.7% 비중이 감소하고, 정규교육 이후의 사고도구어 및 전문어에서는 비중이 각각 1.9%, 5.9% 증가하였다.

다음으로, 「일본」의 경우, 중학교는 고등학교에 비해 1~2급에서 각각

7.773, 27.971의 유의차를 나타내고 있다. 0급, 3~4급에서는 중학교의 비중
이 약간 높았으나 유의차는 나타나지 않았다. 단, 5급 어휘에서 고등학교
가 중학교에 비해 126.981의 유의차를 보였다. 결국, 일본의 경우, 전체어
수에서 4급까지는 중학교 어휘의 비중이 높았고 5급에서 고등학교와 현저
한 차이를 보였다. 전체적으로 중·고등학교 학교급에 따른 어휘 등급의 차
이를 보면, 한국의 경우가 일본에 비해 학교급별 차이가 뚜렷하게 나타났
으나, 양국 모두 정규교육 이후의 사고 도구어인 3~4급의 어휘 비중에서
차이가 거의 없다는 점이 문제점으로 지적되었다. 앞으로 이 부분에 대한
고찰과 전문어로 분류한 5급 이상의 어휘를 세분화하는 작업이 필요하다
고 본다.

　다음으로, 「분류어휘표」(1964)의 대분류에 의거하여, 양국 간 의미분야
별 어휘와 등급 간의 상관성을 살펴보았다. 의미분야별 어휘와 등급 간의
상관성을 보면, 개별어수에서 한국 중학교는 〈1.3인간활동 및 행위〉, 한국
고등학교는 〈1.2인간활동의 주체〉 분야에서 어휘 등급이 높다. 한편, 일본
은 중·고등학교 모두 〈1.4생산물 및 물품〉 분야의 어휘 등급이 높다.

　한편, 전체어수에서는 양국의 중·고등학교 모두 〈1.4생산물 및 물품〉,
〈1.3인간활동 및 행위〉에서 높은 등급의 어휘가 사용된 것으로 나타났다.
나라별 학교급별은 물론, 양국 간 의미 분야에 따라 어휘의 등급에 차이가
있다는 점은 고무적이라 할 수 있다. 앞으로 좀더 세분하여 분석할 필요가
있다.

6

한·일 중·고등학교 국어 교과서
삽화 대조

6.1 서론

6.1.1 들어가는 글

본고는 한국과 일본의 중·고등학교 국어 교과서의 「삽화(挿畵)」[1]에 초점을 맞추어 양국의 국가 사회의 가치관 및 사회상(社會相)을 밝히려는 데 그 목적이 있다.

사회, 윤리 교과서에 비해 간접적이라고는 하지만 국어 교과서(이하, 교과서) 역시 해당 국가 사회의 지배 이데올로기로부터 자유롭지 않으며 해당 시기의 사회문화적 가치관을 내포하고 있다. 그리고 이는 텍스트는 물론, 어휘, 삽화 등을 통해 발현된다. 본고는 이중 「삽화」에 주목한다.

양국 모두 교육과정 수립 이후 60여 년이 지났다. 종래의 교과서와 교과서 삽화는 국민교육의 장치이자 국가의 이데올로기를 구현하기 위한 효율적인 도구였다는 사실을 부정할 수 없다. 이제는 노골적으로 이데올로기를 강요하기 어려우며 이에 대한 반성 및 비판을 통해 그러한 색채가 옅어진 것도 사실이다.

본고는 2015년 현재 사용 중인 양국의 중·고등학교 교과서를 대상으로

1　본고에서 「삽화」란 그림은 물론, 사진, 도표 등을 포함하는 의미로 사용하였으나 작가 사진이나 각주에 사용된 경우는 제외하였음.

하되, 중심 장르라 할 수 있는 「소설」, 그중에서도 전통적 관습으로 굳어질 수 있는 고전소설을 제외하고 교과서 개정 시기마다 가장 큰 변화를 보이는 19세기 중반 이후의 근·현대소설의 「삽화」에 초점을 맞추었다. 근·현대소설의 목록은 〈부록 3〉에 제시하였다. 종래의 삽화 연구가 주로 초등학교 교과서를 대상으로 해 왔고, 텍스트 및 학습활동, 장르 등을 구분하지 않고 개괄적인 분석을 해온 점을 고려한 것이다.

본장에서는 양국의 중·고등학교 국어 교과서의 근·현대소설에 사용된 삽화를 대상으로 분량 분석은 물론, 삽화의 소재(素材), 묘사 방식, 삽화와 텍스트 주제와의 관련, 삽화에 나타난 가치 덕목 등을 분석함으로써 양국의 사회문화적 특징을 밝히는 것을 목적으로 한다. 아울러 나라별로 삽화에 대한 인식 및 삽화의 텍스트적 기능에 나타난 차이를 밝혀 향후 양국의 교과서 제작에 중요한 시사점을 제공할 수 있기를 기대한다.

6.1.2 분석 대상 및 방법

분석 대상 교과서는 1.2.1의 [표 1, 2]와 같다. 이를 통합하여 제시한 것이 [표 1]이다. 각 3종을 대상으로 하되, 양적 비교가 필요한 경우에는 1종당 1년분 평균을 내어 비교한다.

[표 1] 분석 대상 중·고등학교 국어 교과서

		교과서집필자	약기	검정	출판사	교과서 (권수)	사용 기간
K	中	김태철 외	K1	2012	비상교육	국어1~6 (6권)	2013~2016년
		노미숙 외	K2	2012	천재교육	국어1~6 (6권)	2013~2016년
		박영목 외	K3	2012	천재교육	국어1~6 (6권)	2013~2016년
	高	박영목 외	K4	2013	천재교육	국어 I·II (2권)	2014~2017년
		윤여탁 외	K5	2013	미래엔	국어 I·II (2권)	2014~2017년
		한철우 외	K6	2013	비상교육	국어 I·II (2권)	2014~2017년
J	中	宮地裕 외	J1	2011	光村図書	國語1~3 (3권)	2012~2015년
		三角洋一 외	J2	2011	東京書籍	國語1~3 (3권)	2012~2015년
		加藤周一 외	J3	2011	教育出版	國語1~3 (3권)	2012~2015년
	高	東郷克美 외	J4	2012	第一学習社	標準国語総合 (1권)	2013~2016년
		三角洋一 외	J5	2012	東京書籍	新編国語総合 (1권)	2013~2016년
		北原保雄 외	J6	2012	大修館書店	新編国語総合 (1권)	2013~2016년

먼저, 종전 교과서의 삽화를 통해 해당 시기의 시대상 및 지배 이데올로기가 노골적으로 드러난 예를 소개한다.[2]

금성출판사는 1884년 최초의 근대 교과서부터 2015년 발행 교과서까지 51권의 초등학교 국어 교과서에서 330점의 삽화를 인터넷으로 전시한 바 있는데, 이중 일부이다. 부끄러운 교과서의 역사이자 해당 시기를 대변하는 삽화라 할 수 있다.

2　금성출판사에서는 1884년 최초의 근대 교과서부터 2015년 발행된 초등학교 국어 교과서의 삽화를 「한국교과서 120년, 삽화로 보는 시대문화 온라인 전시회」(http://museum.kumsung.co.kr)라는 이름으로 온라인으로 전시한 바 있는데, [그림 1~3]은 여기에서 인용한 것이다.

먼저, [그림 1]은 1930년대 교과서에 등장하는 일제 강점기의 일장기가 걸린 거리 모습이고 [그림 2]는 1960년대의 애국 조회, [그림 3] 1980년대의 군대식 운동회 정경이다.

[그림 1] 조선어독본1(1935년)　　　[그림 2] 바른생활2(1963년)　　　[그림 3] 국어읽기1(1989년)

교과서 삽화를 통해 당시의 국가 이데올로기 및 사회상을 알 수 있으며 삽화가 특정 이데올로기를 글보다 강력하게 전달하고 있음을 보여주는 예라 할 수 있다.[3]

그렇다면 현재 교육과정에서 삽화에 대한 규제 및 인식은 어떠한가?

한국교육과정평가원 「초·중등학교 교과용도서 편찬 상의 유의점 및 검정기준」(2011)에서는 중학교 국어과 「삽화」에 대해 다음과 같이 설명하고 있다.

먼저, 「편찬 기준」으로는 「학습의 효과와 심미적 측면을 고려하여 삽화의 크기와 위치를 다양하게」 할 것을 제시하고 있으며, 「검정 기준」으로는 삽화가 「내용에 적합해야 한다」라고 규정하고 있다. 이 두 기준을 종합하면, 중학교 국어 교과서 삽화는 「교과서 텍스트의 내용에 알맞게 반영해야

3 　「한국교과서 120년, 삽화로 보는 시대문화 온라인 전시회」(http://museum.kumsung.co.kr) 금성출판사 교과서발전연구소 조성준 이사 인터뷰 : 2019년 11월 30일 검색

하나 그 크기나 위치는 자율성이 인정된다」고 볼 수 있다. 결국, 삽화를 텍스트의 보조 자료로써 인식하고 있음을 단적으로 보여주고 있다. 따라서 과연 이 기준이 삽화가 가질 수 있는 다양한 기능들을 충분히 반영하고 있는가 하는 점에서 비판적인 관점에서 검토할 필요가 있다.

소설과 삽화의 공조에는 오랜 역사가 있다. 일본의 경우, 일찍부터 「源氏物語(겐지이야기)」 등과 같은 문학작품을 시각화한 회화가 제작되었고 에도시대(1603-1868년)에는 서민들의 책이나 극본 등에 판화 삽화가 유행되었다. 일찍부터 「삽화소설」이라는 용어가 생겼을 만큼 신문연재소설의 삽화가 주목받아 왔는데, 초기에는 삽화가 글을 보완하거나 이해를 돕는 역할을 했던 것이 점점 소설 내용의 디테일을 과감히 생략하고 작중인물과 그들을 둘러싼 사건을 자유롭게 해석하고 내면적인 것까지 암시하는 삽화로 발전했다는 평가를 받고 있다(ホルカ, 2012).

한국 역시, 소설 삽화의 역사는 근대 이후 신문소설에서 독자들의 흥미를 불러일으키기 위해 삽화를 사용한 것이 출발점이라 할 수 있다.[4] 양국 모두 삽화가 들어간 신문소설이 사라진 지 오래이나 아동 도서 및 교과서 소설에서 삽화는 여전히 중요한 요소로서 자리 잡고 있다.

6.1.3 선행연구 분석

호루카(ホルカ, 2012)에서는 기존의 선행연구를 바탕으로, 신문소설에서의 삽화의 역할을 분석했다. 1905년경까지는 신문소설의 삽화가 문장 중

---

4   국립중앙도서관 보도자료(2017), 「매일 읽는 즐거움–독자가 열광한 신문소설 展」개요 참조.

의 디테일한 시각 정보를 충실한 옮기는 데 주력하여, 문장과 삽화의 관계가 해석의 여지가 없이 고정화되어 있어 화가의 주관이 개입될 여지가 적고 삽화의 크기 역시 같아 화가와 작중인물간의 일정한 간격이 유지됨으로써 모든 인물과 대상이 균질적으로 다루어지고 있었다고 평가하였다. 그 결과 삽화를 통해 표현할 수 있는 것이 「지금, 여기」라는 현장성의 요소에 한정되어 있다 보니 새로운 소설기법에 맞는 화가의 활약을 기대하게 되었는데, 그 선구적인 역할을 한 삽화가로 1904년 시마자키 도손(島崎藤村)의 소설 『春』의 삽화를 담당했던 나도리(名取春仙)를 들고 있다. 나도리는 소설 내용의 디테일을 과감히 생략하거나 내용과 직접 관계없는 인물 등을 모델로 하거나 작중인물과 그들을 둘러싼 사건을 더욱 자유롭게 해석하고 내면적인 것까지 암시하는 삽화를 그림으로써 신문 삽화의 한 획을 그은 것으로 평가받고 있다. 즉, 기존 삽화의 시간적, 공간적 한정성을 초월하여 인물의 내면을 다양한 각도로 묘사함으로써 시간적으로나 공간적으로 심도 있는 삽화의 창출을 유도했다는 평가를 받고 있다.

한국에서 소설 삽화의 역사는 근대 이후 신문이 간행되기 시작하면서 신문사에서 독자들의 흥미를 불러일으키기 위해 이야기와 삽화를 게재하면서 시작되었다. 국립중앙도서관 보도자료(2017.4)[5]에서도 「처음에는 작자 미상의 이야기나 외국 번안 소설 등을 싣던 것이 독자들의 인기가 높아지고, 1920년대 동아일보, 조선일보 등이 창간됨에 따라 신문소설은 더욱 활성화되었다. 신문마다 소설 연재 지면을 고정하는 한편, 많은 문학 작가들이 신문연재를 통해 작품을 발표하여 독자들의 사랑을 받았다」고 밝히고

---

5 「매일 읽는 즐거움-독자가 열광한 신문소설 展」 전시 개요

있다. 한국 역시 신문소설의 삽화가 그 출발점이라 할 수 있다.

공성수(2013)에서는 삽화 분석은 삽화 이미지가 소설 언술과 맺고 있는 서사적 커뮤니케이션 상황을 함께 분석해야 하며, 무엇보다 소설 텍스트에 대한 정치(精緻)한 분석이 병행되어야만 한다고 역설하고 있다. 이를 위해 본고에서는 7장의 텍스트의 주제 분석과 관련지어 분석한다.

종전에 삽화가 단순히 장식 효과나 흥미 유발, 글의 이해를 돕는 시각적 보조도구라는 인식이 강했다면 이제는 글과 상호 보완하여 작품을 완성하고 나아가 글 이상의 것을 나타내는 텍스트적 기능을 담당할 수 있다는 역할에 대한 인식이 필요한 시점이다.

삽화의 텍스트적 기능에 대하여는 삽화가 글의 내용과 「대응」하는지, 글과 삽화가 각자의 특성을 활용하여 「상호보완」하며 이야기를 전개해 나가는지, 글과 삽화가 각각의 방식으로 「상반되거나 확장, 재창조」되어 사용되었는지로 나누고 있는 기존의 연구 성과를 적용하여 살펴본다.

박준용(2014)에서는 「소나기」라는 텍스트의 삽화를 분석하였는데, 한국의 교과서 삽화는 대체로 글과 대응 관계를 이루고 있으며, 기능적으로는 글의 내용을 정교화(精巧化)하고 있다고 보고하고 있다. 하지만, 삽화가 갖는 기존의 관점에서 벗어나서 의미 구성의 한 요소라는 새로운 관점에서 인식될 필요가 있다고 결론짓고 있다.

일반적으로 아동의 독서행위의 발달 단계는 그림이 중심이고 글이 보완하는 단계, 글이 중심이고 그림이 보완을 하는 단계, 마지막으로 그림의 힘을 빌리지 않고 글만으로 이해하는 단계가 있다고 본다.[6] 하지만, 삽화는

---

6   Mason&Sinna(1993), 田中(2016)에서 재인용.

성인(成人)에게도 동기를 유발하고 치밀화(緻密化)를 촉진하여 문장 이해에 유의미하다는 연구결과도 있다(島田他, 2008). 다나카(田中, 2016)의 경우 18세 이상을 대상으로 실험한 결과, 삽화의 유무에 따른 이해도 및 관심도에는 차이가 없고 이미지 형성에 영향을 미친다는 결론을 내리고 있다. 바로 그림의 힘을 빌리지 않아도 독서행위가 가능한 어른들이 읽는 소설 등에서 삽화가 사용되는 이유가 있을 것이다. 더구나 동일 소설이라도 중·고등학교 교과서에 실린 경우에는 교과서라는 특수성과 대상이 12~18세 이하라는 점에서 삽화의 의의가 있다. 하지만 학교급에 따라 삽화의 양 및 질이 다르고 한·일 양국 간에 차이가 있을 것으로 예상하므로 이에 주목할 필요가 있다. 즉, 텍스트가 지향하는 목표는 글의 이해가 전부가 아니므로 텍스트에 따른 삽화의 역할에 대한 정교한 분석이 필요한 시점이다.

　종래의 한국에서 교과서 삽화 연구는 주로 초등학교 국어 교과서를 다루어져 왔는데, 학년 단위로 교과서 전체 삽화를 대상으로 양적 연구에 치중하여 표면적인 분석에 치우치거나 한국의 경우, 교과서 삽화가 함축성·상상력·창의력 배양이 필요하며 배치가 획일적이라는 지적(김해성2002 : 28-52, 최수진1997)과 교사의 40% 이상이 삽화의 의도를 제대로 파악하지 못한다는 비판이 있다(하신자2004 : 139). 졸고(2013b, 2015b)도 예외가 아니다.

　특히 한국은 「2009개정교육과정 개론」(2011)에서 삽화는 물론, 표지, 편집디자인, 외형체계 및 편집이 자유로워졌다. 박종희(2012)에서는 삽화의 효과를 검증하기 위해 기존의 교과서와 삽화를 새롭게 편집 기획한 교과서를 사용하여 수업한 결과, 후자가 학업몰입도 및 학업 성취도가 높게 나타났다고 보고하고 있다. 일본의 경우, 삽화가 아동의 감정과 정서에 미치는 영향을 연구한 예가 있는데, 히라오카(平岡, 2006)에서는 동일 텍스트에 다른 삽화를 사용한 교재로 각각 수업한 후, 아동이 느끼는 임팩트나 감정에 차이가 있다는 것을 밝혔고, 나카가와 외(中川他, 2007)에서는 삽화가 아동의 언어 이미지를 풍부하게 하고 정확한 내용 이해에 도움이 된다는 것을 밝힌 바 있다.

상대적으로 일본의 교과서 삽화 연구는 특정 텍스트, 주로 소설에 초점이 맞추어져 있다. 종래 삽화의 소재(인물인가 동물인가 등)나 성차와 관련된 논의가 격렬했고(日本教師會, 1980 등), 지나치게 도덕적 사상을 강요한다는 지적을 받았다(石原, 2009). 히라오카(平岡, 2006), 나카가와 외(中川他, 2007), 시마다 외(島田他, 2008) 등에서는 삽화가 학생들의 감정 및 정서에 미치는 영향 등을 분석하였다.

일본의 경우, 주로 소설에 한정하여 분석하는 경향이 있다.

일본의 경우, 교과서가 4년 주기로 개정되고 있는데, 개정 시에 일부 텍스트를 제외하고는 꾸준하게 선정되는 텍스트가 있다. 여러 출판사에서 삽화는 다르지만 같은 텍스트를 공유하는 일이 많은 만큼(牛山, 2005), 삽화의 질 면에서 안정적인 자리매김을 하고 있다. 이렇게 개정 시에 동일 텍스트가 사용되는 경우, 삽화 역시, 위치와 크기 등을 수정하기도 하지만 그대로 사용되는 경향이 있다. 즉, 일본은 삽화의 수명이 길다고 할 수 있다. 교과서 삽화가로서 입지를 굳힌 이가 있는가 하면, 교과서 삽화가(挿畵家)의 30~50%가 현직교사라는 점(이원희, 2009)도 긍정적으로 평가할 수 있다.

졸저(2017)에서 언급한 바와 같이 한국 교과서는 양적으로 쪽수 기준으로 일본 교과서의 1.5~1.7배에 이르고 교과서 개정 때마다 텍스트가 전면적으로 교체되어 짧은 집필 기간 내에 질 높은 삽화를 요구하기가 물리적으로 어렵다. 또한, 중·고등학교 교과서 역시 삽화가를 명시하지 않고 교과서 뒷면에 일괄 제시하거나 특정 회사명으로 표기되고 있다. 이 같은 방식으로는 삽화가의 책임도 명예도 기대할 수 없을 것이다.

졸고(2013b)에서는 양국의 초등학교 초·중·고학년 교과서 삽화의 변화를 분석하였는데 한국 교과서의 경우, 상대적으로 삽화의 양은 많지만, 표현방식 등이 단조롭고 텍스트의 내용을 삽화로 그대로 옮기는 경향이 있다고 비판하였다. 상대적으로 일본 교과서의 삽화는 표현방식이 다양하고 상상의 여지를 남기는 효과를 중요시하고 있다고 보았다. 삽화의 소재를 보면 저학년에서 한국은 인물, 일본은 동·식물이 높은데 일본은 고학년으로 올라가면서 동·식물 삽화가 자료적 성격의 삽화로 교체되는 현상을 나타냈다. 반면, 한국은 일정한 변화를 보이지 않았는데, 학년마다 교과서 집필자가 다르고 교과서 개정에 충분한 시간을 갖지 못하는 점 등이 그 원인이라 볼 수 있다.

양국 모두 교과서 삽화에서 성차가 심각하다. 특히 한국의 경우에는 부모와 위인이 많이 등장하면서, 이에 나타난 성(性) 고정관념이 심각하다. 또한, 전래동화 등을 많이 사용하면서 가족, 민족이 많이 등장하고 「효(孝)·도리(道理)」 등의 가치 덕목을 소중히 하며 정치, 군사, 독립운동과 관련된 「충(忠)」을 소중히 하는 이데올로기가 강조되고 있다. 일본은 학생들의 단계별 발달에 불구하고 동·식물 위주의 삽화가 상대적으로 많지만, 작품, 극, 그림, 문화재 등을 도입함으로써 일본문화, 특히 전통을 소중히 하는 특징이 나타났다.

졸고(2015b)에서는 양국의 중학교 교과서의 삽화 전체를 대상으로 분석하였다. 한국 교과서 삽화의 경우, 상대적으로 삽화의 양은 많지만, 표현방식 등이 단조롭고 텍스트의 내용을 그대로 옮겨내는 경향이 있다는 점을 지적하였다. 상대적으로 일본 교과서 삽화는 표현방식이 다양하고 결론을 내리지 않는 효과를 중요시하고 있다고 보았다. 한국 교과서에서 삽화를 사용한 쪽수 비중이 높고 구체적인 묘사를 한 데 비해 일본 교과서는 추상적 묘사를 하는 경향이 있었다. 한국 교과서는 초등학교보다 가치 덕목이나 이데올로기적 성격은 옅어졌지만, 실생활 및 가족 관련 삽화가 많아 초등학교 6학년의 연장선에 있는 데 비해, 일본 교과서는 중학교에 들어서면서 통계 수치 등 자료적 성격을 띤 삽화를 사용한 텍스트를 적극적으로 도입하면서 초등학교와 획을 긋고 있다고 평가했다.

졸고(2019)에서는 근·현대소설의 삽화에 초점을 맞추되 동일시기에 사용된 양국의 중·고등학교 교과서 삽화를 아울러 분석하였다. 본장은 졸고(2019)의 연구 성과를 바탕으로 분석한다.

6.2 삽화의 분량

중학교의 경우, 3종 3년분 교과서에서 차지하는 근·현대소설의 양을 보면 한국은 533쪽으로, 실제 학생들이 1년간 접하는 양은 한국 59.2쪽, 일본은 54.0쪽이다. 고등학교의 경우, 역시 실제 학생들이 1년간 접하는 양은 한국 46.0쪽, 일본은 63.0쪽 정도로, 중학교에서는 한국 교과서가, 고등학교에서는 일본 교과서에서 양이 많다. 단, 전체 텍스트에서 차지하는 비중은 한국이 높았다.

[표 2]는 양국의 중·고등학교 교과서에 사용된 근·현대소설에서 한정하여 페이지별 삽화의 사용 여부 및 쪽당 할애 비중을 4단계로 구별하여 조사한 것이다.

[표 2] 중·고등학교 교과서 근·현대소설의 삽화 (1종 1년분, ( )안은 %)

		삽화 미사용	삽화 사용					총계
			1~24%	25~49%	50~74%	75~100%	소계	
K	中	26.4 (44.4)	13.2 (39.9)	7.1 (21.5)	7.3 (22.1)	5.4 (16.3)	33.1 (100/55.6)[7]	59.6 (100)
	高	26.7 (58.0)	2.3 (11.9)	7.7 (39.9)	6.3 (32.6)	3.0 (15.5)	19.3 (100/42.0)	46.0 (100)

---

7 (/)의 앞의 수치는 삽화 사용을 100%로 본 것이고 뒤의 수치는 전체 텍스트에서 차지하는 삽화 사용 비중을 가리킴.

J	中	44.3 (79.3)	2.6 (13.8)	2.9 (25.0)	3.8 (32.8)	2.4 (20.7)	11.7 (100/20.7)	60.0 (100)
	高	53.0 (84.1)	2.3 (23.0)	2.7 (27.0)	4.0 (40.0)	1.0 (10.0)	10.0 (100/15.9)	63.0 (100)

먼저, 중학교 교과서의 근·현대소설에서 삽화가 사용된 페이지의 비중을 보면, 한국 55.6%, 일본 20.7%이고 고등학교는 한국 42.0%, 일본 15.9%이다. 중·고등학교 모두 일관되게 한국 교과서가 일본 교과서의 2.5배 이상의 비중을 차지하는 것을 알 수 있다. 단, 학교급이 올라가면서 삽화가 사용된 페이지의 비중이 낮아진 것은 사실이나 한국 교과서는 고등학교에서도 42.0%에서 삽화를 사용하고 있다.

참고로, 쪽당 삽화의 크기 비중을 보면, 한국 중학교 교과서는 삽화 비중이 1~24%인 경우가 많고 일본 교과서는 50~74%에서 많았다. 그러나 고등학교의 경우는 양국 모두 50~74%에서 많고 일본의 교과서 삽화가 1~24%인 경우가 많았다. 즉, 일본 고등학교에서는 삽화를 사용한 쪽수도 적지만, 삽화의 크기 역시 작다는 것을 알 수 있다.

참고로, 일본에 비해 한국은 3종 교과서 간 삽화의 양에 차이가 크다. 참고로, 일본은 교과서간 차이가 없다. 이는 박종희(2012)에서 언급한 것과 같이 편집 및 삽화의 체재에 자율성을 준 것과 관련이 있다고 본다.

독자는 글에 쓰여 있지 않은 것은 자신의 시점과 지식으로 생각하고 보완하며 읽는다(田中, 2016). 삽화가 없는 경우는 그만큼 자유로운 해석이 가능하다는 것이고 삽화가 사용된 경우는 (삽화에 따라 다르지만) 정보량이 늘어나는 만큼 작자의 생각을 더욱 정확히 읽으면서 상상을 펼칠 수가 있다. 만약 교과서에서 독자(학생)에게 공통의 이미지를 갖게 하여 원하는 도달점으로 끌어내기 위해서는 삽화가 유용한 도구가 될 수 있다. 이러한 점에서 본다면 한국 교과서에서 삽화는 집필진이 학생들을 의도하는 교육목표로 이끌어내려는 도구라는 역할이 강하다고 볼 수 있다. 상대적으로 일본 교과서는 삽화를 사용하지 않은 비중이 높은데, 이는 고정관념을 주지 않고 자유롭게 해석하도록 맡기거나 삽화가 없이도 내용파악이 가능하다고 보는 집필자의 논리가 작용한다고 본다.

6.3 삽화의 소재

삽화를 「사진」과 「그림」으로 나누고 후자의 경우에는 「소재」가 추상적
인지 구체적인지로 나누었다. 단, 전자의 경우에는 소재를 구분하지 않고,
후자의 경우는 「인물」, 「동·식물」, 「풍경」으로 구분하여 1종별 학년 평균
으로 제시한 것이 [표 3]이다. 여기에서 「풍경」이란 인물이나 동식물에 초
점이 맞추어져 있지 않은 경우를 말한다. 텍스트의 내용과 관련은 7장에서
자세히 다룬다. (참고로, 전체 삽화 사용 페이지 수는 중학교의 경우 한국 298건, 일
본 104건, 고등학교의 경우 한국 58건, 일본 30건이다.)

[표 3] 중·고등학교 교과서 소설 삽화의 소재 (1종 1년분, ( )안은 %)

		사진 삽화	그림 삽화				추상적 소재	총계
			구체적 소재					
			인물	동·식물 등	풍경	소계		
K	中	1.1 (3.3)	27.8 (86.9)	3.2 (10.0)	1.0 (3.1)	32 (100/96.7)[8]	-	33.1 (100)
	高	-	17.3 (88.3)	0.3 (1.5)	2 (10.2)	19.6 (100/100)	-	19.6 (100)

---

8 (/)의 앞의 수치는 구체적 소재 비중을 100%로 본 것이고 뒤의 수치는 전체 삽화에서 차
   지하는 구체적 소재 사용 비중을 가리킴.

J	中	0.2 (1.7)	8.0 (80.0)	0.9 (9.0)	1.0 (10.0)	10 (100/86.2)	1.4 (12.1)	11.6 (100)
	高	4.7 (47.0)	2.7 (58.7)	1.3 (28.3)	0.7 (15.2)	4.6 (100/36.0)	0.7 (7.0)	10.0 (100)

사진 삽화는 자료적 성격이 강한데, 연구대상을 근·현대소설로 한정한 만큼 그 양이 적었다. 단, 일본 교과서의 경우 고등학교에서 연평균 4.7 페이지로 나타났는데, 이는 「羅生門(라쇼몬)」(芥川竜之介, 3종) 등의 텍스트의 특성으로 인한다.[9] 본고는 그림 삽화에 주목한다.

먼저, 한국 교과서는 구체적 소재를 선호하고 특히 인물 삽화가 대부분을 차지한다. 3종 교과서 간 차이가 크나 그 경향은 같다. 한편, 일본 교과서는 삽화의 양이 절대적으로 적고 추상적 소재를 사용한 예가 상대적으로 많으며, 구체적 소재의 경우에는 인물 삽화의 비중이 높지만, 중학교 80.0%, 고등학교 58.7%로 한국에 비하면 낮은 편이다. 특히, 고등학교의 경우 1종에서만 인물 삽화가 8건 사용되었다.

---

9 〈근·현대소설에 실린 사진의 예 (일본 교과서)〉

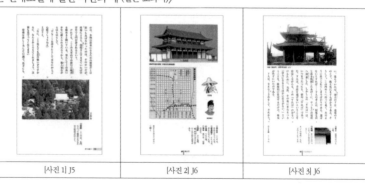

| [사진 1] J5 | [사진 2] J6 | [사진 3] J6 |

6.4 삽화의 묘사 방식

삽화에 나타난 등장인물의 고뇌, 상상, 희로애락과 연관된 구체적인 표정 묘사는 학생들의 텍스트의 내용을 집필자가 의도하는 도달점에 달성하는 데 효과적이나 상상력을 저해할 수 있다는 우려가 있으므로, 학교급별에 따른 묘사 방식에 대해 고려가 필요하다.

먼저, 양국 중학교 교과서에 유일하게 공통으로 등장한 헤르만 헤세 작품(한국어역 : 「나비」(K12), 「공작나방」(K25), 일본어역 : 「少年の日の思い出」(3편))을 통해 살펴본다.[10] 해당 텍스트는 소년 시절 본의 아니게 친구의 나비 표본에 손을 대 돌이킬 수 없는 상처를 안게 된 사건을 다룬 내용이다.

먼저, 한국은 3종 중 2종에서 싣고 있는데, 총 13건의 삽화가 사용되었다. [그림 4~9]와 같이, 모두 인물 삽화를 사용하였고 인물의 표정을 구체적으로 묘사하고 있다. 글과 삽화를 경계를 두지 않고 자유롭게 배치하고 있다.

---

10 이 텍스트는 졸고(2015)에서도 다룬 바 있다.

[그림 4~9]

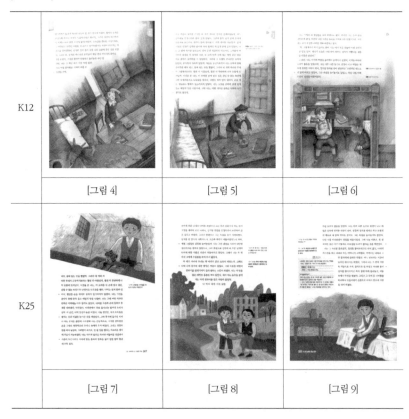

한편, 일본은 3종 공통으로 싣고 있는데 총 11건의 삽화가 사용되었다. J1, J2의 [그림 10~15]에서는 총 6건의 삽화가 사용되었는데, [그림 10]을 제외하고 5건이 인물 삽화이나 고개 숙이거나 뒷모습이거나 눈 부분을 생략하는 등, 전혀 인물의 표정을 드러내지 않았다.[11] J3에 사용된 5건의 삽화

---

11 참고로, 일본의 學校圖書(학교도서), 三省堂(삼성당)의 교과서에도 동일 작품이 실려 있는데 양쪽 모두 나비의 이미지 삽화를 2건, 혹은 3건 사용하고 있다.

는 모두 [그림 16~18]과 같이 추상적으로 묘사하고 있다. 이 경우, 삽화가 글의 내용과 직접 대응하지 않고 이미지 형성에 도움을 주어 글의 내용을 보완하는 역할을 한다고 볼 수 있다.

[그림 10~18]

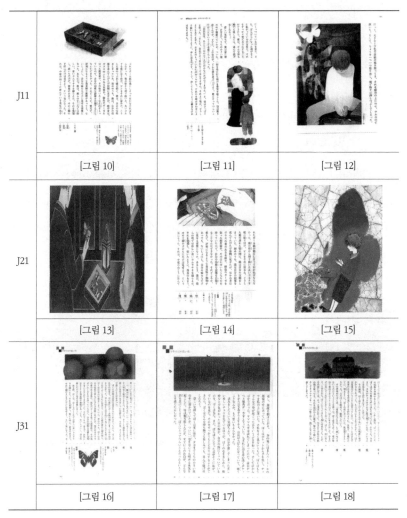

J11	[그림 10]	[그림 11]	[그림 12]
J21	[그림 13]	[그림 14]	[그림 15]
J31	[그림 16]	[그림 17]	[그림 18]

해당 작품의 경우, 한국 교과서는 삽화를 통해 주인공의 심리상태를 보여주는 구체적 묘사를 한 데 비해 일본 교과서는 추상적 묘사이다. 삽화의 묘사도구나 방식, 배치에서도 차이가 있다. 이는 뒤에서 다루겠지만, 양국의 교과서 삽화 전반에서 일반화된 경향이다. 이하, 전체 근·현대소설 삽화로 확대하여 한국 교과서 및 일본 교과서의 묘사 방식을 분석한다.

6.4.1 추상적 묘사 여부

앞서 헤르만 헤세의 작품(나비)에서 분석한 바와 같이 한국 교과서는 [그림 19, 20]과 같은 구체적이고 사실적인 묘사를 하는 경향이 강하고 일본 교과서는 [그림 21, 22]와 같이 절제되고 추상적 묘사를 하는 경향이 강하다. 참고로, [그림 21]은 파인애플 통조림을 매개로 한 인간애를 다룬 텍스트(雪とパイナップル」(J11))에 사용되었고 [그림 22]는 자본주의의 폐혜를 다룬 텍스트(オツベルと象(J31))로, 이미지만을 나타낸 것이다.

[그림 19] K2   [그림 20] K2   [그림 21] J1   [그림 22] J3

6.4.2 인물 표정의 절제 여부

한국 교과서 삽화에서 인물 삽화를 선호한다는 사실은 앞서 언급했다. 인물 삽화는 표정을 통해 심정을 유추 가능하다는 점에서, 작품이해에 중요한 요소로 작용한다. 즉, 이를 의도적으로 생략하는 것은 추상적 묘사에 준한다고 볼 수 있다. [표 4]는 인물 삽화에 한해, 표정 묘사 여부를 조사한 것이다.

[표 4] 인물 삽화 중 표정 묘사 여부 (1종 1년분 숫자는 페이지, ( )안은 %)

		표정 묘사	표정 묘사 생략 (뒷모습 등)	계
K	中	24.9(89.0)	2.9(11.0)	27.8(100)
	高	14.0(80.9)	3.3(19.1)	17.3(100)
J	中	4.0(50.0)	4.0(50.0)	8.0(100)
	高	-	2.7(100)	2.7(100)

한국 교과서에서 표정 묘사를 한 비중은 중학교 89.0%, 고등학교 80.9%로, 앞서 [그림 4~9, 19, 20] 등에서 확인할 수 있다. 실제 [그림 23~25]와 같이 사실적으로 표정을 묘사하고 있으며, 특히, [그림 19, 20, 25]와 같이 여러 명이 등장한 때도 텔레비전 드라마를 연상시키는 구도로 전체 등장인물의 표정이 드러나는 삽화를 선호하여, 부자연스러운 장면이 연출되고 있다. 이는 한국 교과서 삽화에서 일관되게 나타나는 공통적 경향이라 할 수 있다.

[그림 23] K2   [그림 24] K3   [그림 25] K6

한편, 일본 중학교는 인물 삽화의 양이 1종별 연간 8.0회로, 27.4회인 한국의 1/4에 해당할 정도로 적으며, 이 중 [그림 26]과 같이 표정 묘사를 한 예는 극히 적었다. [그림 27~29]와 같이 표정 묘사를 피하고 있다. 실제 고등학교 인물 삽화중 표정묘사를 한 예는 없다. 그리고 3종 교과서 중 2종은 인물 삽화를 전혀 사용하지 않았다.

[그림 26] J2   [그림 27] J1   [그림 28] J1   [그림 29] J2

이는 앞서, [그림 11~15]에서 이미 설명한 바 있다. 삽화를 다시 한 번 확대하여 제시하면, [그림 11]과 같이 뒷모습이거나 [그림 12]와 같이 고개를 숙이고 있다. 또한 [그림 13]과 같이 눈 윗부분을 의도적으로 표현하지 않거나 [그림 15]와 같이 머리카락으로 눈을 가리고 있는 것을 알 수 있다.

[그림 11] J1

[그림 12] J1

[그림 13] J2

[그림 15] J2

「시선」 처리에서도 차이가 있다. 한국은 주인공의 시점에서 사실적으로 멀어지는 모습을 그린 [그림 30]과 같은 경우를 제외하고는 뒷모습 묘사가 거의 없다. 반면, 일본은 [그림 31~33]과 같이, 뒤를 바라보는 구도를 선호한다.

[그림 30] K1

[그림 31] J1

[그림 32] J2

[그림 33] J6

사실적으로 표현하는 경향이 강한 한국 교과서에 비해 일본 교과서는 선, 면의 처리에서 표현의 절제가 엿보인다. 앞서 제시한 삽화를 보면 알 수 있듯이 배경 묘사에서도 한국은 사실적인 묘사를 선호하고 일본은 간략하게 절제하는 경향이 강하다. 인물 삽화의 경우에도 [그림 34, 35]와 같이 선으로 나타내고 배경을 생략하거나 [그림 36, 37]과 같이 배경 처리 및 풍경 삽화의 경우에도 단순화하여 묘사하고 있다.

[그림 34] J1   [그림 35] J1   [그림 36] J2   [그림 37] J6

6.5 삽화의 묘사 도구 및 기법

본고의 분석 대상 삽화를 보면, 한국 교과서에서는 지점토 및 파스텔을 사용한 2편의 텍스트를 제외하고는 선으로 그린 후, 수채화나 한국화 기법으로 채색한 것이 대부분이다. 앞서 지적한 것과 같이 묘사 도구 및 기법이 매우 유사하다.

[그림 39~42]는 한국 고등학교에서 2종 공통으로 사용된 「메밀꽃 필 무렵」(김동인)의 삽화이다. [그림 39. 40], [그림 41, 42]는 각각 같은 장면인데 묘사 방식 및 도구, 기법에 있어 유사함을 알 수 있다.

[그림 39] K4   [그림 40] K6   [그림 41] K4   [그림 42] K6

한편, 일본 교과서에서는 판화, 파스텔, 연필화, 수묵화 등 다양한 도구를 사용하고 있다. 이와 관련해서 앞서 제시한 삽화를 참조 바란다. [그림 43~47]은 일본 교과서에서 3종 공통으로 사용된 「故郷」(魯迅, [그림 43~45])와 「走れメロス」(太宰治, [그림46~48)에 사용된 삽화이다. 같은 장면인데 교과

서마다 묘사 도구 및 기법이 다르고 상대적으로 다양함을 알 수 있다.

[그림 43] J1

[그림 44] J2

[그림 45] J3

[그림 46] J1

[그림 47]J2

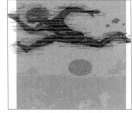
[그림 48] J3

6.6에서는 삽화를 텍스트의 주제와 관련지어 분석한다.

6.6 삽화와 텍스트의 주제와의 관련

본 장에서는 삽화의 텍스트적 기능과 더불어 텍스트의 시대 배경 및 주제와의 관련에 주목하여 나라별로 중·고등학교 학교급별 텍스트의 주제 및 시대적 배경과 관련지어 분석한다.

6.6.1 한국의 중·고등학교 교과서

한국 교과서에 실린 근·현대소설은 상대적으로 일본 교과서보다 발표 시기가 늦고 판타지 장르나 철학적 주제를 다루기보다는 특정 시기의 사회상 및 세대 차, 성차, 이웃갈등 등, 실생활과 관련된 갈등을 다룬 주제가 많다.

먼저 중학교의 경우, 57편의 근·현대소설 중 국내 작가가 45편으로 78.9%를 차지하는데, 이중 국내를 배경으로 20세기 초·중반에 걸친 일제강점기 및 6·25전쟁 전후를 배경으로 한 사회문화적 갈등을 그린 작품이 많은 비중을 차지한다. 외국 작가의 작품은 12편(21.1%)으로 「나비」(J2), 「공작나방」(J3)을 비롯하여, 「어린 왕자」(K1), 「꼬리 밑 선구자」(K1), 「서기 2237년 유토피아」(K1), 「모모」(K2), 「책상은 책상이다」(K3) 등이 있다. 이중 「책상은 책상이다」(K3) 등을 제외하면 주제가 무겁지 않고 이국적인 생경함이 없는 내용이다.

한편, 고등학교는 14편 모두 국내 작가로 국내를 배경으로 하고 있고 그 경향은 중학교와 같다. 대부분 인물을 둘러싸고 도입, 전개, 갈등, 결말이라는 스토리성이 강한 작품이 많다. 결과적으로 인물 삽화를 선호하고 시간적 전개에 따라 사실적 묘사를 사용하고 있다. 결국, 한국 교과서에서 삽화는 텍스트의 내용과 「대응」되어 결과적으로 줄거리 및 내용 전개의 이해를 돕는 기능을 하고 있다.

한 예로, 한국 교과서에서는 중·고등학교를 막론하고 [그림 49, 50]과 같이 삽화를 제시하여 줄거리를 만들거나 시간적 전후 관계를 가리는 학습활동을 하고 있다. 중·고등학교 모두 학년당 1~2회가 사용되었다. 이는 「삽화가 글의 내용과 대응한다」고 보는 집필자의 사고를 나타낸다.

[그림 49] K2

[그림 50] K4

한국의 경우 20세기 초·중반의 시대적 배경 아래에 사회문화적 갈등을 다룬 작품이 많고 소재가 생활과 관련된 경우가 많아 철학적이거나 상상력을 요구하는 판타지적 요소를 갖는 주제의 소설이 적다는 점이 사실적

묘사를 선호하고 글의 내용과 대응되는 삽화를 사용하게 되는 것과 관련
이 있다고 판단된다.

6.6.2 일본의 중·고등학교 교과서

중학교의 경우 53편의 근·현대소설 중 국내 작가가 42편(79.2%)으로, 한
국과 유사하다. 하지만, 국내 작가라도 소설의 배경이 체르노빌, 그리스,
파리 등 외국인 경우가 6편으로, 문화적 생경함이 두드러지고 철학적이거
나 판타지적 요소가 강해 글만으로 이해하기 어려운 예가 있다. [그림 51~
53]의 경우에도 2차 대전후 파리에서 일본인으로서의 처지를 그린 「旅す
る描き」(J1), 판타지 장르의 「つみきのいえ」(J3), 나치의 폭정을 그린 「ベンチ」
(J3)에 쓰인 삽화로, 글의 이미지를 보완하는 역할을 한다.

[그림 51] J1   [그림 52] J3   [그림 53] J3

또한, 「죽음」을 다루거나 이를 매개로 한 주제가 많고 「大人になれなか
った弟たちに(J1)·蟬の音(J1)·握手(J1)·夏の葬列(J3)」와 같이 전쟁의 상처와 관
련된 주제가 많다.

외국 작가의 소설은 3종 공통인 「少年の日の思い出」, 「故郷」외에도 「カ

メレオン」(J2) 등과 같이 철학적인 주제를 다루거나 「ゼブラ」(J1), 「ベンチ」
(J3) 등과 같이 베트남 전쟁 및 나치의 만행을 다루고 있다. 이러한 주제와
맞물려 삽화 역시, 어둡고 표정 묘사를 절제하고 있다.

고등학교의 경우에는 총 17편 모두 한국과 마찬가지로 국내를 배경으
로 하고 있고 주제 역시 중학교와 통하는 바가 있다. 3종 중 인물 삽화는 1
종에서 8건 사용하고 있는데, [그림 54~59]와 같이 뒷모습이거나 추상적
묘사를 하고 있어 글의 내용과 대응되기보다는 이미지 형성에 도움을 주
는 「보완」 역할을 하고 있다. [그림 54~56]는 난생처음 혼자 버스를 타고
어머니가 입원 중인 병원에 다닌 소년의 성장을 그린 텍스트이고 [그림
57~59]은 자신의 체험담을 판타지적으로 풀어낸 텍스트에 사용되었다.

[그림 54] J6   [그림 55] J6   [그림 56] J6

[그림 57] J6   [그림 58] J6   [그림 59] J6

　　결과적으로 일본의 교과서 삽화는 추상적 묘사 및 표정 묘사를 하지 않는 등 절제된 묘사기법을 사용하고 있다. 줄거리 및 시간적 전후 관계를 유추하는 학습활동이 없다는 점에서도 그 주된 역할이 「상호보완」이라 볼 수 있다. 단, 글의 내용에 「상반되거나 확장, 재창조」되었다고 보기는 어렵다.

6.7 삽화에 나타난 가치 덕목

초등학교 교과서에서 나타난 위인, 충효(忠孝) 등의 가치와 직접 관련된 삽화는 거의 없었다. 단, 한국 교과서는 여전히 가족(家族)을 중시하고 있음을 알 수 있다.

[표 5]는 1종별 1년분 교과서에 등장한 가족 또는 친척이 등장한 건수이다. 한국은 중학교에서 1종별 1년당 6.4건(총 19건)에서 가족 및 친척이 등장하였다. 이는 1.3건(총 4건)인 일본의 4.8배에 해당한다. 고등학교에서는 줄었지만, 일본의 2.7배에 이른다.

[표 5] 삽화에 나타난 가족 또는 친척 (1종 1년분 쪽당 1건 산정)

		3 세대	2 세대	부모	형제 자매	조손 (祖孫)	삼촌	고부 (姑婦)	부부	5촌 이상	계
K	中	0.3	3.1	1.2	0.4	0.2	0.1	0.1	0.4	0.4	6.4
	高	-	1.7	0.7	0.3	-	-	-	-	-	2.7
J	中	0.1	0.3	0.2	0.2	0.2	0.2	-	-	-	1.3
	高	-	1.0	-	-	-	-	-	-	-	1.0

한국의 교과서에서 가족 또는 친척을 다룬 삽화의 양도 많지만 넓은 범위의 친족이 등장하고 있음을 알 수 있다. 이는 텍스트의 내용과 관련이 있지만, 가족이나 친척을 중요시하는 한국의 사회문화적 특징의 일면이라 할 수 있다.

[표 6]은 인물 삽화에 등장한 인물의 성차(性差)를 조사한 것이다. 성별을 알 수 있는 경우에 한해, 쪽당 1건으로 산정하되, 남녀가 같이 등장한 경우는 각 1건으로 산정하였다. 양국 모두 남성이 70% 전후를 나타낸다는 점에서 성차가 나타났다. 이는 한국 교과서, 일본 교과서 모두 텍스트에서 남성 주인공이 많다는 점에서 어느 정도 예상되는 결과이다.

[표 6] 삽화에 나타난 남녀 구성 (1종 1년분 쪽당 1회 산정)

		남	여	계
K	中	22.7(77.3)	11.0(22.7)	33.7(100)
	高	13.6(67.0)	6.7(33.0)	20.3(100)
J	中	6.9(76.5)	2.1(23.5)	9.0(100)
	高	2.7(79.4)	0.7(20.6)	3.4(100)

인물 삽화 중 직업(職業)을 알 수 있는 경우에 한해 살펴보면, 한국 중학교 교과서에서 남성은 「교사·은행원·건축가·의사·화가·경찰·상인」을 비롯하여 「농부·인력거꾼·엿장수」 등과 같이 다양한 데 비해 여성은 「교사·은행원·가게 및 식당 종업원」 등 극히 한정적이었다. 한편, 일본 역시 중학교 교과서에서 남성은 「교사·경찰·신부·공무원·스님·군졸」 등이 있었으나 여성은 「간호사」를 제외하고는 거의 없어 양국 교과서 모두 성차가 심각한 것으로 나타났다.

[표 7]은 삽화의 등장인물의 성별에 따른 직업을 살펴보기 위해 식별

가능한 범위 내에서 등장인물이 가진 직업을 「한국 표준 직업 분류표」[12]의 10개 대분류에 따라 분류한 것이다. 학생과 「산신령·슈퍼맨·배트맨」 등 가상의 인물은 제외하였다.

[표 7] 삽화에 나타난 남녀의 직업 (3종 3년분 쪽당 1회로 산정)

	K中								J中							
	K1		K2		K3		계		J1		J2		J3		계	
	남	여	남	여	남	여	남	여	남	여	남	여	남	여	남	여
관리자	7	0	6	0	3	0	16	0	1	0	1	0	0	0	3	0
전문가 등	19	7	4	5	21	8	44	20	2	2	15	2	14	0	31	4
사무 종사자 등	1	1	0	1	0	0	1	2	0	0	0	0	0	0	0	0
서비스 종사자	3	1	4	0	0	2	7	3	0	0	1	0	0	0	1	0
판매종사자	9	0	2	2	6	0	17	2	3	0	0	0	0	0	3	0
농어업 종사자	3	1	0	0	2	0	5	1	0	0	0	0	3	1	3	1
기능원 등	1	0	1	0	0	0	2	0	0	0	0	0	0	0	0	0
장치 기계 조작	0	0	0	0	0	0	0	0	0	0	0	0	1	0	1	0
단순노무 종사자	1	0	2	0	2	0	5	0	0	2	4	0	1	0	5	2
군인	3	0	0	0	0	0	3	0	0	0	1	0	0	0	1	0
합계	47	10	19	8	34	10	100	28	6	4	22	2	19	1	47	7

한국은 직업을 가진 남성이 여성의 3.8배였으며 일본은 6.7배였다. 양

---

12 http://kostat.go.kr/kssc/stclass/StClassAction.do : 2014년 12월 10일 검색

국 모두 남성은 「군주·재상·연구원·박사·시인」 등, 관리 및 전문직에서 대거 등장하고 있고 「경찰·집배원·춤꾼·소리꾼」 등 다양하다(한국 39종, 일본 17종). 한편, 여성은 일부 전문직과 「서비스종사자·판매종사자」 등, 한국 14종, 일본 6종에 불과하였고 전문직도 「교사·일기예보 진행자·앵커」 등으로 제한적이었다. 참고로, 「도둑·거지·범인」 등, 반사회적인 인물은 남자만 등장하였다. 졸고(2015a)에서 한국은 「관리·우두머리·신하」 등, 상대적 지위를 나타내는 어휘가, 일본은 「필자·중학생·유학생」 등, 임시적 지위를 가진 어휘가 많이 사용되었다고 밝히고 있는데, 삽화의 경우에도 통하는 바가 있다.

한편 한국 고등학교의 경우에 남성은 「의사·농부·장돌뱅이·상인·머슴·사환」 등이, 여성은 「교사·식당주인」이 등장하여 역시 남성 쪽이 다양했다. 버스운전사와 학교 경비를 서는 남성이 등장한 일본 고등학교 교과서의 경우 역시 마찬가지이다. 양국의 교과서에 사용된 근·현대소설 삽화에서는 남성의 사회적 활동이 두드러진다고 볼 수 있고, 이는 성차로 연결지을 수 있다.

6.8 맺음말

본장은 2015년 현재 사용 중인 한국과 일본의 중·고등학교 국어 교과서의 「삽화」에 주목하여 양국의 국가 사회의 가치관 및 사회상(社會相)을 밝히고자 하였다. 중·고등학교 모두 3종의 교과서를 대상으로 한 것은 본고가 특정 교과서를 평가하려는 것이 아니고 보다 일반적 경향을 분석하려는 의도라는 점을 밝힌다.

텍스트에서 글과 삽화의 역할이 가장 확고한 근·현대소설의 삽화에 초점을 맞추어 소재(素材), 묘사 방식, 삽화와 텍스트 주제와의 관련, 삽화에 나타난 가치 덕목 및 성차(性差) 등을 살펴본 결과, 양국의 삽화에 대한 인식 차이 및 삽화의 텍스트적 기능에 나타난 차이를 확인하였다.

삽화는 텍스트의 주제와도 관계가 있다.

먼저, 「한국」의 근·현대소설은 철학적 주제나 판타지 장르보다는 주로 일제 강점기 및 전쟁 전후의 사회문화적 갈등을 다루거나 인간관계 속에서의 친구 및 이웃간 갈등, 성차, 세대간 갈등 등을 다루는 텍스트의 양이 지나치게 많다. 삽화 속에서 시대상을 보여주는 구체적이고 사실적인 삽화가 선호되고 등장인물의 표정 묘사 역시 구체적이다. 그리고 구체적으로 묘사한 삽화를 통해 소설의 줄거리를 유추하는 학습활동이 이루어지고 있는데 이러한 것은 삽화가 글의 내용과 「대응」되고 있다는 인식과 관련이 있다. 이는 일정 정보를 제공하여 집필자가 의도하는 도달점에 이르게

하는 데에 효과적이라 보나, 해석의 자유로움이나 상상력의 발휘에는 우려되는 바가 있다. 텍스트의 주제의 다양성 및 삽화의 텍스트적 기능에 대한 고민이 필요하다고 본다.

학교급에 따라 삽화의 양이 줄고 가족 중심, 성차를 제외하고는 이데올로기적 성격이 옅어진 것을 확인하였다. 다만 고등학교 삽화의 경우에도 사실 묘사나 인물 묘사에 주목하는 등 질적인 차이는 크게 나타나지 않았다.

한편, 「일본」은 소설의 배경이 이국적이거나 철학적 주제나 판타지 장르가 많다. 한국과 상대적으로 삽화 사용이 적고 고등학교에서는 더욱 줄었다. 한국 교과서 삽화에 비해 추상적 묘사의 비중이 높고 절제된 표현을 선호하며, 인물 삽화가 적고 표정 묘사를 거의 하지 않는다는 특징이 나타났다. 삽화의 묘사 도구 및 기법이 다양하나 절제된 표현으로 이미지 형성에 도움을 주는 이른바 「상호보완」이라는 텍스트적 기능이 강하다. 다만, 삽화가 없거나 지나치게 추상적이거나 간결한 묘사로 인해, 텍스트의 이해를 도울 정보가 적다는 문제점이 있다. 더불어, 소설의 주제와 관련이 있겠으나 전체적으로 삽화가 어둡고 표정이 드러나는 것을 피하는 묘사 방식이 중·고등학교 단계에 적합한지는 재고가 필요하다.

양국 모두 글의 내용을 확산, 재창조하는 삽화의 기능에 대한 이해 및 인식이 필요한 시점이다. 향후 교육과정별로 교과서 삽화의 특성을 분석한다면 시대상은 물론 정치적, 역사적, 사회문화적 특징의 변화를 확인할 수 있을 것으로 본다.

7

한국과 일본의 중·고등학교
국어 교과서 텍스트 분석

7.1 서론

7.1.1 들어가는 글

국어 교과서가 타 교과의 교과서와 구분되는 특징의 하나는 학습활동을 위해 제공된 바탕글, 즉 「텍스트(Texts)」가 있다는 것이다.

본장에서는 2015년 현재 사용 중인 한국과 일본의 중·고등학교 국어 교과서(이하, 교과서)의 텍스트에 초점을 맞추어 장르를 세분하여 제작 시기, 작가 및 등장인물, 주제 및 제재(題材) 등에 초점을 맞추어, 해당 국가 사회의 사회문화적 특징을 분석하고자 한다.

텍스트는 장르별 특성에 맞추어 분석한다. 예를 들어, 「소설」 및 「극본」은 제작 시기, 작가 및 주인공, 주제 등에, 「전기(傳記)」는 인물의 관련 분야 및 가치 덕목에 주목한다. 「설명문」 및 「주장문」의 경우에는 작가 및 제재의 분야별 분포를 분석하여 해당 시기의 국가 사회의 관심 분야를 파악하고, 양국이 차세대에 대한 요구와 기대를 어떤 방법으로 전달하는지에 주목한다. 텍스트 분석을 통해 해당 국가 사회의 사회문화적 특징을 밝힘과 동시에 향후 국어 교과서 제작의 방향을 제시하려는데 목적이 있다.

7.1.2 분석 대상 및 방법

7.1.2.1 분석 대상

분석 대상은 1.2.1의 [표 1, 2]과 같다. 이를 통합하여 제시한 것이 [표 1]
이다. 2015년 현재, 양국에서 사용되고 있는 중·고등학교 국어 교과서 3종
을 대상으로 하되, 교육과정의 특성상, 중학교는 3년분, 고등학교는 1년분
으로 한다. 따라서 중·고등학교를 비교할 경우에는 비중에 주목한다.

[표 1] 분석 대상 중·고등학교 국어 교과서

		교과서집필자	약기	검정	출판사	교과서 (권수)	사용 기간
K	中	김태철 외	K1	2012	비상교육	국어1~6 (6권)	2013~2016년
		노미숙 외	K2	2012	천재교육	국어1~6 (6권)	2013~2016년
		박영목 외	K3	2012	천재교육	국어1~6 (6권)	2013~2016년
	高	박영목 외	K4	2013	천재교육	국어 I·II (2권)	2014~2017년
		윤여탁 외	K5	2013	미래엔	국어 I·II (2권)	2014~2017년
		한철우 외	K6	2013	비상교육	국어 I·II (2권)	2014~2017년
J	中	宮地裕 외	J1	2011	光村図書	國語1~3 (3권)	2012~2015년
		三角洋一 외	J2	2011	東京書籍	國語1~3 (3권)	2012~2015년
		加藤周一 외	J3	2011	教育出版	國語1~3 (3권)	2012~2015년
	高	東郷克美 외	J4	2012	第一学習社	標準国語総合 (1권)	2013~2016년
		三角洋一 외	J5	2012	東京書籍	新編国語総合 (1권)	2013~2016년
		北原保雄 외	J6	2012	大修館書店	新編国語総合 (1권)	2013~2016년

7.1.2.2 장르 분류

먼저, 양국의 중·고등학교 교과서, 각 3종을 아우르는 장르별 분류 원칙을 정한다. 종래 교과서 연구에서 텍스트를 「문학텍스트」와 「비문학텍스트」로 나누어 왔으나 실제로는 명확히 나누기 어려운 것이 사실이다. 주현희 외(2014 : 104) 등에서 비문학텍스트를 「문학이 아닌 모든 글」이라 보고 있지만, 실제 어디까지를 문학텍스트로 볼 것인가에 대하여 정의하기 어렵다.

편의상 정서(情緒) 및 감성(感性)을 중시하는지, 아니면 객관적 정보 전달 및 설득, 계몽(啓蒙)을 중시하는지에 의해 전자를 문학텍스트, 후자를 비문학텍스트로 본다. 단, 교과서 텍스트의 경우, 문학텍스트라 해도 순수하게 정서 및 감성을 표현했다고 보기 어려운 경우가 있다.

문학텍스트의 규정 및 분류는 교육과학기술부(2011), 주현희 외(2014 : 104), 『国語3』(J13 : 240), 『新編国語総合』(J5 : 61-64) 등을 참조 하였다.

교육과학기술부(2011 : 25-26)에서는 텍스트를 다음과 같이 분류하고 있다. 문학 및 비문학텍스트라는 용어는 사용하고 있지 않지만, (1), (2)는 문학, (3)은 비문학텍스트라 볼 수 있다.

(1) 정보를 전달하는 글 : 설명문, 보고문, 답사기행문, 기사문, 전기문, 안내문

(2) 설득하는 글 : 논설문, 안내문, 사설 및 칼럼, 강연문, 비평문

(3) 친교 및 정서를 표현하는 글 : 일기, 생활문, 문예문(소설·시·희곡·수필)

초등학교 국어 교과서를 분석한 졸저(2017)에서는 위의 (3)친교와 정서
를 표현하는 글 중에서 「문예문(소설·시·희곡·수필)」만을 문학텍스트로 인정
하였다. 즉, (1), (2)와 더불어, (3)의 「일기」 및 「생활문」을 비문학텍스트로
보았는데, 그 이유는 한국 초등학교 교과서에서 이러한 종류의 텍스트를
다수 수록하고 있으나 그 대부분이 집필자가 교육목표를 달성하기 위해
작성한 예시문의 성격을 띠고 있고 이 경우, 문학성을 인정하기가 어려웠
다. 더 큰 이유는 비교 대상인 같은 시기의 일본 초등학교 교과서에는 이러
한 성격의 텍스트가 거의 없다는 점에서 양국간 대조 분석상 형평성에 맞
지 않는다고 판단했다.

본고의 분석 대상인 중·고등학교 교과서는 「일기」 및 「생활문」이라는
장르가 적으며, 더구나 집필자에 의한 예시문 성격의 글은 극히 적었다.

장르 분류는 텍스트를 「소설·극본」, 「수필·감상」, 「설명·기록」, 「의견·
주장」 등 네 범주로 나눈 『国語3』(J13 : 240)을 참조하였다.

본고에서는 이 중 〈수필·감상〉, 〈설명·기록〉의 규정은 그대로 따르되,
「소설·극본」은 「시(詩)」를 추가하여 〈소설·극본·시〉로, 「의견·주장」은 평
론, 비평문을 포함하여 〈주장·비평〉으로 범위를 넓혀 사용한다. 일본 고등
학교 교과서에서 「수상(隨想)」이라 부르는 장르의 경우, 일정한 주제를 가
지고 체계적인 논리 구조와 객관적 관찰을 바탕으로 쓰인 글로, 개인의 일
상사를 다루는 체험 및 감상을 자유로운 형식으로 기술한 「수필」과 구별

---

1   본고에서는 「시」를 넓은 의미와 좁은 의미로 사용하고 있다. 전자의 경우는 산문에 상대되
    는 의미로, 후자의 경우는 근·현대시를 가리킨다.

하여, 이 역시 〈주장·비평〉으로 분류한다.[2] 마지막으로, 한국 교과서의 특성상, 위인(偉人)을 주인공으로 하는 교훈적, 계몽적인 성격을 띠는 전기(傳記, 수기·자서전 포함)가 많다는 점에서 〈전기·수기〉 항목을 신설하여 5개 범주로 구분하여 분석한다. 이하, 각각 설명한다.

(1) 소설·극본·시

대표적인 문학텍스트로 다루어져 온 장르로, 「소설·극본」은 산문(散文), 「시(詩)」는 운문(韻文)으로 소분류할 수 있다. 일반적으로 소설이라 하면 주제, 구성(인물·사건·배경), 문체라는 세 가지 요소를 갖춘 장르를 가리키나 본고에서는 이를 충족하지 못하더라도 넓은 의미의 산문문학이라는 의미로 사용하였다.

먼저, 한국의 국어과 교육과정에서 제시하고 있는 문학의 표현양식과 연계하여 살펴본다. 한국의 국어과 교육과정에서는 문학 장르를 「서정·서사·극(劇)·교술(敎述)」로 나누고 있다.[3]

먼저, 「서정」이란 고대가요, 향가, 시조, 가사(歌辭) 및 현대시를 가리키므로 본고의 「시(詩)」에 해당된다. 다음으로 「서사」 및 「교술」은 「소설」을, 「극」은 「극본」을 가리킨다.

이중 「교술」이란 「특정 사실을 전달할 목적으로 쓰거나 다른 사람을 설득하기 위한 글 중에서도 작가들에 의해 쓰인 글이나 문학성이 있는 글」을 가리킨다. 본고에서는 이를 이른바 「전기」라는 장르를 정의하는 기준으

---

2   수필 및 수상(隨想)의 정의와 관련해서는 「한국민족문화대백과사전」(1991)을 참조함.

3   박영목(2013) 『국어 I 』(K4) 재인용.

로 삼았다. 종래 「전기」를 「수필」로 분류할 것인지 비평문, 평론 등의 「주
장문」으로 분류할 것인지에 대한 논의가 있었지만, 본고에서는 일화로 다
룬 경우는 「소설」로 보고, 특정인물(위인)을 다룬 교훈적, 계몽적인 성격
이 강한 텍스트는 「전기」로 보았다. 예를 들어, 「닭 타고 가면 되지」(서거정,
K14)와 같은 경우는 「교술」로 보아 「소설」로 분류하였다.

또한, 동일 인물을 다룬 경우라도 장 지오노의 「나무를 심은 사람」(K15)
과 같이 「소설」의 형태로 쓴 텍스트와 구별하여, 집필진이 교육목표에 맞
추어 각색한 텍스트(K26)는 「전기」로 다룬다. 일본 고등학교 교과서에서
싣고 있는 중국의 고사(故事) 및 설화(史傳)도 교술의 일종으로 보아 「소설」
로 처리한다. 장르에 따라서 그 구별이 어려운 경우도 있으나 가능하면 교
과서와 교사용지도서의 분류에 따랐다.

본고에서는 「소설」을 교술 장르를 비롯한 고소설(古小說), 동화, 설화(신
화·우화·민담), 일화, 일본의 모노가타리(物語, 설화) 등을 아우르는 범주로 본
다. 단, 만화 형식으로 제시된 텍스트의 경우, 그 내용에 따라 「소설」, 「설
명문」 등으로 나눈다. 서술의 편의와 지면 제약상 〈소설·극본·시〉 중 가장
대표적인 「소설」에 주안점을 두어 분석한다.

「극본」은 희곡, 시나리오, 무대극 등의 극본은 물론, 광고, 영상자료, 애
니메이션 등이 포함되는데, 이에 대하여는 간략하게 다룬다.

「시」는 형식면에서 자유로운 운율의 「근·현대시」와 정형적(定型的)인
운율의 「시가(詩歌)」, 중국의 「한시(漢詩)」로 세분하였다. 「시가」에는 한국
의 향가, 시조, 가사(歌辭), 일본의 와카(和歌), 하이쿠(俳句) 등이 포함된다.
민요, 가요 등의 가사(歌詞)는 운율에 의해 시 또는 시가로 나눈다. 시가 및
한시는 고전 장르이나 고전작품 및 근·현대 작품이 이에 포함된다. 한국

문학에서 16~17세기에 등장한 산문과 운문의 중간 단계라 볼 수 있는 연속체 율문(律文)형식인 「가사(歌辭)」는 「시가」에 포함시킨다. 「시」의 경우에는 편수가 방대하고 장르의 특성상 은유, 상징 등을 분석하기에 어려움이 많아, 분량 분석에 중점을 두었다.

(2) 수필·감상

〈수필·감상〉은 개인의 경험이나 느낌 및 생각을 쓴 글로, 수필은 물론, 서간문, 기행문, 일기, 생활문, 감상문 등이 포함된다. 여기서 「수필」이란 생활 주변에서 일어나는 사소한 일을 소재로 하여 개인의 일상사를 다룬 신변잡기식의 경수필[4]로 한정한다.

종래 중수필로 분류해온, 이른바 철학적이거나 사회적인 내용을 객관적이고 논리적으로 서술한 경우는 설득 및 계몽을 목표로 하는 글이라 보아 〈주장·비평〉으로 처리한다.[5]

본고에서는 서술의 편의와 지면 제약상 「수필」에 주안점을 두고 기술한다. 서간문, 기행문, 일기 등에 대하여는 분량 분석에 중점을 두었다.

(3) 전기·수기

〈전기·수기〉란 일반적으로 특정인물의 일생을 서술한 글이다. 자신의 생애를 기술한 자서전(自敍傳)이나 자신의 생활이나 체험을 직접 쓴 수기

---

4   『표준국어대사전』(1999)

5   일부는 교과서 및 교사용지도서에서 수필로 인정하고 있는 경우는 이에 따랐으나 〈주장·비평〉으로 분류할 수 있는 경우도 있다.

(手記)도 전기의 일종으로 본다.

기록 방식에 따라서는 사실을 있는 그대로 기록한 예도 있고, 이에 대한 평가를 포함하여 쓰는 경우가 있다. 또한, 교육 및 계몽을 목적으로 특정 시기의 일화, 또는 특정 업적에 관해 쓰는 경우가 있고 여기에 문학적인 요소나 창작적인 요소를 가미하여 쓰는 경우가 있다.

특히, 〈전기·수기〉의 등장인물은 교훈적인 인물이므로, 이를 통해 그 국가 사회가 차세대에게 기대하는 가치 덕목 등이 드러나게 되므로, 해당 국가의 사회문화적 특성을 보여주는 장르라 할 수 있다. 따라서 해당 인물이 인문·사회·과학·예술·언어 등, 어느 분야와 관련이 있는지 분석한다. 실존인물을 다룬 전기 및 자서전에 주안점을 두어 분석하고 집필진에 의한 학생 수기, 자서전 형식의 텍스트는 분량 분석에 중점을 두었다.

(4) 설명·기록

〈설명·기록〉이란 정보 전달을 목적으로 특정 사항이나 사실을 분석, 설명하거나 기록한 글을 가리킨다. 설명문을 비롯하여 이른바 토론 및 대화 기록문[6], 보도문(기사), 소개/안내문, 보고문(보고서, 계획서), 광고/영상 카피 등이 포함된다. 단, 신문기사 중 뉴스는 보도문으로 보아 〈설명·기록〉으로, 사설, 칼럼, 투서, 건의문 등은 〈주장·비평〉으로 분류한다.

〈설명·기록〉 역시, 장르 선호도 및 텍스트별 제재 분석을 통하여 인문·사회·과학·예술·언어 등의 다양한 분야 중에서 무엇을 선호, 중시하는지를 파악한다.

---

6 토론 및 대화 기록문의 경우에는 의사록(議事錄)에 준해 설명문에 포함한다.

〈설명·기록〉의 경우에는 설명문을 비롯한 토론 및 대화 기록문, 보도 문(기사) 등 전체를 대상으로 분석한다.

(5) 주장·비평

〈주장·비평〉이란 설득 및 계몽을 목적으로 글쓴이의 의견이나 평가를 쓴 글로 의견문, 주장문, 논설문 등이 여기에 속한다.[7] 또한, 사설, 칼럼, 투서, 건의문의 형태로 쓰인 글이나 그림, 건축, 음악, 문학 등 특정 사항이나 사실의 가치를 논하거나 평가하는 비평문 역시 이에 포함한다.

논리의 깊이 여부에 따라 용어를 구별하여 사용하고 있는 경우가 있다. 일본 교과서에서는 「주장문」의 경우라도 초등학교 교과서에서는 「의견 문」, 중학교에서는 「논설문」, 고등학교에서는 「평론(評論)」이라는 용어를 쓰고 있으나 본고에서는 이를 구별하지 않는다.

주장·비평 역시, 장르 선호도 및 텍스트별 제재 분석을 통하여 인문·사회·과학·예술·언어 등의 다양한 분야 중에서 무엇을 선호, 중시하는지를 파악한다.

본고에서는 주장·비평 중에서 가장 대표적이고 대부분을 차지하는 「주장문」 및 「비평문」에 주목하되, 사설, 칼럼, 투서, 건의문 등 전체를 대상으로 분석한다.

이상, 결과적으로 〈소설·극본·시〉 및 〈수필·감상〉은 문학텍스트에 가깝고 교훈, 계몽을 목적으로 하는 〈전기·수기〉 및 정보 전달이나 주장, 설

7　三角洋一 외(2012)『新編国語総合』(J5 : 61-64)

득 및 계몽을 목표로 하는 〈설명·기록〉 및 〈주장·비평〉 등은 비문학텍스트에 가깝다고 할 수 있다. 즉, [표 2]와 같이 모든 텍스트를 퍼지 논리(Fuzzy Thinking)[8]에 따른 연속선상에서 보는 것이 바람직하다고 본다. 각 범주가 정도의 차이가 있을 뿐으로, 왼쪽으로 갈수록 문학적 성향이 짙고 오른쪽으로 갈수록 옅어진다고 개념 지을 수 있다.

[표 2] 텍스트의 세부 장르 개념도

	소설·극본·시	수필·감상	전기·수기	설명·기록	주장·비평
세부 장르	• 소설(설화/일화 등) • 극본(시나리오) • 시/시가(시조/和歌) • 한시(漢詩/唐詩)	• 수필/생활문 • 감상/기행문 • 서간문 • 일기	• 전기문 (평전) • 수기 (자서전)	• 설명문 • 토론기록문 • 보도문 • 보고/안내문	• 주장문(의견문/논설문/평론/사설) • 수상, 비평문 • 건의(투서/상소)
	← 문학텍스트 ·· 비문학텍스트 →				

장르의 구성 및 비중은 집필자의 의도를 구현하는 수단이기도 하지만, 학교 레벨에서 교과서를 선택하는 데 있어서 중요한 요소로서 기능한다.

기시(岸, 2013)에서는 교과서 선택요인으로 학습지도요령의 지침, 출판사의 편집방침, 국어교사의 의향이라는 세 요소를 들고 있다. 이중 국어교사의 의향이 교과서 선택에 영향을 준 예로, 1996년과 2001년의 일본의 중학교 검정 교과서에 나타난 장르 비중과 교과서 채택과의 연관을 제시하고 있다. 당시 1996년 검정(檢定)까지 54.8%의 높은 채택률을 보이던 미쓰무라도서(光村図書)의 국어 교과서가 2001년 갑자기 채택률이 38.2%로 떨

---

8   사고나 현상에 있어서 의미란 다각적이며 모호한 논리이며 모든 것은 정도성의 문제라고 본 것으로(강현화1998 : 13-22), 본고에서 다루는 문학텍스트 및 비문학텍스트의 구분도 상대적인 정도성을 가지고 단계적으로 나타나는 퍼지(fuzzy)한 현상이라고 본다.

어진 이유가 당시 학습지도요령에서 표현 등을 강조한 개정방침을 반영하는 과정에서 1996년에 33.8%였던 소설의 비중을 2001년에 19.2%로 줄인 데에 있다는 것이다. 역(逆)으로 미쓰무라도서에서 떨어진 비중은 고스란히 산세이도(三省堂)의 교과서 채택률을 15.1% 증가하게 하는 요인이 되었는데, 산세이도 교과서에서 소설의 비중은 26.7%로, 이전과 크게 다르지 않았다. 즉, 소설의 비중이 직접 교과서의 채택률과 관련이 있음을 확인할 수 있다. 이는 교과서 텍스트의 장르 분석의 중요성을 말해주고 있다.

7.1.2.3 비문학텍스트의 제재별 분야 분류

〈전기·수기〉, 〈설명·기록〉, 〈주장·비평〉과 같은 비문학텍스트의 제재는 [표 3]과 같이 5개 분야, 25개 소항목으로 분류한다. (예를 들어, 「인물」의 경우 〈A1인물〉로 표기함.)

[표 3] 제재별 분야 분류표

	〈A인문〉	〈B사회〉	〈C과학〉	〈D예술〉	〈E언어〉
1	인물	사회/생활	생물/인체	미술/건축	국어가치
2	독서/협상	경제	환경/지리	음악	언어표현
3	철학/사상	문화	우주/천문	연극/영화/무용	언어생활
4	역사/전통	매체/정보	과학철학	예술이론	문법/음성
5	윤리	법률	과학기술	문학	언어일반

교육과학기술부(2011), 주현희 외(2014)의 분류를 바탕으로 하였으나 양국의 교과서 대조를 위해 일부 조정하였다. 예를 들어, 주현희 외(2014)에서 〈A인문〉 및 〈B사회〉에 각각 〈문화〉라는 소항목을 두었던 것을 본고에서는

〈B3문화〉로 통합하였다. 반면, 읽기와 쓰기를 통한 논리적 통찰 및 협상을 다루거나 윤리 관련 텍스트가 다수 발견되어, 〈A2독서/협상〉, 〈A5윤리〉와 같은 소항목을 새롭게 두었다.

또한, 같은 이유로 한국 교과서에서 자국어의 우수함을 다룬 텍스트가 많아, 〈E언어〉 분야에 〈E1국어가치〉라는 소항목을 설정하였다. 이 항목이야말로 국가 이데올로기와 관련된 사회문화적 특성이 나타나는 중요한 요소라 할 수 있다.

하나의 텍스트의 제재가 여러 분야에 걸쳐 있는 경우가 있다. 예를 들어, 곤충을 다룬 경우라도 그 특징을 다룬 것은 〈C1생물/인체〉로 분류하고, 곤충을 통해 「환경」을 다루면 〈C2환경/지리〉로 분류한다. 또한, 사회생활과 관련된 경우에도 생활에 미치는 매체의 영향을 다루면 〈B4매체/정보〉로 분류한다. 광고 및 안내문은 〈B4매체/정보〉와 관련 있는 장르이지만, 전달하려는 내용에 따라 분류한다.

본고는 양국간의 차이와 더불어 나라별로 중·고등학교 학교급간의 차이에도 주목한 것이 특징이라 할 수 있다. 또한, 종래의 연구에서는 비문학텍스트 전체를 대상으로 제재별로 분석하였다. 하지만, 같은 분야라도 교훈이 되는 인물의 전기 형식으로 제시하면 〈전기·수기〉가 되고 정보로서 전달하면 〈설명·기록〉이 된다. 또한, 학생들을 설득하고 계몽하려는 취지라면 〈주장·비평〉에 속하므로, 제재 분야와 장르와의 관계는 중요한 의미가 있다고 본다. 따라서 본고에서는 장르별로 분야별 분포를 분석한 후, 〈7.8 맺음말〉에서 이를 통합하여 제시한다.

분량 분석은 사회문화적 가치관의 단면을 파악하는 단서가 된다. 앞서 2~5장에서 사용한 바 있는 통계학에서 사용하는 카이제곱 검정(檢定)을 통

해 유의차(有意差)를 구해 분석한다. 카이제곱 검정과 관련해서는 앞의 2~5
장의 어휘 연구를 참조 바란다.

7.1.3 선행연구 분석

이마이(今井, 1990)에서는 미국과 일본의 초등학교 6년분 국어 교과서에
수록된 텍스트 분석을 통해, 미국인은 「창조성과 개성 풍부한 개인」을, 일
본인은 「따뜻한 인간관계 속의 친절한 일원(一員)」을 지향한다는 결론을
내린 바 있다.[9] 한국과 일본의 교과서 텍스트 대조연구 역시, 양국의 사회
문화적 특징의 차이를 밝힐 수 있다는 가능성을 보여준다.

양국의 교과서 텍스트의 주제는 해당 시기의 교육과정에서 제시한 목
표와 밀접한 관계가 있다. 양국 모두 교과서의 텍스트가 국가 주도적인 이
데올로기의 도구로 사용되어온 역사가 있으며, 「한 국가 공동체의 지배 이
데올로기를 가장 직접적이고 효율적으로 주입하는 수단이 교육 및 교과
서」(차혜영, 2005 : 99-100), 교과서에 제시된 사항은 「의도적이 아니라 할지
라도 당연한 것」(今井, 1990), 「교과서의 텍스트에는 그 사회나 기성세대가
다음 세대에 바라는 가치관이 담기게 마련이고, 그러한 작품이 의도적으
로 실린다」(함윤주, 2003)는 점을 부정하기 어렵다.

하루오 시라네 외 『창조된 고전』(2002 : 8-10, 17-22)에서는 교과서 텍스
트는 「어떤 특정한 시대의 특정한 그룹 혹은 사회집단의 이익이나 관심을
반영한 것」이라고 지적하고 「중요한 고전으로 간주되는 텍스트도 자연 발

---

9   졸저(2017 : 226) 재인용

생적으로 가치 있는 고전이 된 것은 아니다. 여기에는 텍스트의 창조와 더불어 텍스트의 가치 창조, 유통, 재생산, 재편성 등 끊임없는 담론 조직화의 과정이 작용하고 있다. 그리고 이 과정은 매우 정치적(政治的)인 것」이라고 말하고 있다. 교과서 텍스트를 통해 사회문화적 특징을 밝히는 근거는 바로 여기에 있다.

텍스트 연구는 김경남(2012), 박기범(2011), 任曉禮(2006), 함윤주(2003) 등을 참고하였다. 함윤주(2003)는 한국 고등학교 교과서의 문학텍스트에 나타난 인물상(人物像)에서 변화의 움직임이 감지되고는 있지만, 주로 남성이며, 농민, 사대부 등이 주를 이루는 직업의 한정성, 성별에 따른 정형화가 나타난다는 점을 지적하였는데 이러한 점은 20여 년이 되어오는 현재도 여전하다고 볼 수 있다.

박기범(2011 : 487-489)에서는 당시 사용 중인 한국의 고등학교 교과서 16종에 수록된 「현대소설」의 수용 양상을 분석하였는데, 그 결과 한국이 초등학교 1학년부터 고등학교에 이르기까지 텍스트가 인물과 사건 중심으로, 다양하지 못하고 학년별 위계(位階)가 불안정하며 중학교를 넘어서면서 모두 사회, 문화, 역사적 상황과 결부시키고 있다고 지적하고 있다. 또한, 사회적, 시대적 맥락과 관련지어 작품을 보려는 경향이 강하다는 점과 좀 더 학습자들이 심미적 가치를 인식할 수 있도록 학습 내용 요소에 변화가 필요함을 지적하고 있다. 이와 관련하여 졸고(2015c, 2017)에서도 성취기준 자체가 지나치게 인물 간의 갈등이나 사회문화적 상황에 집중되어 있다는 점을 지적하였다.

양국 모두 교육과정이 도입된 지 60여 년이 지났다. 여러 번의 교육과정 개정(改訂)과 그에 따른 교과서 개정(改定)이 거듭되면서 노골적인 국가 이데올로기적 색채가 어느 정도 옅어졌다고 평가할 수 있다. 김경남(2012), 임성규(2008), 김예니(2007), 강진호 외(2006), 차혜영(2005)에서는 한국의 교과서를 국가 이데올로기와 관련하여 연구하고 있는데, 결과적으로 기성세대의 사회문화적 가치관이나 지배 이데올로기를 배제해야 한다는 데에 의견이 모여져 있다. 일본 역시 일찍부터 이시하라(石原, 2005), 다니가와(谷川, 1997), 이토(伊藤, 1995), 야마즈미(山済, 1991), 일본교사회(日本教師會, 1980) 등을 통하여 교과서에 나타난 국가 이데올로기와 기성세대의 강압을 적극적으로 비판하였다.

양국 교과서에서 공통으로 싣고 있는 텍스트를 연구한 金曉美(2010)를 통해서 나라별 국가 이데올로기의 반영을 확인할 수 있다. 金曉美(2010 : 89-99)에서는 양국의 초등학교 교과서에서 빈번히 사용되어온 마리 퀴리의 전기(傳記)를 예로 들고 있다. 해당 텍스트는 제2차 세계대전 이후 한국과 일본의 교과서에서 자주 등장했는데 양국이 자국의 입장 및 사회문화적 가치관에 부합하는 면을 부각해 원하는 부분을 제시, 의도적으로 가필 수정하여 제시하고 있다고 지적하고 있다. 한국 교과서에서는 가난한 폴란드 여성이 파리에 유학하여 과학자로서 성공한 점을 폴란드에 대한 애국심과 연결지어, 「피지배자의 시점에서 러시아의 압정(壓政)에 고통 받는 폴란드 소녀」라는 점을 부각했다고 보았다. 한편, 일본 교과서에서는 그녀가 남편의 죽음을 극복하고 그의 뒤를 이어 강단에 섰으며 여성 과학자로 성공한 점을 강조하여 「남편의 죽음을 극복하고 일어선 프랑스 여성 과학자」라는 면을 부각하고 있다. 즉, 양국간의 차이를 통하여 양국의 교재의 성격을 단적으로 보여주고 있다고 설명하고 있다.

임성규(2008)에서는 한국 교과서에서 문학텍스트는 1981년 제4차 교육과정 이후에야 지배 이데올로기에서 어느 정도 자유로워져서 다양한 문학 작품이 교과서에 등장하게 되었고 1980년대 후반에 교과서 수록 문학텍스트가 순수문학에 치우치거나 지나친 보수적 이념에 치우쳤다는 비판을 받으면서, (초등학교에 비해) 중등학교에서는 문학교육의 정전에 대해 어느 정도 검토가 이루어졌다고 평가하고 있다.

최근 전쟁·평화 텍스트의 변천을 연구한 이케다(池田, 2012), 시기별 전기문의 위인을 고찰한 유르마즈(ユルマズ, 2013), 韓炫精(2011), 李淑子(1985) 등을 접하면서 양국의 통시적 현황 대조의 필요성을 깨닫게 되었다. 이케다(池田, 2012 : 84-95)에서는 일본의 교과서 도서관(도쿄 소재)에 소장된 1947년부터 2009년 사이에 발행된 372권의 고등학교 교과서를 대상으로 국가 이데올로기라는 사회문화적 특징이 드러나는 전쟁·평화 텍스트의 출현 비율 및 경향을 분석하고 있다. 그는 372권의 일본 고등학교 검정 교과서 중, 이른바 전쟁·평화교재[10]를 다룬 것은 34.7%에 해당하는데, 최근에는 그 비중이 점점 줄고 있다고 지적하고 있다. 더구나 그 내용을 보면, 직접적인 전쟁 체험이나 피폭(被爆)이 아닌, 이른바 복안시선(複眼視線)의 작품이 등장하고 있다는 점을 지적하고 있다. 즉, 전쟁·평화교재가 줄었고 전쟁의 피해자 시점에서 다루고 있다는 점을 지적하였는데, 이 역시 엄연한 국가 이데올로기라 할 수 있다.[11] 더불어 교과서 텍스트가 시대의 영향을

---

10 인간의 존엄을 부정하는 일체의 폭력을 반대하고 평화로운 사회 실현에 공헌하는 인간을 육성하기 위해 쓰인 교재, 일본에서의 전쟁·평화교재는 원폭교육, 전쟁 피해자의 입장에서 반전교육이라는 측몃에 초점이 맞추어져 있다.

11 이케다(2012)에서는 전쟁의 피해자 시점에서 다루는 한, 진정한 의미에서 전쟁에 대한 반성은 배양되지 않는다고 비판하고 있다.

받고 출판사(집필자)의 사상에 좌우되는지를 보여준다.

졸고(2015c)에서도 이와 관련된 비판을 하고 있다. 일본이 전쟁을 피해자의 관점에서 서술하고 있다고 비판한 바 있다. 아버지를 전장에 내보내고 고통 받는 가족, 히로시마 피폭, 오키나와 전(戰)에서의 민간인 희생 등에 초점이 맞추어져 있다. 즉, 자국민을 피해자로서 그리고 있고, 베트남 전쟁, 나치와 유대인 문제 등 국제적인 문제로 시선을 돌리고 있다고 지적하였다.

李淑子(1985 : 536-683, 726-730)[12]에서는 1895~1979년까지 한국(조선) 교과서에 실린 인물 및 이데올로기와 관련된 어휘를 분석하였다. 당시 시국(時局)의 추이가 교과서에 그대로 반영되어 있다는 점과 1979년에 사용된 국어 교과서에서는 예전에 비해 일제 강점기 교과서와는 달리 국가주의적인 어휘나 군사 어휘가 줄어든 반면 일본에 대해 부정적인 의미를 담은 어휘의 종류 및 양이 많다는 것을 밝혔다.

졸고(2017)를 통하여 교과서가 개정 시의 변화 및 변화의 정도에 대한 통시적 비교연구가 필요하다는 결론을 얻었다. 유독 한국 교과서의 텍스트의 불안정성, 삽화의 허술함, 교과서 제작의 노하우가 축적되지 않는 이유에 대해서 의문을 제기하였다.

교과서 텍스트의 빠른 변화는 역동성과 현실감을 주는 것이 사실이나 그때그때의 교육과정의 목표에 맞추어 각색한 전래소설이나 집필진에 의해 작성된 교재의 무분별한 사용은 교과서의 사회문화적 축적을 방해하고 안정성을 저해하는 요인이 된다. 교육과정 개정이 반복되는 속에서도 검

---

12   李淑子(1985) 참조

증을 거쳐 꾸준히 사용되는 교재가 많은 일본의 경우, 진부하고 역동성이 없다고 평가할 수 있으나 그만큼 교과서의 안정성을 보장 받는다. 이와 관련하여, 앞으로 통시적으로 연구할 필요가 있다고 본다. 본장에서는 이상의 선행연구를 바탕으로 문학텍스트를 분석한다.

다음으로, 「비문학텍스트」의 경우, 선행연구가 극히 드물다. 주현희 외 (2004)에서는 한국교육과정평가원(2004)을 바탕으로 하여 양국의 고등학교 교과서의 비문학텍스트의 제재를 인문, 사회, 과학·기술, 예술, 언어로 분류하였다. 그 결과 대부분 항목에서 양국 간의 차이가 현저하고 특히 과학·기술 분야에서 차이가 크다고 밝힌 바 있다.

졸저(2017)에서 분석한 초등학교 교과서의 경우에는 양국 모두 5개 범주중 〈설명·기록〉 범주의 비중이 높았다. 한국은 일본에 비해 〈주장·비평〉 및 〈전기·수기〉의 비중이 높은데, 계몽적인 내용을 담고 있는 것이 특징이라 할 수 있다. 양국 모두 비문학텍스트의 제재는 〈과학·기술〉 및 〈사회〉 〈인문〉 순으로 비중이 높았다.

양국 간 중·고등학교 비문학텍스트를 대조 분석한 것으로 졸고(2018)가 있다. 본장에서는 졸저(2017)와 더불어 졸고(2018)의 연구 성과를 바탕으로, 주현희 외(2004)를 보완하여 비문학텍스트의 분야를 5개 분야 25개 항목으로 나누어 양국 간의 차이를 분석한다. 단, 졸고(2018)에서 비문학텍스트를 통합하여 다루었다면, 본고에서는 각 장르별로 분석하여 제재분야와 장르와의 관계를 분석하고, 마지막으로 이를 통합하여 분석하는 방식을 채택하였다.

7.2 텍스트의 분량 및 장르별 분포

7.2.1 텍스트와 학습활동

양국의 국어 교과서는 텍스트, 학습활동, 표지, 자료, 부록으로 구성되어 있다. 이중 표지, 자료, 부록을 제외한 「텍스트」와 「학습활동」을 「본교재」라 한다. 양국간 「본교재」의 양은 앞서 〈1.5 국어 교과서의 분량〉에서 제시한 바와 같이 쪽수를 기준으로 하였을 때, 한국이 중학교 교과서에서는 일본의 2.1배, 고등학교 교과서에서는 일본의 1.5배에 해당할 정도로 양이 많았다.

「텍스트」는 학습활동을 위한 바탕글을 가리키며, 「학습활동」이란 텍스트를 바탕으로 하여 학생들의 학습을 돕고 학습 목표에 도달하도록 유도하는 역할을 하는 부분이다.[13]

하지만, 본교재와 자료를 어떻게 구별할 것인지 텍스트의 기준을 어디까지 인정할 것인지와 관련하여 중·고등학교 각 3종 교과서를 아우르는 기준을 세우는 데에는 어려움이 있다. 양국 모두 자료에 텍스트, 또는 본교재에서 제시한 텍스트의 일부를 수록한 경우가 있고 학습활동 내에서 소

---

13 일본 교과서에서는 「学習(학습)·学習の手引き(학습안내)·学習ポイント(학습포인트)」라는 용어를 사용하고 있다.

(小) 텍스트를 사용하는 경우가 있다. 전자도 포함시키되, 후자의 경우는 양국의 형평성을 맞추기 위해 양국 교과서의 양 및 편집을 고려하여 한국은 1쪽, 일본은 ½쪽을 넘는 경우를 텍스트로 인정하였다.

「언어지식」 및 「문법」 영역의 경우, 한국 교과서는 본교재 내에 텍스트로 제시하고 학습활동을 통해서 학습이 이루어지도록 하는 경향이 있고, 일본은 자료 형태로 제시하는 경향이 있다. 결과적으로, 한국이 언어지식 및 문법 관련 텍스트 비중이 높을 가능성이 있으나 불가피한 원칙이었다.[14]

졸저(2017)에서 초등학교 교과서 텍스트 및 학습활동의 비중을 조사한 바에 의하면 한국이 일본보다 텍스트의 비중은 낮고 학습활동의 비중은 높은 것으로 나타났다. 즉, 한국 초등학교는 교과서에서 제시한 텍스트를 다양한 학습활동을 통해 학습 목표에 도달하도록 유도하는 경향이 강하고 일본 초등학교는 학습활동이 매우 간결하였다. 중·고등학교 교과서의 경우에는 어떠한지 뒤에서 밝혀질 것이다.

먼저, 본교재에서 차지하는 「텍스트」와 「학습활동」의 비중을 분석하고 이중 텍스트는 앞의 7.1.2에서 제시한 5개 범주로 나누어 분석한다.

[표 4]는 중·고등학교 교과서의 본교재를 텍스트와 학습활동으로 분류한 것이다. 중·고등학교간의 비교를 위해 중·고등학교 모두 1종 1년분 수치를 제시하였다. 양쪽을 비교하는 경우에는 비중에 주목하기 바란다.

14　이 부분에 대한 기준을 새롭게 정하면서 졸고(2015a, 2018a) 등과 본고에서 쪽 산정에 약간의 차이가 있음을 밝힌다.

[표 4] 본교재에서 차지하는 텍스트와 학습활동 비중 (1종 1년분, ( )안은 %)

		텍스트	학습활동	계
中	K	203.9(39.3)	315.0(60.7)	518.9(100)
	J	142.6(58.4)	101.4(41.6)	244.0(100)
高	K	223.0(41.9)	329.7(58.1)	532.7(100)
	J	230.3(70.2)	97.7(29.8)	328.0(100)

일본은 중·고등학교 모두 텍스트의 비중이 한국보다 높다. 중학교는 19.1%, 고등학교는 28.3%나 높았다. 특히, 고등학교의 경우, 일본은 텍스트 비중이 70.2%로 높아져, 한국과 차이가 더욱 벌어졌다. 그만큼 학습활동의 비중은 초등학교부터 한국이 일관되게 높은 것으로 나타났다.

마지막으로, 나라별로 중·고등학교간 분량을 변화를 살펴보면, 한국은 중학교에 비해 고등학교에서 텍스트 및 학습활동 모두 1.1배로 늘어났다. 한편, 일본의 경우, 텍스트는 1.6배로 늘어났고 학습활동은 한국과 같이 1.1배에 머물렀다. 결과적으로 한국은 학교급별 비중의 차이가 거의 없지만, 일본은 고등학교로 올라오면서 학습활동의 비중은 더욱 작아지고 텍스트의 비중이 현저하게 더욱 늘어나면서 교과서 체재에 큰 변화가 나타났다.[15]

양국의 교과서에 실린 소설 텍스트를 예로 하여, 학습활동의 양 및 내용을 비교한다. 전문(全文)이 실린 소설로, 텍스트의 비중이 다른 텍스트에

---

15 고등학교 교과서에서 판형도 작아지고, 학습활동의 양도 줄었으며 6장에서 다룰 삽화의 비중도 낮아졌다.

비해 높은 예이다.

먼저, 한국 고등학교 교과서에서 2종 공통으로 실린 소설 「메밀꽃 필 무렵」(K41, K61)의 경우이다. 텍스트는 2종 평균 11.5쪽(74.2%)이고 이와 관련된 학습활동은 평균 4.0쪽(25.8%)이다.

「K41」에 실린 해당 텍스트의 경우, [그림 1]과 같이, 텍스트의 앞부분에서 학습 목표 및 성취기준을 제시하고 텍스트의 뒷부분에는 4쪽에 걸쳐 [그림 2~5]와 같이 내용 확인, 인물의 심리 및 성격 파악, 서술자 시점 분석, 인물의 이동에 따라 사건을 정리하고, 소설의 배경을 다루는 등, 총 5쪽에 걸친 다양한 활동으로 해당 텍스트를 분석하여 학습 목표에 도달하도록 유도하고 있다.

[그림 1] 학습목표(앞)

[그림 2] 내용 확인, 인물의 심정 분석

[그림 3] 서술자 시점 분석

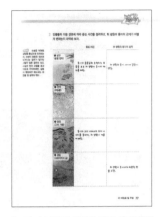

[그림 4] 인물의 이동에 따른 사건 정리   [그림 5] 소설의 배경, 서술자 탐구

한국 교과서에서는 텍스트의 교육목표 및 성취기준, 내용학습, 목표학습, 통합학습 등으로 나누어 내용 요약 및 줄거리, 인물의 심리 및 성격, 주제에 이르기까지 분석 과정이 단계적으로 제시되어 있어 학습자(학생)가 학습 목표 도달하는데 용이할 것으로 보인다. 특히, [그림 4]와 같이, 소설의 줄거리를 요약하는 학습활동이 일반화되어 있다. 앞서, 6장에서 제시한 [그림 49, 50]은 바로 이러한 예에 사용된 삽화이다.

문제는 학습활동의 양이 많고 자칫 학습자 개인의 창의적이고 다양한 읽기의 가능성을 저해할 우려가 있다는 점이다. 더불어 국가가 정한 교육과정에 준거하여 집필된 집필자의 의도대로 학습 및 습득이 이루어질 가능성이 크다. 이는 텍스트의 내용 여하에 따라서는 해당 국가 사회의 이데올로기 등이 전파, 흡수될 가능성이 크다는 것과도 통한다.

다음은 일본 고등학교 교과서에서 3종 공통으로 실린 소설 「羅生門(라쇼몬)」(J4~J6)의 경우이다. 텍스트는 3종 평균 13.7쪽(89.0%)이고 이와 관련된 학습활동은 평균 1.7쪽(11.0%)이다.

[그림 6]과 같이, 텍스트의 앞부분에서 학습 목표를 제시하고 텍스트의 뒷부분에 [그림 7, 8]과 같이 2쪽에 걸쳐 저자소개, 인물의 심리 파악, 그리고 어휘 및 한자 학습에 할애하고 있다.

[그림 6] 학습목표, 원작사진(앞)

[그림 7] 저자소개, 인물의 심리 파악

[그림 8] 표현, 언어활동, 한자 학습

즉 일본 교과서의 경우, 학습활동 중 어휘교육 및 한자 학습 등이 포함된 것이 한국 교과서와 구별되는 특징이기도 하다. 이를 제외하고 텍스트의 내용과 관련된 것은 등장인물의 심리 파악이 전부로, 학습활동이 상당히 간결한 것을 알 수 있다. 이는 집필자의 관여가 적고 학생 개개인에 의한 다양한 읽기를 가능하게 한다고 보지만, 집필자가 의도하는 학습 목표

에 도달할 수 있는 단서가 적으므로 학습자 간의 수용 격차가 크다는 우려
가 있다.

7.2.2 텍스트의 장르별 분포

텍스트의 장르별 분량 및 비중은 해당 시기의 교육과정과 연관이 있다.
중학교와 고등학교로 나누어 살펴본다.

　[표 5]는 중학교 교과서의 텍스트를 작품수 및 쪽수 기준으로 5개 범주
로 분류하고 양국간 카이제곱값을 구하여 유의차를 산정한 것이다. [그림
9~12]는 이를 알기 쉽게 나타낸 것이다.

[표 5] 중학교 교과서 텍스트의 장르별 분포 및 유의차 (( )안은 %)

	작품수			쪽수		
	K中	J中	χ2값	K中	J中	χ2값
소설·극본·시	181(34.1)	198(48.8)	20.583	919(50.1)	622(48.5)	0.773
수필·감상	58(10.9)	31(7.6)	2.860	149(8.1)	75(5.8)	5.848
전기·수기	29(5.5)	11(2.7)	4.207	98(5.3)	37(2.9)	10.987
설명·기록	154(29.0)	67(16.5)	19.886	372(20.3)	215(16.8)	6.098
주장·비평	109(20.5)	99(24.4)	1.963	297(16.2)	334(26.0)	45.345
계	531(100)	406(100)		1,835(100)	1,283(100)	

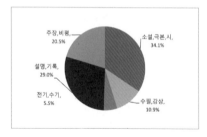

[그림 9] K中 작품수

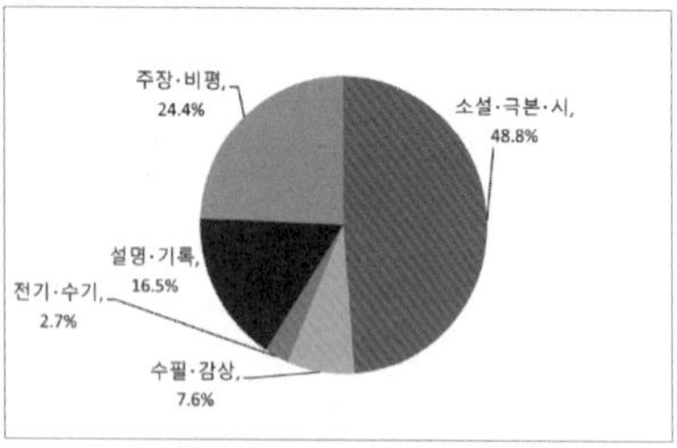

[그림 10] J中 작품수

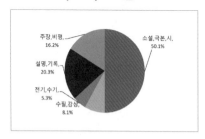

[그림 11] K中 쪽수

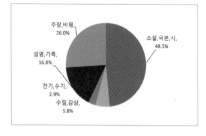

[그림 12] J中 쪽수

먼저, 「작품수」를 기준으로 살펴본다.

중학교 교과서 텍스트 중에서 〈소설·극본·시〉의 비중은 일본이 48.8%로, 34.1%인 한국에 비해 높아, 20.583의 유의차를 나타냈다. 이는 일본이 「시」[16]에서 정형시인 와카, 하이쿠를 1종당 중학교 3년간 40편 가까이 다루고 있다는 점이 가장 큰 원인이다.[17] 참고로, 한국은 시조[18]라 불리는 정형시를 거의 다루지 않고 있다. 한편, 정보 전달을 목적으로 하는 〈설명·기록〉의 비중은 한국이 일본에 비해 높아 19.886의 유의차를 보였다. 또한,

16 본고에서는 시, 시가, 한시 등 운문문학을 통틀어 넓은 의미에서 「시(詩)」라 부르고 있다. 시가와 대비되는 좁은 의미로 사용되는 경우와 구별 바란다.

17 뒤의 7.3.2의 [표 14] 참조

18 고려 말부터 발달한 우리나라 고유의 정형시

유의차는 나타나지 않았으나 〈전기·수기〉에서 한국은 작품수가 일본의 2.6배에 이른다.

다음으로, 「쪽수」를 기준으로 보면, 〈소설·극본·시〉에서는 유의차가 나타나지 않았다. 한국 중학교는 〈전기·수기〉의 비중이 5.3%로, 2.9%인 일본에 비해 10.987의 유의차를 나타냈다. 한편, 일본 중학교는 설득 및 계몽을 목적으로 하는 〈주장·비평〉의 비중이 26.0%로, 16.2%인 한국에 비해 45.345의 유의차를 보였다. 그밖의 범주에서는 유의차가 나타나지 않았다.

[표 6]은 고등학교의 경우이다. 분석 방법은 중학교 교과서와 같다. [그림 13~16]은 알기 쉽게 그래프로 나타낸 것이다.

[표 6] 고등학교 교과서 텍스트의 세부 장르 (1종 1년분, ( )안은 %)

	작품수			쪽수		
	K高	J高	χ2값	K高	J高	χ2값
소설·극본·시	70(34.7)	185(70.1)	57.707	308(46.0)	365(52.5)	5.710
수필·감상	22(10.9)	27(10.2)	0.042	58(8.7)	123(17.7)	24.095
전기·수기	3(1.5)	-	4.881	14(2.1)	-	15.636
설명·기록	88(43.6)	25(9.5)	70.445	224(33.5)	60(8.6)	126.390
주장·비평	19(9.4)	27(10.2)	0.072	65(9.7)	147(21.2)	33.903
계	202(100)	264(100)		669(100)	695(100)	

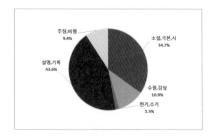

[그림 13] K高 작품수   [그림 14] J高 작품수

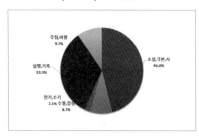

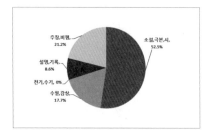

[그림 15] K高 쪽수   [그림 16] J高 쪽수

먼저, 「작품수」를 기준으로 살펴본다.

일본 고등학교는 〈소설·극본·시〉의 비중이 70.1%로, 34.7%인 한국에 비해 57.707의 유의차를 나타냈다. 중학교와 마찬가지로 일본 교과서에서 시가를 많이 싣고 있는 것이 주요 원인이다. 한편, 한국 고등학교는 〈설명·기록〉 비중이 43.6%로, 9.5%인 일본과 큰 차이가 있다. 70.445의 유의차를 나타내, 중학교에 비해 더욱 차이가 벌어졌다.

다음으로, 「쪽수」기준으로 보면 〈소설·극본·시〉에서 유의차가 나타나지 않았다. 한국 고등학교는 〈설명·기록〉의 비중이 33.5%로, 8.6%인 일본에 비해 126.390의 유의차를 보였다. 〈전기·수기〉는 중학교에 비해 낮아졌으나 일본에서 전혀 사용되지 않아 15.636의 유의차를 보였다. 한편, 일본 고등학교는 〈주장·비평〉 및 〈수필·감상〉에서 각각 33.903, 24.095의 유의차를 나타냈다. 양국간 고등학교 텍스트는 작품수 및 쪽수 모두 중학교 교과서에 비해 차이가 크다고 볼 수 있다.

마지막으로, 나라별로 중·고등학교 학교급간의 차이를 살펴보았다. (지면관계상 표는 생략한다.) 그 결과, 한국은 중학교에서 고등학교에 비해 〈설명·기록〉에서 22.890의 유의차를 나타냈고 고등학교는 중학교에 비해 〈주장·비평〉에서 14.626의 유의차를 나타냈다. 한편, 일본은 그 반대의 경향을 나타냈지만, 학교급별 유의차는 나타나지 않았다. 나라별로 학교급간의 장르 변화는 일본보다 한국이 더 크다는 것을 알 수 있다.

결과적으로 중·고등학교 교과서에서 한국은 「정보 전달」, 일본은 「계몽·설득」에 힘을 기울이고 있으며 이러한 경향은 고등학교에서 더욱 심화되었음을 알 수 있다. 자세한 것은 세부 장르 분석에서 다룬다.

7.3 소설·극본·시

7.3.1 분량 분석

중학교의 경우, 〈소설·극본·시〉가 전체 텍스트에서 차지하는 비중은 작품수의 경우, 한국은 34.1%(181편)이고 일본은 48.5%(198편)로, 일본의 비중이 높았다. 쪽수의 경우에는 한국이 50.1%(673쪽)이고, 일본이 48.5%(531쪽)로, 오히려 한국이 약간 높은 것으로 나타났다. 다음으로, 고등학교는 작품수의 경우, 한국은 34.7%(70편)이고 일본은 70.1%(185편)로, 일본 고등학교 교과서에서 해당 장르의 비중이 현저히 높아진 것을 알 수 있다. 쪽수의 경우에도 한국이 46.0%(308쪽)이고, 일본이 52.5%(365쪽)로, 일본교과서의 비중이 높았다. 이하, 〈소설·극본·시〉의 상세 분석을 통하여 그 원인을 구체적으로 분석한다.

[표 7]은 중·고등학교 교과서의 〈소설·극본·시〉의 범주 내에서의 장르별 비중을 나타낸 것이다. (소설텍스트의 분석에서 중학교는 3종 3년분, 고등학교는 1종 1년분임. 유의차가 나타난 곳은 음영으로 처리함. 이하 같음.)

[표 7] 중·고등학교 〈소설·극본·시〉의 작품 비중 (( )안은 %)

	작품수				쪽수			
	소설	극본	시	계	소설	극본	시	계
K中	74(40.9)	12(6.6)	95(42.5)	181(100)	673(73.2)	121(13.2)	125(13.6)	919(100)
J中	62(31.3)	4(2.0)	132(66.7)	198(100)	531(85.4)	10(1.6)	74(11.6)	622(100)
χ2값	3.677	4.732	7.792		31.943	63.638	0.105	
K高	23(32.9)	9(12.9)	38(54.3)	70(100)	194(63.0)	55(17.9)	59(19.2)	308(100)
J高	53(28.6)	1(0.5)	131(70.8)	185(100)	279(76.4)	2(0.3)	84(23.0)	365(100)
χ2값	14.395	19.434	5.975		14.395	64.294	1.458	

먼저, 양국의 「중학교」를 살펴본다.

작품수 기준으로 일본이 「시」의 수가 많아, 한국에 비해 7.792의 유의차가 나타났다. 한편, 쪽수 기준으로는 한국은 「극본」에서 63.638, 일본은 「소설」에서 31.943의 유의차가 나타났다.

한국은 중·고등학교 교육과정에서 「극본」을 사용하고 있다. 중·고등학교 모든 교과서에서 극본을 싣고 있는데, 대부분 근·현대 작품이라는 점도 특징적이다. 한편, 일본은 「전통적인 언어문화와 국어의 특질에 관한 사항」에서 전통문화 이해를 목표로, 만담(落語), 가부키(歌舞伎), 교겐(狂言) 등의 전통 무대극의 대본을 싣는 경우가 있으나 양이 적다는 점에서도 한국과 차이가 있다.

다음으로, 「고등학교」를 살펴본다.

작품수 기준으로 한국이 일본에 비해 「극본」 및 「소설」에서 각각 19.434, 14.395의 유의차가 나타났다. 한편, 쪽수 기준으로는 한국은 「극본」에서 64.294, 일본은 「소설」에서 14.395의 유의차가 나타났다. 이는 앞의 중학교와 같이 극본의 영향이기도 하지만, 일본 고등학교에서 모노가타리라 부르는 고전 설화(物語), 중국 고사, 중국 설화(史傳) 등을 다수 싣고 있기 때문이다. 소설 및 극본의 전체 목록은 본서 뒷부분의 〈부록 3〉, 〈부록 4〉를 참조 바란다. 시의 목록은 지면 제약상 생략한다.

7.3.2 제작 시기 및 작가 분석

교과서에 실린 작품의 제작 시기 및 이와 관련된 시대적 배경은 해당 국가를 이해하는 중요한 자료가 됨과 동시에, 해당 시기가 그 국가 사회에서 차지하는 중요도를 나타낸다. 이는 나라별 사회문화적 배경에 따른 특수성에 의한다. 권영민의 『한국현대문학대사전』(2004) 등에 의하면 일본 근대문학의 태동 시기가 한국보다 이르다고 보고 있다. 이와 관련하여 본고에서는 작가의 출생 시기가 소설의 인프라에 미치는 영향 및 소설의 배경 및 주제에 영향에 대해서도 살펴본다. 편의상 작가의 출생 시기를 19세기 중반을 기점으로 하여 「근·현대문학」과 「고전문학」으로 나누어 분석한다.

(1) 소설

한국 문학사에서 소설의 역사적 갈래를 「서사시·판소리·설화(신화·전설·민담)·고전소설(한글소설, 한문소설)·신소설·근·현대소설」로 나누고 있다. 여기서 「한글소설」 및 「한문소설」이란 17세기 이후 조선 후기에 유행한 한글 또는 한문으로 쓰인 소설[19]을 가리킨다. 조선 후기에 판소리 사설의

---

19 한글소설에는 영웅, 군담소설, 가정·가문 소설, 판소리계 소설 등이 있으며, 영·정조 때가 전

영향을 받아 정착된 판소리계 소설도 한글소설에 포함시킨다. 「신소설(新小說)」이란 19세기 말에서 20세기 초에 걸쳐 유행한 개화기소설을 말하는데, 교과서에는 수록되지 않았다.

본고에서는 「근·현대소설」을 제외하고 한글소설 및 한문소설, 신소설 모두 「고전소설」로 분류한다.

일본 소설 역시 19세기 중반을 기점으로 구분하나, 일본의 고전소설에는 10~13세기의 설화(物語)가 주를 이루고 있다. 결국, 한국 교과서에 실린 고전소설은 17~18세기의 작품이 주를 이루는데 비해 일본의 고전소설의 경우, 상대적으로 작품의 시기가 이르다고 볼 수 있다. 일본의 경우, 이러한 작품 중에도 작가가 명확하거나 시기를 알 수 있는 경우가 많아 상대적으로 고전소설의 인프라가 풍부하다고 볼 수 있다.

한국은 교육과학기술부의 「국어과 교과서 집필 기준」(2011)에서 시대별로 다양한 작품을 선정하도록 명시하고 있고 일본 역시 문부과학성의 「高等學校國語科學習指導要領」(2010 : 41)에서 고문(古文)과 근대 이후의 글을 균형 있게 사용할 것을 명시하고 있지만, 정확한 기준은 없다.

[표 8]은 앞의 기준에 의해 중·고등학교 소설을 근·현대소설과 고전소설로 양분한 것이다.

성기라 일컬어진다. 특히 여성과 중하층까지 향유하게 되었고, 조선 후기에는 판소리계 소설로도 정착하게 된다(윤여탁 외, 『국어 I 』(K5)).

[표 8] 중·고등학교 교과서 소설의 제작 시기 (( )안은 %)

	작품수			쪽수		
	근·현대소설	고전소설	계	근·현대소설	고전소설	계
K中	57(77.0)	17(23.0)	74(100)	533(79.2)	140(20.8)	673(100)
J中	53(85.5)	9(14.5)	62(100)	486(91.2)	45(8.8)	531(100)
K高	14(60.9)	9(39.1)	23(100)	138(71.1)	56(28.9)	194(100)
J高	18(33.9)	35(66.1)	53(100)	191(68.5)	88(31.5)	279(100)

먼저, 「중학교」의 경우이다.

양국 모두 작품수 및 쪽수에서 근·현대소설의 비중이 고전소설보다 현저히 높았다. 다음으로, 「고등학교」의 경우는 한국 고등학교는 근·현대소설의 비중이 고전소설보다 높다. 일본 고등학교는 고전 문법 및 고어 표기 교육과 접목해 3종 모두 공통으로 고전 설화를 싣고 있고 기원전 2~3세기의 중국 고사(故事) 및 5~13세기의 중국 설화(史傳)를 다수 싣고 있다. 일본의 고등학교에서는 고전소설의 비중을 늘리고 중국의 설화까지 원어로 싣는 등, 국어에서 고전문학의 위치는 확고한 것으로 나타났다.

다음은 근·현대소설을 작가의 출생 시기를 기준으로 세분하고 시기별로 유의차를 구하여 분석한다. [표 9]는 그 결과이다. 확인이 안 된 경우는 「불명」으로 처리한다. [그림 17~20]은 이를 알기 쉽게 그래프로 나타낸 것이다.

[표 9] 중·고등학교 교과서 근·현대소설 작가의 출생 시기 (( )안은 %)

	1825~1850년	1851~1900년	1901~1950년	1951년~	불명	계
K中	1(1.8)	6(10.5)	35(61.4)	11(19.3)	4(7.0)	57(100)

J中	1(1.9)	22(41.5)	19(35.8)	9(17.0)	2(3.8)	53(100)
χ2값	0.218	12.732	6.452	0.618	0.196	
K高	-	-	12(85.7)	2(14.3)	-	14(100)
J高	-	6(33.3)	4(22.2)	7(38.9)	1(5.6)	18(100)
χ2값	-	1.576	7.140	0.297	2.769	

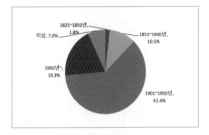

[그림 17] K中 작가의 출생 시기별 작품 비중   [그림 18] J中 작가의 출생 시기별 작품 비중

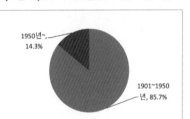
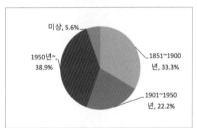

[그림 19] K高 작가의 출생 시기별 작품 비중   [그림 20] J高 작가의 출생 시기별 작품 비중

먼저, 「중학교」의 경우이다.

일본 교과서에는 1851~1900년생, 즉 19세기 중반을 기점으로 출생한 작가의 작품이 41.5%(22편)이다. 양국간 유의차를 산정한 결과, 일본이 한국에 비해 12.732의 유의차가 나타났다. 일본은 아쿠다가와 류노스케(芥川竜之介, 1892년, 3편), 모리 오가이(森鴎外, 1862년, 3편), 나츠메 소세키(夏目漱

石, 1867년, 3편) 등 국내 작가의 작품이 14편이고 나머지 8편은 루이스 캐롤(1832년), 안톤 체홉(1860년), 루쉰(1880년, 3편), 헤르만 헤세(1887년, 3편) 등 외국 작가의 작품이 있다. 한편, 한국은 해당 시기에 해당하는 작가의 작품이 10.5%(6편)에 불과한데, 모두 외국 국적의 작가이다. 예를 들면, 장 지오노(1895년), 헤르만 헤세(1887년, 2편), 생텍쥐페리(1900년, 2편) 등이다.

한국 교과서에 실린 근·현대소설은 1901~1950년생 작가에 집중되어 있다. 현진건(1900년, 3편), 이태준(1905년, 2편), 김유정(1908년, 4편), 황순원(1915년, 3편), 박완서(1931년, 2편), 이청준(1939년, 3편) 등 61.4%(35편)에 이르는 작품이 이 시기에 해당된다. 시기적으로 일제 강점기, 2차 세계대전 및 6·25전쟁을 경험한 세대로, 해당 시기의 사회문화적 배경은 작가들의 작품 주제 및 배경에도 커다란 영향을 미치고 있다. 한국의 경우, 사회문화적 여건으로 인해 근대문학의 형성이 늦어져 인프라가 적다는 점과 맞물려, 해당 시기 작가의 작품이 교과서에서 선호되고 있다고도 볼 수 있다. 일본 역시, 해당 시기, 즉 1901~1950년 출생 작가의 작품이 35.8%(19편)로 높은 편이나 동시대의 한국 작가들이 사회문화적 상황을 주로 다루었다면 일본 작품은 사변적이며 판타지적인 성향이 강하다.

마지막으로, 1950년 이후 출생 작가의 작품은 한국 19.3%(11편), 일본 17.0%(9편)에 불과했다. 그만큼, 1950년 이전 출생 작가의 작품이 교과서에서 오랫동안 실리고 있는 정전(正典)이 확고하다고도 풀이할 수 있다.

이는 양국간 사회적, 역사적 배경 하에서 근·현대문학의 태동 시점에 차이가 있는 것으로 이해할 수 있으며 소설의 인프라나 주제 등에 영향이 있을 것으로 예상할 수 있다.

다음은 「고등학교」의 경우이다.

일본은 여전히 나츠메 소세키(夏目漱石, 1867년), 아쿠다가와 류노스케 (芥川竜之介, 1892년), 시가 나오야(志賀直哉, 1892년)와 같은 1851~1900년, 즉 19세기 중반 이후 출생 작가의 작품이 33.3%(6편)로 한국에 비해 높다.

한국 교과서에는 채만식(1902년), 김유정(1906년), 이효석(1907년), 박태원 (1909년), 박경리(1926년) 등, 1901~1950년생이 85.7%(12편)에 이른다. 동일 시기의 일본은 22.2%(4편)에 불과하였다. 그 이유는 앞의 중학교의 경우와 같다.

마지막으로, 1950년 이후의 출생 작가의 작품 비중은 일본이 시게마츠 기요시(重松淸, 1963년), 미야시다 나츠(宮下奈都, 1967년) 등 38.9%(7편)로, 한 국에 비해 젊은 작가의 작품이 늘었다. 특히 이중에는 교과서 텍스트를 위 해 개발된 작품이 많다는 점에서 시사 하는 바가 있다.

[표 10]은 중·고등학교 「고전소설」을 세분한 것이다.

전래 소설은 물론, 작가 및 시기를 예측하기 어려운 경우는 8세기 이전 으로 처리하였다. 한국의 「춘향전」(K16), 일본의 「竹取物語(다케토리이야기)」 (J11, J21, J31) 등과 같이 작가가 명확하지 않은 경우에도 자료 및 장르를 통 해 문학사적으로 시대를 유추할 수 있는 경우는 이를 구별하였다.

[표 10] 중·고등학교 고전소설의 시대 구분 (( )안은 %)

	8C 이전	9~10C	11~12C	13~14C	15~16C	17~18C	계
K中	5(29.4)	-	1(5.9)	1(5.9)	1(5.9)	9(52.9)	17(100)
J中	-	4(44.4)	-	3(33.3)	-	2(22.2)	9(100)
χ2값	0.040	1.514	6.532	0.008	6.532	0.050	
K高	1(11.1)	-	-	-	-	8(89.9)	9(100)

J高	11(31.4)	5(14.3)	2(5.7)	17(48.6)	-	-	35(100)
χ2값	0.210	0.018	0.805	3.886	-	27.937	

(* C는 세기를 나타냄)

먼저, 「중학교」의 경우이다.

양국의 고전소설간 시대별 유의차는 나타나지 않았다. 한국 교과서는 17편 중 9편(52.9%)이 17~18세기에 형성된 「박씨전(K16, K24)·홍길동전(K22, K32)·춘향전(K16)·양반전(K26, K35)」 등이다. 그 외, 12세기의 「화왕계」(K26)나 13세기의 「서동요」(K34)[20], 그리고 「동명왕 신화」(K11), 「소별왕 대별왕」(K11), 「아기장수 우투리」(K33) 등 5편의 구전소설이 있다. 이들 구전소설은 8세기 이전으로 처리하였는데, 이들의 양 및 비중은 초등학교 교과서에 비해 크게 준 것이다. 졸저(2017)에서 지적한 대로 「집필진의 의도대로 각색되어 특정 가치 덕목을 나타내는 전래소설이 중학교 교과서에서 대폭 줄었고 고등학교에서는 거의 사라졌다. 작자 미상의 글이 많으면 그만큼 교재의 안정성이 떨어지고(佐藤他, 1996 : 37), 집필자의 의도대로 각색이 가능하다는 점에서도 발달 단계를 고려한 바람직한 현상이라 말할 수 있다.한편, 일본은 중학교부터 고전 문법 및 표기 교육과 접목하여 3종 모두 해「竹取物語(다케토리이야기)」, 「平家物語(헤이케이야기)」 등 10~13세기 고전 설화(物語)를 싣고 있다.

다음은 「고등학교」의 경우이다.

한국은 작자 미상인 「바리공주」(K42)를 제외한 89.9%(8편)가 「춘향전(K42)·춘향가(K52)·운영전(K41)·허생전(K62)」 등 17~18세기 이후의 한글소

---

20 작가 미상이나 『삼국유사』(일연)에 실려 있으므로 시기를 13세기로 산정하였다.

설 및 한문소설로 중학교와 경향이 같다. 한편, 일본은 13세기경으로 추정 되는 「古今説話集(고금설화집)」(13세기), 「宇治拾遺物語(우지슈이이야기)」(13세기) 등에 수록된 고전설화가 다양해지고 양도 크게 늘었다. 이들 고전 장르가 교과서에서 확고하게 정전(正典)으로서 자리매김하고 있는 것을 알 수 있 는데, 이는 초등학교 교과서에서부터 보이는 일관된 현상이다. 그 외 고등 학교에서 중국 고사(故事)를 1종당 2.3편(총 7편), 설화(史傳)를 1종당 2.7편 (총 8편)을 싣고 있어 작품수는 물론 양이 많아졌다. 일본의 학습지도요령 에서는 초등학교 5, 6학년부터 고문(古文)과 한문, 그리고 근대 이후의 문 어체 문장을 도입하고 중학교에서도 역사적 배경 등에 주의하여 고전을 읽는다는 점을 명시하고 있다. 특히 일본 고등학교의 「국어총합」은 초·중 학교에서 단계적으로 지도해온 「전통적인 언어문화와 국어의 특질에 관한 사항」을 발전시킨 과목으로, 고전문학 및 한문 장르와 관련된 교재를 확대 심화하여 다루고 있다.

한 예로, 중국의 「矛盾」이라는 텍스트의 경우, 초등학교에서 「고사성 어」, 중학교에서는 「단문 작성」을 하도록 하고 고등학교에서는 원문 및 현 대어역을 함께 싣고 유교(儒教)에 대한 비평을 더해 제시하고 있다.[21]

- 초등학교(4학년) : 고사성어, 출전 명시하지 않음
- 중학교(1학년) : 현대어역, 단문 작성
- 고등학교(1학년) : 원문 및 현대어 역, 유교에 대한 비평

21　林教子(2015)

결과적으로 일본 고등학교 교과서에서는 고전소설, 특히 설화(物語)의 비중이 높아졌고, 중국 고사 및 설화(史傳)를 원문과 함께 싣고 있어 학생들의 학습 부담이 클 것으로 보인다.

(2) 극본

한국은 중·고등학교 교육과정 내에 「극본」을 반드시 포함하고 있어, 일본과 차이를 보인다.

[표 11]은 뒤의 〈부록 4〉에 제시한 극본을 시대별로 나눈 것이다.

[표 11] 중·고등학교 극본의 제작 시기 (( )안은 %)

	작품수			쪽수		
	근·현대 극본	고전 극본	계	근·현대 극본	고전 극본	계
K中	12(100)	-	12(100)	121(100)	-	121(100)
J中	1(25.0)	3(75.0)	4(100)	4(40.0)	6(60.0)	10(100)
K高	7(77.8)	2(22.2)	9(100)	48(87.3)	7(12.7)	55(100)
J高	1(100)	-	1(100)	2(100)	-	2(100)

한국은 중학교에서 3종 교과서에서 3년간 12편(1종 1년분은 1.3편), 고등학교에서 3종 1년간 3편(1종 1년분은 1편)씩 싣고 있는데, 대부분 근·현대 작품이다.

한편, 일본은 극본을 거의 사용하지 않고, 대부분 전통예능인 만담(落語), 가부키, 교겐 등의 대본이다. 참고로, 중학교 교과서에 실린 4편 중 3편이 특정 교과서에 집중되어 있다. 고등학교에서는 1편에 불과한데, 집필진에 의한 「羅生門(라쇼몬)」을 극본화한 텍스트이다.

[표 12]는 중·고등학교 교과서에 사용된 극본을 작가의 출생 시기에 따라 세분한 것이다.

[표 12] 중·고등학교 시대별 극본수 (( )안은 %)

	고전 극본	근·현대 극본				계
		1850~1899	1900~1949년	1950년~현재	불명	
K中	-	-	3(25.0)	9(75.0)	-	12(100)
J中	3(75.0)	-	1(25.0)	-	-	4(100)
K高	2(22.2)	-	3(33.3)	4(44.4)	-	9(100)
J高	-	-	-	-	1(100)	1(100)

특히 한국의 경우, 극본은 비교적 젊은 세대의 작품이 포함되어 있다. 한국 중학교에서는 12작품 중 유치진(1905년), 오영진(1916년), 윤대성(1939년)을 제외한 9개 작품이 민예지(1970년), 박재정(1973년), 김정숙(1976년), 박건용(1976년) 등, 1970년 이후 출생 작가의 작품이다.

한국 고등학교 교과서에서 천승세(1939년), 이강백(1947)을 제외하면, 오승욱(1963), 연미정(1970) 등 젊은 방송작가의 작품이 사용되고 있다. 이는 극본의 교육목표가 의사소통기능 등에 있다는 것과 맞물려 최근의 방송 대본을 주로 사용하고 있다는 것과 관련이 있다.

(3) 시

「시(詩)」는 근·현대에 들어와 정착된 자유로운 운율의 「시(근·현대시)」와 정형시인 「시가(시조, 가사, 와카, 하이쿠 등)」, 그리고 중국의 「한시」로 나눌 수 있다. 시가 및 한시의 경우에는 고전 장르이지만 시대별로는 고전 시가와 근·현대 시가와 같이 시대를 나눌 수 있으나 이를 구분하지 않았다. 일본 교육과정에서는 중학교 교육과정에 한시가 포함되어 있고 교과서에서도 싣고 있는데, 모두 고전 작품이다.

　[표 13]은 중·고등학교 교과서의 시를 세부장르로 분류하여 세분하여 유의차를 구한 것이다.

[표 13] 중·고등학교 시의 세부 비중 (( )안은 %)

	작품수			쪽수		
	K中	J中	χ2값	K中	J中	χ2값
시	81(85.3)	26(17.4)	107.449	111(88.8)	42(53.2)	32.044
시가	14(14.7)	118(79.2)	96.215	14(11.2)	30(38.0)	19.893
한시	-	5(3.4)	2.73	-	7(8.9)	10.445
계	95(100)	149(100)		125(100)	79(100)	
	K高	J高	χ2값	K高	J高	χ2값
시	24(63.2)	10(7.6)	54.882	33(55.9)	21(25.0)	13.383
시가	14(36.8)	101(77.1)	21.087	26(44.1)	45(53.6)	1.049
한시	-	20(15.3)	5.906	-	18(21.4)	13.394
계	38(100)	131(100)		59(100)	84(100)	

　먼저, 「중학교」의 경우이다.

　작품수 기준으로 한국이 「시(근·현대시)」에서 107.449, 일본이 「시가」에서 96.215의 유의차를 보였다. 쪽수 기준으로는 한국이 「시」에서 32.044, 일본이 「시가」 및 「한시」에서 각각 19.893, 10.445의 유의차를 보였다. 한국은 「시」의 작품수 및 쪽수 비중이 높으나 「시가」는 3종 교과서에서 3년간 14편밖에 실리지 않았다. 이 중 4편의 고대가요(작자 미상) 등을 제외하면 정형시인 시조는 10편, 1종당 3.3편에 지나지 않는다. 반면, 일본은 상대적으로 「시」는 적지만 정형시인 「시가」의 비중이 1종당 39.3편이다.

다음으로, 「고등학교」의 경우이다.

작품수 기준으로 한국이 「시」에서 54.882, 일본이 「시가」에서 21.087의 유의차를 보였다. 쪽수 기준으로는 한국이 「시」에서 13.383, 일본이 「한시」에서 13.394의 유의차를 보였다. 전반적으로 중학교와 경향이 같은 것을 알 수 있다. 다음은 시를 세부장르별로 시대를 분석한다.

[표 14]는 중·고등학교 교과서 「시」의 제작 시기를 구분한 것이다.

[표 14] 중·고등학교 교과서 시의 세부장르별 제작 시기 (( )안은 %)

	근·현대 시/시가				고전 시가				총계
	시	시가	한시	소계	시	시가	한시	소계	
K中	81 (96.4)	3 (3.6)	-	83 (100/87.4)	-	11 (100)	-	11 (100/12.6)	94 (100)
J中	26 (28.3)	66 (72.7)	-	92 (100/61.7)	-	52 (91.2)	5 (8.8)	57 (100/38.3)	149 (100)
K高	24 (96.0)	1 (4.0)	-	25 (100/65.8)	-	13 (100)	-	13 (100/34.2)	38 (100)
J高	10 (13.7)	63 (96.3)	-	73 (100/55.7)	-	38 (65.5)	20 (34.5)	58 (100/44.3)	131 (100)

먼저, 「중학교」의 경우이다.

한국 교과서에서 「시가」는 3종 합계가 14편에 불과하다. 이 중 3편 「호박꽃 바라보며」(K11)·봉선화(K21)·아지랑이(K31)」만이 근·현대 시가이고 11편은 고전 시가다. 즉, 「시조」라고 하는 전통적인 고전 장르가 사라지고 있다고 볼 수 있다. 이는 사회 전반적인 경향이라 생각되며 이에 대한 재고가 필요하다. 다음으로, 「시」는 한용운(1879년)의 시를 제외하고는 60% 이상이 1901~1950년생인 김소월(1902년), 이육사(1904년), 윤동주(1917년) 등의 시가 실리고 있다. 1950년 이후 출생 작가의 작품이 35.2%인데, 안도현(1961년), 나희덕(1966년) 등 상대적으로 젊은 세대의 작품이 실려 있다.

한편, 일본은 「시」의 경우, 다카무라 고타로(高村光太郎, 1883), 기타하라 하쿠슈(北原白秋, 1885년), 이시카와 다쿠보구(石川啄木, 1866년) 등 대부분이 19세기 출생 작가의 작품으로 20세기 이후 출생한 작가의 비율이 극히 낮다. 다와라 마치(俵万智, 1962년)가 이례적이라 할 정도로 작품 선정이 매우 보수적이라고 할 수 있다. 「시가」는 중학교에서 3종 합계가 118편인데, 이 중에는 근·현대 시가가 55.9%(66편), 고전 시가가 44.1%(52편)으로 한국과 커다란 차이를 보인다. 고전 시가의 대부분은 고전 작품집인 『万葉集』(8세기), 『古今和歌集』(905), 『新古今和歌集』(1205)에 수록되어 있다. 고전작품의 인프라가 많기도 하고, 현대에도 꾸준히 고전 장르가 대중에게 사랑받고 있으며, 교과서에서도 이를 적극적으로 다루고 있다.

다음은 「고등학교」의 경우이다.

한국 고등학교는 중학교와 유사한 경향을 보인다. 「시」에서 압도적으로 비중이 높은데, 1901~1950년생인 김소월(1902년), 정지용(1902년), 이은상(1903년), 이육사(1904년), 백석(1912년), 윤동주(1917년) 등의 시가 실리고 있다. 이후 약간의 차이를 두고 신경림(1936년), 이문구(1941년), 유안진(1941년) 등의 시가 있다. 1950년 이후 출생 작가로는 나희덕(1966년) 외에 황지우(1952년), 김선우(1970년), 그리고 장범준(1989년)의 가요 가사가 실리는 등, 상대적으로 넓은 세대에 걸친 작품이 실려 있다. 「시가」는 편수도 적고 1

편(아지랑이, K31)[22]을 제외하고는 대부분 고전 시가이다. 참고로 쪽수 기준으로는 「시가」의 비중이 늘어난 것으로 나타났는데, 이는 산문과 운문의 중간 단계라 볼 수 있는 16세기 가사(歌辭) 문학을 고전 시가로 보았기 때문이다.[23]

한편, 일본은 「시」가 10편에 지나지 않지만, 「시가」는 101편으로, 이 중 62.4%(63편)가 근·현대시가라는 점에서 중학교에 이어 한국 교과서와 차이가 크다. 또한, 일본 고등학교에서는 중국의 「한시」를 비중 있게 다루고 있다는 점에서도 차이가 있다.

7.3.3 작가 분석

(1) 소설

소설에 나타난 작가의 성차(性差)를 분석한다. 뒤의 〈부록 3〉의 중·고등학교의 소설 목록을 참조 바란다. [표 15]는 작가의 성별을 알기 어려운 작품을 제외하고 근·현대소설과 고전소설로 나누어 제시한 것이다.

[표 15] 중·고등학교 소설에 나타난 작가의 성차 (숫자는 작품수, ( )안은 %)

	근·현대소설			고전소설		
	남	여	계	남	여	계
K中	45(84.9)	8(15.1)	53(100)	7(100)	- -	7(100)
J中	43(84.3)	8(15.7)	51(100)	1(100)	-	1(100)

---

22 이 시조는 중학교 교과서(K31)에도 실렸음.

23 「관동별곡」(K42, K62)을 시가로 간주하였음.

χ2값	0.016	0.016		-	-	
K高	10(71.4)	4(28.6)	14(100)	3(100)		3(100)
J高	13(76.5)	5(23.5)	17(100	19(100		19(100)
χ2값	0.555	0.555		-	-	

먼저, 「중학교」의 경우이다.

양국 모두 성차가 심각한 것으로 나타났다. 근·현대소설의 경우, 한국은 박경리, 박완서(2편), 양귀자, 오정희 등의 중견 작가 외에 오승희(2편), 홍은실, 유은실 등의 상대적으로 젊은 작가가 등장하고 있으나 전체의 15.1%(8편)에 머물렀다. 일본 역시 스기 미키코(杉みき子, 3편), 아사노 아츠코(あさのあつこ, 2편), 에쿠니 가오리(江国香織) 등이 등장하고 있으나 15.7%(8편)에 지나지 않았다.

다음으로 「고등학교」의 경우, 양국 모두 중학교에 비하면 여성의 비중이 상대적으로 높아졌으나 성차는 여전했다. 근·현대소설의 경우, 한국은 박경리, 박완서 외에도 여성의 사회적 지위를 다룬 공선옥, 이남희 작가의 작품을 다루면서 중학교에 비해 비중이 약간 높아졌고 일본도 고등학교에서 니노미야 나츠(宮下奈都), 사기사와 메구무(鷺沢萌) 등 비교적 젊은 세대의 여성 작가의 작품을 수록하면서 상대적으로 비중이 높아진 것은 사실이나 여전히 여성 작가의 비중이 낮다.

고전소설의 경우는 양국 모두 과거의 시대적, 사회문화적 배경의 영향으로 남성 작가의 작품이 많다는 점을 인정하지만, 근·현대소설의 경우에는 좀 더 적극적으로 여성 작가의 작품을 발굴할 필요가 있다.

(2) 극본

[표 16]은 성별을 알 수 없는 경우를 제외하고 극본 작가의 성차를 조사한 것이다.

[표 16] 중·고등학교 극본 작가의 성차 (( )는 %)

	근·현대극본			고전극본		
	남	여	계	남	여	계
K中	7(58.3)	5(41.7)	12(100)	-	-	-
J中	2(100)	-	2(200)	-	-	-
K高	5(71.4)	2(28.6)	7(100)	-	-	-
J高	-	-	-	-	-	-

한국 교과서에서 최근의 방송 대본을 적극적으로 사용하고 있는데, 최근 해당 분야의 여성 작가의 활약이 활발한 탓이라 볼 수 있고, 또한 적극적으로 여성 작가를 도입하려는 노력으로 평가된다.

(3) 시

작가 미상을 제외하고 시의 작가별 성차 및 세대를 비교한다.

먼저, [표 17]은 중·고등학교 교과서의 시대별, 세부 장르별 작가의 성별을 조사한 것이다.

[표 17] 중·고등학교 시의 작가의 성차 (( )안은 %)

		근·현대 시/시가			고전 시가		
		남	여	계	남	여	계
K中	시	65(83.3)	13(26.7)	78(100)	-	-	-
	시가	2(66.7)	1(33.3)	3(100)	7(87.5)	1(12.5)	8(100)
	한시	-	-	-	-	-	-
J中	시	21(80.8)	5(19.2)	26(100)	-	-	-
	시가	16(80.0)	4(20.0)	20(100)	88(91.7)	8(8.3)	96(100)
	한시	-	-	-	5(100)	-	5(100)
K高	시	19(79.2)	5(20.8)	24(100)	-	-	-
	시가	-	1(100)	1(100)	8(88.9)	1(11.1)	9(100)
	한시	-	-	-	-	-	-
J高	시	9(90)	1(10)	10(100)	-	-	-
	시가	50(82.0)	11(18.0)	61(100)	51(92.7)	4(8.3)	55(100)
	한시	-	-	-	20(100)	-	20(100)

중·고등학교 모두 근·현대 시 분야에 있어서도 세부 장르를 불문하고 전반적으로 남성 작가의 작품이 대부분을 이루어, 성차가 심각한 것으로 나타났다. 한국은 이해인을 비롯하여 1950년 이후 출생 작가인 나희덕, 김선우 등의 작품을 싣고 있다. 일본 역시, 다와라 마치(俵万智), 요사노 아키코(与謝野晶子) 등 극히 일부에 지나지 않는다. 양국 모두 교과서에 실릴 여성 작가의 작품을 개발할 필요가 있다.

7.3.4 주인공 분석

(1) 소설

먼저, 「근·현대소설」에서 주인공의 성차 및 세대를 살펴본다.

[표 18]은 중·고등학교 근·현대소설에 나타난 주인공의 성차 및 세대 (世代)를 제시한 것이다. 단, 세대 구분은 편의상 중·고등학생과 동년배이 거나 그 아래이면 「청소년」, 20~30대로 추정되면 「청년」, 그 이상이면 「장년」으로 3분 하였다. 단, 편의상 기혼자의 경우는 「장년」으로 보았다. 주인 공은 가능한 대표성을 띠는 1명으로 산정하였다.[24] 특정 주인공이 없거나 동물 등이 주인공인 경우는 제외한다.[25]

[표 18] 중·고등학교 근·현대소설의 주인공의 세대 조사 (숫자는 작품수, ( )안은 %)

		남	여	계
K中	청소년	22(81.5/40.7)[26]	5(18.5/9.3)	27(50.0)
	청년	6(85.7/11.1)	1(14.3/1.9)	7(13.0)
	장년	16(80.0/29.6)	4(20.0/7.4)	20(37.0)
	계	44(81.5)	10(18.5)	54(100)

24　「수난이대」(K14)나 「돌다리」(K16, K24)에서는 부자(父子)간의 세대 갈등을 다루고 있으나 아 버지 쪽에 중점이 있다고 보고 이를 주인공으로 보았다. 「기억 속의 들꽃」(K25)은 남녀 모두 주인공으로 보았다.

25　동물이 주인공인 작품으로 한국은 물고기, 갈매기를 주인공으로 한 「꼬리밑 선구자」(K13) 및 「갈매기의 꿈」(K25) 등이 있다. 일본은 여우와 농부(남)가 주인공인 「ごんぎつね」(J32)가 있으나 이 중 농부(남)를 주인공으로 산정하였다. 고전소설로는 한국의 「토끼전」(K13, K33) 이 있다.

26　(/)의 앞의 수는 성차를 뒤의 수는 세대를 나타냄.

J中	청소년	24(80.0/46.2)	6(20.0/11.5)	30(57.7)
	청년	7(77.8/13.5)	2(22.2/3.8)	9(17.3)
	장년	13(100/25.0)	-	13(25.0)
	계	44(84.6)	8(15.4)	52(100)
K高	청소년	3(75.0/21.4)	1(25.0/7.1)	4(28.6)
	청년	-	-	-
	장년	6(60.0/42.9)	4(40.0/28.6)	10(71.4)
	계	9(64.3)	5(35.7)	14(100)
J高	청소년	2(33.3/11.1)	4(66.7/22.2)	6(33.3)
	청년	4(100/22.2)	-	4(22.2)
	장년	8(100/44.5)	-	8(44.5)
	계	14(77.8)	4(22.2)	18(100)

먼저, 「중학교」의 경우이다.

양국 모두 전체적으로 주인공의 성차가 한국 81.5%, 일본 84.6%로 심각한 수준이다. 이렇게 교과서에서 특정 성별로 집중되는 현상은 바람직하지 않다.[27]

한국의 경우, 「청소년」을 주인공으로 한 작품은 전체의 50.0%인데, 이 중 남성이 81.5%였다. 예를 들어, 「자전거 도둑(K21)·소나기(K3)·소를 줍다(K13)·꿩(K21)·나비(K12)·공작나방(K25)」 등의 텍스트에서 남성 청소년이 주인공으로 등장하는 반면 여성 청소년이 주인공인 작품은 양도 적지만 성장소설이라기보다는 「고무신(K31)·기억 속의 들꽃(K25)·그 많던 싱아는

27 표준국어대사전(1999)에 의함. 일반적으로 주인공이 그 시대의 문화적, 사회적 환경 속에서 커가는 과정에서 자아를 발견하고 내면적으로 성장해 가는 과정을 묘사한 소설을 말한다.

누가 다 먹었을까(K35)」 등과 같이, 역사적, 사회적 배경 속에서 희생양이 된 소녀를 그리고 있다.

다음으로 일본 중학교의 경우에도 청소년이 주인공인 작품이 전체의 57.7%인데, 「あの坂をのぼれば(J11)·遠い山脈(J21)·風の唄(J23)·いちご同盟(J23)·風少年(J31)」 등의 성장소설에서 남성이 80.0%에 이른다. 여성을 주인공으로 한 성장소설로는 「星の花が降ることに(J11)·緑色の記憶(J33)」 등 20.0%에 불과하나 한국에 비해 높다. 그 외 「デューク(J31)·バースディ·ガール(J33)」 등 판타지 소설에서 사용되었다.

양국 모두 「장년」의 비중이 높다. 먼저, 한국은 이중 남성이 92.0%이고 여성은 8.0%에 불과하다. 한국 교과서에서 「장년 남성」은 「돌다리(K16, K24)·수난이대(K14)」 등과 같이 장년(父)의 눈을 통해 세대 간 갈등을 다루거나 「운수 좋은 날(K13, K26, K35)·만무방(K16)·이상한 선생님(K16)·선생님의 밥그릇(K25)」 등과 같이 역사적 시대상을 대변하는 인물로 등장하고 있다. 한편, 일본 교과서에서 「장년 남성」은 세대 갈등 및 시대상을 대변하는 주체가 아닌, 한 인간으로서의 갈등, 성장, 자기 성찰 등의 메시지를 담고 있다는 점에서 차이가 있다. 예를 들어, 중국 작가 루쉰의 「故郷」(J13, J23, J33)이나 장년(父)의 성장소설이라고도 할 수 있는 「卒業ボームラン」(J22), 인간의 한계를 다룬 「蜘蛛の糸」(K31), 인간의 이기주의에 대한 철학적 논제를 던지는 「カメレオン」(J22), 자본주의의 폐해를 다룬 「オツベルと象」(J31) 등이 그것이다. 이중 「卒業ボームラン」(J22)의 경우, 4인 가족을 중심으로 이야기가 전개되는데, 아버지(아버지라는 지칭이 아닌 본인의 실명으로 등장하고 있다)에 초점이 맞추어져 있다는 점도 특징적이다.

다음으로 「장년 여성」의 경우, 한국은 전통을 둘러싸고 세대 간 갈등을 그린 「할머니와 메주」(K12, K32), 인간의 허영심을 그린 「목걸이」(K33), 층간 소음으로 이웃과 갈등을 겪는 주부가 등장하는 「소음공해」(K36) 등 7.4%를 차지하나, 이들 모두 중요한 시대상을 대변하는 인물이라 보기 어렵다. 한 편, 일본 교과서의 경우 여성 장년이 주인공인 작품이 없다.

가장 세대 비중이 낮은 「청년」이 주인공인 경우 역시, 양국 모두 남성 중심이다.

소설에 등장하는 인물의 직업을 통해 성차를 살펴 볼 수 있는데 한국 의 중학교 교과서에서 남성은 「농부」가 가장 많고 「인력거꾼·상인·점원· 교사·의사·탐정·공무원·화가」 등으로 등장하고 있다. 한편, 여성은 대부 분 특별한 직업이 없고, 「할머니·어머니·(자원봉사 하는) 주부·처·딸」 등과 같이, 가족의 일원으로 등장하고 있다.

일본 역시, 중학교에서 남성은 「사무라이·장수·선원·문지기·머슴·수 도사·농부·교사·사업가·여행가·화가·퇴직군인·경찰서장·공장주·목수· 의사·야구 감독·야구선수」 등 상대적으로 다양한 직업을 가지고 있다. 반 면 여성은 등장인물도 적지만 한국과 마찬가지로 직업이 드러나지 않은 경우가 대부분이다. 이는 사회에서의 여성의 위치를 암묵적으로 보여주는 것이라 할 수 있다. 이는 양국 모두 청년 여성이나 장년 여성의 사회에서의 위치를 상징한다고 보며, 이런 경향이 학생들에게 미칠 성고정관념에 대 하여는 철저한 분석 및 재고가 필요하다.

다음으로, 「고등학교」의 경우이다.

전체 작품중 주인공이 남성인 비율은 한국 64.3%, 일본 77.8%로 중학 교에 비해 성차가 완화된 것으로 나타났다.

세대별로 보면, 「장년」을 주인공으로 한 작품이 한국 71.4%(19편), 일본 44.5%(8편)로 가장 높아, 청소년이 많았던 중학교 교과서와 차이가 있다.

한국의 「장년 남성」은 「돌다리(K42)·태평천하(K52)·메밀꽃 필 무렵(K41, K61)·아홉 켤레의 구두로 남은 사내(K61)」와 같이, 세대 간 갈등이나 시대상을 대변하는 인물로 등장하고 있다. 한편, 일본의 장년 남성은 「夢十夜(J4)·出来事(J4)·鏡(J6)」 등에 등장하고 있는데, 철학적 주제를 담은 판타지적인 요소가 강하다.

한국의 「장년 여성」은 「바리데기(K42)·허생의 처(K62)·유랑가족(K52)」 등에서 주로 사회 혹에서의 여성의 차별을 다루고 있다. 한편, 일본은 「장년 여성」이 주인공인 경우가 전혀 없다.

「청소년」의 경우, 한국은 남성이 75.0%로 여전히 성차가 나타났는데, 일본은 오히려 여성 청소년이 주인공인 작품의 비중이 66.7%(4편)로 높았다. 주로 「ほおずきの花束(J5)·水かまきり(J6)·よろこびの歌(J4)」 등과 같은 성장소설에 등장하고 있다.

소설에 등장하는 인물의 직업을 통해 성차를 살펴 볼 수 있는데 한국 고등학교 교과서의 경우, 남성은 「농부」가 가장 많고 「상인·지주·의사·군인」 등으로 등장하고 있는데, 여성은 「교사」 외에는 대부분 가족의 일원으로 등장하고 있다. 한편, 일본의 경우에도 남성은 「상인·의사·군의관·작가·야구 감독·버스운전사·교사·회장」 등으로 상대적으로 다양한 직업을 가지고 있는 데 비해, 여성은 「간호사·여관주인·여종업원·식당 매니저」 등 서비스 업종에 제한되어 있음을 알 수 있다. 이는 여성의 사회적 지위를 암묵적으로 보여주는 것이라 할 수 있다. 초·중·고 교과서에 일관적으로 나타나는 이러한 문제에 대해서는 시급히 재고가 필요하다.

다음은 「고전소설」의 경우이다.

작품의 시기가 불확실하지만 당대의 사회구조 및 작품의 인프라 등으로 인해 주인공의 성차와 관련하여 기대하기 어려운 부분이 있다.

먼저, 「중학교」를 살펴본다.

한국은 「동명왕 신화(K11)·서동요(K34)·홍길동전(K22, K33)·양반전(K26, K35)」 등에서 남성 주인공이 등장하며, 이들이 사회를 대표하거나 변화시키는 인물로 등장한다. 여성이 주인공인 「춘향전(K16)·박씨전(K16, K24)」의 경우를 보면, 남성 중심의 사회구조 속에서 고통 받는 여성이 등장하고 있다. 한편, 일본은 3종 공통으로 실린 「平家物語(헤이케이야기)」에서 남성이 주인공으로 등장하나 역시 3종 공통으로 실린 「竹取物語(다케토리이야기)」에서 여성이 주인공으로 등장하였다.

다음으로, 「고등학교」의 경우이다.

한국은 「바리공주」(K42)를 비롯하여, 「춘향전(K42)·춘향가(K52)·운영전(K41)」 등, 9편 중 5편에서 여성이 등장하고 있는데, 모두 유교적 사회문화 속에서의 여성의 삶을 보여준다. 한편, 일본은 35편 중 「竹取物語(다케토리이야기)」 1편을 제외하고는 여성이 등장하지 않았다. 일본 교과서의 경우, 작품의 시기가 이르고 당대의 사회구조 및 중국 설화 등 작품의 인프라 등으로 인해 기대하기 어려운 점이 있다.

양국 모두 고전소설의 경우는 어렵다 하더라도 작품의 인프라가 풍부한 근·현대소설에서 여성이 주인공인 작품을 개발하여 성차를 줄이려는 노력이 필요하다. 일본 고등학교의 경우가 대표적인 사례라 할 수 있다.

(2) 극본

근·현대 극본 주인공의 성차 및 세대를 살펴보자. 중학교는 「반올림」 (K33)에서 남녀 주인공을 인정하여 총 13명으로 산정하고 고등학교는 7명으로 산정하였다. 일본은 해당 작품이 없으므로 생략한다.

[표 19] 한국 중·고등학교 근·현대극본의 주인공의 성차 (( )안은 %)

		남	여	소계
K中	청소년	4(30.8)	4(30.8)	8(61.5)
	장년	5(38.5)	-	5(38.5)
	계	9(69.2)	4(30.8)	13(100)
K高	청소년	2(50.0)	2(50.0)	4(100)
	장년	3(100)	-	3(100)
	계	5(71.5)	2(28.5)	7(100)

중학교의 경우, 시기적으로 이른 「출세기(K14)·소(K24)·살아있는 이중생 각하(K34)」 등 5개 작품에서는 장년 남성이 주인공으로 등장하고 있으나 최근의 방송 대본 등에서 「챔피언(K31)·반올림(K33)」 등 여성 청소년을 주인공으로 한 작품이 많아 성차가 줄었다.

고등학교는 「결혼(K41)·두레소리(K41)·만선(K61)」 등에서 상대적으로 남성 비중이 높으나 최근의 방송 대본인 「마주 보며 웃어(K61)·짜장면과 불도장(K61)」 등에서 여성 주인공이 두드러진다. 한국 중·고등학교 교과서의 경우, 최근의 극본을 선정하면서 작가는 물론 뒤에서 분석할 등장인물의 성차를 완화시키려는 노력이 이루어지고 있음을 알 수 있다.

7.3.5 핵심 주제 분석

(1) 소설

근·현대소설의 핵심 주제[28]를 분석한다. 편의상, 중·고등학교를 나누어 기술한다.

[표 20]은 중학교 교과서 3종 3년분에 사용된 한국 57편, 일본 54편의 근·현대소설의 핵심 주제를 분류한 것이다. 대부분 복합적이어서 분류하기 어려우나 대표적이라 여겨지는 것을 선택하였다.

[표 20] 중학교 근·현대소설의 핵심 주제 (숫자는 작품수, ( )는 %)

주제	K中		J中	
역사/ 사회	이상한 선생님, 물 한 모금, 그 많던 싱아는 누가 먹었을까, 운수 좋은 날(3편), 만무방, 화수분, 하늘은 맑건만, 소를 줍다, 고무신, 선생님의 밥그릇, 동백꽃(3편), 꽃신	15 (26.3)	-	0
전쟁/ 평화	학, 기억속의 들꽃, 흰 종이수염, 수난이대	4 (5.3)	雪とパイナップル, 旅する描き, ベンチ, タオル, 大人になれなかった弟たちに, 握手, ゼブラ, 蝉の音, 夏の葬列 등	8 (14.8)
현대/ 갈등	돌다리(2편), 일가, 할머니를 따라간 메주(2편), 쿵쿵, 소음공해, 원미동 사람들, 휴대전화 수난시대, 서기 2237년 유토피아	10 (17.5)	-	0

---

28 「핵심 주제」란 여러 작품을 아우를 수 있는 공통주제이자 대표적인 키워드라는 의미로 사용하였다.

성장/ 교훈	자전거 도둑, 연년생, 나비, 공작나방, 우리들의 일그러진 영웅, 보리방구 조수택, 애늙은이, 돼지가 있는 교실, 전학의 달인	9 (15.8)	少年の日の思い出(3편), にじの見える橋, 星の花が降るときに, あの坂をのぼれば, 風少年, そこに僕はいた, いちご同盟, みどり色の記憶, トロッコ 등	12 (22.2)
철학/ 성찰	어린왕자(2편), 아우를 위하여, 꼬리밀 선구자, 나무를 심은 사람, 모모, 갈매기의 꿈, 책상은 책상이다, 안내를 부탁합니다 등	11 (19.8)	故郷(3편), 走れメロス(3편), 遠い山脈, 風の唄, 最後の一句(2편), 高瀬舟, オツペルと象, 蜘蛛の糸, 暗闇の向こう側, カメレオン, 卒業ホムラン 등	19 (35.2)
사랑/ 가족	표구된 휴지, 소나기, 사랑방 손님과 어머니, 메추리알, 달걀꽐이 소년	5(8.8)	盆土産, 蛍の部屋 등	3 (5.6)
도전	-	0	アイスプラネット	1 (1.9)
판타지		0	不思議な国のアリス, デユーク, つみきのいえ, バースデイ・ガール, 素顔同盟 등	5 (5.6)
기타	프린들 주세요, 샬록 홈즈 등	3 (5.3)	坊っちゃん(2편), 的一『新·平家物語』より 등	6 (11.1)
계	57편(100%)		54편(100%)	

먼저 「한국」의 경우이다.

먼저, 중학교는 〈역사/사회〉라는 키워드에 16편(28.1%)이 집중되어 있다. 「이상한 선생님(K16)·그 많던 싱아는 누가 다 먹었을까(K35)」 등 일제강점기의 역사적, 사회적 배경 속에서 사회상이 고스란히 드러나는 작품이 포함된다. 「운수 좋은 날(K13, K26, K35)·만무방(K16)·꽃신(K24)·소를 줍다(K13)·고무신(K31)·동백꽃(K12, K23, 33)」 역시, 가난, 신분, 유교적 사회 구조 속에서의 갈등이 다루어지고 있다. 반면, 일본은 이러한 종류의 텍스트가 없다. 해당 시기의 사회상을 정면으로 다루고 있지 않다고 볼 수 있다.

다음으로, 〈전쟁/평화〉에 속하는 텍스트는 「기억 속의 들꽃(K25)·흰 종이수염(K32)·학(K22)·수난이대(K14)」 등 6·25전쟁 전후의 사회상, 전쟁으로 인한 가족의 부상, 죽음 등 구체적으로 다루고 있다. 이는 〈역사/사회〉에 포함될 수 있다. 이렇게, 한국 중학교에서 사회문화적 상황을 인식하게 하는 것을 목표로 하는 작품이 많은 것은 해당 교육과정에서 추구하는 교육목표와 밀접한 관련이 있다. 문학의 성취기준에서 제시하고 있는 「갈등의 진행과 해결 과정을 파악하여 작품을 이해한다」거나 「사회문화적 상황을 고려하여 작품의 의미를 파악하는」데에 적절한 작품들이 선정되고 있다고 보인다.[29]

이는 한국 교과서 소설에 나타나는 전형적인 현상이라 할 수 있다. 교과서에 수록되는 문학텍스트는 절대적으로 가치가 높은 작품이어야 하지만, 교육과정의 성취기준 및 국가 이데올로기와 맞물리면서 복합적인 요소의 개입 역시 불가피하다는 것을 보여준다.[30]

다음으로, 〈현대/갈등〉으로 분류한 소설에서도 「돌다리(K16, K24), 할머니를 따라간 메주(K12, K32)·일가(K23)」 등 가족 및 세대 간의 갈등을 그리고 있고, 「쿵쿵(K12)·소음공해(K36)」 등 이웃간의 갈등을, 「휴대전화 수난시대(K23)·서기 2237년 유토피아(K16)」 등 현대사회의 문제 등을 다룬 소설 역시 10편(17.5%)에 이른다.

---

29 교사용지도서 참조

30 임성규(2008)에서는 교과서에 주로 실리는 이른바 「정전(正典, Canon)」이 상대적으로 가치 있는 작가나 작품을 선택한다기보다, 「지배 집단의 이데올로기를 표방하지 않는 작품을 배제하려는 일종의 음모로 작용한다」라고 지적한 바 있다. 특히 한국의 교과서에서 교육과정 개정 때마다 텍스트 대부분이 바뀌어 왔는데 이는 이와 무관하지 않다고 본다.

　〈성장/교훈〉을 다룬 소설의 경우, 「나비(K12)·공작나방(K25)」 등 내면적 성찰을 다룬 경우와 「자전거 도둑(K21)·우리들의 일그러진 영웅(K15)·보리방구 조수택(K21)·애늙은이(K14)」 등 주로 인물 간의 관계를 기본으로 하여, 친구 간의 갈등을 다룬 작품이 많다.

　〈철학/성찰〉이라는 항목에서 다룬 「어린왕자(K12, K23)·아우를 위하여(K15)·꼬리밑 선구자(K13)·나무를 심은 사람(K15)·갈매기의 꿈(K25)·책상은 책상이다(K31)」에서는 대부분 외국작가의 작품이다.

　마지막으로 「표구된 휴지(K36)·소나기(K32)·사랑방 손님과 어머니(K13)·달걀팔이 소년(K14)」 등은 〈사랑/가족〉이라는 주제로 묶을 수 있는 작품이 5편(8.8%) 정도였다.

　한편, 「일본」의 경우이다.

　〈역사/사회〉로 분류할만한 소설이 없다. 이와 가까운 것이 〈전쟁/평화〉로 분류되는 소설인데, 전쟁으로 인해 친구 및 가족(동생)의 죽음을 다룬 「夏の葬列」(J32) 및 「大人になれなかった弟たちに」(J11) 등이 있다. 대부분이 일본 국내를 벗어나 국제적으로 확대하여 다루고 있다. 예를 들어, 나치와 유대인 문제를 다룬 「ベンチ(J31)·握手(J13)」, 베트남 전쟁을 다룬 「ゼブラ」(J12), 구소련(현재의 벨라루스)의 체르노빌과 관련 있는 「雪とパイナップル」(J11) 등으로 해당 시기의 사회문화적 상황을 애둘러 다루고 있다고 볼 수 있다.

　다음은 〈철학/성찰〉로 분류한 「故郷(J13, J23, J33)·走れメロス(J12, J22, J32)·遠い山脈(J21)·オッペルと象(J31)·蜘蛛の糸(J31), 暗闇の向こう側(J31)·カメレオン(J22)·卒業ホムラン(J22)」 등이 있다. 이중에는 「시대와 상황 속에서 자신을 찾고 삶의 방식을 탐구」하는 철학적 내용을 담은 작품이 많다. 일본의 경

우, 출판사를 불문하고 오랫동안 채택되어오고 있는 「故鄕」(J13, J23, J33)의 경우와 같이, 결국은 주인공 자신의 성찰을 통해 인생에 대해 돌아보게 한다는 점이 특징적이다.

〈성장/교훈〉을 다룬 경우, 「少年の日の思い出(J11, J21, J31)·トロッコ(J21)·にじが見える橋(J11)」 등과 같이 인간관계로 인한 갈등을 통한 성장이기보다는 내면적 성찰을 통해 성장해가는 내용이 많다.

〈판타지〉에 속하는 「デューク(J31)·つみきのいえ(J32)·バースデイ·ガール(J33)」나 〈기타〉로 처리한 「坊っちゃん」(J22, J32)의 경우와 같이 특정 주제나 가치 덕목 역시 발견하기 어렵다.

다음은 「고등학교」의 경우이다.

[표 21] 고등학교 근·현대소설의 핵심 주제 (숫자는 작품수, ( )는 %)

주제	K高		J高	
역사/사회	그 여자네 집, 태평천하, 천변풍경, 메밀꽃 필 무렵(2편), 봄·봄	6 (42.9)	羅生門(3편)	3 (16.7)
전쟁/평화	시장과 전장, 종탑 아래에서	2 (14.3)	沖縄の手記から	1 (5.6)
성차/차별	허생의 처·유랑가족·바리데기[31]	3 (21.4)	-	0
현대/갈등	아홉 켤레의 구두로 남은 사내, 돌다리	2 (14.3)	果物屋のたつ子さん	1 (5.6)

---

31 K1에서는 「바리공주」(경기도 오산 배경재 구연본)를 「현대적으로 재해석하여」 채록했다는 점에서 현대소설로 소개하고 있으나 구전 신화를 바탕으로 하고 있다는 점에서 고전소설로 분류하였다.

철학/성찰	나상	1(7.1)	卒業ホームラン	1 (5.6)
성장/교훈	-	0	ほおずきの花束, 水かまきり, バスに乗って, よろこびの歌 등	5 (27.8)
판타지	-	0	夢十夜(2편), 鏡	3 (16.7)
기타	-	0	子供たちの晩餐, 出来事, とんかつ(2편)	4 (22.2)
계	14(100)		18(100)	

먼저, 「한국」의 경우이다. ⟨역사/사회⟩으로 분류되는 「그 여자네 집 (K51)·태평천하(K52)」 등은 일제 강점기의 사회상을, 「천변풍경(K52)·메밀꽃 필 무렵(K41, K61)·봄·봄(K62)」 역시 해당 시기의 역사 사회적 배경 하에서 인물의 삶과 갈등을 그린 작품으로, 전체 14편의 소설 중 42.9%(6편)를 차지한다.

⟨전쟁/평화⟩로 분류한 「시장과 전장(42)·종탑 아래에서(K41)」 등은 전쟁 전후의 실상을 그리고 있다.

⟨성차/차별⟩이라는 주제를 설정하였는데, 이는 한국 고등학교 교과서에서 「허생의 처(K62)·유랑가족(K52)·바리데기(K42)」와 같이, 성차 및 다문화 관련 주제를 전면에 내세운 작품이 수록되었기 때문이며, 이는 해당 시기의 특징이라 할 수 있다. 「나상」(K51) 역시, 사회상을 반영하고 있지만, 극한 상황 속에서 올바른 삶의 방향을 모색한다는 점에서 ⟨철학/성찰⟩로 분류하였다. 그 외 ⟨판타지⟩로 분류할 수 있는 소설은 없다고 볼 수 있다.

한국은 14편 중 85.7%에 해당하는 12편이 주요 등장인물 간의 관계가 혈연으로 맺어져 있다. 가족, 부모·자식 간이거나 형제 관계 등이다. 박기범(2011 : 461)에서 중학교 3년간의 문학(현대소설)이 초등학교 6학년에 이어

「인물 간의 갈등」을 학습하도록 한 것이나 중학교 1학년부터 고등학교 1학년에 이르기까지 사회, 문화, 역사적 상황과 결부시켜 작품을 이해하도록 한 것은 필요 이상의 설정이라 비판하고 고등학교 교과서에 심미적 가치를 인식할 수 있는 현대소설이 포함되어야 한다고 주장하였는데, 본고에서 다룬 교과서 역시 여전히 문제점을 가지고 있음을 알 수 있다. 빈미영(2007 : 15)에서도 고등학교 교과서에서 「시대적 통찰력이나 비판 능력을 기를 수 있으나 내용 면에서 6·25, 일제 강점기, 양반계층의 문제에 편중되어 있으며, 철학적 깊이가 있는 작품이 부족하다」라는 지적이 있는데, 이 부분에서도 통하는 바가 있다.

　다음으로 「일본」의 경우이다. 일본은 〈역사/사회〉로 분류되는 작품으로 「羅生門」(J4, J6)이 있으나 배경이 시기적으로 이르다. 〈전쟁·평화〉로는 오키나와전(戰)에서 민간인의 신분으로 부상병을 위해 희생한 여성을 그린 「沖縄の手記から」(J5)가 있다. 일본 교과서의 특징으로는 〈성장/교훈〉로 분류한 「ほおずきの花束(J5)·水かまきり(J6)·バスに乗って(J6)·よろこびの歌(J4)」 등이 있는데 인간관계 속의 갈등이기 보다는 내면적 성찰을 다루고 있다. 〈철학/성찰〉로 분류한 「卒業ホームラン」(J4)의 경우에는 아버지로 등장하는 「徹夫(데츠오)」에 초점이 맞추어진 작품으로 중학교에서도 다루고 있는 텍스트이다. 마지막으로, 〈판타지〉로 분류되는 「夢十夜(J4, J6)·鏡(J6)」 등이 한국 교과서와 구별되는 일본 교과서의 특징이다. 한가지 특징은 일본은 18편 중 5편(27.8%)이 가족관계이고 친구나 이웃이 3편, 나머지는 특별한 혈연관계에 있지 않다는 점에서도 한국교과서의 소설과 차이가 있다.

　다음은 「고전소설」의 경우이다. 중·고등학교를 나누어 살펴본다. 먼저

[표 22]는 중학교 교과서의 고전소설을 주제별로 구분한 것이다. 출전 등은 〈부록 3〉의 소설 목록을 참조 바란다.

[표 22] 중학교 교과서 고전소설의 핵심 주제 (숫자는 작품수, ( )는 %)

주제	K中		J中	
역사/사회	양반전(2편), 홍길동전(2편),박씨전(2편), 춘향전	7 (41.2)	-	0
해학/ 지혜	토끼전(2편), 닭 타고 가면 되지, 아기장수 우투리, 박상길과 박서방, 소금장수 등	6 (35.3)	伊曾保物語	1 (11.1)
영웅/신화	동명왕신화, 소별왕 대별왕, 서동요, 화왕계	4 (23.5)	平家物語(3편), 伊勢物語, 松山新介の勇将	5 (55.6)
판타지	-	0	竹取物語(3편)	3 (33.3)
계	17(100)		9(100)	

먼저 「한국」의 경우이다. 중학교의 경우, 고전소설에서도 〈역사/사회〉로 분류되는 작품이 대다수이다. 「홍길동전(K22, K32)·춘향전(K16)·박씨전(K16, K24)」 등 신분, 가부장제 등 유교적 문화 배경 안에서 갈등의 진행과 해결과정을 그리고 있다. 17세기 이후 소설로, 임진왜란 이후 근대적 자아의 각성과 실학이라는 사상적 흐름 속에서 발생한 부조리한 현실에 대한 비판의식이 반영된 한문소설인 「양반전(K26, K32)」도 이에 포함된다. 이들 작품은 김경남(2012)에서 지적한 대로 1995년 7차 교육과정까지 교과서에 자주 실렸던 「흥부전·심청전」과 같은 순수성을 중시하는 소재와는 거리가 있고 당시의 사회상을 대변하는 내용이라 할 수 있다. 다음으로는 「토끼전(K13, K33)·닭 타고 가면 되지(K14)」 등 〈해학/지혜〉로 분류 가능한 것과 〈영웅/신화〉로 분류 가능한 「동명왕신화(K11)·소별왕 대별왕(K11)」 등이

있다.

「일본」의 경우, 〈영웅/신화〉로 분류한 「平家物語」 (J5, J6)와 판타지로 분류한 「竹取物語」 (3편) 가 있다.

고전소설의 주제는 양국 모두 〈영웅/신화〉으로 분류되는 텍스트가 많다는 점에서 공통점이 있다. 단, 한국은 〈해학/지혜〉, 〈역사/사회〉를 다룬 작품이 많았는데 시기적으로 일본과 차이가 있어 대등하게 주제를 비교하기는 어렵다.

다음은 「고등학교」 의 경우이다. 일본 교과서에서 중국의 고사 및 설화 (史傳)를 다루면서 주제에서도 다양하게 나타났다.

[표 23] 고등학교 교과서 고전소설의 핵심 주제 (숫자는 작품수, ( )는 %)

주제	K高		J高	
역사/사회	춘향전, 춘향가, 운영전, 생전, 사씨남정기, 바리공주 등	7 (77.8)	羅城門の上層	1 (2.9)
해학/ 지혜	흥보가	1 (11.1)	児のそら寝(3편), 三文にて歯二つ, 顕雅の言ひ間違ひ, 空を飛ぶ倉, ねずみの婿とり, 華王之優劣	8 (28.6)
영웅/신화	유충렬전	1 (11.1)	東下り, 王昭君, 指鹿為馬, 鶏鳴狗盗, 鶏口午後, 先従隗始, 魏武捉刀 등	8 (22.9)
철학	-	0	五十歩百歩(2편), 株守(2편), 矛盾, 漁父之利, 借虎威, 絵仏師良秀	8 (22.9)
판타지	-	0	なよ竹のかぐや姫(竹取物語)	1 (2.9)
기타	-	0	筒井筒(3편), 桜木の精, 芥川 등	9 (25.7)

계	9(100)	35(100)

먼저, 「한국」의 경우이다. 한국 고등학교의 경우, 9편 모두, 대부분 유교적 신분제, 충효, 남아 존중, 처첩제, 가부장제 등의 시대상이 반영되어 있다.

일본의 고등학교 고전소설은 28편으로, 작품수가 많은데, 앞서 밝힌 바와 같이 중국 고사 및 설화 등에서, 해학을 주제로 하거나 역사적 일화 등에서 〈해학/지혜〉, 〈영웅/신화〉, 〈철학/성찰〉에 속하는 작품이 많았다. 하지만, 시기적으로 이르고 특정 가치보다는 고문(古文)을 읽는 자료로서의 성격이 강하다는 점을 부언하고자 한다.

(2) 극본

한국의 중·고등학교의 근·현대극본의 핵심 주제를 정리하면 다음과 같다. 극본의 경우, 장르의 특성을 교육과정과 연계하여 어법 및 언어사용, 의사소통 등의 언어생활 지도에 사용하고 있다. 교육목표와 별개로 극본 자체의 핵심 주제를 살펴본 것이다. 중·고등학교 극본 목록은 뒤의 〈부록 4〉를 참조 바란다. 일본 교과서에서는 근·현대 극본이 거의 없으므로 한국 중·고등학교의 극본을 중심으로 한다.

[표 24] 한국 중·고등학교 근·현대극본의 핵심 주제 (숫자는 작품수, ( )는 %)

주제	K中		K高	
역사/사회	소, 살아있는 이중생 각하	2 (16.7)	두레소리, 만선	2 (28.6)

현대/갈등	출세기, 오아시스 세탁소 습격사건	2 (16.7)	결혼	1 (14.3)
성장	유리구두를 찾아서, 챔피언, 거침없이 하이킥, 달리는 차은, 말아톤	5 (41.7)	짜장면과 불도장, 마주보며 웃어	2 (28.6)
기타	황산벌, 반올림, 킹콩을 들다	3 (25.0)	8월의 크리스마스, 눈길	2 (28.6)
계	12(100)		7(100)	

먼저, 「한국」의 경우이다. 한국 중학교의 경우, 소설에 이어 극본에서도 〈역사/사회〉로 분류되는 작품이 있는데, 일제 강점기의 역사적, 사회적 배경 속에서의 갈등을 그린 「소(K24)·살아있는 이중생 각하(K35)」 등이 그것이다. 그외, 〈현대/갈등〉으로 분류할 수 있는 「출세기(K14)·오아시스 세탁소 습격사건(K25)」, 청소년을 주인공으로 한 「유리구두를 찾아서(K15)·챔피언(K31)·달리는 차은(K12)」 등으로 나뉜다.

한국 고등학교 극본 역시 경향이 같다. 〈역사/사회〉로 분류되는 「두레소리(K41)·만선(K61)」 등이 있고, 물질만능시대의 현대사회의 모순을 그린 「결혼」(K41)이 있다. 교육과정에서 극본의 목표 자체가 작품으로서의 가치보다는 교육목표에 맞는 작품이 선정되고 있다고 본다.

참고로, 일본의 경우, 중학교 교과서에 실린 1편의 근·현대극본 및 3편의 고전극본은 모두 풍자 및 해학을 다루고 있다. 한국의 고등학교 교과서에 사용된 2편의 고전극본(봉산탈춤)의 주제 역시 양반을 풍자하고 있다.

(3) 시

중·고등학교 통틀어 작품수가 많고 장르의 특성상 은유 및 상징을 다루기가 어려워 분량 분석에 중점을 둔다.

전반적으로 한국 교과서의 시는 중·고등학교를 막론하고 20세기 전반에 출생한 작가가 많으며, 일제 강점기 및 전쟁의 소용돌이 속에서 공통적으로 「충(忠)」이라는 이데올로기를 담고 있는 경우가 많다. 단, 20세기 중반 이후 출생 작가의 시에서는 성찰 및 배려 등을 그리거나 가족을 주제로 하는 시가 많다.

고전 시가의 경우에도 중학교의 경우를 예로 들면, 충(忠)이라는 이데올로기를 나타낸 작품이 대부분이다. 충(忠)과 관련이 있는 작품은 다음과 같다.

- 동짓달(K15, 황진이), 가노라(K15, 김상헌), 훈민가(K23, 정철), K35 하여
  가(K35, 이방원), 단심가(K35, 정몽주)

반면, 일본은 19세기 중반 이후의 출생 작가가 많으며, 주제는 대부분 자연과 관련이 있다. 시가의 대부분은 고전 작품집인 『万葉集』(8세기), 『古今和歌集』(905), 『新古今和歌集』(1205)에 수록된 정전화된 시가가 많다. 즉, 작품 인프라가 많다는 의미이기도 하고 꾸준히 고전 장르가 사랑 받고 있다고 볼 수 있다.

7.3.6 타문화 수용

교과서에서 외국작가의 작품을 싣는다는 것은 타문화 수용의 지표가 될 수 있다. 일본 교과서의 경우, 극히 일부이지만, 외국작가의 일본어 시

가가 소개된 바 있고, 한국은 〈설명·기록〉, 〈주장·비평〉 등에서도 외국 작가의 글을 실은 예가 있지만, 소설에서 가장 많이 사용되고 있다.

참고로, 초등학교 교과서 6년분에서는 한국이 「이솝우화」 등 외국의 전래동화를 각색한 것을 제외하고는 「바보 이반」(러시아) 등 6편을 싣고 있고 일본은 독일, 네덜란드, 폴란드를 비롯한 외국 작품을 8편 싣고 있었다. 특징적인 것은 일본 국내 작가의 작품에서 외국을 배경으로 한 작품이 다수 발견되어, 타문화 수용 노력을 높이 평가하였다(졸고2017).

중학교 교과서의 근·현대소설 중 외국 작가의 작품은 [표 25]와 같다.

[표 25] 근·현대소설의 타문화 수용 (( )는 %)

	외국 국적 작가의 작품									작품수
	독일	미국	프랑스	영국	터키	스위스	러시아	중국	일본	
K中	4 (26.7)	3 (20.0)	4 (26.7)	1 (6.7)	1 (6.7)	1 (6.7)	-	-	1 (6.7)	15 (100)
J中	4 (40.0)	1 (10.0)	-	1 (10.0)	-	-	1 (10.0)	3 (30.0)	-	10 (100)

양국 모두 독일 등, 서구 작가를 선호한다는 점에서 공통적이다. 작품수기준으로 전체 근·현대소설에서 차지하는 비중은 한국 26.3%, 일본 20.8%으로 한국이 비중이 높았다. 참고로, 쪽수 기준으로는 한국 14.3%(76쪽), 일본 20.6%(100쪽)로, 일본이 높았다. 한국이 편당 5.1쪽인데 반해 일본은 9.1쪽을 할애하였다. 한국은 헤르만 헤세의 「나비」(K12) 및 「공작나방」(K25), 폴 빌라드의 「안내를 부탁합니다」(K36) 등, 일부를 제외하고는 일부분을 싣는 반면, 후자는 헤르만 헤세의 「少年の日の思い出」(J11, J21, J31)과 중국 작가 루쉰(魯迅)의 「故鄕」(J13, J23, J33) 등에서 전문(全文)을 싣거나 4쪽 이

상을 할애하고 있다.

타문화 수용과 관련하여 간과할 수 없는 것은 작품의 배경 및 소재라 할 수 있다. 한국은 자국 내 작가의 작품에서 외국을 다루거나 외국이 배경으로 그려진 예가 전혀 없으나, 일본의 경우는 외국의 문화 및 생활, 경험 등과 관련이 있는 작품이 다수 존재한다. 예를 들어, 옛 그리스를 배경으로 한 다른 「走れメロス」(J12, J22, J32), 동남아시아를 배경으로 한 「オッペルと象」(J12), 구소련 체르노빌을 배경으로 한 「雪とパイナップル」(J11), 프랑스를 배경으로 한 「旅する絵描き」(J12), 알래스카가 등장하는 「アイスプラネット」(J12), 폴란드인 수도사가 등장하는 「握手」(J13) 등과 같이, 외국을 배경으로 하거나 외국인이 등장하는 작품수가 8편에 달했는데, 이 또한 타문화 수용의 수단이라 할 수 있다. 결과적으로 중학교 교과서에서 타문화수용은 일본이 높다고 볼 수 있다.

이와 관련하여 번역과 관련된 문제를 지적하고자 한다. 양국은 독일 작가 헤르만 헤세의 동일 작품을 각각 2종, 3종 공통으로 싣고 있는데, 일본의 경우, 3종 모두 다카하시(高橋健二)의 번역을 사용하고 있다. 반면, 한국은 2종 공통으로 싣고 있는 작품의 번역가가 각기 다르고 번역가를 명확히 제시하지 않고 있다. 참고로, 일본은 3종 공통으로 실은 또 하나의 소설, 중국 작가 루쉰의 「고향」의 경우에도 3종 모두 다케우치(竹内好)의 번역을 쓰고 있다.

앞서 지적하였듯이 이는 한국이 자유롭게 집필자나 출판사의 판단 하에 번역가를 선택한다고 평가할 수도 있지만, 일본은 번역가에 대해 검증 및 평가가 이루어지고 있다고 볼 수 있다. 일본이 저자와 더불어 번역가를 명시한 데 비해, 한국은 이를 명시하지 않은 것도 이를 뒷받침한다.

고등학교의 경우는 양국 모두 외국 국적 작가의 작품이 없고 전 작품이
국내를 배경으로 하고 있다.

7.4 수필·감상

〈수필·감상〉의 경우는 시대 및 작가의 세대, 제재를 분석함으로써 텍스트에 반영된 사회문화적 가치관을 분석한다. 〈수필·감상〉은 개인의 경험이나 느낌 및 생각을 쓴 글로, 수필은 물론, 서간문, 기행문, 일기, 생활문, 감상문 등이 포함된다. 여기서 「수필」이란 생활 주변에서 일어나는 사소한 일을 소재로 한 이른바 신변잡기식의 경수필을 말한다.[32] 종래 「중수필」로 분류하기도 한, 이른바 철학적이거나 사회적인 내용을 객관적이고 논리적으로 서술한 경우는 설득 및 계몽을 목표로 하는 글이라 보아 〈주장·비평〉으로 처리한다.

이와 관련하여 일본은 고등학교 교과서에서 「수상(隨想)」이라는 장르를 사용하고 있다. 본고에서는 이를 자신의 생각하는 바를 타인에게 전달, 계몽하려는 의도로 쓴 철학적이거나 사회적 내용을 다룬 글로 보아, 〈주장·비평〉으로 분류하였다.

---

32 『표준국어대사전』(1999)

7.4.1 분량 분석

중학교 전체 텍스트에서 차지하는 비중을 보면 〈수필·감상〉의 경우, 작품수에서 한국은 전체 텍스트의 10.9%(58편)이고 일본은 7.6%(31편)이다. 쪽수에서도 한국이 8.1%(149쪽)이고, 일본이 5.8%(75쪽)로, 한국이 일본보다 전체 텍스트에서 차지하는 비중이 높다. 〈수필·감상〉을 세부 장르로 분류하여 살펴본다. 편의상, 중·고등학교로 나누어 살펴본다.

먼저, [표 26]는 「중학교」의 경우이다. [그림 21~24]는 이를 알기 쉽게 나타낸 것이다.

[표 26] 중학교 교과서 〈수필·감상〉의 세부 장르 분포

	작품수				쪽수			
	K中		J中		K中		J中	
	수	비중	수	비중	수	비중	수	비중
수필	31	53.4	16	51.6	97	65.1	54	72.0
기행문	4	6.9	2	6.5	13	8.7	8	10.7
서간문	11	19.0	4	12.9	19	12.8	4	5.3
일기	2	3.4	-	-	2	1.3	-	-
생활문	7	12.1	2	6.5	14	9.4	2	2.7
감상문	3	5.2	7	22.6	4	2.7	7	9.3
계	58	100	31	100	149	100	75	100

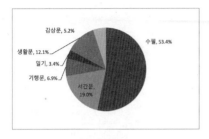

[그림 21] K中 작품수

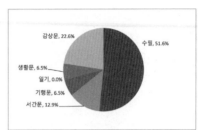

[그림 22] J中 작품수

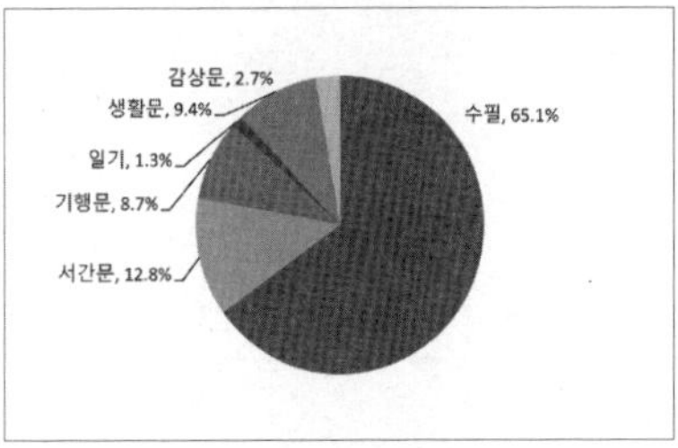

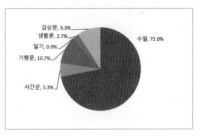

[그림 23] K中 쪽수

[그림 24] J中 쪽수

중학교에서 세부장르중 수필의 비중이 가장 높고 수필을 제외하고는 집필진의 글이 많다.

다음은 「고등학교」의 경우이다. 한국 고등학교는 작품수에서 전체 텍스트의 10.9%(22편)이고 일본은 10.2%(27편)로 거의 같다. 쪽수에서는 한국이 8.7%(58쪽)이고, 일본이 17.7%(123쪽)로, 일본이 한국보다 전체 텍스트에서 차지하는 비중이 높다. [표 27]은 세부장르를 분류한 것이다. [그림 25~28]은 이를 알기 쉽게 나타낸 것이다.

[표 27] 고등학교 교과서 「수필·감상」의 장르 분포

	작품수				쪽수			
	K高		J高		K高		J高	
	수	비중	수	비중	수	비중	수	비중
수필	19	86.4	21	77.8	54	93.1	110	89.4
기행문	2	9.1	3	11.1	2	3.4	9	7.3
서간문	1	4.5	2	7.4	2	3.4	3	2.4
일기	-	-	-	-	-	-	-	-
생활문	-	-	-	-	-	-	-	-
감상문	-	-	1	3.7	-	-	1	0.8
계	22	100	27	100	58	100	123	100

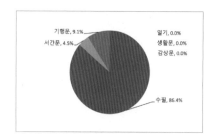

[그림 25] K高 작품수   　　　[그림 26] J高 작품수

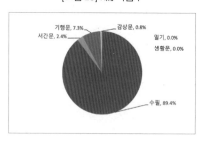
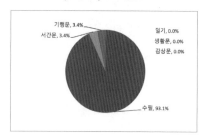

[그림 27] K高 쪽수   　　　[그림 28] J高 쪽수

중·고등학교 모두 수필의 비중이 가장 높은 것을 알 수 있고 고등학교

에서 일기 및 생활문 텍스트는 사용되지 않아 수필의 비중이 더욱 높아졌다. 수필을 제외하고는 집필진의 글이 많다.

7.4.2 제작 시기 및 작가 분석

수필의 시기는 작가의 출생 시기를 19세기 중반을 기준으로 고전 수필과 근·현대수필로 나누었다. 수필의 목록은 뒤의 〈부록 5〉을 참조 바란다.

[표 28] 중·고등학교 수필의 제작 시기 (숫자는 작품수, ( )는 비중)

	근·현대 수필	고전 수필	계
K中	28(90.3)	3(9.7)	31(100)
J中	10(62.5)	6(37.5)	16(100)
K高	15(71.4)	6(28.6)	21(100)
J高	14(70.7)[33]	6(29.3)	20(100)

중학교의 경우, 한국 교과서에서 근·현대수필을 많이 사용하고 있으나 고등학교에서는 양국간 비율이 거의 같아졌음을 알 수 있다.

[표29]는 작가의 성별이 확인 가능한 경우에 한해, 작가의 성별을 분류한 것이다.

---

33 「私が生まれた惑星」(NHK취재반)는 제외됨.

[표 29] 중·고등학교 수필의 성차 (숫자는 작품수, ( )는 비중)

	근·현대 수필			고전 수필		
	남	여	계	남	여	계
K中	14(50.0)	14(50.0)	28(100/)	3(100)	-	3(100)
J中	6(60.0)	4(40.0)	10(100)	3(50.0)	3(50.0)	6(100)
K高	9(60.0)	6(40.0)	15(100)	5(83.3)	1(16.9)	6(100)
J高	10(71.4)	4(28.6)	14(100)	4(66.4)	2(33.3)	6(100)

근·현대 수필의 경우, 수필 작가의 성차는 소설에 비해 매우 고무적이다. 특히 한국 교과서에서 여성 작가의 작품을 많이 사용하고 있다. 단, 고전 수필의 경우, 한국에서 성차가 나타나는 이유는 시대적 상황으로 인해 작품의 인프라가 적은 탓이라 할 수 있다.

수필의 경우, 다양한 분야의 작가의 작품을 사용하는 것이 중요하다고 보아 근·현대 수필에 한해, 작가의 직업이나 관련분야를 조사하였다.[34]

먼저, 중학교의 경우, 한국은 28편중 약 20편이 소설가, 수필가 등 문인이 많고 그 외 「등산가·감독·영화학자·음악가·방송인·광고인·기자·의사·물리학자」 등이 있다. 한편, 일본은 총 16편 중 소설가 등 문인의 비중은 한국보다 적고, 그외 「사진가·철학자·스포츠선수」 등이 있다. 중학교의 경우, 양국 모두 경제, 과학 분야의 이공계 작가가 적거나 없는 것을 알 수 있다.

다음으로, 고등학교의 경우 한국은 총 15편 중 「경제학자·생물학자·스님」 등 3명을 제외하고는 국문학자를 비롯한 문인 중심이다. 한편, 일본의

---

34 일본 교과서에서는 수필의 작가의 경우, 직업 및 관련 분야 등의 약력을 명시하고 있다. 한국은 명시하지 않아 조사하는 데 어려움이 있었다.

경우는 총 14편 중 문인의 비중은 더욱 낮아지고 「배우·아나운서·만화가·광고작가·기자」를 비롯하여 「로봇공학자·분자생물학자·동물학자·동물행동학자·생물학자·면역학자·우주비행사」 등의 이공계 작가의 비중이 높다. 일본 고등학교의 경우, 의도적으로 공학 분야 등 넓은 분야에서 작가를 선택하고 있음을 알 수 있고 이는 바람직한 현상이라 생각된다.

7.4.3 핵심 주제 분석

수필의 주제를 중·고등학교로 나누어 분석한다.

먼저, 중학교 교과서에서 한국의 근·현대 수필 31편의 핵심 주제 및 내용을 살펴보면 다음과 같다.

[표 30] 중학교 근·현대수필의 핵심 주제 (숫자는 작품수, ( )는 %)

주제	K中		J中	
도전/극복	있다고 생각하고 찾아라, 다시 시작하기, 가슴 뛰는 일을 하라, 푸른 청 청춘, 우주에서 바라다보다, 굴뚝도 총이 될 수 있다	6 (21.4)	アラスカとの出会い, 星の航海術, 知床一流水を巡る循環, カメラが見つめたニューヨーク, 夢を飛ぶ	5 (50.0)
감상	별명을 찾아서, 노란꽃 타고 느리게 오는 봄, 내마음의 희망등, 어머니의 편지와 감, 고마운 빨래판, 방망이 깎던 노인	6 (21.4)	-	0
장애/배려	심재현 사랑해, 우리들의 연극, 따뜻한 조약돌, 갈락탕, 킹콩의 눈, 코끼리를 모르는 아프리카 어린이들 등	7 (25.0)	-	0

독서/ 글쓰기	맛있는 책, 책과 여우이야기, 바다가 보이는 교실, 원고지 육매 선생님, 맛있는 책 일생의 보약, 학교도서관 위로와 치유의 공간	7 (25.0)	-	0
성찰	방망이 깎던 노인, 수술 뒤에는 약속을 잡지마라, 일생 갚아야 하는 빚, 열보다 큰 아홉 등	5 (16.1)	-	0
전쟁/ 평화	-	0	字のない葉書(2편), 二つの悲しみ, 朝焼けの中で, 暖かいスープ	5 (50.0)
계		31(100)		10(100)

　한국 중학교의 경우, 〈독서/글쓰기〉와 관련된 수필이 가장 많다. 이는 비문학텍스트로 분류한 설명문 및 주장문에서의 주제와도 통하는 바가 있다. 다음으로는 〈도전/극복〉 및 〈장애/배려〉로 분류한 작품에서 따돌림·배려·타문화수용 등의 가치를 다루고 있다. 그 외 수필 본연의 감상 및 성찰을 다룬 작품이 있다.

　한편, 일본의 근·현대수필은 〈전쟁/평화〉로 분류할 수 있는 텍스트로, 2차 세계대전 및 원폭(原爆) 과 관련된 내용으로 전쟁의 피해를 다룬 국가 이데올로기가 반영된 내용이다. 다음으로 〈도전/극복〉을 다룬 내용이 많은데, 우주 항해, 극지 탐험 등 자신의 한계에 도전한 체험 등을 다룬 글이 선호되고 있다. 수필이라는 장르를 통해 평화의 중요성과 더불어 국제적 시야를 갖고 도전 정신을 고취하려는 명확한 의지를 가지고 있다고 해석할 수 있다.

　다음은 양국 고등학교 수필의 주제이다.

[표 31] 고등학교의 근·현대수필의 주제 (숫자는 작품수, ( )는 %)

주제	K高		J高	
경외/ 발견	나무	1 (6.7)	世界は謎に満ちている, 体の声を聞く, ルリボシカミキリの青, 隣の校庭, ワンダフル·プラネット!	5 (35.7)
성찰	운수 안 좋은날, 말 위에서 죽다, 무소유, 아날로그 변환	4 (27.6)	待つということ, メッセージ探しの旅	2 (14.3)
독서/ 글쓰기	고양이가 쥐를 가지고 놀 듯이, 도서관 찾아가는 길, 과학자의 서재, 책 읽는 청춘에게, 책세집, 뒤집어 읽기를 통한 깨달음	6 (40.0)	-	0
환경/ 과학	-	0	ロボットとは何か, 里山物語, ペンギンはなぜ一列に歩くのか, 生きることと食べることの意味	4 (21.4)
전쟁/ 평화	-		黄色い花, りんごのほっぺ, コルベ神父	3 (21.4)
생활	나의 사랑하는 생활, 트럭아저씨 등	4 (27.6)	-	0
계	15(100)		14(100)	

　　한국의 고등학교 수필을 보면, 〈독서/글쓰기〉로 분류한 소설이 많고, 그 외 〈성찰〉이나 생활속 이야기가 많다. 고등학교 수필이 경우, 중학교에 비해 순수 문학텍스트로서 기능한다는 것을 보여준다고 할 수 있다.

　　일본의 고등학교 수필은 〈경외/발견〉과 관련된 텍스트 비중이 높다. 여기서 「경외」란 「Sense of wonder」라 표현하고 있는데, 우주 공간, 남미 및 아프리카 등 이국에서 얻은 체험을 바탕으로 자신이 좋아하는 일을 통한 삶의 소중한 순간을 다룬 내용이다. 개인적 체험을 다루고 있지만, 학생들에게 도전과 극복을 간접적으로 시사 하는 내용으로 고등학교 수필 장르의 특징이다.

다음으로는 「ロボットとは何か(J4)·ペンギンはなぜ一列に歩くのか(J6)」 등과 같이 〈환경/과학〉을 다룬 경우가 있다.[35] 무엇보다 〈전쟁/평화〉로 분류되는 「りんごのほっぺ」(J5)와 같이 코소보 난민 캠프를 다루거나 나치의 희생자인 폴란드 신부를 그린 「コルベ神父」 (J6), 피폭지 나가사키에서 희생된 친구를 다룬 「黄色い花束」 (J4) 등이 있다. 중·고등학교 모두 수필의 형식으로 전쟁 평화를 다룬 것은 한국 교과서 수필과는 구별되는 특징이다.

---

35 이중 일부는 〈주장·비평〉으로 분류할 수 있으나 교과서 및 교사용지도서에서 수필로 인정하고 있는 경우는 그대로 따랐음을 밝힌다.

7.5 전기·수기

〈전기·수기〉란 일반적으로 특정인물의 일생을 서술한 글로, 전기 외에 수기(手記) 및 자서전 등이 포함된다.

7.5.1 분량 분석

7.2.2의 [표 5]에서 제시한 전체 텍스트에서 차지하는 비중을 보면 중학교는 작품수 기준으로 한국이 10.0%(29편), 일본이 6.2%(10편)이다. 쪽수 기준으로도 한국 12.8%(98쪽), 일본 6.3%(36쪽)로 한국이 일본에 비해 비중이 높은 편이다. 고등학교에서 한국은 7.2.2의 [표 6]에서 제시한 전체 텍스트에서 차지하는 비중은 2%에 그쳤고 일본은 사용하지 않았다.

한국은 초등학교 교과서에서 〈전기·수기〉를 선호하고 있는데(졸저 2017), 이러한 경향은 중학교에서도 나타났다.

세부장르로 분류하면 [표 32]와 같다.

[표 32] 중·고등학교 〈전기·수기〉의 작품수 및 쪽수 (( )안은 %)

	작품수			쪽수		
	전기	수기/자서전	계	전기	수기/자서전	계
K中	21(72.4)	8(27.6)	29(100)	65(66.3)	33(33.7)	98(100)

J中	7(70.0)	3(30.0)	10(100)	26(72.2)	10(27.8)	36(100)
K高	2(66.7)	1(33.3)	3(100)	12(83.3)	2(16.7)	12(100)
J高	-	-	-	-	-	-

세부 장르를 보면 양국 모두, 전기의 비중이 70% 전후를 차지했고 수기/자서전은 30% 전후였다. 작품수 및 쪽수 모두 유사한 경향을 보였다. 고등학교의 경우에는 한국 교과서에서도 대폭 감소하였고 일본 교과서에서는 사용되지 않았다. 이는 학교급에 따른 자연스러운 현상이라 볼 수 있다.

7.5.2 인물 분석

한국 중학교의 경우, 3종 3년분 교과서에서 29편의 텍스트가 있는데, 이 중 실제 실존 인물을 다룬 텍스트는 21편이다. 나머지 8편은 학생들의 자기 소개문, 수기, 자서전 등의 형식으로 집필된 글로, 세부분석에서는 제외한다.

먼저, 한국 중학교 교과서에서 다루고 있는 인물을 「전형필·서희·안중근·간디」 등 국가에 공헌한 인물들이 대다수로 「충(忠)」이라는 가치덕목을 나타내거나 「닉 부이치치·헬렌 켈러·메클린 톡·엄홍길」 등 차별 및 장애, 어려움을 극복하거나 「장기려·로렌스 엘리엇」 등 봉사와 관련이 있다. 기타, 「박지원·이육사·이덕무」 등 학문과 관련이 있는 인물도 포함되어 있다. 한편, 일본 교과서에서는 화가, 사진가, 자신의 모어(지방방언)를 지키려 기록하고 노력한 여성(知里幸惠)이 소개되었다.

고등학교의 경우, 한국 교과서는 「전형필·윤동주」 등 3명인데 「충」과 관련이 있다. 인물의 성차를 살펴보면 다음과 같다.

한국 중학교에서 남성 85.7%(18편), 여성 14.3%(3편)로, 성차가 크게 나타났다. 한편, 일본은 7편의 등장인물[36]중 남성 85.7%(6명), 여성 14.3%(1명)이다. 마지막으로 한국 고등학교의 경우는 3편 모두 남성이었다. 전기의 주인공에서 양국 모두 성차가 크게 나타났다.

다음으로 타문화 수용과 관련하여 21편의 등장인물의 국적을 보면, 한국인이 66.7%(14명)이고 외국 국적은 「닉 부이치치·로렌스 엘리엇·트레버 페렐·장 지오노·이블린 폭스 켈러」 등 33.3%(7명)로 나타났다. 단, 고등학교 교과서에 소개된 「전형필·윤동주」 등 3명 모두 한국인이었다. 중학교에서는 적극적으로 외국 국적의 인물을 선정하고 있음을 알 수 있다.

한편, 일본 중학교 교과서에 소개된 7편의 등장인물은 모두 남성이었다. 이중 일본인은 85.7%(6명)이고 외국 국적은 14.3%(1명, 루이스 하인)에 불과하여 매우 보수적이라 할 수 있다.

7.5.3 인물의 분야별 분포 분석

비문학텍스트의 제재는 해당 국가 사회의 관심의 표현인 동시에 다음 세대에 거는 바람과 관련이 있다고 본다. 〈전기·수기〉의 경우, 실존 인물에 한해 해당 등장인물과 관련된 분야를 분석하기로 한다. 앞서 7.1에서 설

---

36 양국 모두 근대의 대표적 소설가를 소개하는 글이 있는데 비평문으로 볼 수 있으나 인물의 생애, 업적, 평가 등을 다루고 있다는 점에서 본고에서는 전기로 간주하였다.

명한 바와 같이, 한국교육과정평가원(2004), 주현희 외(2014) 등을 바탕으로 분석한다.

[표 33] 제재별 분야 분류표

	〈A인문〉	〈B사회〉	〈C과학〉	〈D예술〉	〈E언어〉
1	인물	사회/생활	생물/인체	미술/건축	국어가치
2	독서/협상	경제	환경/지리	음악	언어표현
3	철학/사상	문화	우주/천문	연극/영화/무용	언어생활
4	역사/전통	매체/정보	과학철학	예술이론	문법/음성
5	윤리	법률	과학기술	문학	언어일반

졸저(2017)에 의하면 초등학교 교과서에서 〈전기·수기〉의 경우, 한국은 「용기/극복」, 「충(忠)·박애/봉사·학식」 등의 가치와 관련된 다양한 인물을 다루고 있다. 일본 교과서에서는 양이 극히 적은데, 주로 「용기/극복」이라는 가치와 관련이 있다. 중·고등학교 교과서에서 어떠한 양상을 나타내는지에 주목한다.

해당 인물의 관련 가치덕목에 주목하여 앞의 [표 33]에서 제시한 5개 분야 25개 소항목으로 나누어 제시하면 다음과 같다.[37] 중학교는 3년분 3종의 합계이고 고등학교는 1년분 3종이라는 점을 참고 바란다. 양국간 유의차는 나타나지 않는다.

---

37 예를 들어, 의사로서 사회에 봉사한 장기려 박사의 경우, 〈A5윤리〉로 분류함.

[표 34] 중·고등학교 「전기·수기」의 분야별 항목 분포 분포 (( )안은 %)

	A인문	B사회	C과학	D예술	E언어	계
K中	15(71.4)	-	3(14.3)	3(14.3)	-	21(100)
J中	-	-	-	6(87.8)	1(12.2)	7(100)
χ2값	4.127	-	0.917	4.706	2.547	
K高	2(66.7)	-	-	1(33.3)	-	3(100)
J高	-	-	-	-	-	-
χ2값	-	-	-	-	-	-

한국 중학교는 〈A인문〉 및 〈C과학〉에서 높고, 일본은 〈D예술〉에서 높다. 한국 고등학교는 양이 적지만 〈A인문〉 및 〈D예술〉 관련 인물이 등장하고 있다. 양국 모두 특정 분야에 치우쳐 있음을 알 수 있다.

중·고등학교 교과서의 세부 항목별 분포는 [표 35]와 같다.

[표 35] [전기·수기]의 세부항목별 분포

	A인문					B사회					C과학					D예술					E언어					계
	1	2	3	4	5	1	2	3	4	5	1	2	3	4	5	1	2	3	4	5	1	2	3	4	5	
K中	-	4	2	-	9	-	-	-	-	-	-	1	-	-	2	1	-	-	-	2	-	-	-	-	-	21
J中	-	-	-	-	-	-	-	-	-	-	-	-	-	-	-	2	-	-	-	4	1	-	-	-	-	7
K高	-	1	-	-	1	-	-	-	-	-	-	-	-	-	-	-	-	-	1	-	-	-	-	-	-	3
J高	-	-	-	-	-	-	-	-	-	-	-	-	-	-	-	-	-	-	-	-	-	-	-	-	-	0

결과적으로, 양국간, 나라별 학교급간 항목당 차이가 있는 소항목은 다음과 같다. 7.5.4에서 해당 텍스트를 중심으로 중·고등학교를 통합하여 기

술한다.

- 인문 분야 : 〈A2독서/협상〉, 〈A5윤리〉
- 예술 분야 : 〈D1미술/건축〉, 〈D5문학〉

7.5.4 전기·수기 텍스트의 분야별 분석

(1) 〈A2독서/협상〉

한국 중학교의 특징으로, 독서 및 협상과 관련하여 「서희의 대담한 외교술(K16)·간서치전(이덕무, K25)·네 말도 옳구나(황희, K36)·나는 책만 보는 바보(이덕무, K36)」와 같은 전기 형식의 텍스트를 싣고 있다. 한국 고등학교에서는 「학창시절의 윤동주(K41)」를 싣고 있다. 일본은 해당 텍스트가 없다.

(2) 〈A5윤리〉

한국 중학교에서는 윤리와 관련된 텍스트를 9편 싣고 있는데, 봉사라는 가치 덕목에 해당하는 「만덕전(K25)·꼬마친구의 노숙자 사랑(트레버 페렐, K15)」과 도전과 극복의 중요성을 알리는 「희망 전도사(닉 부이치치, K11)·언어를 통해 배우는 세상(헬렌 켈러, K21)·내가 8000미터가 넘는 산을 오른 이유(엄홍길, K35)」, 충(忠)과 관련된 「나의 실험 이야기(간디, K35)·안중근(K35)·간송 전형필(K15)」 등 9편의 텍스트를 싣고 있다. 한국 고등학교에서도 「간송 전형필」(K61)을 싣고 있다. 일본은 해당 텍스트가 없다.

(3) 〈D1미술/건축〉

일본 중학교에서는 「小さな勞働者(루이스 하인, J22)·楼欄の夜(平山郁夫, J23)」 등 사진 및 회화와 관련된 2편의 텍스트를 싣고 있다. 한국은 K33에서 화가 이중섭을 다루고 있다.

(4) 〈D5문학〉

한국 중학교에서는 「이육사의 삶과 문학(K32)·동백꽃의 작가 김유정(K33)」 등 2편의 칼럼이 있다. 일본 중학교 교과서의 경우, 7편중 6편이 〈D예술〉이며 문학과 관련된 텍스트로는 「山本優花(J11)·森鴎外(J23)·島崎藤村(J23)·無名の人(司馬遼太郎, J22)」 등 4편의 텍스트를 싣고 있다.

이상, 한국 중학교 교과서에서는 〈A인문〉에 집중되어 있는데, 〈A2독서/협상〉, 〈A5윤리〉 항목으로 분류한 「충(忠), 봉사, 도전/극복」 등의 가치 덕목과 관련 있는 텍스트가 많이 사용되었다. 한편, 일본의 경우, 중학교 교과서에서 실존 인물을 다룬 경우는 7편으로, 〈D5문학〉 및 〈D1예술〉 관련 인물이 대부분이다. 양국 모두 고등학교에서는 해당 장르를 선호하지 않음을 알 수 있다.

7.6 설명·기록

〈설명·기록〉이란 정보 전달을 목적으로 특정 사항이나 사실을 분석, 설명하거나 기록한 글을 가리킨다. 설명문을 비롯하여 이른바 토론·기록문, 보도문(기사), 소개/안내문, 보고문(보고서, 계획서), 광고/영상 카피 등의 장르가 포함된다.

7.6.1 분량 분석

한국 교과서는 중·고등학교 모두 일본보다 〈설명·기록〉의 텍스트 비중이 높았다.

7.2.2의 [표 5]에서 제시한 전체 텍스트에서 차지하는 〈설명·기록〉 관련 텍스트의 비중은 작품수 기준으로 한국 29.0%, 일본 16.5%이며, 쪽수 기준으로는 한국 20.3%, 일본 16.8%로, 일본에 비해 작품수 및 쪽수가 현저히 많은 것을 알 수 있다. 참고로 1종당 1년분으로 계산하면 한국 중학교는 17.1편(41.3쪽), 일본은 7.6편(24쪽)이다.

다음으로 고등학교의 경우 7.2.2의 [표 6]에서 제시한 전체 텍스트에서 차지하는 〈설명·기록〉 텍스트의 비중은 작품수 기준으로 한국 43.6%, 일본 9.5%이며, 쪽수 기준으로는 한국 33.5%, 일본 8.6%로, 일본에 비해 작품수 및 쪽수가 현저히 많음을 알 수 있다. 참고로, 1종당 1년분으로 계산하면 고등학교는 한국 29.0편, 일본 7.7편을 싣고 있다. 특히 한국 고등학교에서 설명문의 비중이 높아지고 일본 고등학교에서는 해당 장르를 거의 사용하지 않게 되면서 양국 간의 차이는 더욱 벌어졌다. 한국이 중·고등학교에서 일관적으로 교과서에서 정보전달이라는 설명문이 갖는 장르의 기능을 선호하는 것을 알 수 있다. 한국 고등학교 교과서에서 학습자가 수동적으로 정보를 전달받는 것은 아닌지 재고의 여지가 있다.

[표 36, 37]은 양국의 중·고등학교 교과서의 〈설명·기록〉의 세부 장르별 작품수, 쪽수 및 비중을 나타낸 것이다.

[표 36] 중학교 〈설명·기록〉의 작품수 및 쪽수 (( )안은 %)

	작품수		쪽수	
	K中	J中	K中	J中
설명문	88(57.1)	37(55.2)	247(66.4)	173(80.5)
토론·기록문	41(26.6)	18(26.9)	88(23.7)	27(12.6)
보도문	7(4.5)	3(4.5)	8(2.2)	3(1.4)
소개/안내문	3(1.9)	5(9.0)	5(1.3)	6(2.8)
보고문	5(3.2)	3(4.5)	8(2.2)	4(1.9)
광고/영상 카피	10(6.5)	1(1.5)	16(4.3)	2(0.1)
계	154(100)	67(100)	372(100)	215(100)

[표 37] 고등학교 〈설명·기록〉의 작품수 및 쪽수 (( )안은 %)

	작품수		쪽수	
	K高	J高	K高	J高
설명문	71(81.6)	15(65.2)	186(83.4)	44(78.6)
토론기록문	12(13.8)	3(13.0)	33(14.8)	8(14.3)

보도문	4(4.6)	3(13.0)	4(1.8)	2(3.6)
소개/안내문	-	1(4.3)	-	1(1.8)
보고문	-	1(4.3)	-	1(1.8)
광고/영상 카피	-	-	-	-
계	87(100)	23(100)	223(100)	56(100)

먼저, [표 36]의 중학교의 경우, 설명문 외에 토론·기록문, 보도문, 안내문 등 다양한 장르가 사용되었는데, 중학교 국어과 교육과정에서 지정한 토론 및 협상 항목이 중요시되면서 학급회의 등의 토론문 및 대화문을 싣고 있다. 또한, 국어과에서 광고 및 매체 활용을 교육과정에 포함시키고 있다. 일본 역시, 설명문을 제외하고는 학습활동에서 소(小) 텍스트로 사용된 경우이다.

다음으로, [표 37]은 양국의 고등학교 교과서의 경우로, 양국 모두 설명문 이외의 장르는 비중이 줄거나 사라졌는데, 이는 학교급에 따른 자연스러운 변화라 볼 수 있다.

7.6.2 작가 분석

먼저, 〈설명·기록〉에서 작가를 분석하여, 어떠한 분야를 선호, 선정하였는지 밝히고자 한다. 더불어 집필진의 글이 어느 정도인지를 파악하고자 한다. 중학교를 예로 들면, 작가가 명확한 경우는 한국 교과서가 51편으로, 이중 설명문은 45편이다. 그 외 보도문, 광고/영상 카피 등은 신문, 방송, 국립국어원, 한국관광공사 등의 자료에서 인용하고 있다. 한편, 일본

교과서는 50편으로, 74.6%에 해당하며 이중 설명문은 23편이었다.

작가가 명확한 설명문의 경우, 작가의 성차(性差)에 대해 살펴본다.

한국 중학교의 경우 설명문 45편 중, 남성은 71.1%(32명), 여성은 28.9%(13명)이고 일본은 23편중 남성 87.0%(20명), 여성 13.0%(3명)로, 설명문의 작가에서도 성차가 크게 나타났다. 다음으로, 한국 고등학교의 경우, 25편 중 남성 88.0%(22명), 12.0%(3명)이고, 일본은 남 33.3%(1명), 여 66.7%(2명)이다. 일본 고등학교의 경우는 수가 적어 결론을 내리기 어렵지만, 양국 모두 해당 장르에서 작가의 성차를 해소할 수 있도록 노력이 필요하다.

다음으로, 설명문 작가의 전문 분야를 살펴본다.

고등학교 교과서의 경우를 예로, 설명문 작가의 전문 분야를 조사한 바에 따르면, 한국 교과서에서는 45편중 국어학자 및 국어 관련 기관 연구원 17명, 작가 및 문학평론가 4명으로, 인문 관련 전공이 많았다. 그 외 , 심리학자가 1명, 생태학자가 1명 있었다. 한편, 일본은 설명문의 편수가 적은데 대부분 집필진의 글이고 정보전문가, 배우, 언어학자가 1명씩 있을 뿐이다. 양국 모두 다양한 분야에서 다양한 시각의 텍스트가 필요하다고 본다.

마지막으로, 타문화 수용이라는 측면에서 작가의 국적을 조사한 결과에 의하면, 중학교에서는 한국 교과서에서 「대럴 허프」(K32, 미국), 「사마키 타케오」(K12, 일본) 등 2편이 사용된 것이 전부이다. 고등학교 교과서에서는 양국 모두 사용되지 않았다.

7.6.3 제재의 분야별 분포 분석

〈설명·기록〉의 장르 선호도 및 텍스트별 제재 분석을 통하여 인문·사회·과학·예술·언어 등의 다양한 분야 중에서 무엇을 선호, 중시하는지를 파악한다. 앞서 분류한 제재별 분야 분류표를 다시 제시한다.

[표 38] 제재별 분야 분류표

	〈A인문〉	〈B사회〉	〈C과학〉	〈D예술〉	〈E언어〉
1	인물	사회/생활	생물/인체	미술/건축	국어가치
2	독서/협상	경제	환경/지리	음악	언어표현
3	철학/사상	문화	우주/천문	연극/영화/무용	언어생활
4	역사/전통	매체/정보	과학철학	예술이론	문법/음성
5	윤리	법률	과학기술	문학	언어일반

[표 39]는 〈설명·기록〉을 [표 38]의 5개 분야 25개 소항목으로 나누고 학교급별로 양국간 유의차를 구한 것이다. [그림 29, 30]은 5개 분야에 걸친 분포를 알기 쉽게 제시한 것이다.

[표 39] 중·고등학교 교과서 〈설명·기록〉의 분야별 항목 분포 (( )안은 %)

	A인문	B사회	C과학	D예술	E언어	계
K中	34(22.1)	44(30.3)	31(20.1)	2(1.3)	43(27.9)	154(100)
J中	11(16.4)	25(37.1)	12(17.9)	2(2.9)	17(25.4)	67(100)
χ^2값	0.188	1.344	0.392	0.424	0.154	
K高	20(22.7)	17(19.3)	6(6.8)	4(4.6)	41(46.6)	88(100)
J高	1(4.3)	5(21.7)	5(21.7)	7(30.4)	5(21.7)	23(100)
χ^2값	3.198	0.002	3.422	11.679	3.932	

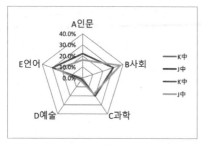

[그림 29]한·일 中〈설명·기록〉의 분포

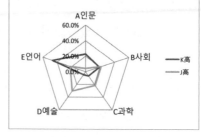

[그림 30]한·일 高〈설명·기록〉의 분포

먼저, 양국의 「중학교」를 보면, 5개 분야간 유의차는 나타나지 않았음을 알 수 있고, 양국 모두 〈B사회〉, 〈E언어〉, 〈A인문〉, 〈C과학〉, 〈D예술〉 순으로 비중이 높았다. 단, 카이제곱 검정에서 유의차는 나타나지 않았지만, 한국은 〈E언어〉 및 〈A인문〉에서 일본과 설명문의 편수에서 큰 차이를 보였다.

다음으로 「고등학교」를 보면, 일본 고등학교가 〈D예술〉에서 유의차가 높게 나타났다. 비중을 보면 한국은 〈E언어〉, 〈A인문〉, 〈B사회〉, 〈C과학〉, 〈D예술〉 순이고 일본은 〈D예술〉이 가장 높고 〈E언어〉, 〈B사회〉, 〈C과학〉이 그 뒤를 잇고 있으며 〈A인문〉은 거의 없었다. 단, 카이제곱 검정에서 유의차는 나타나지 않았지만, 한국은 〈E언어〉 및 〈A인문〉, 〈C과학〉 분야에서 설명문의 편수가 많은 것을 알 수 있다. 이는 중학교와 경향이 같으며, 고등학교에서 더욱 차이가 명확해졌다고 볼 수 있다.

양국의 초등학교 국어 교과서의 비문학텍스트를 연구한 졸저(2017)에 의하면, 양국 모두 초등학교 국어 교과서에서 설명문의 제재 역시 양국 모두 〈C과학/기술〉, 〈B사회〉, 〈A인문〉 순이었다. 중·고등학교는 초등학교에 비해 〈E언어〉의 비중이 높이지고 〈C과학〉 분야의 설명문의 비중이 줄어

든 것으로 나타났다. 단, 위의 [그림 29, 30]에서 알 수 있듯이 지나치게 특
정 분야에 집중되어 있음을 알 수 있다.

[표 40]은 앞의 [표 38]에서 제시한 대로 각 항목당 5개씩 세부 항목별
분포를 나타낸 것이다.

[표 40] 중·고등학교 〈설명·기록〉의 세부 항목별 분포

	A인문					B사회					C과학					D예술					E언어					계
	1	2	3	4	5	1	2	3	4	5	1	2	3	4	5	1	2	3	4	5	1	2	3	4	5	
K中	-	21	3	4	6	19	3	8	9	5	13	11	2	1	4	-	-	-	-	2	5	17	8	8	5	154
J中	-	4	2	4	1	8	4	9	4	-	7	4	1	-	-	-	-	1	1	1	1	7	3	3	3	67
K高	-	19	-	1	-	4	3	3	5	2	-	3	-	1	2	1	1	-	-	2	8	9	8	10	6	88
J高	-	-	-	-	1	3	-	-	1	1	1	3	1	-	-	2	-	-	-	5	-	4	1	-	-	23

먼저 「중학교」를 살펴본다.

한국 중학교는 3종 3년분에서 21편을 실은 〈A2독서/협상〉이 가장 많
고 〈B1사회/생활〉에서 19편, 〈E2언어표현〉에서 17편, 〈C1생물/인체〉 및
〈C2환경/지리〉에서 각각 13편, 11편을 나타냈다. 〈B4매체/정보〉, 〈E3언어
생활〉, 〈E4문법/음성〉 등에서도 각 8편의 텍스트를 사용하였음을 알 수
있다.

한편, 일본 중학교는 〈B3문화〉에서 9편으로 가장 많고 〈B1사회/생활〉
에서 8편, 〈C1생물/인체〉 및 〈E2언어표현〉에서 각 7편을 사용하였다. 양
국 모두 〈D예술〉 분야의 소항목에서는 설명문의 사용비중이 낮았다.

소항목의 유의차는 나타나지 않았지만, 한국 중학교의 〈A5윤리〉, 〈B1

사회/생활〉, 〈C1생물/인체〉 등의 3항목에서 일본은 〈B3문화〉에서 차이를
보였다.

다음은 「고등학교」의 경우이다.

한국 고등학교는 19편을 실은 〈A2독서/협상〉이 가장 많았고 〈E4문법/
음성〉 10편, 〈E2언어표현〉 9편, 〈E1국어가치〉 8편 등이 사용되었다. 일본
고등학교는 〈D5문학〉에서 5편, 〈E2언어표현〉 4편, 그리고 〈B1사회/생활〉
〈C2환경/지리〉가 각 3편 사용되었다. 한국 고등학교에서 〈A2독서/협상〉
에서 유의차가 나타났다. 유의차가 나타나지 않았지만, 일본은 〈D5문학〉
에서 한국에 비해 비중이 높았다.

마지막으로, 나라별로 중·고등학교간의 차이를 보면 한국은 한국 중학
교는 1종 교과서당 1년에 2.3편 이상을 실은 〈A2독서/협상〉을 비롯하여,
〈B1사회/생활〉, 〈E2언어표현〉, 〈C1생물/인체〉 및 〈C2환경/지리〉, 〈B4매
체/정보〉 등의 세부 항목 관련 텍스트가 많고 고등학교는 1년간 6편을 실
은 〈A2독서/협상〉 및 〈E4문법/음성〉, 〈E2언어표현〉, 〈E1국어가치〉 등이
많았다. 학교급별 소항목의 유의차는 나타나지 않았지만, 중학교의 〈A5윤
리〉, 〈B1사회/생활〉, 〈C1생물/인체〉 등의 3항목과 고등학교의 〈E1국어가
치〉, 〈E4문법/음성〉 등의 2항목에서 차이가 크게 나타났다. 한편 일본은
중학교에서는 〈B3문화〉, 〈B1사회/생활〉, 〈C1생물/인체〉, 〈E2언어표현〉
등에서 텍스트가 많고 고등학교에서는 〈D5문학〉이 많았다.

결과적으로, 양국간, 나라별 학교급간 항목당 텍스트가 많거나 상대적
으로 유의차가 나타난 소항목은 다음과 같다. 7.6.4에서 해당 텍스트를 중

심으로 중·고등학교를 통합하여 기술한다.

- 인문 분야 : 〈A2독서/협상〉, 〈A5윤리〉
- 사회 분야 : 〈B1사회/생활〉, 〈B3문화〉, 〈B4매체/정보〉
- 과학 분야 : 〈C1생물/인체〉, 〈C2환경/지리〉
- 예술 분야 : 〈D5문학〉
- 문화 분야 : 〈E1국어가치〉, 〈E2언어표현〉, 〈E3언어생활〉

7.6.4 설명·기록 텍스트의 분야별 분석[38]

(1) 〈A2독서/협상〉

먼저, 한국 중학교는 「읽기란 무엇인가(K16)·협상 윈윈전략을 넘어 가치를 만족시켜라(K16)·의사소통 수단으로서의 듣기와 말하기(K31)·공감적 경청(K32)·효과적인 듣기의 방법(K32)·협상과 문제 해결(K36)·윈-윈협상을 만들도록 노력하라(K36)·읽기란 무엇인가(K36)·독서는 사고다(K16)」 등 다수 사용되고 있는데 반해, 일본 중학교는 이 분야에 해당하는 텍스트가 거의 없다.

다음으로, 한국 고등학교에서는 「상황에 맞는 독서 방법(K41)·글쓰기 관습과 독서문화의 변화(K42)·공감적 듣기(K51)·대화와 타협을 통한 문제(K51)·속독과 숙독(K61)·자기 목소리, 자기 말투로 써야 한다(K61)·시대에 따른 독서문화(K62)·토론 문화의 유래(K62)」 등의 텍스트를 싣고 있다. 한

---

38 이른바 설명문을 제외하고는 세부 장르명을 명시한다.

국 중·고등학교는 〈A2독서/협상〉 분야의 텍스트가 많은데, 이는 해당 교육과정에서 독서 및 협상을 중요시하고 있는 것과 관련이 있다. 일본 고등학교에서는 해당 텍스트가 없다.

(2) 〈A5윤리〉

한국 중학교에서는 「쓰기 윤리에 대하여(K33)·누리꾼 윤리(K36)·쓰기 윤리의 중요성(K14)」 등, 앞서 거론한 〈A2독서/협상〉와 관련된 윤리 문제를 다루고 있다. 한편, 일본은 오키나와전(戰)에서 민간인의 희생을 다룬 「碑」(J21)가 있다. 이른바 전쟁·평화교재가 비문학텍스트에서 다루어지고 있다. 뒤의 〈7.7 주장·비평〉에서도 이와 같은 현상이 있다.

양국의 고등학교에서는 해당 텍스트가 없다.

(3) 〈B1사회/생활〉

전체적으로 중·고등학교를 막론하고 높은 비중을 나타낸 〈B사회〉에 속하는 소항목이다. 양국 모두 설명문 외에 토론·기록문, 보도문 등이 사용되었다. 한국 중학교는 「새 주소에 담긴 원리(K22)·사람 눈을 속이는 그래프(K32)·우리 동네 상점들의 간판(K33)·중학생들의 인터넷 게임 이용 실태(보고서, K13)·눈 오면 학교에 못 가요(보도문, K34)·안과 밖이 다른 가족(광고, K12)·청소년 아르바이트는 바람직하다(토론문, K25)·청소년의 팬클럽 활동 과연 문제인가(토론문, K31)·교실 청소 어떻게 할까?(토론문, K32)」 등과 같은 실생활 및 사회문제와 관련된 사회현상을 다루고 있다. 한편, 일본 중학교는 「合唱発表会のご案内(안내문, J31)·さくら(보도문, J11)」 등과 같이, 주로 학교생활을 다루고 있다.

다음으로, 한국 고등학교에서는 「고달픈 고교생(보도문, K62)·악플에 빠진 아이들(토론문, K51)」 등과 같은 실생활 및 사회문제와 관련된 사회현상을 다루고 있다. 한편, 일본 고등학교에서는 「一年生の読書の実態について(J4)·きちんと掃除をするために(토론문, J4)」 등과 같이, 주로 학교생활을 다루고 있다.

(4) 〈B3문화〉

일본 중학교에서는 「江戸からのメッセージ(J11)·オオカミを見る目(J21)」 와 같은 설명문 이외에 보도문에서 초밥(스시), 성인식 등의 전통문화를 다루고 있다. 한편, 한국은 「인디언의 이름 짓기(K21)·천 개의 문화 천 개의 관점(K23)·빵의 기원과 발달 과정(K23)」 등 다문화 관련 주제를 다루고 있다.

다음으로 한국 고등학교는 전통문화를 다룬 「시집온 새색시 큰 상을 받다」(K61)라는 설명문이 있고 일본은 해당 텍스트가 없다.

(5) 〈B4매체/정보〉

한국 중학교는 「광고란 무엇인가(K15)·매체의 특성(K16)·의사소통 매체의 발달(K16)·기록 매체의 발달(K36)」 등, 실생활과 매체와 관련된 내용을 다루고 있다. 한편, 일본 중학교에는 「メディアと上手に付き合うために(J12)·情報探索(J22)·情報を編集するしかけ(J33)」 등 정보와 관련된 이론 및 접근 방법을 다루고 있다.

다음으로, 한국 고등학교에서는 「내가 학교 폭력 가해 학생이라고?(K42)·미디어의 이해(K51)·인터넷 정글에서 살아남는 법(K62)」 등 실생활과 매체와 관련된 내용을 다루고 있고 일본은 「情報檢索の方法と実践(J4)」 1편을 싣고 있는데, 정보와 관련된 이론 및 접근 방법을 다루고 있다.

(6) 〈C1생물/인체〉

양국 모두 중학교에서 편수가 많은데, 한국 중학교는 뇌, 지문, 여드름, 혈액형 등, 인체 관련 설명문이 많고 일본 중학교는 「大きな根？(J11)·シカの落ち穂拾い(J11)·文化を伝えるチンパンジー(J12)·チンパンジー(J21)·花の形に秘められたふしぎ(J31)」 등과 같이, 동식물 관련 내용이 많다.

(7) 〈C2환경/지리〉

한국 중학교에서 주로 「지리」를 다루고 있고 일본은 「流水と私たちの暮らし(J11)·月の起原を探る(J13)」 등과 같이 「환경」을 다루고 있다.

다음으로 고등학교의 경우, 한국 고등학교에서는 「야생동물 먹이 주기 바람직한가(K52)·일광 절약 시간제를 도입하자(K62)」 등이 있고, 일본은 「日本は水の輸入国(J4)」 이라는 텍스트가 사용되었다.

(8) 〈D5문학〉

〈D예술〉은 「설명·기록」의 텍스트가 적은 편이나 일본 고등학교에서 「描かれた古典(J6)·漢詩と訳詩を読み比べる(J4)·奥の細道の旅(J6)」 등, 고전 문학과 관련된 텍스트를 5편 싣고 있다.

(9) 〈E1국어 가치〉

〈E언어〉는 한국 교과서에서 텍스트가 많은데, 그중에서도 〈E1국어가치〉는 자국어의 우수성을 다룬 텍스트로, 「충(忠)」이라는 가치 덕목과 통하는 바가 있다. 한국 중학교에서는 「훈민정음언해(K16)·한글(안내문, K26)·위대한 발명품 한글(K36)」 등과 같이 한글의 우수성을 적극적으로 다루고 있

는데 반해 일본은 이러한 경향을 보이지 않으며, 중학교 3년분 3종 교과서에서 「日本語の特徵(J33)」 1편에 불과하다.

다음으로 한국 고등학교 역시, 「한국어의 위상(K42)·한글(K42)·훈민정음의 제자 원리(K42)·한글의 개성(K52)·한글의 가치와 우수성(K62)·한글이 없다면 지금 우리는?(K62)」 등과 같이 한글의 우수성을 적극적으로 다루고 있다. 한편, 일본 고등학교에서는 해당 텍스트가 없다.

(10) 〈E2언어표현〉

한국 중학교는 「섬세한 느낌을 담은 말(K31)·우리말 편지(K13)·강(强)추위에 밀린 강추위(K32)·「다르다」와 「틀리다」(K32)·어휘의 유형과 사용 양상(K32)·단어의 의미 관계(K33)」 등과 같은 어휘 관련 텍스트가 많이 사용되었고, 일본 역시 「類義語(J22)·多義語(J22)·慣用句(J23)·和語(J23)·古典の中の擬声語·擬態語(J32)」 등이 있다.

다음으로, 한국 고등학교는 「어휘의 체계와 양상(K41, K61)·어휘의 체계(K51)·어휘의 특성에 따른 양상과 활용(K51)·단어의 의미 관계에 따른 양상과 활용(K51)·올바른 문장 표현(K52)」 등, 어휘 체계 및 양상으로 확대하여 다루고 있다. 한편, 일본은 「外來語の使用(J5)」 1편에 불과하다.

(11) 〈E3언어생활〉

한국 중학교에서는 「우리의 전통적 언어생활 문화(K36)·화법의 상호 보완적 관계(K23)·성별에 따른 화법의 차이(K23)」 등과 같이 언어 예절과 관련된 설명문을 채택하고 있는데, 일본은 해당 텍스트가 없다.

다음으로, 한국 고등학교에서는 「효과적인 담화표현(K52)·대화의 원리

와 언어 예절(K41)·대화와 언어 예절(K51)」 등과 같이 언어 예절과 관련된
설명문을 많이 채택하고 있는데, 일본은 해당 텍스트가 없다.

7.7 주장·비평

〈주장·비평〉이란 설득 및 계몽을 목적으로 특정 사항이나 사실에 대해 자신의 입장이나 근거를 토대로 의견을 제시하는 글로, 의견문, 주장문, 논설문 등이 여기에 속한다.[39] 또한, 사설, 칼럼, 투서, 건의문의 형태로 쓰인 글이나 그림, 건축, 음악, 문학 등 특정 사항이나 사실의 가치를 논하거나 평가하는 비평문 역시 이에 포함시킨다.

주장문의 경우, 일본에서는 논리의 깊이에 따라 초등학교에서는 「의견문」, 중학교에서는 「논설문」, 고등학교에서는 「평론」이라는 용어를 사용하고 있다. 『新編国語総合』(K5 : 61-64)에서는 「평론」의 정의를 「말하고자 하는 것을 논리적으로 서술하여 읽는 이를 설득하고자 하는 문장」으로 보아 「말하는 이의 주장을 쓴」, 이른바 「주장문」과 구별하고 있다. 이처럼 학교급별에 따라 주제 및 논리의 깊이 여부에 따라 용어를 세분하는 경우가 있으나 본고에서는 중·고등학교를 아울러 다루고 있는 만큼 넓은 범위로 글쓴이의 의견 및 주장이 나타난 글을 모두 본 범주에 포함시키고 그 내용을 심화 분석한다.

〈주장·비평〉역시, 장르 선호도 및 텍스트별 제재 분석을 통하여 인문·사회·과학·예술·언어 등의 다양한 분야 중에서 무엇을 선호, 중시하는지

---

39 『新編国語総合』(K5 : 61-64) 참조.

를 파악할 수 있다.

7.7.1 분량 분석

일본 교과서가 한국에 비해 높은 비중을 나타내고 있다.

7.2.2의 [표 5]에서 밝힌 바와 같이, 중학교 교과서에서 전체 텍스트에서 차지하는 비중은 작품수에서 한국 20.5%, 일본 24.4%이고 쪽수에서는 한국 16.2%, 일본 26.0%로, 일본이 한국보다 높다.

고등학교의 경우에는 7.2.2의 [표 6]에서 밝힌 바와 같이, 작품수에서 한국 9.4%, 일본 10.2%이고 쪽수에서는 한국 9.7%, 일본 21.2%로, 일본이 한국보다 높다.

졸저(2017)에 의하면, 양국의 초등학교 국어 교과서에서는 양국 모두 「설명문」의 비중이 높다는 점에서 공통적이었고, 주장문의 비중은 한국이 높았다. 이에 비해 학교급이 올라감에 따라 반대 현상이 나타났다.

[표 41]은 〈주장·비평〉의 세부 장르별 작품수, 쪽수 및 비중을 나타낸 것이다.

[표 41] 중·고등학교 〈주장·비평〉의 작품수 및 쪽수 (( )안은 %)

	작품수			쪽수		
	주장문	비평문	계	주장문	비평문	계
K中	83(76.1)	26(23.9)	109(100)	228(76.8)	69(23.2)	297(100)
J中	55(55.6)	44(44.4)	99(100)	193(57.8)	141(42.2)	334(100)

| K高 | 18(94.7) | 1(5.3) | 19(100) | 59(90.8) | 6(9.2) | 65(100) |
| J高 | 18(66.7) | 9(33.3) | 27(100) | 115(78.2) | 32(21.8) | 147(100) |

　중·고등학교 모두 일본은 한국에 비해 학습자에게 특정 사항에 대한 가치 평가를 유도하는 이른바 비평문의 비중이 높고 고등학교에서는 더욱 높아진 것을 알 수 있다.

7.7.2 작가 분석

　먼저, 〈주장·비평〉에서 작가를 분석하여, 어떠한 분야를 선호, 선정하였는지 밝히고자 한다.

　작가가 명확한 경우에 한해 작가의 성차를 살펴본 결과 중학교의 경우, 한국은 남 85.9%(67명), 여 14.1%(11명)이고 일본은 남 77.6%(45명), 여 22.4%(13명)로 나타났다. 일본의 경우, 성차가 상대적으로 줄었다고 볼 수 있다.

　다음으로, 고등학교의 경우 한국은 남 81.3%(13명), 여 18.7%(3명), 일본은 남 87.0%(20명), 여 13.0%(3명)로, 양국 모두 〈주장·비평〉의 작가에 대해서도 성차를 고려해야 할 필요가 있다.

　고등학교의 경우에 한해 작가의 전공 분야를 살펴보면, 한국은 국문학자, 작가 등 인문 분야 외에 「철학자·미술사가·문헌정보학·언론학·심리학·사회학자·인구학·웹 평론가·과학자」 등 다양한 분야에 걸쳐 있었다. 일본 역시, 「언어사회학자·프랑스문학자·철학자·심리학자·정치학자·변호사·미술평론가·생태학자·공학자·미디어 정보학자·교겐 배우」 등, 다양한 분야의 전문가가 있었는데, 특히 이공계(理工系) 전공자가 다수 포함되어 있다.

마지막으로 타문화 이해와 관련하여 작가의 국적을 살펴본다.

한국은 중학교에서 피터 바돌로뮤(미국), 존 니컬슨(미국) 등 4편, 고등학교에서 마이클 센델(미국) 1편이 있다. 일본은 고등학교에서 중국의 「논어(論語)」[40]를 싣고 있는 것이 전부이다. 〈설명·기록〉에 이어 한국이 비문학텍스트에서 국외 작가의 글을 싣고 있는데, 이는 바람직한 현상이라 생각된다.

7.7.3 제재의 분야별 분포 분석

〈주장·비평〉은 장르 선호도 및 텍스트별 제재 분석을 통하여 인문·사회·과학·예술·언어 등의 다양한 분야 중에서 무엇을 선호, 중시하는지를 파악한다. 앞서 분류한 제재별 분야 분류표를 다시 제시한다.

[표 42] 제재별 분야 분류표

	〈A인문〉	〈B사회〉	〈C과학〉	〈D예술〉	〈E언어〉
1	인물	사회/생활	생물/인체	미술/건축	국어가치
2	독서/협상	경제	환경/지리	음악	언어표현
3	철학/사상	문화	우주/천문	연극/영화/무용	언어생활
4	역사/전통	매체/정보	과학철학	예술이론	문법/음성
5	윤리	법률	과학기술	문학	언어일반

---

40 「논어(論語)」의 경우, 교술 갈래로 보아 수필로 볼 수도 있으나 학문을 권하는 계몽적 부분이 있으므로 주장문으로 처리하였음.

[표 43]은 〈주장·비평〉의 텍스트를 대분류한 것이다. [그림 31, 32]는 5
개 분야에 걸친 분포를 알기 쉽게 제시한 것이다.

[표 43] 〈주장·비평〉의 분야별 분포 (( )안은 %)

	A인문	B사회	C과학	D예술	E언어	계
K中	29(26.9)	29(26.9)	20(18.3)	23(21.2)	8(7.3)	109100)
J中	19(19.2)	17(17.2)	15(15.2)	38(38.4)	10(10.1)	99(100)
χ2값	1.539	1.715	0.329	7.808	0.013	
K高	8(42.1)	6(31.6)	2(10.5)	1(5.3)	2(10.5)	19(100)
J高	11(40.7)	6(22.2)	3(11.1)	6(22.2)	1(3.7)	27(100)
χ2값	0.19	0.014	0.599	0.728	0.017	

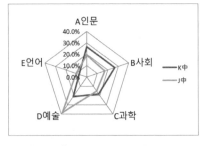

[그림 31]한·일 中 〈주장·비평〉의 분포

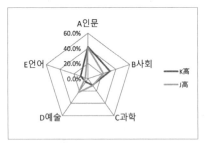

[그림 32]한·일 高〈주장·비평〉의 분포

나라별로 중·고등학교 학교급별로 카이제곱값을 산출한 결과, 양국 모
두 유의차가 나타나지 않았다. 나라별 학교급별 변화를 살펴보면 중학교
와 큰 차이가 없었다.

먼저, 중학교의 경우이다.

한국은 〈A인문〉 및 〈B사회〉, 〈D예술〉, 〈C과학〉, 〈E언어〉 순으로 비중
이 높고 일본 중학교는 〈D예술〉, 〈A인문〉, 〈B사회〉, 〈C과학〉, 〈E언어〉 순

이다. 양국의 중학교에서는 일본이 〈D예술〉에서 유의차가 높았다(카이제곱 값 8.035).

　고등학교에서도 한국은 〈A인문〉, 〈B사회〉에서 일본에 비해 비중이 높고, 일본은 특히 〈D예술〉에서 한국에 비해 매우 높다.

　졸저(2017)에 의하면, 초등학교 교과서에서 주장문의 비중은 한국이 더 높았다. 단, 한국의 주장문은 〈A인문〉 항목 중에서도 〈A5윤리〉 및 〈A3철학/사상〉이라는 소항목에 집중되어 있었는데 중·고등학교에서는 한국은 유사하고 일본은 〈D예술〉 항목이 두드러졌다. 위의 [그림 31, 32]에서 알 수 있듯이 지나치게 해당 분야에 집중되어 있음을 알 수 있다. 이하, 분석한다.

　[표 44]는 앞의 [표 43]의 분류에 의거하여 분포를 조사한 것이다.

[표 44] 중·고등학교 〈주장·비평〉의 세부 항목별 분포

	A인문					B사회					C과학					D예술					E언어					계
	1	2	3	4	5	1	2	3	4	5	1	2	3	4	5	1	2	3	4	5	1	2	3	4	5	
K中	-	8	9	5	7	8	7	6	3	5	2	16	-	1	1	7	1	3	-	12	2	1	4	1	0	109
J中	-	7	9	2	1	1	2	7	6	1	4	7	1	-	3	4	-	5	-	29	1	-	2	-	7	99
K高	-	2	4	-	2	1	1	1	3	-	-	1	-	1	-	1	-	-	-	-	-	2	-	-	-	19
J高	-	-	9	1	1	1	3	2	-	-	2	-	-	-	1	-	-	-	1	5	-	1	-	-	-	27

　먼저 「중학교」를 살펴본다. 한국 중학교에서는 〈C2환경/지리〉에서 16편이 사용되었고, 〈D5문학〉에서 12편, 〈A3철학/사상〉에서 9편, 〈B1사회/

생활〉에서 8편, 〈A5윤리〉 및 〈D1미술/건축〉에서 각 7편이 사용되었다. 한편, 일본은 〈D5문학〉에서 29편으로 가장 많이 사용되었고 〈A3철학/사상〉에서 9편, 〈E5언어일반〉 및 〈A2독서/철학〉, 〈B3문화〉에서 각 7편이 사용되었다.

양국 간의 유의차를 구하면 일본 중학교는 〈D5문학〉 및 〈E5언어일반〉에서 유의차가 각각 11.843, 8.339로 나타났다. 한편, 한국 중학교는 유의차는 나타나지 않았으나 〈B1사회/생활〉 및 〈A5윤리〉항목에서 일본에 비해 비중이 높았다.

다음으로,「고등학교」에서는 전체적으로 중학교에 비해 편수가 줄면서 한국 고등학교는 〈A3철학/사상〉에서 4편, 〈B4매체/정보〉에서 3편 사용되었고 일본은 〈A3철학/사상〉에서 9편, 〈D5문학〉에서 5편, 〈B2경제〉에서 2편으로 나타났다. 다만, 유의차는 나타나지 않았다.

결과적으로, 나라별, 학교급별로 텍스트가 많거나 상대적으로 카이제곱값에서 차이가 나타난 소항목은 다음과 같다. 7.7.4에서 해당 텍스트를 중심으로 중·고등학교를 통합하여 기술한다.

· 인문 분야 : 〈A2독서/협상〉, 〈A3철학/사상〉, 〈A5윤리〉

· 사회 분야 : 〈B1사회/생활〉, 〈B2경제〉

· 과학 분야 : 〈C2환경/지리〉

· 예술 분야 : 〈D1미술/건축〉, 〈D5문학〉

· 문화 분야 : 〈E5언어일반〉

7.7.4 주장·비평 텍스트의 분야별 분석

(1) 〈A2독서/협상〉

한국 중학교에서는 〈설명·기록〉에 이어 〈주장·비평〉에서도 〈A2독서/협상〉 분야를 적극적으로 다루고 있다. 중학교에서는 「영원한 책 읽기(K15)·어떻게 읽을까(K26)·토론의 필요성(K35)·선조들의 듣기 말하기 문화(K16)」 등 독서 및 토론의 필요성을 다루고 있다. 한편, 일본은 「批評の言葉をためる(J13)·伝えたいと思うから(J22)·対話とは何か(J33)」 등과 같이 소통을 다루고 있다.

다음으로, 한국 고등학교에서는 「소통은 정성이다(K61)·말이 만드는 사람의 상처(K61)」 등과 같이 소통의 필요성을 다루고 있다. 한편, 일본은 해당 텍스트가 없었다.

(2) 〈A3철학/사상〉

양국은 〈A인문〉 중에서 〈A3철학/사상〉에서 가장 많았으며, 특히 일본의 경우가 더욱 많았다. 먼저, 한국 중학교에서는 「창의력을 키우려면(K13)·올바른 판단(K13)·열심히 보다는 행복하게(K13)·자기 결정력도 연습이 필요해(K21)」 등을 다루고 있다. 한편, 일본 중학교는 「何のために「働く」のか(J23)·自分の頭で考える(J31)·学ぶ力(J32)·矛盾(J21)·学びて時にこれを習ふー「論語」から(J13)·論語(J23)」 등 학문의 중요성 및 살아가는 데 필요한 소양(기술)을 다루고 있다.

다음으로, 한국 고등학교에서는 「네 꿈과 행복은 10개에 결정된다(K62)·꿈의 전략을 세워라(K62)」 등과 같이 미래 지향적 전략을 다루고 있

고 일본은 「未来をつくる想像力(J5)·いたずら―大人たちへの挑戦(J6)·漢文のす
すめ(J6)·コミュニケーションは創造的に(J4)·手技に学ぶ(J5)·自己基準と他者基準
(J5)·論語学而第一(J6)·論語(J4, J5)」 등 학문의 중요성 및 살아가는 데 필요한
소양(기술)을 다루고 있다.

(3) 〈A5윤리〉

한국은 중·고등학교 모두 〈A5윤리〉에서 일본보다 비중이 높았다. 먼
저, 한국 중학교에서는 「나의 소원(K15)·사치스러운 풍속(K14)·내가 원하는
우리나라(K33)·사관의 기록을 보겠다는 명령을 거두어 주십시오(K34)·조선
어학회 사건(K36)·돌베개(K35)」 등, 주로 「충(忠)」과 관련된 가치 덕목을 다
루고 있다. 한편, 일본 중학교에서는 방송기고문과 주장문(物に頼らず心で
人に接しよう(J23))을 싣고 있는데, 각각 「정직」, 「인간관계의 소중함」을 제
재로 하고 있다. 양국 모두 고등학교에서는 해당 텍스트가 없다.

(4) 〈B1사회/생활〉

한국 중학교에서는 〈B사회〉의 소항목 중 〈B1사회/생활〉의 비중이 가
장 높다. 「유기 동물 문제(K23)·텔레비전, 미남 미녀만 사는 세상(K24)·청소
년 인터넷 중독률(K32)·일하는 노인이 해법이다(K13)·청소년 도서관이 필
요해요(K13)·외모 지상주의와 진정한 아름다움(K15)·대한민국이 늙어가고
있어요(K42)」 등 유기 동물, 외모지상주의, 인터넷 중독, 고령화 등, 다양한
사회문제를 다루고 있다. 한편, 일본은 해당 텍스트가 없다. 양국 고등학교
에서도 이와 같다.

(5) 〈B2경제〉

한국 중학교에서는 「절약하는 모범을 보이소서(K13)·골목에서 꽃핀 창조적 수공예품(K16)·제3의 물결(K16)·착한 커피(K24)·모두가 행복해지는 공정여행(K41)」 등, 경제를 폭넓은 시야에서 다루고 있다. 한편, 일본은 중학교에서 「1円の重みを知ってほしい(J33)」 등의 투고문이 일부 있을 뿐이다.

다음으로, 한국 고등학교에서는 해당 텍스트가 없지만, 일본은 「ODAの必要性(J4)·何のために働くのか(J6)·ボランティアという名の「無償財」(J16)」 등, 경제 원리를 심도 있게 다루고 있다.

(6) 〈C2환경/지리〉

먼저, 한국 중학교에서는 「지구 온난화의 비밀(K11)·투발루의 피해(K11)·도시의 밤은 눈부시다(K13)·일회용품 사용을 줄일 것을 건의합니다(K13)·먹어서 죽는다(K14, K34)·고릴라는 핸드폰을 미워해(K21)·환경(K25)·지구 온난화 이야기(K31)·유전자 조작과 생명 공학(K33)·유전자 조작과 다국적 기업(K33)·냉장고의 이중성(K34)」 등, 적극적으로 환경 문제를 다루고 있다. 한편, 일본은 중학교에서 「モアイは語る(J21)·コンビニ弁当一六万キロの旅(J21)·「常識」は変化する(J21)·絶滅の意味(J23)·リオ地球環境サミットのスピーチから(J33)」 등을 다루고 있어 「환경」이 양국 모두의 관심사임을 알 수 있다. 단, 고등학교에서는 양국 모두 해당 텍스트가 없다.

(7) 〈D1미술/건축〉

먼저, 한국 중학교에서는 미술작품 감상 및 전통 건축과 관련된 텍스트(에밀레종, 부석사, 무량수전 등)를 다루고 있고 일본은 「ムーラン・ド・ラ・ギャ

レッド(J11)·君は「最後の晩餐」を知っているか(J12)·神奈川沖波裏(J22)·光で見せる展示デザイン(J13)」 등을 다루고 있다. 단, 고등학교에서는 양국 모두 해당 텍스트가 없다.

(8) 〈D5문학〉

먼저, 한국 중학교에서는 「문학이 무슨 소용인가(K15)·우리에게 가족은 무엇인가(K22)·흥부전을 읽는 눈(K22)·마음에 뜨는 보름달(K32)」 등, 소설 및 시 관련 작품 비평이 많다. 한편, 일본은 「無言館の青春(J33)·はじめての詩(J11)·新しい短歌のために(J12)·漢詩の風景(J12)·俳句の可能性(J13)·受け継がれる物語(J13)·詩の心(J21)·短歌を楽しむ(J22)·旅への思い―奥の細道と芭蕉(J33)·近代文学への誘い(J33)·古典の歌(J33)·現代の歌(J33)」 등과 같이 시, 시가(하이쿠), 설화(物語) 등의 고전 문학에 이르기까지 폭넓은 장르를 다루고 있다.

다음으로, 일본 고등학교에서도 현대 및 고전, 한시(漢詩)를 아울러 다루고 있어 문학의 비중이 높음을 알 수 있다. 단, 한국은 해당 텍스트가 없다.

(9) 〈E5언어일반〉

먼저, 한국 중학교에서는 언어 일반을 설명·기록에서 주로 다룬 반면, 일본은 주장문의 형식으로 「言葉の力(J12, J33)·言語の有限性と無限性(J23)·言葉の上達は競技を上達させる(J31)·言葉の達人になろう(J32)·言葉は私の聴診器(J33)·世界をつくる言葉(J31)」 등과 같이 언어의 힘과 역할의 중요성에 대해 다루고 있다. 단, 고등학교에서는 양국 모두 해당 텍스트가 없다.

7.8 맺음말

본장에서는 2015년 현재 사용 중인 한국과 일본의 중·고등학교 국어 교과서의 텍스트에 초점을 맞추어 장르를 세분하여 제작 시기, 작가 및 등 장인물, 주제 및 제재 등에 초점을 맞추어, 해당 국가 사회의 사회문화적 특징을 분석한 것이다.

텍스트는 장르별 특성에 맞추어 분석하였다. 예를 들어, 「소설」 및 「극 본」은 제작 시기, 작가 및 주인공, 주제 등에, 「전기(傳記)」는 인물의 관련 분야 및 가치 덕목에 주목한다. 「설명문」 및 「주장문」의 경우에는 작가 및 제재의 분야별 분포를 분석하여 해당 시기의 국가 사회의 관심 분야를 파 악하고, 양국이 차세대에 대한 요구와 기대를 어떤 방법으로 전달하는지 에 주목하였다.

교과서 텍스트를 5개의 범주로 나누어 살펴보았다. 먼저, 문학텍스트 의 대표적인 장르인 〈소설·극본·시〉의 경우는 각각 세부장르로 나누어 분 석하였는데, 일본이 중학교부터 중국의 한시를 다루고, 고등학교에서는 이 와 더불어 중국 고사 및 설화(史傳)를 교육과정에 포함시켜 원어(및 현대어 역)로 다루고 있다는 점에서 차이가 있다. 또한, 중·고등학교 교과서의 한 국이 극본이라는 장르를 사용하는데 반해 일본은 그렇지 않았다. 반면, 일 본은 와카, 하이쿠 등 시가의 비중이 교과서별로 중학교 3년간 40여 편, 고 등학교 1년간 35편에 이를 정도로 많이 다루고 있는데 비해 한국은 각각 4

편, 0.3편에 지나지 않았다는 점도 양국간 차이중의 하나이다.

소설 및 극본의 핵심 주제 분류에서도 한국은 중·고등학교 모두 〈역사/사회〉, 〈전쟁/평화〉라는 주제로 분류되는 텍스트를 다수 사용하고 있는데, 일제 강점기 및 6·25전쟁 전후의 가난, 차별, 사회제도의 문제 등을 구체적으로 다루고 있다. 또한, 현대사회 속에서도 친구, 이웃, 세대 간의 갈등을 다루고 있는 작품이 많았다. 한국 교과서는 주제가 지나치게 사회 문화적 상황이나 인물 간의 갈등에 치중되어 있고 창의성이나 철학적인 사고를 유발하는 내용이 부족하다

한편, 일본은 〈철학/성찰〉이 가장 많고, 〈전쟁/평화〉로 분류되는 경우에도 자국 내의 사회상이 그대로 드러나는 작품은 적었다. 우회적으로 다루거나 국제적으로 확대하여 다루고 있다. 〈성장〉으로 분류되는 경우에는 한국의 경우 일화, 인간관계 속에서의 성장이라면 일본의 경우, 내면적 성찰이 중시되고 있다. 특별히 「죽음」이라는 소재를 여러 편에서 다루고 있는 점이 한국교과서에서는 볼 수 없는 특징이다. 또한, 실생활보다는 사고를 유도하는 내용의 소설이 많다는 점과 중학교 교재에서 특히 반전(反戰) 및 평화를 다룬 교재가 많이 다루어지고 있다. 단, 이를 피해자의 관점에서 다루거나 자국의 문제로 다루기보다는 국제적 문제로 에둘러 확대하여 다루고 있다는 점을 지적하였다. 자국 내의 문제로 다룰 경우에도 그 시점으로 돌아가지 않고, 조부 등을 통해, 또는 어린 시절을 통해 반추하는 형식의 글이 많다. 다양한 분야의 도전을 다루고 있고 특히 고등학교에서는 〈발견/경외〉라는 주제를 중점적으로 다루고 있다. 또한 일본 고등학교의 경우, 교과서 텍스트가 가지는 특정 메시지가 없는 〈판타지〉로 분류되는 텍스트가 다수 포함되어 있었다.

양국 모두 작가 및 주인공이 성차에 있어서는 심각한 수준의 성차가 있었다. 양국 교과서 모두 작가나 등장인물의 성차(性差)를 극복할만한 텍스트 개발이 시급하다고 본다.

비문학텍스트에서 한국은 중·고등학교 교과서에서 〈전기·수기〉 및 〈설명·기록〉 관련 텍스트 비중이 높고 일본은 〈주장·비평〉의 텍스트 비중이 높으며 특히 비평문의 비중이 높은 것으로 나타났다. 이는 한국 중학교 교과서는 상대적으로 정보 전달의 기능이 강하며, 바람직한 인물상 및 특정 가치 덕목을 강조하고 있고 일본은 설득, 계몽의 기능이 강하다고 볼 수 있다. 한국 역시, 고등학교에서는 〈전기·수기〉 관련 텍스트가 거의 없다. 비문학 텍스트의 제재를 통합하여 제시하면 다음과 같다. [그림 33, 34]는 5개 분야에 걸친 분포를 알기 쉽게 제시한 것이다.

[표45] 한·일 전체 비문학텍스트의 5개 분야별 분포 대조 (작품수 기준)[41]

	K中		J中		K高		J高	
	작품수	비중	작품수	비중	작품수	비중	작품수	비중
A인문	78	27.5	32	18.4	30	25.0	12	24.0
B사회	73	25.7	42	24.1	23	19.2	11	22.0
C과학	54	19.0	26	14.9	8	6.7	8	16.0
D예술	28	9.9	46	26.4	6	5.0	13	26.0
E언어	51	18.0	28	16.1	43	44.2	6	12.0
계	284	100	174	100	110	100	50	100

---

41 중학교는 3종 3년분, 고등학교는 3종 1년분이다.

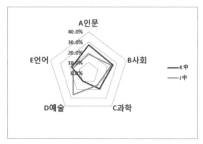

[그림 33] 한·일 中 비문학텍스트의 분포 　　　[그림 34] 한·일 高 비문학텍스트의 분포

먼저 중학교의 경우, 한국은 〈A인문〉, 〈B사회〉, 〈C과학〉, 〈D예술〉, 〈E언어〉 순이고 일본은 〈D예술〉, 〈B사회〉, 〈A인문〉, 〈E언어〉, 〈C과학〉 순으로 나타났다. 〈D예술〉을 제외하고는 수적으로 한국이 일본이 2배에 가깝다. 카이제곱 검정에서는 일본이 〈D예술〉에서 21.675의 유의차를 나타냈다.

다음으로 고등학교에서는 일본이 〈D예술〉에서 12.901의 유의차를 나타냈고, 한국은 〈E언어〉에서 11.245의 유의차를 나타냈다.

[표 46]은 25개 소항목 분류이다.

[표 46] 한·일 전체 비문학텍스트의 25개 항목별 분포 대조 (작품수 기준)

	A인문					B사회					C과학					D예술					E언어					계
	1	2	3	4	5	1	2	3	4	5	1	2	3	4	5	1	2	3	4	5	1	2	3	4	5	
K中	-	33	14	9	22	27	10	14	12	10	15	28	2	2	7	8	1	3	-	16	7	18	12	9	5	284
J中	-	11	11	6	2	9	6	16	10	1	11	11	1	-	3	6	-	5	1	34	3	7	5	3	10	172
K高	-	22	4	1	3	5	4	4	8	2	-	4	-	2	2	2	1	-	-	3	8	11	8	10	16	120
J高	-	-	9	1	2	4	3	2	1	1	3	3	1	-	1	2	-	-	1	10	-	5	1	-	-	50

　먼저, 중학교의 경우이다. 한국 교과서에서는 〈A2독서/협상〉, 〈C2환경/지리〉, 〈B1사회/생활〉, 〈A5윤리〉 순으로 비중이 높고 일본 교과서에서는 〈D5문학〉, 〈B3문화〉, 〈A2독서/협상〉, 〈A3철학/사상〉 순으로 비중이 높다. 카이제곱 검정에서는 한국은 〈A5윤리〉에서 9.082의 유의차를 나타냈고 일본은 〈D5문학〉에서 21.666의 유의차를 나타냈다.

　다음으로, 고등학교의 경우이다. 한국 교과서에서는 〈A2독서/협상〉, 〈E5언어일반〉, 〈E2언어표현〉 〈E4문법/음성〉 순으로 비중이 높다. 한편, 일본 교과서에서는 〈D5문학〉, 〈A3철학/사상〉의 비중이 높고 그 외 분야에서는 전반적으로 텍스트의 편수가 적다. 카이제곱 검정에서는 한국 교과서에서는 〈A2독서/협상〉에서 9.777, 〈E5언어일반〉에서 6.642의 유의차를 나타냈고 일본 교과서에서는 〈D5문학〉에서 14.161, 〈A3철학〉에서 9.795의 유의차를 나타냈다.

　한국은 중·고등학교 모두 〈A2독서/협상〉을 가장 중요시하고 있음을 알 수 있다. 또한, 중학교에서 〈B1사회/생활〉, 〈A5윤리〉 등의 분야가 우선이었다면 고등학교에서는 〈E언어〉에 속한 분야가 우선되고 있다. 참고로, 카이제곱 검정에서는 고등학교에서 〈E언어〉에서 22.464의 유의차를 나타냈다. 한편, 일본은 중·고등학교 모두 〈D5문학〉, 〈A3철학/사상〉 등을 중요시 여기고 있으며 고등학교에서 텍스트의 수가 크게 줄어든 것이 특징이나 학교급 간 유의차는 나타나지 않았다.

　이상, 양국의 교과서에 나타난 비문학텍스트의 제재별 분야 분석을 통해, 양국의 해당 시기의 사회문화적 특징을 살펴보았다.

참고문헌

강경완(2013), 「단어의 의미에 반영된 사회적 가치관에 관한 대조연구 : 한일 국어교과서를 예로」, 『한림일본학』 28, 한림대학교일본연구소, pp.205-235.

강연실(2002), 『한일 초등학교 국어과 교육과정에서의 국어지식 관련 요소 비교 연구』, 서울교육대학교대학원 석사학위논문.

강진호(2014), 「한·일 근대국어교과서와 「서사」의 수용」, 『일본학』 39, 동국대 일본학연구소, pp.1-35.

강진호 외(2006), 『국어교과서와 국가 이데올로기』, 글누림, pp.5-14.

강현화(1998) 『국어의 동사연결 구성에 대한 연구』, 태학사, pp.13-22.

공성수(2013), 「근대 소설 형성기 신문연재소설 삽화의 구성 원리 연구 : 『매일신보』에 연재된 이해조의 신소설 삽화를 중심으로」, 『한국문학이론과 비평』 59, 한국문학이론과 비평학회, pp.75-108.

금성출판사교과서연구위원회(2015), 「한국 교과서 120년, 삽화에 나타난 사회·문화상 연구」, 금성출판사.

김경남(2012), 「초등 국어교과서의 서사 본문 분포와 변화 연구」, 『어문학』 117, pp129-149.

김광해(1993), 『국어 어휘론 개설』 집문당, pp.107-121.

_____(2003), 『등급별 국어교육용 어휘』 박이정, pp.1-386.

김대현(2013), 「한국의 수업과 평가에서의 교과서 활용과 전망」, 『교과서 연구』 2013.12, 한국교과서연구재단, pp.59-74.

김병수(2015), 「초등학교 읽기 교과서의 삽화 개발 과정 연구-2007년 개정 국어과 교육과정의 초등학교 교과서 개발 백서를 중심으로-」, 『독서연구』 31, 한국독서학회, pp.195-220.

김성연(2002), 『초등학교 1·2학년 삽화분석』, 상명대학교교육대학원 석사학위논문.

김승익(2010), 「2009 개정 교육과정! 무엇이 달라지나?」 교육과학기술부 홈페이지, pp.1-9.

김억조(2012), 「2009 개정 교육과정 중학교 국어교과서 편찬 방안 연구」, 『국어교육연구』 50, 국어교육학회, pp.1561-184.

김예니(2007), 「국어과 교육과정의 변천과 교과서 구현 양상-중·고등 교과서를 중심으로-」, 『국어교과서와 국가 이데올로기』, 글누림, pp.53-82.

김재춘 외(2013), 「〈특별좌담회〉참고서가 필요없는 '교과서 완결학습' 체제구축 연구의 방향」, 『교과서 연구』 2013.3, 한국교과서연구재단, pp.6-15.

김형철(2012), 「좋은 국어교과서의 방향」, 『교과서연구』 66, pp.13-19.

교육과정평가원(2004), 「대학수학능력시험 언어영역 출제 매뉴얼』, 한국교육과정평가원.

＿＿＿＿(2007), 「일본의 교과서 검정·채택 정책」, 연구자료ORM 2007-17.

＿＿＿＿(2011), 「초·중등학교 교과용도서 편찬상의 유의점 및 검정기준」.

＿＿＿＿(2013), 「2009개정 교육과정에 따른 초·중·고등학교 교육과정 해설 연구」(이미숙 외), 교육부, pp.51-58, 425-450.

교육과학기술부(2009), 「2009 개정 교육과정 초·중등학교 교육과정 총론－교육과학기술부 고시 제 2009-41호」, pp.1-26.

＿＿＿＿(2009), 「교육과학기술부 고시 제 2009-41호에 따른 중학교 교육과정 해설 총론」, pp.1-13.

＿＿＿＿(2011), 「초·중등학교 교육과정 총론－교육과학기술부 고시 제 2011-361호 [별책 1]」, pp.1-25.

＿＿＿＿(2011), 「2009 개정 교육과정에 따른 교과 교육과정 적용을 위한 국어과 교과서 집필 기준교육과학기술부 고시 제 2011-361호」.

＿＿＿＿(2012), 「교육과학기술부 고시 제 2012-31호」, pp.1-41.

교육부(2013), 「교육과정 총론 교육부 고시 제2013-7호」, pp.1-15.

＿＿＿＿(2015), 「초등학교 교육과정 교육부 고시 제 2015-74호 [별책 2]」, pp.3-9.

국립국어연구소(1984), 『국민학교 교과서 어휘 조사』.

_____(1987), 『초등학교 교육용 어휘(1·2·3학년용)』.

_____(1989), 『초등학교 교육용 어휘(4·5·6학년용)』.

국립국어원(1999), 『표준국어대사전』 두산동아.

권영민(2004), 『한국현대문학대사전』, 서울대학교출판부.

권오윤(2006), 「우리나라 교과서 디자인 문제에 관한 연구-국정(1종도서)교과서 중심으로-」, 홍익대학교산업미술대학원 석사학위논문.

노경희(2018), 「교육환경변화를 대비한 연구기반 교과서 개발 시스템」, 『교육환경의 변화와 교과서』, 2018 국제교과서 심포지엄 발표원고, pp.180-193.

두산동아(1997), 『동아새국어사전』.

마이크(Mike Horsley, 2013), 「교과서 연구의 국제 동향교과서의 수업활용 및 전망을 중심으로」, 『교과서 연구』 2013.12, 한국교과서연구재단, pp.12-23.

박기범(2011), 「고등학교 국어교과서의 현대소설 수용 양상에 대한 비판적 검토」, 『청람어문교육』 44, pp.455-490.

박만용(2010), 「뻔한 거짓말, 2009 개정 교육과정」, 2009 개정 교육과정공청회 발제문(미간).

박종덕(2006), 「아동문학 작품의 가치 표상에 대한 사회언어학적 연구-초등 교과서 「국어(읽기)1-2」를 대상으로-」, 『동화와 번역』 11, pp.101-132.

박종희(2012), 「교과서 편집 디자인이 학업몰입도 및 학업성취도에 미치는 영향에 관한 연구-중학교 국어교과서를 중심으로-」, 『교과서연구』 68, pp.88-99.

박준용(2014), 「검정 국어교과서 삽화에 대한 비판적 고찰 : 글과의 관계에 따른 삽화의 의미 구성적 기능을 중심으로」, 『국어교육』 144, 한국어교육학회, pp.401-430.

박재승(2017), 「최근 한·일 고등학교 「국어과」 교육과정 비교연구」, 『새국어교육』 113, pp.37-64.

변은주(2005), 「초등학교 국어교과서 어휘 분석」, 『우리말연구』 8, 우리말글학회, pp.119-149.

빈미영(2007), 「고등학교 국어교과서의 시와 소설에 나타난 문학적 상상력 분석」, 『교육경남』 169, p.15.

서상규(2009), 『교육용 기본 어휘 선정을 위한 기초 연구』, 국립국어연구원.

서울시교육청(2018), 「2018학년도 1학기 중등 교육과정 업무 참고 자료집」.

서종학·김주필(1999), 「교과서의 어휘 분석 연구초등학교 교과서를 대상으로」, 문화관광부 학술용역 과제보고서.

선혜영·이승희(2012), 「2007 개정 교육과정에 의거한 중학교 국어교과서의 장애관련내용 분석」, 『특수교육저널』 13, 한국특수교육문제연구소, pp.209-242.

소강춘(2004), 「한국, 조선, 중국 국어교과서에 나타난 어휘 특징에 대한 국어정보학적 연구」, 『한국언어문학』 53, 한국언어문학회, pp.186-206.

소진형(2010), 「2009 개정 교육과정의 올바른 이해」 교육과학기술부 홈피, pp.1-5.

송정식·이미숙(2014), 「『분류어휘표』의 의미분류를 활용한 한·일 초등학교 저학년 국어교과서 어휘 고찰」, 『일본어교육연구』 29 , 한국일어교육학회, pp.123-141.

심은정(1998), 「韓日 國語敎科書의 전래동화 교재연구」, 『동일어문연구』 13, 동일어문학회, pp.97-113.

_____(2005), 「한·일전래동화 비교연구-일본 소학교 국어교과서에 실린 줄지않는 볏단 [ヘらない稻束]을 중심으로-」, 『일어일문학연구』 56, 한국일어일문학회, pp.83-99.

심재기 외(2010), 『국어 어휘론 개설』 지식과 교양.

연세대학교 언어정보연구원(2000), 『연세초등국어사전』 두산동아.

尹敏怡·李美淑(2016), 「한국과 일본의 초·중·고 국어교과서 「인간 활동의 주체」관련 어휘 대조연구」, 『일본학보』 109, 한국일본학회, pp.19-38.

윤영민(2011), 『현대 한·일어 접사의 비교 연구』, 고려대학교 박사학위논문, pp.29-62.

윤재숙(2009), 「일본 국정교과서의 어휘교육에 관한 고찰」, 『일본어교육연구』 16, 한국일어교육학회, pp.57-71.

이강민(2003), 「한국에 있어서의 일본어연구(2001~2002)전문학술지의 연구동향」, 『일본학보』 55-1, 한국일본학회.

이광국(2005), 「중학교 국어교과서 바탕글 읽기 연구」, 『배달말교육』26, 배달말교육학회,

pp.103-124.

이면우(2013), 「교과서 정책에 바란다!」, 『교과서 연구』 2013.3, 한국교과서연구재단, pp.4-5.

이미숙(2011), 「일본어의 新語에 나타난 社會·文化的, 言語學的 특징연구-2005년~2008년을 대상으로-」, 『일본연구』 48, 한국외국어대학교 일본연구소, pp.223-242.

_____(2014a), 「한·일 초등학교 1-2학년 국어교과서의 어휘 분포 연구-한·일 초등학생의 어휘 비교를 통하여-」, 『일본어학연구』 39 한국일본어학회, pp.139-155.

_____(2014b), 「한·일 초등학교 6학년 국어교과서의 어휘 분포 대조」, 『일본학보』 99, 한국일본학회, pp.93-107.

_____(2015a), 「한·일 중학교 국어교과서의 어휘 분포 대조」, 『일본학보』 102, 한국일본학회, pp.13-33.

_____(2015b), 「한·일 중학교 국어교과서의 삽화에 나타난 사회상 연구」, 『일본연구』 63, 한국외국어대학교 일본연구소, pp.417-438.

_____(2015c), 「한·일 중학교 국어교과서의 「문학텍스트」연구」, 『일본학보』 105, 한국일본학회, pp.109-124.

_____(2016a), 「한국과 일본의 초·중학교 국어교과서의 소설에 나타난 사회 문화적 특징 연구」, 『인문과학연구논총』 37-3, 명지대학교 인문과학연구소, pp.37-61.

_____(2016b), 「한국과 일본의 고등학교 국어교과서의 어휘 분포 대조」, 『일본언어문화』 37, 한국언어문화학회, pp.203-229.

_____(2017), 「한·일 고등학교 국어교과서 문학텍스트에 나타난 사회 문화적 가치관 연구」, 『일본어교육연구』 41 한국일어교육학회, pp.155-169.

_____(2018a), 「한국과 일본의 중·고등학교 학교 급별 국어교과서 어휘 변화 연구」, 『일본학보』116, 한국일본학회, pp.65-84.

_____(2018b), 「한국과 일본의 중·고등학교 국어교과서의 비문학텍스트 연구」, 『일본어학연구』 57, 한국일본어학회, pp.119-137.

_____(2018c), 「한국과 일본의 중·고등학교 국어교과서의 학년 급별에 따른 등급용 어휘 연구」, 『일본어교육연구』 45, 한국일어교육학회, pp.95-111.

_____(2019), 「한국과 일본의 중·고등학교 국어교과서 삽화 연구」, 『비교일본학』 47, 한양대학교 일본학국제비교연구소, pp.281-302.

_____(2020), 「Study on lexical change after the revision of high-school Korean & Japanese language textbooks」, 『일본학보』 122, 한국일본학회, pp.69-102.

이미숙·송정식(2012a), 「한·일 초등학교 1-2학년 국어교과서를 통해 본 양국의 사회·문화적 가치관연구」, 『일본학보』 92, 한국일본학회, pp.65-77.

_____(2012b) 「한·일 초등학교 3-4학년 국어교과서를 통해 본 양국의 사회·문화적가치관 연구」, 『일본언어문화』 23, 한국일본언어문화학회, pp.467-488.

_____(2013), 「한·일 초등학교 국어교과서의 삽화에 나타난 사회·문화적 가치관 연구-저·중·고학년의 변화에 주목하여-」, 『일본학보』 95, 한국일본학회, pp.31-45.

_____(2017, 졸저), 『한·일 초등학교 국어교과서의 대조연구』, 역락.

이삼형(2017), 「국어 기초 어휘 선정 및 어휘 등급화를 위한 기초 연구」, 국립국어원, pp.29-48.

이성영(2012), 「국어교과서 정책의 과제」, 『국어교육연구』 28, pp.219-247.

이수나(2015), 「해방기 정현웅의 신문소설 삽화」, 『한국미술사학』30, 한국근현대미술사학회, pp.35-64.

이용백(2004), 「한일 어휘 비교 연구 『分類語彙表』을 이용해서」, 『일본연구』 22, 한국외국어대학교 일본연구소, pp.443-459.

_____(2005), 「語素코드를 이용한 韓日比較語彙-초등학교 국어 교과서 어휘의 비교를 통해서-」, 『일본학보』 62, 한국일본학회, pp.95-108.

이윤정(2010), 「초등 국어교과서에 나타난 다문화 교육적 요소 분석과 방향 연구-미국 교과서와의 비교를 바탕으로-」, 『새국어교육』 85, 한국국어교육학회, pp.213-245.

이원희(2009), 『2007년 개정 교육과정에 따른 초등학교 1, 2학년 국정 도서 분석』 교육과학기술부, pp.143-150.

이응백(1972), 「국민학교 학습용 기본 어휘」, 『국어교육』 18·19·20, 한국국어교육연구회.

_____(1978), 「국민학교 입문기 학습용 기본어휘 조사 연구」, 『국어교육』 32, 한국국어교육연구회, pp.183-243.

_____(1989), 『국민학교 학습용 기본어휘 연구』, 대한교과서주식회사.

임성규(2008), 「초등 국어교과서 아동문학 정전에 대한 비판적 一考」, 『어문학』 100, 한국어문학회, pp.411-432.

임칠성 외(1997), 『한국어 계량연구』, 전남대학교 출판부, pp.1-29.

任曉禮(2006), 「한·중 중학교 국어교과서 바탕글 비교 연구」, 『배달말』 38, 『배달말학회』, pp.115-149.

이주섭(2009), 「개정 초등 국어교과서의 주요 특징 고찰-1, 2학년을 중심으로-」, 『한국언어문학』 69, 한국언어문학회, pp.117-137.

이중현(2018), 「핵심역량 교육을 위한 2018년 교과서 정책의 방향」, 『교과서 연구』 2018.12, 한국교과서연구재단, pp.4-5.

장경희 외(2012), 『초·중·고등학생의 구어 어휘 조사』, 지식과 교양, pp.17-47, pp.308-309.

장원재(2005), 「한국에서의 일본어 어휘교육연구의 현황과 과제」, 『일어일문학연구』 52-1, 한국일어일문학회, pp.25-41.

정광순 외(2010), 「초등학교 1, 2학년 교과서 분석」, 『초등교육연구』 23, 한국초등교육학회, pp.23-43.

정우상(1987), 『국민학교 교과서 어휘 연구』, 국립국어연구소 연구보고서 1집, pp.651-872.

조영복(2007), 『초등사회과 교과서 삽화 오류의 대안적 고찰』 한국학술정보, pp.1-18, pp.41-47.

조남호(2003), 『한국어 학습용 어휘 선정 결과 보고서』 국립국어연구원.

주현희(2014), 『한·일 국어교과서 제재 비교분석』, 부경대학교교육대학원 석사학위논문.

주현희·채영희(2014), 「문·이과 통합형 국어교육을 위한 한·일 국어교과서 제재 비교 연구」, 『동북아문화연구』 39, 동북아시아문화학회, pp.99-121.

차혜영(2005), 「국어교과서와 지배 이데올로기」, 『상허학보』 15, 상허학회, pp.99-100.

_____(2007), 「한국현대소설의 정전화과정 연구-중·고등학교 '국어' 교과서와 이데올로기의 관련성-」, 『국어교과서와 국가 이데올로기』, 글누림, pp.277-297.

천경록(2016), 「초등학교와 중학교 국어교과서간의 접합성 분석」, 『새국어교육』 107, 국어, pp.237-265.

최상재(1993), 「고등학교 국어교과서 어휘 연구」, 경남대학교교육대학원 석사학위논문.

최성희(1988), 『국민학교 교과서 삽화의 기능에 관한 조사연구』, 이화여자대학교대학원 석사학위논문, pp.10-17.

최수진(1997), 『한·일 교과서 삽화 비교 연구-초등학교 4학년 국어교과서를 중심으로-』, 부산대학교교육대학원 석사학위논문, pp.49-51.

탐(Tom Wikman, 2013), 「수업 및 평가에서의 교과서 활용 : 핀란드의 사례」, 『교과서 연구』 2013.12, 한국교과서연구재단, pp.30-42.

하루오시라네·스즈키토미(2002), 왕숙영 옮김, 『창조된 고전』, 소명출판, pp.8-10, 17-52.

하신자(2004), 「초등 국어교과서 삽화 실태 연구」, 『국어교육연구』 16, 광주교육대학교 국어교육학회, pp.139-162.

한국사전연구사(1994), 『국어국문학자료사전』.

한국정신문화연구원(1991), 『한국민족문화대백과사전』.

池田讓二(2012), 「高等学校国語教科書における戦争·平和をテーマにした題材の変遷」, 『愛媛国文研究』 62, 愛媛国語国文学会, pp.84-95.

_____(2014), 「理想の教科書は存在するか」, 『早稲田大学国語教育研究』 33, 早稲田大学国語教育学会, pp.1-8.

石原千秋(2005), 『国語教科書の思想』, ちくま新書, pp.33-57.

_____(2009a), 『国語教科書の中の「日本」』, ちくま新書, pp.79-138.

_____(2009b), 『読者はどこにいるのか書物のなかのわたしたち』, 河出ブック, pp.11-28.

李淑子(1985),『教科書に描かれた朝鮮と日本』, ほるぷ出版, pp.536-683, 726-730.

伊藤良徳他(1995),『教科書の中の男女差別』, 明石書店 pp.13-43.

今井康夫(1990),『アメリカ人と日本人教科書が語る「強い個人」と「やさしい一員」』, 創流出版.

李美淑(2012),「韓·中·日小学校低学年国語教科書の挿絵から見た三国の社会·文化的な価値観観研究」,『日本研究』51, 韓國外大日本研究所, pp.324-346.

李庸伯(2004),『語彙の比較研究』, 比較語彙研究の試み12, 語彙研究会, pp.1-124.

岩崎淳(2001),「日本の教科書－フランス·ドイツとの比較をとおして」,『国語の教科書を考える』(伊藤洋編著), pp.160-171.

岩波書店(1998),『広辞苑』.

牛山恵(2005),「小学校国語教材とゼンダー」,『都留文科大学研究紀要』61, 都留文科大学, pp.23-44.

_____(2005),「小学校国語教材とゼンダーⅡ」,『都留文科大学研究紀要』62, 都留文科大学, pp.41-63.

岸洋輔(2001),「国語教科書に望むこと」,『早稲田大学国語教育研究』33, 早稲田大学国語教育学会, pp.17-32.

金直洙(2004),「日韓「基本語彙」の比較研究その選定及び意味分野別構造分析を中心に」, 語彙研究会, pp.1-115.

金曉美(2010),「韓·日「国語」教科書におけるキュリー夫人伝の比較研究」,『日語日文學研究』72, 韓國日語日文學會, pp.85-102.

金田一京助他(2002),『新選国語辞典』第8版, 小学館.

工藤真由美(1999),『兒童生徒に對する日本語教育のための基本語彙調査』, ひつじ書房.

国立国語研究所(1952),『語彙調査』, 国立国語研究所資料集 2.

_____(1962),『現代雑誌九十種の用語用字』, 国立国語研究所報告 21.

_____(1964),『分類語彙表』, 国立国語研究所資料集6.

_____(1982),『日本語教育基本語彙七種比較對照表』, 日本語教育指導参考書 9.

_____(1984),『日本語教育のための基本語彙調査』, 国立国語研究所報告 78.

_____(1984),『語彙の研究と教育(上)』, pp.105-148.

_____(1984),『語彙の研究と教育(下)』, pp.1-78.

_____(2001),『教育基本語彙の基本的研究 教育基本語彙データベースの作成』(島村直己), 国立
　　　　国語研究所報告117, 明治書院(付属 CD-ROM).

_____(2004),『分類語彙表』(CD-ROM).

_____(2009),『教育基本語彙の基本的研究ー改訂増補版』, 明治書院, pp.1-33.

酒井千尋(2004),「絵本の挿絵の役割に関する研究絵本が物語理解に及ぼす影響」,『愛媛大学教
　　　　育学部紀要』1, pp.53-59.

阪本一郎(1958),『教育基本語彙』, 牧書店.

_____(2001),『教育基本語彙の基本的研究ー教育基本語彙データベースの作成』, 明治書院
　　　　(1984).

島田英昭他(2008),「文章理解における挿絵の動機づけ効果と精緻化効果」, 日本認知心理学会 第
　　　　4回大会 要旨集, pp.39-41.

島村直己(1983),「小学校低学年用国語教科書の用語」,『研究報告集4』, 国立国語研究所報告 74.

_____(2009),「教育基本語彙データベースとその増補改訂作業」, 未公刊発表文.

小学館(1989),『日本大百科全書』.

_____(2002),『新選国語辞典』.

申玟澈(2001),「日韓語彙の対照研究「小学校基本語彙」を対照として」,『開発・文化叢書37 比較語
　　　　彙研究の試み7』, 名古屋大学大学院国際開発研究科, pp.13-159.

_____(2009),『韓国語と日本語の語彙比較研究』, 어문학사, pp.10-93.

鈴木重幸(1972),『日本語形態論』, むぎ書房.

宋正植(2009), 「「中学校教科書」語彙比較意味分類別構造分析を通じて」, 『일본어교육연구』 16, 한국일어교육학회, pp.39-45.

_____(2018), 「韓·日小學校4年生國語敎科書の語彙研究」, 『일본언어문화』 43, 한국일본언어문화학회, p.75.

高野光男(2015), 「『新教科書·新教材ー高等学校国語科の場合』の趣旨」, 『国語教育研究』 35, 早稲田大学国語教育学会, pp.43~45.

田島毓堂(1995) 「源氏物語と絵巻詞書の語彙ー比較語彙論的考察試案ー」, 『日本語論究』 4, pp.1-48.

_____(1999), 『比較語彙研究序説』, 笠間書院.

田中章夫(1988), 『國語語彙論』, 明治書院.

田中麻巳(2016), 「小説の読みに与える挿絵の影響」, 『読書科学』 58-2, 日本読書学会, pp.74-86.

谷川俊太郎他(1997), 『こんな教科書あり？』, 岩波書店, pp.3-81.

譚利群(2009), 「単語の語構成について 一人を表す名詞を中心にー」, 『福井工業大学研究紀要』 39, pp.475-484.

中川一史他(2007), 「第一学年『読むこと』の学習指導における一研究」, 全国大学国語教育学会発表要旨集 112.

中野洋(1981), 「『分類語彙表』の語数」, 『計量国語学』 12-8, pp.376-383.

日本教師会(1980), 『小学校国語教科書の問題点』 教師会叢書12, 日本教師会国語教育研究委員会, pp.1-57.

仁野平智明(2015), 「「国語総合」和歌教材における伝統的な言語文化の指導の可能性」, 『解釈』 5, 6月号, 解釈学会, pp.55-63.

二宮皓編(2010), 『こんなに違う！世界の国語教科書』, メディアファクトリー新書, pp.7-12, 31-46, 49-50.

文部科学省(2008) 「中学校学習指導要領解説総則編」, p.45.

_____(2009), 「高等学校学習指導要領解説」, pp.29-33.

_____(2010), 「高等学校学習指導要領解説 國語編」, pp.11-12, p.41.

_____(2010), 「学習指導要領『生きる力』」.

林教子(2015), 「高等学校国語科における新教科書・新教材の傾向と特質」, 『国語教育研究』 35, 早稲田大学国語教育学会, pp.46-52.

韓炫精(2011), 「植民地期朝鮮における初等教科書の'伝記物語'の考察」, 『植民地教育史研究年報』 14, pp.90-105.

平石典子(2016), 「海外で読む日本の家族」, 『日本語と日本文学』 59, 筑波大学日本語日本文学会, pp.30-41.

平岡雅美(2006), 「物語文教材における挿絵の機能と問題」, 全国大学国語教育学会発表要旨, pp.215-218.

福嶋隆史(2012), 『国語が子どもをダメにする』, 中公新書ラクレ, pp.7-12.

ホルカ・イリナ(2011), 「新聞小説『春』における挿絵の影響」, 『文学・語学』 201, pp.49-61.

宮島達夫(1980), 『意味分野と語種』, 東京：國立國語研究所 研究報告集, pp.1-16.

山住正己他(1991), 『小学校教科書を読む』, 岩波ブックレック, pp.2-28.

ユルマズ・フィリズ他(2013), 「戦争記憶の形成ー中学校国語教科書の分析」, 『図書館情報メディア研究』 11, pp.51-60.

〈교과서 지도서〉

노미숙 외(2013), 『중학교 국어 ①~②교사용지도서』, 천재교육, pp.56-57.

노미숙 외(2013), 『중학교 국어 ③~④교사용지도서』, 천재교육, pp.56-57.

노미숙 외(2013), 『중학교 국어 ⑤~⑥교사용지도서』, 천재교육, pp.56-57, 86-99.

김태철 외(2013), 『중학교 국어 ①~②교사용지도서』, 비상교육, pp.241-221.

이관규 외(2013), 『중학교 국어 ①』, 비상교과서, pp.218-221.

박영목 외(2014), 『고등학교 국어 I 』, 천재교육, pp.50-51.

박영목 외(2014), 『고등학교 국어 II』, 천재교육, pp.50-51.

한철우 외(2014), 『고등학교 국어 I 』, 비상교육, pp.22-25.

한철우 외(2014), 『고등학교 국어 II』, 천재교육, pp.22-25.

野原潤家 외(2012), 『中學校 國語1』, 学校図書, pp.258-274.

長谷川孝士 외(2012), 『中學生の国語学びを広げる 一年』, 三省堂, pp.36-41.

〈부록 1〉

본고의 분석 대상 교과서

(1) 중학교 교과서

	교과서 집필자	약기	검정	출판사	국어 교과서 (총 권수)	사용 기간
한국	김태철 외 27명	K1	2012	비상교육	국어1~6 (6권)	2013~2016년
	노미숙 외 16명	K2	2012	천재교육	국어1~6 (6권)	2013~2016년
	박영목 외 15명	K3	2012	천재교육	국어1~6 (6권)	2013~2016년
일본	宮地裕 외 26명	J1	2012	光村図書	國語1~3 (3권)	2012~2015년
	三角洋一 외 36명	J2	2012	東京書籍	國語1~3 (3권)	2012~2015년
	加藤周一 외 35명	J3	2012	教育出版	國語1~3 (3권)	2012~2015년

(2) 고등학교 교과서

	교과서 집필자	약기	검정	출판사	국어 교과서 (총 권수)	사용 기간
한국	박영목 외 12명	K4	2013	천재교육	고등학교 국어 I·II (2권)	2014~2017년
	윤여탁 외 17명	K5	2013	미래엔	고등학교 국어 I·II (2권)	2014~2017년
	한철우 외 10명	K6	2013	비상교육	고등학교 국어 I·II (2권)	2014~2017년
일본	東郷克美 외 28명	J4	2012	第一学習社	標準国語総合 (1권)	2013~2016년
	三角洋一 외 27명	J5	2012	東京書籍	新編国語総合 (1권)	2013~2016년
	北原保雄 외 19명	J6	2012	大修館書店	新編国語総合 (1권)	2013~2016년

〈부록 2〉

본고의 기초 연구 목록

·2012, 「한·일 초등학교 1-2학년 국어교과서를 통해 본 양국의 사회·문화적 가치관 연구-교과서 정책 및 삽화를 중심으로-」, 『日本學報』 92, 한국일본학회, pp.65-77. (2인 공동)

·2012, 「한·일 초등학교 3~4학년 국어교과서의 삽화를 통해 본 양국의 사회·문화적 가치관 연구」, 『日本言語文化』 23, 한국언어문화학회, pp.467-488. (2인 공동)

·2012, 「韓·中·日小学校低学年国語教科書の挿絵から見た三国の社会·文化的な価値観研究」, 『日本研究』 51, 한국외대일본연구소, pp.324-346. (단독)

·2012, 「한·일 초등학교 1학년 국어교과서 어휘고찰-품사별 고빈도어 비교를 중심으로-」, 『日本語學研究』 34, 한국일본어학회, pp.89-105. (2인 공동)

·2013, 「한·일 초등학교 2학년 국어교과서 어휘 고찰-품사별 고빈도어 비교를 중심으로-」, 『日本語學研究』 36, 한국일본어학회, pp.147-166. (단독)

·2013, 「한·일 초등학교 국어교과서의 삽화에 나타난 사회·문화적 가치관 연구-저·중·고학년의 변화에 주목하여-」, 『日本學報』 95, 한국일본학회, pp.31-45. (단독)

·2014, 「한·일 초등학교 1-2학년 국어교과서의 어휘 분포 연구-한·일 초등학생의 어휘 비교를 통하여-」, 『日本語學研究』 39, 한국일본어학회, pp.139-155. (단독)

·2014, 「한·일 초등학교 6학년 국어교과서의 어휘 분포 대조」, 『日本學報』 99, 한국일본학회, pp.93-107. (단독)

·2015, 「한·일 중학교 국어교과서의 어휘 분포 대조」, 『日本學報』 102, 한국일본학회, pp.13-33. (단독)

·2015, 「한·일 중학교 국어교과서의 삽화에 나타난 사회상연구」, 『日本研究』 51, 한국외대일본연구소, pp.417-438. (단독)

·2015, 「한·일 중학교 국어교과서의 「문학텍스트」 연구」, 『日本學報』 105, 한국일본학회,

pp.109-124. (단독)

· 2016, 「한국과 일본의 초·중학교 국어교과서의 소설에 나타난 사회 문화적 특징 연구」, 『人文科學硏究論叢』 37-3, 명지대학교 인문과학연구소, pp.37-61. (단독)

· 2016, 「한국과 일본의 국어교과서의 인간 관련 어휘에 나타난 사회 문화적 특징 연구-초·중·고 학교 급에 따른 변화에 주목하여-」, 『日本學報』 109, 한국일본학회, pp.19-38. (2인 공동)

· 2016, 「한국과 일본의 고등학교 국어교과서의 어휘 분포 대조」, 『日本言語文化』 37, 한국일본언어문화학회, pp.203-229. (단독)

· 2017, 『한·일 초등학교 국어교과서 대조연구』, 亦樂, pp.1-318. (2인 공동)

· 2017, 「한·일 고등학교 국어교과서 문학텍스트에 나타난 사회문화적 가치관 연구」, 『日本語教育硏究』 41, 한국일어교육학회, pp.155-169 (단독)

· 2018, 「한국과 일본의 중·고등학교 학교 급별 국어교과서 어휘 변화 연구」, 『日本學報』 116, 한국일본학회, pp.65-84 (단독)

· 2018, 「한국과 일본의 중·고등학교 국어교과서의 비문학텍스트 연구」, 『日本語學研究』 57, 한국일본어학회, pp.119-137. (단독)

· 2018, 「한국과 일본의 중·고등학교 국어교과서의 학년 급별에 따른 등급용 어휘 연구」, 『日本語教育研究』 45, 한국일어교육학회, pp.95-111. (단독)

· 2019, 「한국과 일본의 중·고등학교 국어교과서 삽화 연구」, 『比較日本學』 47, 한양대학교 일본학국제비교연구소, pp.281-302. (단독)

· 2020, 「Study on lexical change after the revision of high-school Korean & Japanese language textbooks」, 『일본학보』 122, 한국일본학회, pp.69-102. (단독)

〈부록 3〉

중·고등학교 소설 목록

교과서약기/제목/작가(명확한 경우)/작가 성별/출생년도/장르/교과서 쪽(쪽수)
K中	· K11 프린들 주세요/앤드루 클레먼츠(미국)/남/1949/근·현대소설/157-158(2) · K12 할머니를 따라간 메주/오승희/여/1961/근·현대소설/15-23(9) · K12 쿵쿵/정연철/남/1973/근·현대소설/26-27(2) · K12 동백꽃/김유정/남/1908/근·현대소설/115-127(13) · K12 연년생/집필진/근·현대소설/131-133(3) · K12 원미동 사람들/양귀자/여/1955/근·현대소설/180-182(3) · K12 나비/헤르만 헤세(독일)/남/1887/근·현대소설/243-250(8) · K12 어린 왕자/생텍쥐페리(프랑스)/남/1900/근·현대소설/260-262(2) · K13 소를 줍다/전성태/남/1969/근·현대소설/96-118(23) · K13 운수 좋은 날/현진건/남/1900/근·현대소설/122-123(2) · K13 사랑방 손님과 어머니/주요섭/남/1902/근·현대소설/130-132(3) · K13 꼬리밀 선구자/아지즈네신(터키)/남/1915/근·현대소설/262-266(5) · K14 달걀 팔이 소년/김혁/남/1966/근·현대소설/22-24(3) · K14 애늙은이/집필진/근·현대소설/33-34(2) · K14 메추리알/집필진/근·현대소설/36(1) · K14 수난이대/하근찬/남/1931/근·현대소설/151-169(19) · K15 아우를 위하여/황석영/남/1943/근·현대소설/79-104(26) · K15 우리들의 일그러진 영웅/이청준/남/1939/근·현대소설/108-109(2) · K15 나무를 심은 사람/장지오노(프랑스)/남/1895/근·현대소설/113-121(9) · K16 이상한 선생님/채만식/남/1902/근·현대소설/16-27(12) · K16 만무방/김유정/남/1908/근·현대소설/40(1) · K16 돌다리/이태준/남/1905/근·현대소설/177-188(12) · K16 서기 2237년 유토피아/미하엘 엔데(독일)/남/1929/근·현대소설/200(1) · K21 꿩/이오덕/남/1925/근·현대소설/36-41(6) · K21 모모/미카엘 엔데(독)/남/1929/근·현대소설/88-89(2) · K21 샬록 홈즈/코난 도일(영)/남/1859/근·현대소설/184-185(2) · K21 자전거도둑/박완서/여/1931/근·현대소설/196-218(23) · K21 보리 방구 조수택/유은실/여/1974/근·현대소설/250-257(8) · K22 학/황순원/남/1915/근·현대소설/158-163(6) · K23 일가/공선옥/여/1963/근·현대소설/21-44(24) · K23 동백꽃/김유정/남/1908/근·현대소설/68-72(5) · K23 어린왕자/생텍쥐페리(프랑스)/남/1900/근·현대소설/170-171(2) · K23 휴대전화 수난시대/홍은실/여/1958/근·현대소설/230-235(6) · K24 꽃신/김용익/남/1920/근·현대소설/21-38(18) · K24 돌다리/이태준/남/1920/근·현대소설/62-65(4)

- K25 공작나방/헤르만 헤세(독일)/남/1887/근·현대소설/28-38(11)
- K25 선생님의 밥그릇/이청준/남/1939/근·현대소설/46-52(7)
- K25 갈매기의 꿈/리처드 바크(미국)/남/1936/근·현대소설/108(1)
- K25 기억속의 들꽃/윤흥길/남/1942/근·현대소설/178-200(23)
- K26 운수 좋은 날/현진건/남/1900/근·현대소설/48-61(14)
- K31 고무신/오영수/남/1914/근·현대소설/74-96(23)
- K31 책상은 책상이다/페터 빅셀(스위스)/남/1934/근·현대소설/160-166(7)
- K31 화수분/서정오/남/1955/근·현대소설/188-190(3)
- K31 하늘은 맑건만/현덕/남/1919/근·현대소설/225-244(20)
- K32 돼지가 있는 교실/구로다 야스후미(일본)/남/1965/근·현대소설/45-48(4)
- K32 흰 종이수염/하근찬/남/1931/근·현대소설/69-91(23)
- K32 소나기/황순원/남/1915/근·현대소설/107-120(14)
- K32 할머니를 따라간 메주/오승희/여/1961/근·현대소설/245-255(11)
- K33 동백꽃/김유정/남/1908/근·현대소설/25-37(13)
- K33 목걸이/모파상(프랑스)/남/1850/근·현대소설/56-63(8)
- K34 물 한 모금/황순원/남/1915/근·현대소설/25-36(12)
- K34 전학의 달인/집필진/근·현대소설/124-137(14)
- K35 운수 좋은 날/현진건/남/1900/근·현대소설/116-129(14)
- K35 그 많던 싱아는 누가 다 먹었을까/박완서/여/1931/근·현대소설/203-219(17)
- K36 안내를 부탁합니다/폴 빌라드(미국)/남/1910/근·현대소설/26-37(12)
- K36 소음 공해/오정희/여/1947/근·현대소설/52-55(4)
- K36 표구된 휴지/이범선/남/1920/근·현대소설/203-211(9)
- K11 동명왕 신화/미상/고전소설(신화)/60-61(2)
- K11 소별왕 대별왕/미상/고전소설/49-56(8)
- K34 서동요/미상/남/1206(삼국유사, 일연)/고전소설/16-17(2)
- K14 닭 타고 가면 되지/서거정/남/1420/고전소설/94-95(2)
- K33 아기장수 우투리/미상/고전소설/220-225(6)
- K26 화왕계/김부식/남/12세기/고전소설/66-68(3)
- K26 박상길과 박서방/미상/고전소설/70-71(2)
- K21 소금장수/미상/고전소설/107-109(3)/107-109(3)
- K26 양반전/박지원/남/1737/고전소설(한문소설)/25-30(6)
- K35 양반전/박지원/남/1737/고전소설(한문소설)/92-98(7)
- K16 춘향전/미상/조선후기/고전소설(한글소설)/158-168(11)
- K16 박씨전/미상/조선후기/고전소설(한글소설)/46-50(5)
- K22 홍길동전/허균/남/1569/고전소설(한글소설)/128-144, 223-230(25)
- K32 홍길동전/허균/남/1569/고전소설(한글소설)/219-224(6)
- K24 박씨전/미상/고전소설(한글소설)/139-160(22)
- K13 토끼전/미상/고전소설(한글소설)/225-239, 243-244(17)
- K33 토끼전/미상/고전소설(한글소설)/186-197(12)

J中

- J11 にじの見える橋/杉みき子/여/1930/근·현대소설/26-30(5)
- J11 雪とパイナップル/鎌田実/남/1940/근·현대소설/74-79(6)
- J11 星の花が降ることに/安東みきえ/여/1953/근·현대소설/90-98(9)
- J11 大人になれなかった弟たちに/米倉斎加年/남/1934/근·현대소설/100-108(9)
- J11 少年の日の思い出/헤르만 헤세(독일)/남/1887/근·현대소설/178-191(14)
- J11 あの坂をのぼれば/杉みき子/여/1930/근·현대소설/264-265(2)
- J11 坊っちゃん/夏目漱石/남/1867/근·현대소설/266-275(10)
- J12 アイスプラネット/椎名誠/남/1944/근·현대소설/18-26(9)
- J12 旅する描き/伊勢英子/여/1949/근·현대소설/74-80(7)
- J12 盆土産/三浦哲郎/남/1931/근·현대소설/94-105(12)
- J12 走れメロス/太宰治/남/1909/근·현대소설/180-196(17)
- J12 ジー。シューズケース/집필진/근·현대소설/202-203(2)
- J12 ゼブラ/하임 포톡(미국)/남/1929/근·현대소설/268-276(9)
- J13 握手/井上ひさし/남/1934/근·현대소설/18-28(11)
- J13 蝉の音/浅田次郎/남/1952/근·현대소설/72-78(7)
- J13 高瀬舟/森鴎外/남/1862/근·현대소설/79-91(13)
- J13 故郷/魯迅(중국)/남/1881/근·현대소설/108-122(15)
- J21 遠い山脈/杉みき子/여/1930/근·현대소설/28-33(6)
- J21 さんちき/吉橋通夫/남/1944/근·현대소설/35-51(17)
- J21 少年の日の思い出/헤르만 헤세(독일)/남/1877/근·현대소설/148-160(13)
- J21 トロッコ/芥川竜之介/남/1892/근·현대소설/208-215(8)
- J21 そこに僕はいた/辻仁成/남/1959/근·현대소설/256-262(7)
- J22 卒業ホームラン/重松清/남/1962/근·현대소설/31-49(19)
- J22 走れメロス/太宰治/남/1909/근·현대소설/142-158(17)
- J22 蛍の部屋/집필진/근·현대소설/200-201(2)
- J22 坊っちゃん/夏目漱石/남/1867/근·현대소설/204-215(12)
- J22 カメレオン/안톤 체홉(러시아)/남/1860/근·현대소설/262-267(6)
- J23 形/菊池博/남/1888/근·현대소설/28-31(4)
- J23 風の唄/あさのあつこ/여/1954/근·현대소설/34-52,239(20)
- J23 故郷/魯迅(중국)/남/1881/근·현대소설/148-162(15)
- J23 最後の一句/森鴎外/남/1862/근·현대소설/200-212(13)
- J23 いちご同盟/三田誠広/남/1948/근·현대소설/254-265(12)
- J31 暗やみの向こう側/今江祥智/남/1932/근·현대소설/26-32(7)
- J31 ベンチ/한스 리히터(독일)/남/1925/근·현대소설/36-41(6)
- J31 オツベルと象/宮沢賢治/남/1896/근·현대소설/50-61(12)
- J31 少年の日の思い出/헤르만헷세(독일)/남/1877/근·현대소설/110-119(10)
- J31 蜘蛛の糸/芥川竜之介/남/1892/근·현대소설/138-142(5)
- J31 デューク/江国香織/여/1964/근·현대소설/232-243(12)
- J31 風少年/古桧山博/남/1937/근·현대소설/237-243(6)
- J31 トロッコ/芥川竜之介/남/1892/근·현대소설/260-265(6)
- J32 タオル/重松清/남/1964/근·현대소설/22-31(10)
- J32 夏の葬列/山川方夫/남/1937/근·현대소설/48-55(8)

- J32 ごんぎつね/新美南吉/남/1892/근·현대소설/100-103(4)
- J32 走れメロス/太宰治/남/1909/근·현대소설/110-125(16)
- J32 坊っちゃん/夏目漱石/남/1867/근·현대소설/142-151(10)
- J32 的ー『新·平家物語』より/남/1892/근·현대소설/262-263(2)
- J32 つみきのいえ/平田研也/남/1972/근·현대소설/252-257(6)
- J33 みどり色の記憶/あさのあつこ/여/1954/근·현대소설/22-29(8)
- J33 不思議な国のアリス/루이스 캐롤(영국)/남/1832/근·현대소설/34-37(4)
- J33 故郷/魯迅(중국)/남/1881/근·현대소설/102-115(4)
- J33 最後の一句/森鴎外/남/1862/근·현대소설/132-144(13)
- J33 素顔同盟/すやまたけし/남/1951/근·현대소설/246-249(4)
- J33 バースデイ·ガール/村上春樹/남/1949/근·현대소설/260-271(12)
- J11 竹取物語/미상/10C/고전소설(모노가타리)/138-145(8)
- J21 竹取物語/미상/10C/고전소설(모노가타리)/103-108+4(8)
- J31 竹取物語/미상/10C/고전소설(모노가타리)/256-259(4)
- J22 平家物語/미상/13C/고전소설(모노가타리)/96-101(6)
- J12 平家物語/미상/13C/고전소설(모노가타리)/134—142(9)
- J32 平家物語/미상/13C/고전소설(모노가타리)/60-67(8)/258-261(4)
- J21 伊勢物語/미상/10C/고전소설(모노가타리)/269(1)
- J23 松山新介の勇将中村新兵衛が事/湯浅常山/남/1739/고전소설/33(1)
- J21 伊曽保物語/이솝(서양)/남/1615/고전소설/98-101(4)

K高

- K41 메밀꽃 필 무렵/이효석/남/1907/소설/64-75(12)
- K41 종탑 아래에서/윤흥길/남/1942/소설/261-281(21)
- K42 바리데기/황석영/남/1943/소설/51-55(5)
- K42 돌다리/이태준/남/1905/소설/240-250(11)
- K42 시장과 전장/박경리/여/1926/소설/24-46(23)
- K51 그 여자네 집/박완서/여/1931/소설/8-281(4)
- K51 나상/이호철/남/1932/소설/134-136(3)
- K52 천변풍경/박태원/남/1909/소설/24-39(16)
- K52 유랑가족/공선옥/여/1963/소설/42(1)
- K52 태평천하/채만식/남/1902/소설/176-178(3)
- K61 메밀꽃 필 무렵/이효석/남/1907/소설/57-67(11)
- K61 아홉 켤레의 구두로 남은 사내/윤흥길/남/1942/소설/173-183(11)
- K62 봄·봄/김유정/남/1908/소설/188-202(15)
- K62 허생의 처/이남희/여/1958/소설70-71(2)
- K41 운영전/미상/고전소설/108-111(4)
- K42 춘향전/미상/고전소설/23-31(9)
- K42 바리공주/미상/고전소설/49-50(2)
- K51 유충렬전/미상/고전소설/120-131(12)
- K52 춘향가/미상/고전소설/162-173(12)
- K52 동국신속삼강행실도/이성(조선)/일화/남/196(1)

- K61 사씨남정기/김만중/남/1637/고전소설/54(1)
- K61 흥보가/미상/고전소설/186-187(2)
- K62 허생전/박지원/남/1737/고전소설/55-67(13)

J高

- J4 羅生門/芥川龍之介/남/1892/근·현대소설/24-37(14)
- J4 とんかつ/三浦哲郎/남/1931/근·현대소설/42-53(12)
- J4 出来事/志賀直哉/남/1883/근·현대소설/102-111(10)
- J4 卒業ホームラン/重松清/남/1963/근·현대소설/113-125(13)
- J4 夢十夜/夏目漱石/남/1867/근·현대소설/156-163(8)
- J4よろこびの歌/宮下奈都/여/1967/근·현대소설/165-175(11)
- J4 ツーアウト満塁/집필진/근·현대소설(歌物語)/208-209(2)
- J5 とんかつ/三浦哲郎/남/1931/근·현대소설/22-32(11)
- J5 果物屋のたつ子さん/いしいしんじ/남/1966/근·현대소설/35-41(7)
- J5 羅生門/芥川龍之介/남/1892/근·현대소설/76-88(13)
- J5 ほおずきの花束/鷺沢萠/여/1969/근·현대소설/91-99(9)
- J5 沖縄の手記から/田宮虎彦/남/1911/근·현대소설/142-163(22)
- J6 子供たちの晩餐/江國香織/여/1964/근·현대소설/28-33(6)
- J6 バスに乗って/重松清/남/1963/근·현대소설/35-46(10)
- J6 羅生門/芥川龍之介/남/1892/근·현대소설/88-101(14)
- J6 水かまきり/川上弘美/여/1958/근·현대소설/106-114(9)
- J6 夢十夜/夏目漱石/남/1867/근·현대소설/168-176(9)
- J6 鏡/村上春樹/남/1949/근·현대소설/178-188(11)
- J4 宇治拾遺物語(児のそら寝)/미상/13세기/고전소설/228-229(2)
- J4 三文にて歯二つ/無進道暁/남/1226/고전소설/232(1)
- J4 なよ竹のかぐや姫/미상/8세기/고전소설/236-238(3)
- J4 宇治拾遺物語(絵仏師良秀)/미상/13세기/고전소설/240-241(2)
- J4 十訓抄(顕雅の言い間違ひ)/入道/남/13세기/고전소설/246(1)
- J4 古本説話集(観音のご加護)/미상/8-12세기/고전소설/248-249(2)
- J4 伊勢物語(東下り)/미상/고전소설/10세기/256-259(4)
- J4 伊勢物語(筒井筒)/미상/고전소설/10세기/260-262(3)
- J5 宇治拾遺物語(児のそら寝)/미상/13세기/고전소설/222-223(2)
- J5 今物語(桜木の精)/藤原信実/남/13세기/고전소설/226-227(2)
- J5 宇治拾遺物語(空を飛ぶ倉)/미상/13세기/고전소설/230-233(4)
- J5 宇治拾遺物語(芥川)/미상/13세기/고전소설/270-271(2)
- J5 伊勢物語(筒井筒)/미상/10세기/고전소설/272-275(4)
- J5 平家物語(木曽の最期)/미상/13세기/고전소설/278-285(8)
- J6 今昔物語集(羅城門の上層)/미상/13세기/고전소설/104-105(2)
- J6 宇治拾遺物語(ねずみの婿とり)/無住一円/남/13세기/고전소설/224-225(2)
- J6 宇治拾遺物語(児のそら寝)/미상/13세기/고전소설/228-229(2)
- J6 宇治拾遺物語(芥川)/미상/13세기/고전소설/254-255(2)
- J6 伊勢物語(筒井筒)/미상/10세기/고전소설/256-258(3)
- J6 平家物語/미상/13세기/고전소설/259-268(10)

〈부록 4〉

중·고등학교 극본 목록

	교과서약기/제목/작가/작가 성별(명확한 경우)/출생년도/장르/교과서 쪽(쪽수)
K中	• K12 달리는 차은/민예지 외/여/1970/근·현대극본/137-160(24) • K14 출세기/윤대성/남/1939/근·현대극본/179-194(16) • K15 유리구두를 찾아서/홍진아 외등/여/1970경/근·현대극본/130-135(6) • K21 말아톤/정윤철/남/1971/근·현대극본/236-245(10) • K24 소/유치진/남/1905/근·현대극본/178-182(5) • K25 오아시스 세탁소 습격 사전/김정숙/여/1976/근·현대극본/210-218, 282-283(11) • K31 챔피언/홍자람/여/1971/근·현대극본/265-280(16) • K32 거침없이 하이킥/송재정/남/1973/근·현대극본/238-239(2) • K33 반올림/ 홍진아 등/여/1970년경/근·현대극본/44-45(2) • K34 킹콩을 들다/박건용/남/1976/근·현대극본/42-48(7) • K35 살아 있는 이중생 각하/오영진/남/1916/근·현대극본/227-244(18) • K36 황산벌/최석환 등/남/1967/근·현대극본/96-99(4)
J中	• J11 時そば/미상/고전극본(만담)/284-285(2) • J31 落語/미상/고전극본(만담)/185-188(4) • J32 歌舞伎/미상/고전극본(가부키)/96(1) • J33 しびり/미상/고전극본(교겐)/189-191(3)
K高	• K41 결혼/이강백/남/1947/극/81-92(12) • K41 두레소리/백종민/남/1966/극/47-49(3) • K51 8월의 크리스마스/오승욱/남/1963/극/140-149(10) • K51 눈길/이청준/남/1939/극/271(1) • K61 짜장면과 불도 장/윤지련/여/1972/극/89-100(12) • K61 만선/천승세/남/1939/극/189-196(8) • K61 마주보며 웃어/연미정/여/1970/극/198-199(2) • K42 봉산탈춤/미상/고전극/37-42(6) • K51 봉산탈춤/미상/고전극/152(1)
J高	• J4 羅生門/집필진(2)

〈부록 5〉

중·고등학교 수필 목록

교과서약기/제목/작가/작가 성별(명확한 경우)/출생년도/장르/교과서 쪽(쪽수)
K中	· K11 심재현 사랑해/최은숙/여/1944/근·현대수필/197-203(7) · K12 우리들의 연극/박인식/남/1951/근·현대수필/183-184(2) · K12 따뜻한 조약돌/한은하/여/1966/근·현대수필/253-254(2) · K13 있다고 생각하고 찾아라/최인호/남/1939/근·현대수필/38-39(2) · K14 다시 시작하기/장영희/여/1952/근·현대수필/15-19(50) · K15 가슴뛰는 일을 하라/한비야/여/1958/근·현대수필/42-43(2) · K16 푸를 청 청춘/박민규/남/1968/근·현대수필/52-54(3) · K21 코끼리를 모르는 아프리카의 어린이들/黒柳徹子(일본)/여/1933/근·현대수필/156-157(2) · K22 고마운 빨래판/집필진/생활문/98-100(3) · K24 우주에서 바라다보다/강인선/여/1960/근·현대수필/126-127(2) · K24 열보다 큰 아홉/이문구/남/1941/근·현대수필/202-204(3) · K25 방망이 깎던 노인/윤오영/남/1907/근·현대수필/54-58(5) · K25 맛있는 책/성석제/남/1960/근·현대수필/120-122(3) · K25 갈낙탕/채선심/여/1947/근·현대수필/220-222(3) · K25 좋은 사람/장영희/여/1952/근·현대수필/264-266(3) · K26 수술 뒤에는 약속을 잡지마라/박종호/남/1960/근·현대수필/134-135(2) · K31 별명을 찾아서/정채봉/남/1946/근·현대수필/103-107(5) · K31 노란꽃 타고 느리게 오는 봄/남남희/여/1957/근·현대수필/116-119(4) · K31 책과 여우이야기/장회익/남/1938/근·현대수필/209-213(5) · K33 내마음의 희망등/이순원/남/1958/근·현대수필/64-65(2) · K34 바다가 보이는 교실/정일근/남/1958/근·현대수필/112-113(2) · K34 원고지 육 매 선생님/오은하/여/1969/근·현대수필/159-162(4) · K35 킹콩의 눈/장영희/여/1952/근·현대수필/15-17(3) · K35 굴뚝도 총이 될 수 있다/이제석/남/1982/근·현대수필/130-134(5) · K35 어머니의 편지와 감/문건영/여/1973/근·현대수필/168-169(4) · K36 맛있는 책, 일생의 보약/성석제/남/1960/근·현대수필/219-222(4) · K36 학교 도서관, 위로와 치유의 공간/김정숙/여/1964/근·현대수필/230-233(4) · K36 일생 갚아야 하는 빚/이청준/남/1939/근·현대수필/241-243(3) · K11 세형제의 등산/강희맹(조선)/남/1424/고전수필/236-238(3) · K24 요로원야화기/박두세/남/1650/고전수필/41(1) · K36 이옥설/이규보/남/1168/고전수필/44-45(2)

J中	・J13 アラスカとの出会い/星野道夫/남/1952/근·현대수필/192-197(6)
	・J13 温かいスープ/今道友信/남 /1922/근·현대수필/198-201(4)
	・J13 二つの悲しみ/杉山竜丸/남/1919/근·현대수필/246-249(4)
	・J23 星の航海術/石川直樹/남/1977/근·현대수필/80-88(9
	・J23 知床-流水を巡る循環/立松和平/남/1947/교과서용집필/근·현대수필/266-271(6)
	・J12 字のない葉書/向田邦子/여/1929/근·현대수필/108-111(4)
	・J13 朝焼けの中で/森崎和江/여/1927/근·현대수필/16-17(2)
	・J22 字のない葉書/向田邦子/여/1929/근·현대수필/26-29(4)
	・J31 カメラが見つめたニューヨーク/折原恵/남/1948/근·현대수필/102-106(5)
	・J32 夢を跳ぶ/佐藤真海/여/1982/근·현대수필/36-39(4)
	・J12 枕草子/清少納言/여/고전수필/30-31(2)
	・J12 徒然草/兼行法師/남/1283/고전수필/144-145(2)
	・J22 枕草子/清少納言/여/10세기/고전수필/88-90(3)
	・J22 徒然草/兼行法師/남/1283/고전수필/92-94(3)
	・J32 枕草子/清少納言/여/10세기/고전수필/103-106(4)
	・J32 徒然草/兼好法師/남/1283/고전수필/73-74(2)
K高	・K41 운수 안 좋은날/박완서/여/1931/근·현대수필/37-39(3)
	・K41 고양이가 쥐를 가지고 놀 듯이/김열규/남/1932/근·현대수필/197-199(3)
	・K41 나의 사랑하는 생활/피천득/남/1910/근·현대수필/253-255(3)
	・K41 말 위에서 죽다/김점선/여/1952/근·현대수필/290-291(2)
	・K42 도서관 찾아 가는 날/이명랑/여/1973/근·현대수필/149-151(3)
	・K51 과학자의 서재/최재천/남/1954/근·현대수필/54-57(4)
	・K51 책읽는 청춘에게/우석훈외/남/1968/근·현대수필/60-61(2)
	・K51 속는 자와 속이는 자/장영희/여/1952/근·현대수필/156-159(4)
	・K52 봉평 메밀꽃-/황희숙/여/1950/근·현대수필/46-48(3)
	・K52 책세집/박종화(1901)/남/1901/근·현대수필/190-193(4)
	・K61 뒤집어 읽기를 통한 깨달음/이강엽/남/1964/근·현대수필/17-20(4)
	・K61 나무/이양하/남/1904/근·현대수필/73-75(3)
	・K61 트럭아저씨/박완서/여/1931/근·현대수필/201-204(4)
	・K62 무소유/법정)/남/1932/근·현대수필/73-76(4)
	・K62 아날로그 변환/윤대녕/남/1962/근·현대수필/78-79(2)
	・K41 의로운 거위이야기/주세붕/남/1495/고전수필/97-99(3)
	・K42 만물을 사랑하는 길/김시습(조선)/남/1435/고전수필/160-162(3)
	・K51 차마설/이곡/남/1298/고전수필/162(1)
	・K52 일야구도하기/박지원(고려)/남/1737/고전수필/214-215(2)

	• J4 世界は謎に満ちている/手塚治虫/남/1928/근·현대수필/10-15(6)
	• J4 体の声を聞く/多田富雄/남/1934/근·현대수필/17-21(5)
	• J4 黄色い花束/黒柳徹子/여/1933/근·현대수필/82-90(9)
	• J4 ロボットとは何か/石黒浩/남/1963/근·현대수필/92-100(9)
	• J5 ルリボシカミキリの青/福岡伸一/남/1959/근·현대수필/10-14(5)
	• J5 隣の校庭/佐藤雅彦/남/1954/근·현대수필/16-19(4)
	• J5 待つということ/角田光代/여/1967/근·현대수필/106-108(3)
	• J5 里山物語/日高敏隆/남/1930/근·현대수필/110-115(6)
	• J5 りんごのほっぺ/渡辺美佐子/여/1932/근·현대수필/117-124(8)
J高	• J6 ワンダフル・プラネット！/野口聡一/남/1965/근·현대수필/10-16(7)
	• J6 メッセージ探しの旅/加賀美幸子/여/1940/근·현대수필/18-22(5)
	• J6 心が生まれた惑星/NHK取材班/불명/근·현대수필/120-124(5)
	• J6 コルベ神父/遠藤周作/남/1923/근·현대수필/126-129(4)
	• J6 ペンギンはなぜ一列になって歩くのか？/佐藤克文/남/1967/근·현대수필/134-139(6)
	• J6 生きることと食べることの意味/福岡伸一/남/1959/근·현대수필/141-146(6)
	• J4 徒然草/兼好法師/남/1283/고전수필/250-253(4)
	• J5 徒然草/兼好法師/남/1283/고전수필/238-244(7)
	• J5 枕草子/清少納言/여/10-11세기/고전수필/246-247(2)
	• J6 枕草子/清少納言/여/10-11세기/고전수필/234-235, 238-239(4)
	• J6 徒然草/兼好法師/남/1283/고전수필/244-247(4)

저자
이미숙
───────

서울교육대학교, 한국외국어대학교, 일본 요코하마국립대학 대학원(교육학석사), 일본 대동문화대학 대학원(문학박사)에서 수학했으며, 한국일어교육학회 회장 및 편집위원장 역임. U.C.Berkeley, 일본 桜美林大學, 중국 魯東大學 객원교수 역임. 현재, 명지대학교 인문과학연구소 소장겸 일어일문학과 교수로 재직중.

저·역서로 『일본어학의 상식』(2000) 역락, 『한·일어 대조연구』(2006) 제이앤씨, 『일본어교사에게 자주하는 질문 100』(2010) 동양문고, 『초급 일본어문법과 교수법의 포인트』(2011, 공역) 인문사, 『중급 일본어문법과 교수법의 포인트』(2011, 공역) 인문사, 『이중언어와 다언어의 교육』(2012, 공역) 시사일본어사, 『한·일 초등학교 국어 교과서 대조연구』(2017, 2017학술원지정도서) 역락 등이 있음.

한국과 일본의 중·고등학교 국어 교과서 대조연구

초판1쇄 인쇄 2020년 6월 23일
초판1쇄 발행 2020년 6월 30일

지은이   이미숙
펴낸이   이대현
편집   이태곤 권분옥 문선희 백초혜
디자인   안혜진 최선주 김주화
마케팅   박태훈 안현진

펴낸곳   도서출판 역락
출판등록 1999년 4월 19일 제303-2002-000014호
주소   서울시 서초구 동광로 46길 6-6 문창빌딩 2층 (우06589)
전화   02-3409-2060
팩스   02-3409-2059
홈페이지   www.youkrackbooks.com
이메일   youkrack@hanmail.net

ISBN 979-11-6244-535-8 93710

정가는 뒤표지에 있습니다.
잘못된 책은 바꿔드립니다.

이 도서의 국립중앙도서관 출판예정도서목록(CIP)은 서지정보유통지원시스템 홈페이지(http://seoji.nl.go.kr)와 국가자료종합목록구축시스템(http://kolis-net.nl.go.kr)에서 이용하실 수 있습니다. (CIP제어번호 : CIP2020023472)